近代日本の少年非行史

「不良少年」観に関する歴史社会学的研究

作田 誠一郎

学文社

目　次

序　章　「不良少年」観を中心とした不良少年概念の考察と研究目的 ……………… 1

　　1．問題の所在と本研究の目的　1

　　2．本研究における少年非行史の学問的位置づけと不良少年研究の諸問題　5

　　3．不良少年研究に関する先行研究と分析視角　10

　　4．「非行少年」観に通底する「不良少年」観　15

　　5．本書の構成と時代区分　24

第1章　不良少年研究の出発と感化事業の展開　―「少年」観の確立を中心として ― … 33

　　1．不良少年研究の端緒と近代化における「少年」観　33

　　2．不良少年に対する法制度と感化事業の経緯　37

　　3．不良少年に対する保安警察と「不良少年」観　42

　　4．留岡幸助の不良少年研究と感化教育　47

　　5．小河滋次郎の監獄改正と感化教育　52

　　6．研究者の比較からみる明治期の不良少年研究と「不良少年」観　57

　　7．「不良少年」観にみられる二つの側面と問題化　61

　　8．小　括　62

第2章　多元的な不良少年研究の展開と統制機関　― 後天的な原因論を通して ― … 68

　　1．大正期を中心とした不良少年研究の社会的背景　69

　　2．不良少年研究に係る社会病理学と後天的な原因論　71

　　3．不良少年研究における後天的な原因論の考察　75

　　4．大正期の統制機関と少年法の制定による不良少年との関係　83

　　5．小　括　93

第3章　不良少年研究における精神医療化と「不良」観の変容

　　　　　― 精神医学を中心として ― ……………………………………… 101

　　1．明治期の近代的精神医療の導入とその台頭　101

　　2．クレペリンの「脳病」概念の継承と「不良少年」原因論　105

　　3．「精神病」を原因とする「忌みきもの」観への変容　112

i

4．不良少年研究における知的障害への教育と治療観　116

　　5．未成年の飲酒問題と遺伝による精神医学とのかかわり　121

　　6．優生学を中心とする精神医学の学際的活動と断種論　125

　　7．精神医療化による「不良少年」観の変容　127

第4章　不良少年に対する教育学および心理学的アプローチと学際的交流……… 137

　　1．知的障害児に対する教育の端緒とその活動　137

　　2．不良少年に対する教育学的アプローチ　139

　　3．日本における近代心理学の導入とその展開　149

　　4．不良少年研究における三つの心理学の軌跡とその視角　153

　　5．各学問領域における「不良少年」観とその対応　166

第5章　少年犯罪に対する新聞報道の特徴と「不良少年」観の変遷……………… 173

　　1．マス・メディアとしての新聞と分析対象　173

　　2．明治期の少年事件報道の特徴と「不良少年」観　175

　　3．大正期の少年事件報道の特徴と「不良少年」観　187

　　4．戦前昭和期の少年事件報道の特徴と「不良少年」観　214

　　5．小　括　229

第6章　実態調査からみた不良少年と都市化による「不良」観の変容…………… 235

　　1．不良少年の定義と「不良」基準の類別化　235

　　2．不良少年の集団化とその活動内容　247

　　3．不良少女の実態とその変容　263

　　4．多様化する価値観と揺らぐ「不良少年」観　267

第7章　戦時期における少年工の不良化問題 ………………………………………… 276

　　1．戦時期の日本の状況と不良少年政策の概観　276

　　2．少年労働者の増加原因と社会事業　278

　　3．職業少年の不良化とその要因分析　―「畏怖」と「開き直り」の選択―　282

　　4．戦時下における少年工の不良化問題　287

　　5．少年工の不良化と選抜機能　295

第8章 戦時期日本の「不良少年」観の集約と国策への埋没 ……………………… 302

1. 不良少年政策のアメとムチ ― 保護処分と司法警察活動 ― 302
2. 不良少年に対する学校教育の行き詰まりと感化教育 313
3. 15年戦争と「不良少年」観の変容 329
4. 日本の終戦と「不良少年」観 346

第9章 結 論 ……………………………………………………………………… 363

あとがき 370

参考・引用文献 373

人名索引 400
事項索引 404

凡　　例

1．本書における資料の引用に関しては，できる限り原文の仮名遣いと用字はその
　まま使用した。
2．引用した資料の圏点およびルビは基本的に原文のままとした。ただし２文字の
　繰り返し符号の箇所は，同文字を用いて表記している。
3．引用文における省略箇所は，「…（中略）…」などと表記している。
4．本文中には，現代において差別的な表現・表記と思われるものがあるが，原文
　の歴史性を考慮してそのままとした。
5．本文においては，適宜筆者によるルビおよび読点を付している箇所がある。

序　章

「不良少年」観を中心とした
不良少年概念の考察と研究目的

１．問題の所在と本研究の目的

　本研究は，近代日本（明治期から戦前昭和期）における少年非行に対する社会的
反作用を分析対象として，少年非行に向けられた公的機関や各学問領域の専門
家，マス・メディア等の言及や事象を整理し，その変容過程を歴史社会学的に分
析するものである。

　本研究では，少年および少女の法令違反をはじめとする逸脱行動に対する社
会的反作用を通じて当時の少年非行に対する眼差しを「不良少年」観として考究
する。青少年を行為主体とする逸脱現象は，道徳観や倫理観，そして集団内にお
ける規範や法規範など広範な基準から外れた行為や状態を指す。特に刑法を中
心とした法令違反は，該当する少年に対して社会的反作用を強く引き起こすこと
が予想される。そのような少年非行現象を明治期以降の近代化という日本の大
きな社会変容を含意して明らかにしていきたい。

　現在の少年犯罪を解明するにあたり，精神医学的または心理的なアプローチ
が台頭し，マスコミの報道をみてもさながら非行少年が精神や心理面において
「異常」であるかのような解釈が広まりつつあるように思われる。そこには，高
度消費社会における価値観の多様化やネット社会における対面的な対人関係の
希薄化など，少年犯罪に対して今日の複雑化した対人関係では理解し難い回答
を個人の内面に求める傾向が，「こころの問題」として浮上したからではないだ
ろうか。

この「こころの問題」は，それを解釈する認識枠組の基盤部分にどれだけ精神医学や心理的解釈要素が組み込まれているかによって，一つの非行原因として成立することが可能となる。つまり，「こころの問題」が非行原因であるためには，精神科医や心理学者などによる学問的で専門的な解釈が必要だからである。また，ここで「こころの問題」を一つの非行原因と述べたのは，本来の非行原因が社会の変動や社会関係を含めた多元的なものだと考えるからである。そして，非行原因を解釈する研究者の立場や捉え方の違いによって非行原因が取捨選択され，公の主要な原因としてマス・メディアや専門誌を通して社会へ提示される。つまり，少年非行問題においても誰がどのような視点に立ってその問題を解釈して社会の同意を得るかによって，少年非行への問題関心やその解決策も変容してしまうことを意味している。

　このような専門家の見方（解釈）以外に，日常の生活において非行少年を取り巻く人びとの見方はどうであろうか。非行少年に対して多くの人は，法律に違反する行為主体である少年をあげるかもしれない。しかし，実際に非行少年と判断するために，その法律の具体的な内容について問われると，どれほどの人が正確に答えることができるのだろうか。ある人からみれば，派手な外見だけで非行少年と判断するかもしれないし，集団で深夜にたむろする少年たちをみて非行少年とみなすかもしれない。このように，その少年が非行少年かどうかという判断は，多くの意見のわかれるところだろう。つまり，非行少年は，その社会に通底する逸脱観が相互作用を通じて生成され，その逸脱観を基準とした判断に大きく関わっていることがわかる。

　非行少年を考察するための逸脱観は，具体的に少年を行為主体とする「非行」観といい換えることができる。つまり，この「非行」観を基盤とした多様な集合的反作用が非行少年を決定する大きな要因であるといえる。デュルケーム（Durkheim, E.）は，「われわれは，それを犯罪だから非難するのではなくて，われわれがそれを非難するから犯罪なのである」（Durkheim 1893 = 1989：142-143）という有名な言葉を残したが，まさにこの犯罪現象に類する非行現象は，非行行為を取り巻く社会の視点を多分に含意する行為形態といえる。

この「非行」観は，非行少年を規定する大きな指標であることはわかるが，実際には社会の状況や文化，思想によっても異なってくる。つまり，「非行」観は，各時代における非行少年をあらわすことができると同時に，時系列的に捉え直すことによって，私たち自らが構成する「非行」観を顕在化させ，今日において画一化されつつある非行少年に対する再認識，または再評価も可能なのである。

　ここで本書の目的について論じたい。非行少年に対する研究は，今日に至るまで学術的な考究と実践家の試みのなかで展開してきた。しかし，非行少年研究自体は，各年代の非行少年が中心に語られているために，非行少年に対して年代を超えた時系列的な捉え方があまりなされてこなかったように思われる。特に，非行少年の前身である不良少年を含めた時系列的な考究は，各年代の非行少年に対する問題意識のなかで直接に関心が得られないためか，非行少年の検挙数などの数値上の変化を中心とした公的な統計から語られることがあっても，非行少年や不良少年に付与されたであろう「非行少年」観や「不良少年」観への時系列的な関心や考察はあまり見受けられない。なぜなら，それはこれまでの非行少年問題の関心が，非行少年の行為そのものが問題であり，その原因が何かを追求するあまり，一方で同時に形成される非行少年への社会からの衆目，つまり「非行少年」観に対する考究にそれほど力点が置かれていなかったからであろう。

　このような学術的な状況に一石を投じたのは，アメリカの社会学者であるベッカー（Becker, H.S.）である。彼は，逸脱に関する相互作用のなかでも特に社会から逸脱行為に向けられる社会的反作用に注目し，そのなかで展開される一連の過程をラベリング論として紹介した。このラベリング論が示した新たな視角は，逸脱に対する社会的反作用がさらなる逸脱の契機となり原因にもなるという，当時としては斬新な分析視角であった。その後，さまざまな批判の末にその主張は衰退したが，一方で社会構築主義への大きな足がかりを提示したのである。

　この逸脱への社会的反作用の基盤となる「非行少年」観は，今日の「異常」が強調される非行少年問題に対しても，新たな解釈装置を提示するという点において有効性をもつものと考えられる。つまり，少年非行に対する各時代の政策や統制機関の動向や学術的な動向や実践家たちの刮目を「不良少年」観として捉え

考察してみる試みは，今日の一面的な見解になりがちな非行少年を再認識する
うえでも重要な分析視角を与えてくれるはずである。そして，不良少年に向けら
れた社会の衆目は，時代背景の差異こそあれ，今日の非行少年をみつめる我々の
心性に何らかの通底するものを提示してくれる。そこに通底するものが，「不良
少年」観に顕著にあらわれるのである。また，非行少年の特質として非行少年は
「社会の鏡」であると評されることがある。つまり，みえにくい社会の動向を反
映する非行少年を理解することは，非常に困難な作業ともいえる。だからこそ，
非行少年に対する社会は，この理解しがたい非行少年に何らかの解釈を求め，不
安を解消しようとするのである。しかし，本研究において対象とする少年非行現
象および少年非行現象に対する社会的反作用の主体となる統制機関や専門家，
実践家たちも近代化という大きな社会変容に影響を受けていることは重要な視
点である。つまり，「不良少年」観を読み解くうえでは，ミクロな社会的反作用
に注目する一方で，近代化というマクロな社会変容が「不良少年」観の基盤とし
て存在していることを前提として分析をおこないたい。

　本研究では，近代化が急速に進んだ日本における明治期の不良少年の発現か
ら昭和期の敗戦に至るまでの約60年間を，「不良少年」観に基づく社会的反作用
を時系列的に捉え直すことによって，非行少年に対する再認識または再評価の
ための指標を提示する。また，「非行」観の変遷を追う少年非行史の研究として，
新たな分析上の資史料を提供できるものと考える。さらに現状の非行少年問題
を理解していくうえで，今日と同様に戦前期においても不良少年が社会の社会
的反作用に大きく影響することを明らかにし，近代的な「子ども」観に起因する
不良少年の可塑性を否定し排除にまで至る戦前期の状況を解明することで，今
日の非行少年に対する一面的な理解や危険視への警鐘に有効な視角を提示でき
るものと考える。

2．本研究における少年非行史の学問的位置づけと不良少年研究の諸問題

　少年非行現象に対して学問的に分析を進めていく際に，さまざまな学問領域からの分析視角の違いによってその解釈は異なってくる。社会学的な分析視角を用いる本研究は，近代化という枠組みを支柱として少年非行現象を読み解くことが念頭にある。ただし，戦前期の少年非行現象をみるために，近代化論のひとつに視点を置いた演繹的な資史料収集と分析は試みない。本研究では，少年非行に関わる資史料を悉皆的に収集し，それらの資史料から近代化を前提とした少年非行現象の変容過程の特徴を読み取る帰納法的な検討をおこないたい。後述するが，犯罪および非行という逸脱現象は，当事者が残した一次資料も少なく，特に少年であればなおさら資史料として残っているものは限定される。その資料収集の制約のなかでできる限りの資史料を渉猟し，その資史料から得られた特徴およびその変容を歴史社会学的に考察していくことになる。

　では，「少年非行史」を掲げる本書として，不良少年の研究はどのような学問的位置づけがなされればよいのであろうか。ここでその学問的な位置づけについて確認しておきたい。

　本書の非行少年の歴史的な研究は，歴史学というよりも社会史や歴史社会学のなかに含まれることになる。これは，著者自身が社会学的な知見やアプローチに依拠してこれまで研究を進めてきたという経緯でもあるが，歴史学の厳密な一次資料（原資料）に対する検証や解釈に対して，二次資料に対する歴史学の評価については社会学と見解の相違があるように思われる。この歴史学と社会学を含めた社会科学の見解の相違について保城広至（2015）は，歴史学と社会科学のそれぞれの批判を前提に理論的統合を試みており，その前提として双方の批判について簡潔にまとめている。歴史学者からの社会科学者に対する批判として，歴史学者が残された史料や遺物から歴史的な事実を推論するのに対して，自らの見解に沿うような二次資料を恣意的に取捨選択する傾向（「プロクルーステースの寝台」問題）や仮説や問題意識を前提に歴史的な事例を検証する傾向をあげ

ている。一方，社会科学者から歴史学者への批判として，自らの研究対象に埋没し，全体的な視点から対象をみることなく狭い研究対象を普遍化する傾向（「木を見て森を見ない」問題）をあげている。この問題に対して保城は「過程構築」および「中範囲の理論」の構築を示してその統合を図ろうとしている。本研究では，これらの問題も留意したうえ，戦前日本の近代化について少年非行現象という限定された範囲（中範囲）のなかで社会学的に考察することになる[1]。

　次に社会史と社会学について確認しておきたい。歴史学者のバーク（Burke, P.）は，社会史を「社会関係の歴史としても，社会構造の歴史としても，日常生活の歴史としても，私的生活の歴史としても，諸々の社会階級の歴史としても，個別の，また相互に依存する単位としてみられた社会集団の歴史としても定義できよう。これらの諸定義が同じ意味だとはとてもいえない。それぞれの定義は，それぞれ別々のアプローチに対応しており，それらのアプローチは，それぞれ利点と欠点とがあるのである。しかし，いずれのアプローチも，社会学上の諸概念と，社会学の用語に少し親しむことなしには，先に進めることが難しいのである」（Burke 1980 = 1986：33）と定義する。

　この社会史における指摘は，少年非行史を研究対象とする本研究においても傾聴に値する。つまり，社会史と社会学の学問的に近接した関係性をこの指摘から読み取ることができる。しかし，これだけでは歴史学と社会史との関係がはっきりとしないため，簡単ではあるが歴史学から社会史への歴史的経緯について触れておきたい。

　これまでの歴史学の学問的な経緯からみると，社会史は実証主義史学からアナール学派による大きな転換期に認めることができる。実証主義史学においては，歴史というものを歴史的事実のつながりによっておのずと語られるものであるという前提に立っていることから，歴史家の仕事が歴史的事実を発見し，それを再構成するだけで十分と考えられた。つまり，歴史学は歴史的事実の痕跡を発見する技術をもって，歴史研究が科学的客観性を持ちうることを実証主義史学に認めることができる。この実証主義史学の批判点について，竹岡敬温は「実証という手続きは今日でも歴史研究の基本的な作業であり，実証主義史学の残し

た正の遺産は正当に受け継がれなければならない。実証主義史学の批判される
べき点は，実証主義の歴史家たちが歴史をひたすら史実確定の作業とし，その結
果，歴史学の方法をたんなる史料操作の技術に矮小化したことである。また，実
証主義の歴史家たちが史料を偏狭に定義し，歴史的事実を知るための手段とし
て，かれらの方法に完全に適合する文書史料だけを過度に優先するにいたった
ことである」(竹岡 1995：7) と実証主義史学に関して指摘する。

　このような実証主義史学の批判点を踏まえ，アナール学派を中心とした社会
史の歴史学上の転換をみることになる。アナール学派は，実証主義史学の批判点
から，全体史としての社会史の確立を目指した。ここであげた全体史とは，歴史
の領域で地理学，経済学，政治学，社会学，心理学，宗教学等の人間諸科学のあ
いだの壁を打ち破り，人間諸科学の結合を促進し，人間や人間集団を総合的な視
角から捉えようとする研究である。さらに，アナール学派は，問題史に関しても
注目することになる。問題史とは問題関心によって再構成された歴史の意味であ
る。つまり，現在と未来にとっての問題状況を，その歴史的根源を明らかにする
ことによって説明するために歴史を再構成することである。

　この実証主義史学の批判から生じた社会史は，その総合的な視角に立脚し，問
題関心による再構成された歴史研究を表明する点からも，少年非行研究の学問
的アプローチにおいて多くの部分で有効性をもつものと考えられる

　では，社会史と歴史社会学との学問的関係についてはどうであろうか。この点
について，筒井清忠は，「歴史社会学と社会史の実質的な違いはそう大きくない
し，富永健一 (1995) のように社会学のなかの歴史部門を『社会史』とよぶなら両
者は完全に一致することになる。だがここでは便宜的に，社会学者による歴史研
究を『歴史社会学』として重点的にとりあげたい。社会学者による歴史研究のほ
うが歴史学者によるそれに比べて，概念やモデルの適用にさいしてより自覚的・
方法的であり，複数の社会や文化圏をより自由に比較でき，そのかわり一次的資
料よりも二次文献に依拠する度合が高くなるといった特徴がみられるように思
われるが，これも程度の問題であって両者の境界は流動的である」(筒井 1997：6)
と述べている。つまり，社会学者による歴史部門の社会史的な研究を歴史社会学

と位置づけているのである。また田中紀行は,「歴史社会学における分析的・社会学的要素が極小化すると社会史と区別がつかなくなるが,逆に一般化的認識関心が優位に立ちすぎると歴史的事例は理論の検証や例証のための素材に還元され,社会学全体の中での独自性は失われてしまう。これら両極端の中間に大半の歴史社会学的研究は位置付けられる」(田中 2010：623) と述べている。これまでの議論を踏まえると,ここであつかう戦前期を中心とした少年非行の本研究は,社会学的な分析視角に立脚して研究をおこない,社会的反作用に着目しながら一般理論的な検証等を目指していない点から「少年非行」観に関する歴史社会学と位置づけられる。[3]

　次に,非行少年研究にかかわる諸問題について検討したい。ここで本研究対象となる「非行少年史」は,戦前期の非行研究を意味することと同時に,制度・政策史,教育史など,各学問分野からのアプローチを複合的に取り入れた「研究動向」史として位置づけることができる。今日の非行少年に対するアプローチは,各学問領域における専門的な分析視角に依拠し多くの研究業績を重ねている。そして,これら非行少年研究は,成人犯罪に対するアプローチと同様に生物学,社会学,心理学,精神医学,教育学などを中心として,今日においても積極的に進められている。

　本研究においては,歴史社会学的なアプローチよって少年非行現象を解明することになるが,今日の非行少年研究と異なり不良少年研究に関してはいくつかの制約をともなう。はじめに,不良少年研究における実証的な研究結果に対する検証的アプローチは困難であり,括弧付きの研究結果として当時の不良少年の状況を考察しなければならないことである。今日の非行少年に関する分析においても,非行少年に対して社会からのネガティブな意味づけが強調されている状況から,彼らの実体を実証的に把握しその非行原因を探ることは非常に難しい。特に,過去の資史料に依拠しなければならない不良少年の研究は,どのように資史料を選択し,解釈するかにより当時の不良少年像が大きく異なることになりかねない。また,少年自身が犯罪や非行行為を手記として残すことも少ないため,第一次的な非行少年の資史料の収集が困難であることも逸脱領域の研究に

伴う特有の課題であるといえる。

　さらに当時の不良少年研究は，学問的に未分化な状況であり，その分析視角を
いかにして現状の学問的な手法をもって選りわけていくのかという問題が出て
くる。加えて，当時の研究者の学問的な背景を探ることも必要であろうし，当時
の犯罪に関する学問動向にも目を向けなければならない。そのような一定の条件
を満たして，不良少年研究に望むことが理想的には要求される。しかし，現存す
るすべての不良少年の資史料を悉皆的に調査することには限界がある。本研究
はその点からみれば，不良少年の一端を読み取ったにすぎないかもしれない。ま
た，社会学史と同様に他の学問領域におけるそれぞれの学説史や理論のすべて
に目配りできているとは言い難いことも付言しなければならい。ただし，できる
限り資史料を収集することで恣意的なデータの選択に至らないように留意しつ
つ戦前日本の不良少年の社会の見方や実態の素描を提示することは，本研究に
おいて展開できるものと思われる。

　最後に，不良少年に対して学問的に迫っていく手法論についてであるが，これ
は今日の非行少年研究と同様のアプローチが採用されるべきであろう。しかし，
不良少年研究においては，先述した資史料上の制約に関連して今日の非行少年
研究にみられる手法に馴染まないものも出てくる。本研究においては，不良少年
研究を対象としているために不良少年そのものの実態の把握に関して，当時の
研究書を媒介とすることが前提となる。したがって，この制約に関しては厳密に
ふれることはないが，後述する分析視角とも関わってくるために提示しておくこ
とにしたい。

　現状で非行少年を分析対象とするならば，そこでは「量的アプローチ」と「質
的アプローチ」に大別して考えることができる。しかし，これは内容的に類別し
ていくと，いくつかのものを残して括弧付きのアプローチとならざるを得ない。
量的アプローチであれば，犯罪統計を取りあげてみても，今日でも問題とされる
暗数やその当時の定量的分析のレベルなどある程度の断りをもって資史料とし
て採用しなければならない。また質的アプローチでは，観察法や面接法などの調
査法は存命している当時の不良少年経験者のインタビューとしては可能であろ

うが，基本的に不良少年という特異性からみても現実的にこのアプローチは困難
であろう。事例研究法については，不良少年に対するアプローチとして比較的馴
染みやすい手法である。ただし，その資料的価値を見極め選別する過程を経て用
いることが絶対的な条件となる。

　ここまで不良少年を研究するにあたり，大まかな学問的アプローチに際しての
制限について言及したが，基本的には不良少年にかかわる資史料をいかに収集
し，どのような基準をもって選択するのか。また社会学的な関心からいえば，当
時の社会状況やその変動との関係を念頭に置きながら，できる限りそこで展開さ
れる人びとの相互作用のなかで，どのように「不良少年」観が形成されていくの
かという視点に立った非行少年研究が，時系列的な研究の限界を縮める第一歩
であると考える。[4]

3．不良少年研究に関する先行研究と分析視角

　これまでにも非行少年研究に関する多くの優れた先行研究は蓄積されている。
しかし，ここであつかう戦前期を対象とする非行少年研究についてはあまりみる
ことができない。ここでは，自らの非行少年に関する分析視角について，他の先
行研究から導かれる諸理論をみることにより明らかにしてみたい。

　不良少年研究は，少年矯正の歴史としての教育史や矯正実践史があり，ラベリ
ング（相互作用）理論や社会構築主義理論を用いたものがみられるようになって
きた（橋本陽子 2004）。戦後の長期的なタイムスパンの少年非行研究は，畠山勝
美・檜山四郎（1976）や檜山四郎（1988）の法制度や統計を中心に分析した研究や，
少年事件を中心にまとめられた赤塚行雄編（1982，1983）の研究があげられる。ま
た矢島正見（2013）は，1954年から発行されている雑誌『青少年問題』を資料と
して戦後から平成に至るまでの青少年問題を分析している。[5]

　ここまでは戦後日本の少年非行現象を対象とした研究であるが，戦前期の不
良少年に対する社会学的な研究としては，若者文化論から不良少年を近代社会
のイデオロギーのなかに見い出そうとした桜井哲夫（1997）や，思想史（社会文化

史）のなかで若者犯罪を異質の排除と「不忠」の犯罪として捉えていく間庭充幸 (1997) の文化史からのアプローチなどがある。また社会構築主義的なアプローチ としては，メディアや統計などを批判的に展開した鮎川潤 (2001) や国家による政 策に社会問題として構築される不良少年をみようとした山元公平の研究 (1995) などがあげられる。特に近年の少年非行史に関する傾向としては，社会構築主義 に立脚したアプローチが見受けられる。では，なぜ社会構築主義の分析視角が少 年非行史に採用される傾向にあるのだろうか。

ラベリング (labeling theory) 論やその延長線上にある社会構築主義は，これま での社会・文化構造に逸脱の原因を考究するアノミー論などとは異なる視座を 提供した。ラベリング論では，行為をする人とそれに反応する人との相互作用を 中心として，その過程における行為者に逸脱者としてのラベルを付与することに より，本当の逸脱者を生みだす視点を強調するものである。また，ラベリング論 の初発行動原因の不在や行為の価値判断上の評価および道徳性の問題の欠如な どの批判を受けたものが社会構築主義である。

社会構築主義は，定義の変化や問題化過程，問題から発見されるプロセスに特 化にすることで，ラベリング論における批判を客観的な問題状況の存在を避け， 原因論を括弧に入れることでその批判を回避する姿勢をとった。社会構築主義 が少年非行史に馴染みやすい点として，その特徴が法規範と社会規範のズレや 規範そのものの変動過程などの，社会規範についての共通理解がない領域や実 態の解明が困難な分野，つまり「状況の定義づけ」に左右されやすい領域に適用 された場合に威力を発揮することがあげられ，意図的にそれに適したものが テーマとして選ばれる傾向にある（山元 1995)。つまり，本研究の対象である不 良少年に関しても，統制のあり方いかんにより大きく左右することになる不良行 為を中心に分析する場合には，比較的アプローチしやすい分析視角であるとい える。[6]

ただし，本研究のテーマである「不良少年」観の変容の解明は，「不良少年」 観を中心として研究内容が構成されていることから，不良少年が社会問題化す るプロセスに迫る社会構築主義とは，ある意味異なる問題意識を有しているとい

えよう。つまり，厳格な社会構築主義の視点（スペクター＆キッセ）に立って不良少年問題の発生（クレイムの申し立て）や形成過程を詳細に語っていくというよりも，社会問題化した不良少年に対する社会的反作用を辿ることで「非行少年（不良少年）」観という新たな少年非行へのアプローチを提示することが念頭にある。また，本書は不良少年に向けられる社会的反作用を中心に分析していくが，不良少年および研究者たちは，明治期以降の近代化という社会構造の（急激な産業化や都市化など）の渦中にいることは見過ごせない。つまり，不良少年の実態調査や統計結果を加味しながらマクロ的な社会変動についても配意しつつ分析を進めていくことを本研究では求めている[7]。

　ここで少年非行現象を歴史社会学的に分析するにあたりフーコー（Foucault, M.）の言説研究も本研究において重要な知見を与えてくれる。「言語論的転回」以降，哲学や歴史学，社会学などさまざまな学問領域で言語を前提にした議論の流れが影響を与えたことは周知のとおりである。フーコーは身体をめぐる系譜として権力に着目し，その権力に対して言説分析を試みた。この言説分析であるが，歴史社会学としてどのように援用していけばよいのだろうか[8]。

　広田照幸（1996）は，フーコーの言説分析を前提に歴史を通した教育言説研究における方法論的原則として，「言説を一つの社会的事実として扱うこと」，「価値体系の宙吊り」（何らかの確実な言明や対象・概念等を前提としない），「社会理論や社会モデルへの還元的説明の拒否」，「『言説空間』を構成する規則性の解明」（「言説」の集合体における言説的秩序の規則性）をあげている。そして，これらの原則から作業の設定を「ある言語空間が全体として共有する諸原則を記述する作業」と「ある言説空間が異なる原則に従う複数の言説群によって構成される場合の布置の規則性を記述する作業」の二つの方向を示している。これらの「言説空間」における歴史社会学のアプローチの整理と原則は，「不良少年」観をみる際にも多くの点で共通する。広田は同書で「体罰」事件の言説分析を例にあげて，「『体罰』に関して現在とは全く異なる言説に布置構造になっていたわけで，このことは『体罰の歴史』ではなく『〈体罰問題〉の語られ方の歴史』を丹念にたどる必要性を示唆している」と指摘する。これは本書で換言すれば，「不良少年問

題」の語られ方の歴史ともいえる。

また，このフーコーの知見を歴史社会学に取り入れる際に，セクシュアリティを歴史社会学の視点から考察した赤川学が歴史理論家としてのフーコーの「方法」についてまとめている。

赤川は，自らの言説分析の手法と厳格な構築主義の社会問題発生の場における言説を自明の社会学理論に還元する批判に対して，「言説のありようを社会構造や社会集団の利害に還元して説明する理論を，最終的に，完全に拒絶するつもりはない。言説というテクストを，その外部に存在するコンテクストによって説明しようと試みるのは，ある意味で社会学のレゾン・デートルといってよいのだから」(赤川 1999：36) と述べている。そして，この「コンテクスト」の認定の仕方によって生じるリアリティの問題や「テクスト」と「コンテクスト」を区別する基準の問題を確認したうえで，「テクスト」の内側を精緻に記述する研究方針を打ち出している。さらに赤川は，佐藤郁哉 (1992) やグレイザー＆ストラウス (1967＝1996) の知見を歴史社会学に応用しようと試みている。史料至上主義や史料や言説の潜在化された説明変数について留意しつつ，「データとしての資史料の存在形態をなるだけ正確に復元することを第一の目標として設定し，データの存在様態に合わせた説明の様式を編み出していく必要がある」(同書：39) として，理論が先行される際の理論演繹的なデータの解釈に対する問題への対応を提示している。

本研究は，「不良少年」という対象を当時の資史料のなかで可能な限り収集し，そこで語られた，またはみえていた姿を「不良少年」観として説明することになる。さらに，研究者レベルの問題意識や解釈が制度化され，「社会意識」として一般の人びとに共有される点を新聞報道や不良少年への参与観察のテクストを通じて探っていく。この点についても，新聞社の編集や参与観察者の整理というバイアスが生じる。その点を考慮に入れて，今日残された資史料を整理することが重要である[9]。

また，社会構築主義的なアプローチから歴史的な精神疾患言説の研究をおこなった佐藤雅浩 (2013) は，ハッキング (Hacking, I.) の「ループ効果」から得ら

れた知見を用いて社会構築主義の課題点について指摘している。この問題とは構築の過程（カテゴリー化の過程）と実態の変化の関係性にともなう判断と述べ，「精神疾患の歴史研究とは，過去における精神疾患の実態そのものを研究する試みなのか，過去における精神疾患の捉えられ方を研究する試みなのか，という問題である。もちろんこの問題は，構築主義論争を経たすべての歴史研究に当てはまる問題である」（佐藤 2013：51）と言及する。そして「精神疾患に関する歴史研究においては，この問題について二つの暗黙の研究スタンスがあるように見受けられる。第一の立場は，歴史資料から，過去の精神疾患（あるいはその患者）の『実態』に迫ろうとする研究であり，第二の立場は，言説による『構築』の過程を強調する研究である。古典的な歴史学者や医学史家は前者の立場に近く，ジェンダー論やカルチュラル・スタディーズに影響を受けた構築主義系の研究者は，後者の立場に近いといえるだろう。もちろん，両者とも精神疾患に関する言説が，患者の処遇形式や法制度などの『実態』に何らかの影響を及ぼしたことについては暗黙の合意がある。しかし，どのような言説が，どのような『実態』を構築するのかという点について，踏み込んだ議論をしている論者は少ない。つまり，双方とも『構築されたもの』と『実態』を隔てる深い谷については黙して語らないのである」（同書：51）と指摘している。

　佐藤は，社会構築主義の立場からこの問題に対してハッキングの議論を参照しつつ双方の「効果」として解釈する方針を示している。佐藤のテクストは新聞記事を中心としているためこの両者の影響に関する議論が重要であろう。ただし，本研究は，新聞報道をマス・メディアの「不良少年」観として捉えるだけではなく，実態としての少年犯罪や「不良少年」をそのテクストから得たいと考える。また，当時の研究者や実践家たちのフィールドワークから得られた「不良少年」の実態に肉薄した資料を用いることでできる限り「実態」を明らかにすることも重視している。なぜなら，著者自身がその「実態」の変容に大きく影響したであろう近代化を前提に非行少年史の展開を考究するからである。近代化や戦争という時代の混乱を社会背景とする戦前期の少年非行現象をみるためには，社会構造の変化やそれぞれの社会的反作用を言説空間において紡いでいくこと

が必要となる。[10]

4. 「非行少年」観に通底する「不良少年」観

　ここでは，具体的に非行少年研究から得られる不良少年への分析視角を探り
ながら，論文の構成を含めつつ検討したい。

(1) 不良少年概念の適用範囲

　「不良少年」という言葉は，今日主に使われている「非行少年」の前身として
第二次世界大戦以前に用いられてきた慣用的な語法である。[11]では，概念上の不良
少年は，単に非行少年の前身としての学問的位置づけとされるのであろうか。

　ここでは，現状の非行少年概念を考察し，不良少年概念をみるための資史料を
得たい。つまり，非行少年概念から抽出されるいくつかの解釈や規定をもとに，
不良少年概念から非行少年概念にどの点が継承され共通しているのかを考察し，
不良少年研究を分析する際の材料を得ることにしたい。

　はじめに語法と「非行」行為に注目してみると，精神科医樋口幸吉 (1963) は，
戦中戦後の不良少年および非行少年を矯正医療の立場から，両少年の行為の本
質的な内容に関して大きな変化はないという。そのあらわれとして，昭和30年代
後半においても，不良少年という言葉を用いる人は決して少なくなかったことを
回顧している。しかし，少なくとも不良少年から非行少年へ用語が変化している
ことは，その行為に対する理解の仕方 (「大人側の関心」) が変わってきたためであ
るとしながら，行動規範から外れるということは両者の共通点であることを指摘
している。[12]

　ここで今日の非行少年概念について考察すると，非行少年概念は法的な概念
と反社会的行為一般を指す広い概念に大別される。法的な概念上の非行少年と
は，その行為形態や行政的処遇の手続き上，1949 (昭和24) 年に施行された現行
少年法において「犯罪少年」(14歳以上20歳未満で，罪を犯した少年)，「触法少年」
(刑事未成年である14歳未満で，刑罰法令に触れる行為をした少年)，「ぐ犯少年」(20

序　章　「不良少年」観を中心とした不良少年概念の考察と研究目的　　15

歳未満で，一定の不良行為があり，かつ性格または環境に照らして，将来罪を犯し，または罰則法令に触れる行為をするおそれのある少年）に区分され，それらの行為に該当することで一定の共通理解を得ている。また立場の違いから，警察庁では上記に加え，「喫煙」，「飲酒」，「深夜徘徊」，「不良交友」など自己または他人の徳性を害する行為をする少年を「不良行為少年」とよび，同様に児童福祉法ではこれらを「不良児童」とよんでいる。なかには，家庭裁判所の調査と審判に付される「犯罪少年」，「触法少年」，「ぐ犯少年」に該当しない限り，非行少年とはいえないとする見解もある[13]。

　このようなさまざまな非行少年の区分に依拠するなら，法的な概念上の不良少年の行為内容もかなり広い範囲を包括することになる。法的な非行少年概念の範囲が広い理由の一つとしてそこに「ぐ犯」（虞犯）という行為形態が抽出される。「ぐ犯少年」について，1922（大正11）年に施行された旧少年法第4条には，「刑罰法令ニ触ルル行為ヲ為ス虞アル少年」とだけ規定されており，現行少年法第3条1項3号をみると「次に掲げる事由があつて，その性格又は環境に照して，将来，罪を犯し，又は刑罰法令に触れる行為をする虞のある少年」として，その事由には「イ保護者の正当な監督に服しない性癖のあること，ロ正当の理由がなく家庭に寄り附かないこと，ハ犯罪性のある人若しくは不道徳な人と交際し，又はいかがわしい場所に出入りすること，ニ自己又は他人の徳性を害する行為をする性癖のあること」の四つが明記されている。つまり，旧少年法よりも現行少年法は，ぐ犯少年の「ぐ犯」内容を詳しくあげているものの，判断者の価値観に依拠する主観的な要素が多分に含まれており，曖昧な概念であることがわかる。

　特に旧少年法の「ぐ犯」であれば，かなり広い適用範囲になることがわかる。つまり，法的な非行少年や不良少年の概念では，「ぐ犯少年」が含まれることにより，非行少年や不良少年の適用範囲は成人にくらべて広いものとなる。さらに「ぐ犯」を用いることにより，必然的に不良少年が将来的に刑罰法令に触れる「おそれ」があると仮定されることで実際の「不良」行為だけではなく，将来を含めた時間軸が不良少年概念に加えられることになる。

　また，反社会的行為一般を指す広い概念で非行少年を捉えるならば，法に違反

する行為ほかに，非行行為に対する現実の社会的反作用（法執行諸機関による公的反作用，学校の反作用，人びとによる非公的反作用などを含む）であり，否定的な反作用である「道徳・モレス・フォークウェイズなどに違反する行為」，「社会諸集団の規範に逸脱する行為」，「逸脱行動」，「問題行動」，「反社会的行動」，「非社会的行動」，「不良行為」などの一部あるいは全部が非行行為に含まれてしまう。[14]つまり，非行少年概念上，反社会的行為を非行少年の行為形態と捉えれば，法的な非行少年概念における行為形態を内包することになる。

　ここまでの非行少年の概念から本研究では不良少年概念を分析する上で，反社会的行為までを非行少年の行為形態の対象とし，その特徴である社会的反作用にその分析視角を得ることになる。この社会的反作用の基盤となるものは，先述したとおり「非行少年」観である。つまり，非行少年に対する社会の見方が，非行少年に対する現実の社会的反作用として顕現することになる。また，法的な概念における「ぐ犯少年」概念は，時間軸を含んだ「不良少年」観を示してくれる。したがって，ここで用いる不良少年概念は，行為形態とともに現在から将来までの時間軸を含めた広い範囲を対象とする。

（2）「不良少年」観とは何か

　ここで「非行少年」観について詳述すると，非行少年は「非行」とその行為主体である「少年」にわけることができる。「非行」に関しては，非行少年概念と同様に，さまざまな論議があり，社会によってその範囲にかなりの相違はあるが，広義には犯罪をも含む包括的なカテゴリーである。つまり，「非行」は先述したとおり，反社会的行為を指す広い概念であり，狭義の意味として上記の法的なカテゴリーが「少年」とともに付与される。

　ここで「非行」にその行為主体である「少年」を交えて考えてみたい。「少年」は，「非行」行為の主体であり，一般的に成人と区分されることに用いられる。したがって，この区分は，違法行為に対する責任の有無や処分の相違が法的な差異としてあらわれ，また「少年」に内在する「未熟成・要保護性・教育可能性」などの特質が，教育的配慮として取り締まる側に成人とは異なる，ある意味特別な

序　章　「不良少年」観を中心とした不良少年概念の考察と研究目的　　17

作用を生じさせる。つまり，ここに教育による「可塑性」に富み，社会的に保護が必要である「少年」観がみいだされるのである。この「少年」観は，法的な責任や処分だけに認められるものではなく，周知のように学校教育の現場や家庭においても認めることができる。つまり，この「少年」観は，法的な概念よりも広い適用範囲を有する反社会的行為主体である非行少年においても認められることになる。

　ここで，不良少年概念についてその特質をあげると，不良少年の概念上の「不良少年」観は，社会的な反作用によるものであるため「非行少年」観と同様に広範におよぶということである。特に，法制度が未分化な時代における「不良少年」観は，資史料のあつかい方によりその意味を大きく左右する。つまり，歴史的な資料に関わる限界がここにあげられる。したがって，本研究で用いられる「不良少年」観を基盤とする不良少年概念は，学問的な概念であり，限定された資史料を基礎として形成されていることを付言しておかなければならない。非行少年概念と同様に，当時の専門家や研究者がいかに不良少年研究のなかで，不良少年を類型設定とそれに基づく理論展開を図るために類型化し，どのような類別基準をもって概念規定していたかを不良少年研究として考究することになる。そして，その概念規定を前提として，「不良少年」観の議論がおこなわれることになる。

　また，非行少年概念から得られる特質としては，「少年」に向けられた「要保護性」，「教育可能性」などの教育的配意があげられる。近代化の進む戦前日本において，少年に関する法的整備や「子ども」観が諸外国の影響を受けながら広められる。それとともに，教育水準や労働市場，都市化などの近代化の変容が，「少年」観に対する理解と認識を広めることになる。この近代化のなかで成立した「子ども」観をここでは近代的な「少年」観として抽出する。

　ここで，なぜ明治期以降に「少年」観をみいだしたのかについて，先行研究としていくつかの見解がある。教育史を通して児童観を考察した石川謙（1949）によれば，江戸期以前の法規をみても一般に「親の延長としての子ども」を印象強く念頭に刻んでおり，児童そのものを子どもと認めるまでには児童観の発達をみることができないとし，児童保護に関しても江戸期に児童保護の施設がみられる

が，この施設は「児童としての子ども」という人道的な立場によるものではなく農村人口の増殖を目的とする諸藩の財政政策と固く結びついていたと指摘している。江戸期までの少年に対する社会のかかわりを考察すると，法的に罪を減免するなどの刑事責任能力における特別な対応がみられるものの，教育的配意をもって「子ども」を意識することは低く，明治期以降の近代化による義務教育などの教育観の浸透とは大きな差があったのではないだろうか[16]。

このような「不良少年」観には，日本が近代社会へと移行するなかでどのような法的な主体としての構成員を構想し，逸脱した構成員にどのようなかたちで対応するのかという新たな社会政策としての基準も加わることになる。これは要保護や教育的配慮を含意する「子ども」観に立った刑事政策や教育政策の実施と，従来から心性として存在すると思われる疎外や制裁の対象とみなす「不良」観が「不良少年」という両義的な意味（受容と排除）を帯びて存在することになる。このアンビバレントな存在ともいえる「不良少年」が，どのような社会状況においてそのバランスが傾くのか，または揺らぐのかという点に注目することによって，近代社会における不良少年を読み解いていくことにしたい。

（3）「不良少年」に対する社会的反作用とは何か

社会的反作用（societal reaction）とは，人間の行為に対する人びとや法執行機関などの受容，黙認，否定など，さまざまな反作用をいう。社会的反作用は，主にシンボリック相互作用論（symbolic interaction）やラベリング論において用いられる概念である。

シンボリック相互作用論は，1920年から1930年代に全盛期を迎えたシカゴ学派社会学に大きな影響を与えたミード（Mead, G.H.）を開祖とし，1960年代にブルーマー（Blumer, H.G.）によって命名され復活することになる。ブルーマーは，ミードの理論を継承する立場から，社会の本質を人間の主体的行為からなると考え，そこで交わされる人間の相互作用が「規定」と「解釈」から形成されるものと考える。つまり，人間の相互作用は，シンボルの使用を通じてお互いの行為に付与する「意味」を確定し「解釈」することによって展開される。このように

ミードが提唱した人間の自我 (self) の存在を踏まえたシンボリック相互作用論の展開は，社会的相互作用の「解釈」過程に注目することで社会のダイナミックな変容を捉えようとしたのである。

　こうしたシンボリック相互作用論からみた社会的反作用は，デュルケームのように集合的な「社会」とは捉えずに，具体的にある個人の行為や態度，組織やグループなどと捉え，その言動を明らかにしていくことから得られる他者の評価的な反応であるといえる。その後の逸脱研究を中心にみると，シンボリック相互作用論はラベリング論に理論的な基盤を提供することになる。一般的にラベリング論の嚆矢としてあげられるレマート (Lemert, E.M.) は，逸脱を「社会的差異」(social differentiation) に結びつけ，個人が行った初発の逸脱行為である一次的逸脱 (primary deviation) から個人の一次的逸脱の結果として，社会的反作用がもたらした逸脱行為である二次的逸脱 (secondary deviation) と区別して分析し，社会の側の反作用の過程が逸脱を定義することを指摘した。その後，1960年代に先述したベッカーが登場し「負け犬的視座」(underdog perspective) を強調しながらラベリング論を展開することになる[17]。

　ベッカーは，主著『アウトサイダーズ』(1963) のなかで，逸脱について「社会集団はこれを犯せば逸脱となるような規則をもうけ，それを特定の人びとに適用し，彼らにアウトサイダーのレッテルを貼ることによって，逸脱を生みだすのである。この観点からすれば，逸脱とは人間の行為の性質ではなくして，むしろ，他者によってこの規則と制裁とが『違反者』に適用された結果なのである。逸脱者とは首尾よくこのレッテルを貼られた人間のことであり，また，逸脱行動とは人びとによってこのレッテルを貼られた行動のことである」(Becker 1963 = 1978 : 17) と述べている。

　この視点から不良少年をみてみると，「不良」はある行為に固有な属性ではなく，人びととの相互作用を通じてある行為に与えられた属性であり，相対的に定められたものであることになる。さらに，社会的相互作用を通じて個人や集団，社会機関などが社会的意味を含んだ烙印 (ラベル) を付与することで，それラベルを貼られた人びとが自ら犯罪者や不良少年というイメージを持つことになり，犯

罪者や不良少年としての役割を果たすことになる。つまり，これらの視点に立つ
と，ある人によるある行為に対して，人びと（社会）がそれを「不良」であると意
味付与したときに，初めてその行為は「不良」とみなされることになる。

　ここで不良少年に対する社会的反作用において，一つの理論的な整理が必要
になる。それは，ベッカーが強調する「負け犬的視座」のラベリング論が，不良
少年の分析に際して，ある一面において適用性に欠くことが指摘されるからであ
る。なぜなら，一般的にラベリング論の視点からみる不良少年は，疎外や問題視
など相対的に「負の側面」が強調される逸脱者としての烙印が付与される。だか
らこそ，これまでの逸脱に対する原因論から，視点を180度転換することができ
たのである。しかし，明治期の不良少年には，もう一つ教育可能性や要保護性な
どを含意する近代的な「少年」観も「正の側面」として付与されていたと考えら
れる。

　明治期以降から全国的に展開される義務教育化や感化事業は，少なからず近
代的な「少年」観（「子ども」観）を下敷きにして展開している。少年に付与され
る「少年」観は，不良少年に対しても同様に「守るべき子ども」であり「立ち直
らせる子ども」を個人や集団，社会機関に知らしめて定着させることになる。あ
る意味，この時期の不良少年は，「正の側面」と「負の側面」が同時に付与され
る特異な状況下にあったものと考えられる。そのように不良少年を捉えると，負
と正の両方の側面が社会的反作用として不良少年に向けられるものとして理解
することが，不良少年研究における理論的な適用性からいっても不可欠となる。
したがって，「負」の烙印というよりも人びとの相互作用の過程で不良少年に向
けられる社会的反作用にとどめておくことが，不良少年研究に際して負と正の両
側面の理解における矛盾を回避できるものと考えられる。

　また社会的反作用には，公的または私的な二つの反作用があるが，ある集団の
私的反作用が力関係によって公的な反作用にまで高められたとき，新たな「不
良」が構成されるものとして考える。この分析視角に立てば，不良少年に対する
社会的反作用についてもいくつかのレベルを設定して分析する必要がある。た
とえば，法執行機関がある人を不良少年と定義し，さまざまな処分をおこなうま

序　章　「不良少年」観を中心とした不良少年概念の考察と研究目的　　21

での過程には，法律的な要件のほかに少年の属性や少年の社会的立場に対する
意味付与，法執行諸機関と少年との相互作用を通じて引きだされた状況定義な
どを踏まえて，不良少年を形成するさまざまな社会的反作用がはたらいているも
のと考えられる。そこで少年に対峙する人びとの立場や活動によって，私的な反
作用が法律という公的な反作用に高められることになる。このためにも，不良少
年に対する社会的反作用を具体的に設定し整理する必要がある。

1）不良少年に対する具体的な社会的反作用

　不良少年に対する社会的反作用を具体的に類別すると，本研究においては，
①法制度，②統制機関（警察・少年審判所）・感化矯正機関（感化院・矯正院）・学
校機関・報道機関，③実践家（教員・警察官）・研究者（社会学・教育学・心理学・
精神医学等）にわけて考察する。

　不良少年に対する社会的反作用は，不良少年問題が戦争や不況などの社会的
な変容を背景としつつ人びとのあいだで構成され（私的なレベルの反作用），その
問題に対して法律が施行され制度として定着し（公的なレベルの反作用），学校や
統制機関そして感化矯正機関が中心となって，各機関のもとで実践的に教員や
警察官などがはたらきかける手順となる。つまり，①法制度から②統制機関，感
化矯正機関，学校への流れが不良少年に対する公的なレベルでの社会的反作用
として位置づけられる。

　不良少年に向けられる私的なレベルの社会的反作用については，先述したが，
本研究における不良少年への社会的反作用が，歴史的な資料に依拠する制限と
ともに「不良」というネガティブな側面が強調される不良少年を対象とすること
から，不良少年自身の個人史や不良少年を取り巻く家族および地域住民の資史
料を得ることが難しい。そのような私的レベルの資史料の不足を少しでも補うた
めに，水準を異にするものからの私的レベルの社会的反作用として，当時の不良
少年研究者の意見や見解を取りあげることにしたい。

　不良少年研究者の意見や見解とはいっても，その内容は研究者の社会的な立
場や学問的な視角などから考えてみれば大きく異なるものになる。つまり，不良

少年研究者の位置づけは，実践家として不良少年に接する立場もあれば，法律の草案に関与する学者としての立場もある。たとえば，ある研究者が実践家という個人の立場から不良少年に対する問題提起をおこない，自らの感化事業をもって直接世論に訴えかけることもあれば，精神科医という学問的な見地から法制度に直接的または間接的にはたらきかけることもある。

　他方，当時の人びとの「不良少年」観が間接的であれ，明治期以降の新聞を媒体にしたマス・メディアに影響を受けていたとすれば，専門家としての不良少年研究者の意見は，マス・メディアを媒介として「不良少年」観を発信していたという可能性も捨てきれない。不良少年とマス・メディアに関する分析は，不良少年を取り巻く私的レベルの相互作用過程のなかで不良少年研究者が，人びとの不良少年に対する価値を具体化し特定の規則をつくる補助的な役割をなし，時として多義的である不良少年への価値を演繹することさえあるとすれば，この分析も重要な研究となるはずである。したがって，明治期から昭和期の終戦までの新聞報道に対する考察も必要である。また，ベッカーは規則に関して「規則とは何者かのイニシアティヴによる産物であり，われわれはこのような企画を展開する人間たちを道徳事業家（moral entrepreneur）と呼ぶことができよう」（Becker 1963 = 1978：214）と述べている。まさに不良少年研究者はその立場によって，「道徳事業家」として公的レベルの法律や法執行者という社会的反作用にはたらきかけることさえあることになる。そのように考えると，不良少年研究における当時の不良少年研究者の意見や研究動向は，私的レベルにおける社会的反作用として重視されるものであり，一方では「不良少年」観を解明するうえでも重要な手がかりとなるものと考えられる。つまり，各時代状況のなかで，不良少年研究者がどのように不良少年を語ったのかを考究することは重要であろう。

2）不良少年研究者の研究動向と社会的反作用の展開

　不良少年研究における研究者の意見や見解は，私的レベルの社会的反作用として注目されるものである。明治30年代を中心として不良少年に関する研究や法制度が進むことになるが，当時の不良少年研究をみると不良少年の原因究明

として，大きく先天的な原因論と後天的な原因論にわけることができる。さらに，この二つの「不良」原因論に研究者自身の学問的な見解が加えられることにより，要因レベルにおいてはさらに細分化されることになる。

　先天的な原因論については精神医学や心理学などが主張し，遺伝や知的障害，精神障害や悪癖を主な「不良」要因としてあげており，それに対して感化教育や社会学などが主張する後天的な原因論としては，社会環境や経済環境などを「不良」要因としてあげている。また，先天的な要因と後天的な要因のどちらの要因も取り入れた見解がみられるのは，犯罪学や教育学など学問分野があげられる。

　このような不良少年研究の動向や見解を分析することにより，不良少年研究者自身の「不良少年」観についても知ることができる。不良少年研究の分析は，研究者が自らの学問的見地に立って感情論ではなく原因と結果を前提とする理論的な「不良少年」観を形成している点からも，当時の「不良少年」観をみるうえで重要な視点を与えてくれる。なぜなら，ある「不良」原因に依拠して理論的に構成された研究者の「不良少年」観は，著書や新聞報道を通じて世論の「不良少年」観に向けられることで，少なからず人びとの「不良少年」観に影響を与えたであろうことが予測されるからである。

5．本書の構成と時代区分

　不良少年研究の動向をみるとき，そこには実践的な側面を含めるとその中心が後天的な要因から先天的な要因へ移行することが認められる。ここで，不良少年研究の動向に触れながら本研究の構成について紹介したい。

　第1章では，不良少年が社会問題として取りあげられる端緒がいくつか認められる明治期後期の社会的反作用の考察をおこないたい。法制度においては，「未成年者喫煙禁止法」(1899) や「感化法」(1900) が施行され，社会的背景としては日清戦争 (1894) が勃発し，児童 (10歳) の東京市本郷の千数戸を焼失させる放火事件 (1898) により，社会が不良少年に対して注目する時期にあたる。

　本章では，本格的な感化院の設立つまり感化事業の展開に注目し，そのなかで

近代的な「少年」観が不良少年に導入され定着していく経緯について明らかにしたい。

　第2章では，大正期を中心とする社会的反作用に注目する。本章では，不良少年に関する後天的な原因論の状況を明らかにし，そこで展開される学問的な不良少年の捉え方に注目したい。特に後天的な要因としてあげられる「社会的なもの」を媒介として，社会病理学や社会学，そして犯罪学の動向をみることになる。また，実際に不良少年の社会的反作用として強い影響力をもつ統制機関と少年法をとりあげ，そこで展開される「不良少年」観について考察する。

　第3章では，第1章および第2章において考察した後天的な原因論に対して，明治期から大正期における先天的な原因論について分析を進めていく。特にここでは，不良少年研究において先天的な原因論を牽引した精神医学を中心にみていくことになるが，西欧化政策を端緒とした精神科医の精神医学的な解釈概念をもってどのように「不良少年」観に影響を与えたのかを考察する。

　第4章では，第3章で明らかとなった精神医療化のなかで変容する「不良少年」観について，教育学および心理学と精神医学の関連や動向を中心に分析する。本章では，特に知的障害を中心に，そこで展開される教育学と心理学の「不良少年」観の動向を明らかにし，その過程に認められる知能検査という鑑別技術の導入と精神医療化の接点に着目して分析を進めていく。

　第5章では，明治期から昭和初期に至る少年事件報道について，その報道の特徴およびその新聞報道（担当記者・編集者）が伝える「不良少年」観と報道された少年事件報道の特徴について解明する。

　第6章は，明治後期から昭和初期にかけて進められた不良少年の実態調査を中心にその実態と動向についてみていきたい。調査結果からみいだされる明治期の「硬派不良少年」や「軟派不良少年」，そして，不良少女の顕在化などをとりあげながら，当時の不良少年の実態を明らかにする。

　第7章は，昭和期の15年戦争下における不良少年について，「少年工」とその不良化について社会的反作用を交えながら考察する。この時期は，重工業化のなかで大工場への就職競争における選抜と適性検査がおこなわれるようになり，

一方では昭和恐慌（1929）などの経済的な不況や日中戦争（1937）の開戦など，不良少年にとっても大きな変容期にあたる。ここでは，特に少年の就職の過程を中心に取りあげることにより，そこで進められる選別機能と「少年工」の「不良」化について考察する。

　第8章は，第7章と同時期における「少年工」以外の不良少年に着目する。15年戦争期は，「不良少年」観からみると画一化の時期にあたる。戦時下という特異な社会環境において戦争人員としての「少年」観が確立し，そのなかで精神的な障害に対する排他的な政策が講じられる。このような状況において，不良少年に対する統制機関や教育機関の「不良少年」観をみいだし，その背後にある精神医学の台頭と戦時下の国策について考究したい。

　図序－1は，「不良少年」観を中心とした少年非行史の全体的な構想と本書の構成である。これまで説明してきたように少年非行に対する社会的反作用をそれぞれ大別して各章①から⑧までを図に当てはめている。内容的に他の部分と重複する部分もあるため章の内容の一部が重複する部分もあり，概ねの分類となる。また，少年非行現象は戦争によって分断されるものではなく近代化という大きな社会変動とともに変容していると仮定している。

　本書では，戦前期を中心に分析しているが，本来の少年非行史は明治期以降から現在に至るまでの大局的な分析視角が求められる。さらに日本と同様に諸外国の少年非行の分析を含めて比較検討し，逸脱領域から近代化を再考することも少年非行史研究の全体的な構想として必要となる。本書は，その一部の研究成果であり，明治以降の日本における近代社会と少年非行の関連や変容を明らかにすることが目的となる。ただし，この少年非行史研究の全体的な構想も歴史社会学という視点から社会的反作用という分析枠組みを用いること自体が限界を示すことになる。つまり，他の学問領域から少年非行現象を時系列的に分析することで，異なる解釈や非行少年の変遷が語られることも当然ありうる。本研究においては，少年非行現象を歴史社会学的に社会的反作用である「不良少年」観に着目して紡いだ研究成果として位置づけている時点で試論の域を出ない分析箇所も多々あるかもしれない。しかし，このような「中範囲の理論」を構築するこ

とが，最終的に逸脱領域からみた日本の近代化を読み解く理論へと帰結することを雑駁ではあるがこの図は想定している。

最後にこの序章をまとめると，本研究は「非行少年」の前身である戦前期の日本の「不良少年」を対象として分析する。非行少年と同様にその「不良」行為の主体である不良少年は，「少年」観を含意する少年である。近代的な「少年」観に含意される「未熟成・要保護性・教育可能性（可塑性）」を基盤に，不良少年に向けられる社会的反作用の形成と変容を考察することは，同時に不良少年に付帯する「不良」観を社会的・文化的状況において再定義することが可能となる。つまり，これらを考察に取り組むことによって，不良少年の社会問題化が不良少年の数値的な増加の問題である以上に，「少年」観と「不良」観を含意する「不良少年」観の変容と意識化が不良少年問題として顕在化したものとして捉える視角が提示される。

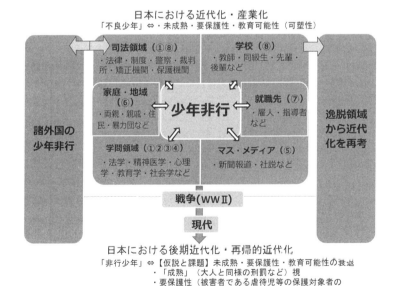

図序-1　少年非行史の全体的な構想と本書の構成

「不良少年」観は，近代的「少年」観との結びつきのなかで時代の動きに敏感に反応しながら，社会的反作用の判断基準として形成される。だからこそ，何をもって「不良」なのかという「不良」観の考究は，今日の非行少年に通底する大きな課題なのである。このような研究姿勢から，精神医療化や少年法(旧少年法)施行などの近代化の変容を踏まえつつ，さらに戦前の不良少年研究や調査を取りあげながら，「不良少年」観の変容を明らかにすることが本研究の目的となる。

〔注〕

1) ここで演繹的な方法と述べているが，ポパー(Popper, K.)が演繹法に対して批判した反証可能性についても留意している。また，本研究を少年非行現象に対する近代化の影響という仮説の検証とみれば演繹的な方法によるアプローチとみなされるかもしれない。ただし，本研究は理論の構築を目指しておらず，マートン(Merton, K. R.)が示した中範囲の理論的な仮説の検証として少年非行現象を研究対象に取りあげたという研究枠組みで研究を進めている。また，歴史学と社会学を資料空間について比較した佐藤健二は，「歴史学における歴史性の対象化は，まず残された〈書かれたもの〉の集積の上に，その表象を徹底して読むリテラシーとして成立した。その意味において，対象とすべきデータをテクストと呼ぶならば，テクストの存在は向かい合うべき事実であった。(中略)これに対して社会学的実践はテクストとなるデータを収集するところから始まらざるをえない。ある意味では積極的なのだが，すべてを集成することなど不可能で断念せざるをえないため，方法論の議論を自覚的にかつ弁明的に成立せざるをえなかった。しかしながら，収集テクストを作り出してしまったあとは，じつは歴史学と同じく文字であれ数字であれ〈書かれたもの〉の集積の上に，その表象を徹底して読むリテラシーの実践である点で変わらない。その意味では，資料の存在形態に依存し，それがつくりあげた空間に内属しながら対話する知という点では違いがないのである(後略)」(佐藤 2001：48-49)と言及しており，社会学分析視角とする本研究においても，少年非行に関する資料空間の把握については，「表象」を読み込む姿勢を念頭に置いた資史料の収集とアプローチが求められる。

2) 筒井は，「歴史社会学」を次のように定義している。「家族社会学・産業社会学・宗教社会学など，社会のなかの特定の領域をあつかういわゆる『連字符社会学』が数多く存在するが，歴史社会学とは，これらと部分的に重なりあいつつ，社会(ないしその下位領域)の歴史的変動過程の説明になんらかのかたちで関心をもつ経験的(実証的)研究を総称したものと考えてよい」(同書：1)と指摘する。

3) 野上元 (2015) は,「歴史資料」,「歴史表象」,「歴史経験」の三つをあげて〈現在〉の歴史社会学の可能性を提示している。そこでは,「歴史資料」については,資料をどのように収集して分析するのかという「作法」や「方法」に柔軟や鋭敏などが求められ,そのような社会学的なアプローチが創造性を開発するという。一方,「歴史表象」では,歴史が書かれ表象されるときに目標や課題に応じて多様な選択規準が存在し,「確からしさ」や「真正性」を変数として選択の設定をすることで,現代社会を捉える視点が可能であるという。「歴史経験」は主にライフヒストリー研究と歴史社会学についての考察であるが,本論でも少年非行に関する資史料の収集や選択規準に関して今日に通底する「少年非行」観など,近現代という同時代史家という認識を持ち得ることで新たな少年非行史の枠組みを確立していくことが必要である。

4) 佐藤健二は,歴史社会学を補助線という意味合いで用いており,その補助線は「資料によって構築された空間のうえにこそ引かれる (中略) さまざまな補助線を工夫しながら,どんな問題にとりくんでいるのか。一言でいうならば,解釈学的な社会学論議とは異なる,資料学的な解読の場の創造であり,それをささえる地平の構築である」(佐藤 2001:305-306) と述べている。少年非行に関わる資史料を収集し,その資料空間のなかでデータを批判的に論証する姿勢とともに,その資料空間が「異質な部分部分を共存させ,その表象をめぐる処理の論理を明らかにしつつ組み入れて,それ自体が認識プロセスを表明しているようなリレーショナルな構造を有する蓄積として,はじまるのではないか」(同書:50) という資料空間の設計は,非行少年史の歴史社会学においても留意しなければならない知見である。

5) 本研究は,歴史社会学的なアプローチから少年非行を分析するが,法学の視点から未成年者の処遇を制定した「感化法」について考察した田中亜紀子 (2005) や教育学の視点から青少年の逸脱に対する処罰について教育史としてまとめた鳥居和代 (2006),子どもの語りについて年少者保護制度 (少年法や未成年者禁酒法等) から分析した元森絵里子 (2014) など,さまざまな学問領域における少年非行への歴史的な研究も蓄積されつつある。

6) 本研究が戦前期日本の近代化を念頭に置いている点では,佐藤健二が日本の歴史社会学の展開を「歴史社会学」,『近代化』論」,「社会学史」を対象に新たな歴史社会学について考察している。そのなかで「概念の『立場性』を問い,説明 ― 被説明の権力関係を反転させる営みが営みという点では,歴史社会学もまた『近代化』論に対して『構築主義』的であったといってもよい」(佐藤 2001:24) と述べており,今後の諸外国との少年非行史の比較研究においても「理論や図式それ自体のもつ社会的・歴史的な存在被拘束性すなわち研究主体の内属性を,認識論と方法論のなかに内在的にとりこんではじめて成立する,比較社会学としての歴史社会学の作法もまた,『構築主義』と同じ批判力を共有して

いる」(同書：24)と指摘する点も今後の少年非行史研究において傾聴に値する。

7) 教育言説に対する歴史社会学的な考察を加えた広田照幸は、「現代の教育現象（いじめとか不登校とか）の『語られ方』に注目し、それを社会構築主義やエスノメソドロジーの観点から分析する諸研究は（すべてではないが）しばしば歴史的視点を軽視している。その結果、言説の構築プロセスの平板な記述にとどまったり、『〈問題〉は現象それ自体にではなく、問題視する側によって作られる』という一般的な命題を再確認するだけにとどまりがちである。それを越えるためには、その『語られ方』がどういう歴史性を帯びているかという点を射程にいれた説明が必要なのではないだろうか。つまり、近代教育の諸概念や言説の歴史的な問い直しと、現代教育の諸側面に関する同時代的な言説分析の間に存在する、大きな距離をどう埋めるかが、重要な課題として存在しているのである」(2001：6-7)と社会構築主義およびエスノメソドロジーと歴史研究について指摘している。

8) 大賀哲(2006)は、国際関係論における歴史社会学のアプローチとして、「ウェーバー型（実証主義）＝狭義の歴史社会学」と「フーコー型（ポスト実証主義）＝広義の歴史社会学」の比較検討をおこなっている。大賀は「フーコー型歴史社会学」の利点を強調したうえで記述者のバイアスに留意して一次史料の検討とその中での理論の構築を行う必要性について言及している。本研究も「フーコー型歴史社会学」に多くの部分が重なる。その際に、大賀の指摘する事例に合わせた理論検証の視座は有効であると思われる。

9) 赤川は、同書におけるセクシュアリティの歴史社会学の分析の作業方針を提示している。その中でも「さまざまなテクスト、言説を分析する際に、そのテクストが書かれた意図、かかれたコンテクスト、それがいかに読みとられ受容されたか、といった諸問題を考慮すること。言い換えると、ある言説が言説空間総体に占める位置と機能を測定すること」(同書：75)は、本研究にとっても重視すべき点である。

10) 言説空間における語られない事柄の存在について、赤川(2002)は、被説明項として言説の歴史社会学を用いる際に、この「語り得ない事柄（誰によっても思いつかれず、誰も語らない言説）」について、人間が社会や歴史を生きていることの「宿痾」と表現し、社会学者としてできることは「ある言説空間において決して語りえない言説と、本来語り得たにも関わらず排除されていく言説との奇妙な境界を掲出する作業なのである」(赤川 2002：28)として、言説の歴史社会学のアプローチを評している。

11) 徳岡秀雄(1997)『社会病理を考える』世界思想社、p.75。また医師であり随筆家であった高田義一郎は、「日本不良少女発達史」(1938)において「不良といふ熟語は古來からあつた。しかし之を少年少女に冠した言葉は新しい。(中略)警視廳に不良少年係といふものが出來たのが、蓋しこの言葉を一般的ならしめ

た基ではあるまいか」（高田 1938：158）と指摘している。明治期から学術書や一部の新聞には「不良少年」の文字が認められるが，警視庁の不良少年係の設立と「不良少年」という言葉の社会的な認知については傾聴に値する指摘といえよう。

12) 樋口幸吉 (1963)『少年非行』紀伊國屋書店, p.11。樋口は，「非行」という言葉の使用に関して，その発生は人間社会の発生とともに古い歴史をもつが，「非行」の言葉自体が日本に広く用いられはじめたのは，第二次世界大戦以後であるとし，それまでは「犯罪」や「不良行為」とよばれるものがこれに相当していたと述べている。

13) 星野周弘・米川茂信・荒木伸怡・澤登俊雄・西村春夫編 (1995)『犯罪・非行事典』大成出版社, p.5。

14) 廣井亮一 (2001)『非行少年 ― 家裁調査官のケースファイル』筑摩書房, p.58。また『犯罪・非行事典』によると，反社会的行動と非社会的行動とは，「反社会的行動は既成の社会秩序や文化を攻撃，破壊しようとする行動の総称である．一方，非社会的行動は，社会の均衡に対する攻撃や均衡維持に積極的に機能する行動ではなく，逃避，孤立，拒否などに特徴づけられる行動をいう．逸脱行動はおおむね反社会的行動も非社会的行動もそのうちに犯罪や非行をそれぞれに含む」（星野 1995：17）と定義されている。

15) 岩井弘融 (1973)「序論・正常と異常」岩井弘融編『社会学講座第 16 巻・社会病理学』東京大学出版会, p.12。岩井弘融は，非行少年の概念に関して，「未熟成・要保護性・教育可能性」など少年の特質に対する国家の特別な配慮を裏づけとしてもっていることを指摘している。また，犯罪一般との違いについて大村英昭は，「教育的配意」の優先という特性をあげている（大村英昭 (1980)『非行の社会学』世界思想社, p.72）。

16) 近世以前の子ども観は，近世以前の間引きを取り上げた柳田國男の「小児生存権の歴史」(1963) において知ることができる。また籠谷真智子の「乱世の子どもの日々」(1977) や石川松太郎の「近世の子どもたち」(1977) など，第一法規出版の『日本子どもの歴史』シリーズが参考になる。さらに，刑罰にかかわる少年観と法制史については，石井良助の『刑罰の歴史』(1952) において簡潔にまとめられている。その他の先行研究から日本における前近代社会を通観すると，刑罰に関する少年犯罪の「罪」と「保護」の概念は，中国からの律令制度の移入による少年の刑事責任能力からの減刑処分が上世に認められる。しかし，これらの刑罰の社会史上における「保護」的側面は，各時代の刑罰の内容を概観しても，近代日本の少年に対する「要保護」,「要矯正」,「教育可能性」を基調とするものではなかったことがわかる。

17) ベッカーのラベリング論については，シンボリック相互作用論者からの評価がわかれるところであるが，辻正二は『アンビバランスの社会学』のなかで，「ベッ

カーの研究の営みをみても，シカゴで学び，ブルーマーに学び，彼の仕事の多く
が方法論に加担しているだけに，生粋のシンボリック相互作用論の代表として
捉えられない側面もあるが，彼の師ヒューズを通して学んだ視点は，やはり紛れ
もなくシンボリック相互作用論者のそれであることを窺わせる」（辻 2001：286）
として，シンボリック相互作用論が脈々とベッカーのラベリング論に流れている
ことを指摘している。

第1章

不良少年研究の出発と感化事業の展開

——「少年」観の確立を中心として——

　不良少年研究に関して，不良少年が社会問題として顕在化し社会的に意識化されることから出発するものと考えるならば，本章における明治期の不良少年研究は，理論および実務内容の形成期にあたるものである。

　ここでは，不良少年に対する法制度や感化事業の展開を確認し，その展開に多大な影響を与えた官僚や実践家を中心に考察する。その考察を通して，不良少年の構成概念である「少年」観（「子ども」観）の導入とその過程に迫り，「不良少年」観の確立について分析する。

1．不良少年研究の端緒と近代化における「少年」観

　現存する「不良少年」と題した最も古い単著としてあげられるのが，留岡幸助の『不良少年感化事業』であろう。[1]この題名からもわかるように，不良少年とともに「感化事業」が附されている。つまり，不良少年に対する感化事業に注目することは，不良少年研究の端緒を考察する上で有効であると考えられる。まず感化事業の内容に入る前に，当時の史料から「不良」という用語についてみることにしたい。

　少年に関する「不良」行為を確認する際に，一定の文言として残されているものは罰則等を記した法律に求めることができる。「不良」という言葉が少年の行為に結びつけて用いられたのは，江戸期の諸藩における藩校の訓條罰則にみられる。「不良ノ行アル者其重キ者ハ賤卒ヲシテ生徒ノ自宅ヘ護送ス」（津藩校），

33

「少年子弟ニシテ不良ノ所為アリシキトキハ残読ト称シ」（平藩校）などがその例としてあげられるが，全国を対象とした法律としては，1872（明治5）年の「監獄則」にある「平民其子弟ノ不良ヲ憂フルモノアリ」が最も古い少年の「不良」行為に関する文言といえる（重松 1976）。

　このような少年の不良行為に関する史料を遡ると，不良行為の性格上，その多くを罰則や監獄などの史料のなかにみることになる。つまり，この時点における「不良」とは，当時の罰則対象という性格をより強く含意するものであったことがわかる。

　次に，日本における「少年」観の成立過程についてみてみると，「少年」観が概念として日本社会に確立する端緒は，明治期以降の近代化による西欧の文化の流入に依拠するところが大きいと思われる[2]（舘 1991）。ここでは特に，「不良少年」観にかかわる学校教育の普及と変容する家族観を取りあげることにしたい。

　日本において「少年」観が浸透する契機の一つとして，近代的な学校教育の普及があげられる。天野郁夫（1992）は，全国的な学校教育の普及過程に関して1880（明治13）年の初等教育における就学率が29％であったものが，1915（大正4）年には93％にまで伸び，中等教育においても1％から25％にまで伸びたことを指摘し，この就学率からみても明治期の学校教育の普及が明治政府の強い後押しによって急速に広がったことを明らかにしている。

　この就学率と進学率の伸びは，日本全体の子どもの学力向上に大きな影響を与えたが，その反面，これまでにないさまざまな少年にかかわる問題を顕在化させた。直接的な問題としてあげられるものは受験競争の激化である。この受験競争は，同時に新たな苦学生の不良化という問題を生むことになる[3]。一方，児童生徒や学生という身分が社会的に定着すると，「学生の腐敗堕落」や「女学生の堕落」という問題を一般雑誌や研究雑誌がこぞって取りあげるようになる。つまり，学校制度の確立と普及は，近代的な「少年」観を広範に浸透させるとともに，同時に児童生徒や学生とのかかわりから生じる諸問題を顕在化させる表裏一体の関係であった。

　ここで，当時の小学校教諭が『教育界』（1905）に投稿した「不良児童」を取り

あげてみる。この教諭は「不良児童」が増加していく状況に関して，「教師が不良と稱する兒童を熟査するに，大抵，獨立不羈の性質を有するものに多いよ一である。即ち教師は，此種の兒童を扱ふに束縛を嚴にし，常に命令的，強制的に行爲を禁制し，何故に行ふてあしきか，何故に禁制せざるべからざるか，其の理由を明示して，理解せしめぬ，又兒童に接するに，極めて冷淡で，愛憐と同情とが教授訓練の根基となつて居ない，加ふるに其の教師は，實踐躬行の德に薄く，且つ，威信に乏しい，かくの如くにして兒童は教師を尊信せず，不平はいよいよ増加して來る，其結果が命令を遵奉せざるのみならず，時として反抗の態度をとるに至り，教師をして不良兒童と呼ばしむるに至らしむることが屢々である」(曽根編 1905：55) と述べており，当時の学校における教師と不良少年の関係について言及している。

　このような状況が，当時の学校における一般的な生徒指導をあらわしているとはいえないが，義務教育の普及に裏づけされた教育を授ける対象としての「少年」観と同時に，今日の「非行少年」観に通底するような教師の「不良」観がここに認められる。つまり，教師と児童生徒の間で交わされる相互作用のなかで，教師が児童生徒の理解を得ないままに命令的，強制的に自らの方針を突きつけ，その方針に従わない児童生徒に「不良」というラベルを貼る構造がこの投稿から推察される。

　他方で「少年」観は，近代的な西欧の家族観の導入において浸透していったものと考えられる。後述する感化教育もこの近代的な家族観に立脚していることから，「少年」観をみるうえで近代的家族観は重要な概念であることがわかる。しかし，一方では，近代的な家族観は違ったかたちで下層社会に急速に浸透していった。明治期以降，資本主義経済の発展と近代的国家体制が整備されることに応じて漸次都市化の傾向が進み，都市と農村の分離も顕現した。そして，都市における階級の分化も進むことにより，都市下層社会における貧民窟が形成された。このような都市下層社会においては，婚姻に関してこれまでの伝統的な「イエ」と「イエ」の結合という婚姻観は崩れ去り，結婚生活においても武家階級の儒教的な「イエ」倫理は存在せず，夫婦相愛の情によって結ばれる婚姻観が早く

も明治20年代初めにみられることになる。このような下層社会の状況は,「乞児」の犯罪に注目した東京市養育院幹事安達憲忠の研究においても知ることができる。安達は,「下層社会は結婚離婚甚だ容易にして表面の手續を踏まざるもの少からずに,故に其擧げたる子女も入籍せしめず,而して前妻の子後妻之を悪みて追放する」(安達 1895：10)と,当時の下層社会における子どもの状況について言及している。

　また不良少年が増加した明治30年代をみても,原田道寛の貧民窟調査における「乞食の婚姻」によれば,「彼等の行動は自由に,彼等の意志は束縛されない,従つてその行動や又極めて自由に極めて不規律であるので,形式的の結婚や儀式的婚姻は,固より行はれよう筈はないのである,相見て相愛し,相見て相戀し,意合し情通すれば彼等の戀は忽ち成立するので,茲に野合となり茲に夫婦となるのである,否,公然結婚せず,公然夫婦とならざるも,暗ゝの中,黙ゝの中,何時しか結婚し何時しか夫婦になるのである」(原田 1902：73)と指摘している。そして,このような結婚生活の状況下においては,10人中7,8人の割合で姦通なども横行し,夫が逮捕され入獄などにより不在となれば,女性は男性に内縁を求めて同居することがしばしばあったという。また当時の下層社会における夫婦関係などを含めた罪悪観について,原田も「他人の所有にかかるものを奪へば,他人の叱責を受け,他人の呵責を被むるので,その叱責その呵責の恐しさに,盗みせずといふ極めて單純なる頭である,嫉妬然り,猜疑然り,盗賊然り,姦通又然りで,ただその報ひの恐ろしさに罪悪を犯さないまでで,罪悪なるものの果して人道に背くや否やは,自覺しないのである」(同書：77)と述べている。つまり,このような婚姻観や罪悪観から引き出される下層社会の家族観は,貧困状況下において不良少年や浮浪少年を生みだしやすい環境を形成していたといえる。

　ここにあげた近代的な学校制度の普及と近代的な家族観の浸透は,日本の近代化を促す大きな役割を担った。しかし,このような変容が,下層社会における貧困状況や過剰な競争社会の環境を助長し,「学生堕落」問題や「浮浪少年」問題を生みだす要因にもなったともいえる。しかも,不良少年が近代的な「少年」観を下敷きにしているとするならば,学校に行くことができない「浮浪少年」を

含めた大多数の少年が，社会からの「不良」観の付与に曝されることも意味している。そして，不良少年が研究の対象としてみいだされ，法制度が整備される段階になると，そこには感化教育の対象としての少年，また不幸な境遇下にあり保護されるべき「少年」観が顕現することになる。

2．不良少年に対する法制度と感化事業の経緯

　ここまで明治期の欧米文化の流入を中心に「少年」観と「不良」観についてみてきたが，ここでは不良少年に向けられる社会的反作用として，彼らにかかわる政策や制度に関して言及する必要がある。直接不良少年にかかわる法制度は，1900（明治33）年に施行された「感化法」であるが，それ以前にもいくつかの制度が施行されている。その一つに，1874（明治7）年に発布された「恤救規則」をあげることができる。この法律は，救貧制度の救済立法であり不良少年に直接適応されたものではないが，貧困者（「無告の窮民」）の救済を主とした点からも注目される法規である。この救貧制度と少年とのかかわりについては，先述した安達憲忠の『乞児悪化の状況附収養法』（1895）のなかにみることができる。同書は，安達が1895（明治28）年に執筆したものであり，浅草公園等に出向いて「乞児」の実状を知るために調査をおこなったものである。その結果として，当時の下層社会にある扶養者のない「乞児」が，貧しさのあまり「カッパライ」（窃盗の雛子）や「ボタハジキ」（掏摸の雛子）となり，「親方」を頂点とする組織に組み込まれていく状況を記している。

　この状況からすると，一見恤救規則が貧しさに起因する乞児犯罪の抑止力となるように思われるが，実際は「人民相互ノ情誼」として，対象者を本籍あるいは寄留地に限ることで村共同体の慈恵的側面に頼り，さらに救済対象を厳しく制限したために乞児犯罪の直接的な原因解決には馴染まないものであった。そのために安達は，「乞児」に関して「収養して悪化の根元を断絶するを以て，最も策の得たるものとす」（安達 1895：48）として，「乞児救養法」の施行を求めたのである。

安達の研究は，日本の「乞児」の犯罪研究の嚆矢としてあげられるものであり，当時の社会的な原因である「貧しさ」が「乞児」の犯罪原因であることを明らかにしている。このほかにも，1871（明治4）年に「棄児養育米規則」などの児童に関する法規が布告されるが，これらの法規をみると，「児童保護」観というよりも「救育的観念」が強調されていることがわかる。つまり，この時点での児童にかかわる近代的な「少年」観に立脚した本格的な政策制度の対応を認めることは難しい状況にあった。

　また少年の犯罪を取り締まる法規では，1872（明治5）年に発布された「監獄則」をあげることができる。同法は，懲治監を設けてはじめて幼少年者を懲治者として取り扱った制度である。同法第10条には，「二十歳以下懲役満期ニ至リ悪心未夕悛ラサル者或ハ貧窶営生ノ計ナク再ヒ悪意ヲ挾ムル嫌アルノモハ獄司之ヲ懇諭シテ長ク此監ニ留メテ営生ノ業ヲ勉励セシム」とあり，その他に「二十歳以上ト雖モ逆意殺心ヲ挾ム者ハ獄司ヨリ裁判官ニ告ケ尚此監ニ留ム，平民其子弟ノ不良ヲ憂フルモノアリ此監ニ入ンコトヲ請フモノハ此ヲ聴ス」と記されている。この条文には，「営生ノ業ヲ勉励」などの教育規定もみられ，「二十歳以下」という年齢の区別が認められる。また，「不良少年」に該当すると思われる「平民其子弟ノ不良ヲ憂フルモノ」が，懲治監に収監される要件としてあげられている。

　この不良少年に関わる条文は，1881（明治14）年に太政官達第八十一号改正監獄則においてもみいだされる。改正監獄則の第18条には，「放逸不良ノ者ヲ懲治場ニ入レ矯正帰善セシメント其尊属親ヨリ願出タルトキハ第二十條第一項ノ例ニ照シテ處分スベシ」とあり，年齢に関しても同条に「矯正帰善ノ爲メ懲治場ニ入レルベキ者ノ年齢ハ満八歳以上二十歳未満以下ヲ限リトス」とある。[5] つまり，一定の条件を満たせば尊属にあたる親からの収監も認められていたのである。

　しかし，実際の収監状況としては，懲治場の多くが他の監獄と併設されており，その処遇に関しても一般の犯罪者の自由刑執行とほとんど異なることがなかった。さらに，成人と同施設に収容されているため「犯罪の学校」と批判され，本来の教育主義に反することが多大であった。[6] また，内務省社会局編（1930）の

『感化事業回顧三十年』においても当時の状況について，「併し乍ら此等は素より不良少年を感化すると言ふ思想に基くものではなくして，未だに彼等を犯罪者として取扱ふの域を脱しなかつたのである。然し此の間，他方に於て感化事業に對する思想は著しく發達しつゝあつたことは看過し得ない事實である」（内務省社会局編 1930：4）と回顧している。

　一方では，1884（明治17）年に池上雪枝が大阪で神道祈祷所を私設感化院としたことをかわきりに民間の感化院の設立が相次いだ。池上の感化院は自宅の精神祈祷所に「不良少年」を保護したことにはじまり，当時の新聞記事（『大阪朝日新聞』1884.8.3）に取りあげられるほどであったが，1886（明治19）年には経営難に陥り挫折することになる。

　当時の感化院は私設であり，教誨師や宗教家が創設したものも多かった。しかし，私設であるために，寄付などに頼らざるを得ない状況から資金繰りに奔走する施設も多く，閉鎖や他の施設に吸収される感化院もあった。当時の主な私設感

表 1-1　感化院の変遷

設立年	場　所	施設名	創設者	宗　派	経　過	備　考
1884 (明治17)	大阪市	池上感化院	池上雪枝	神　道	閉　鎖	経営難に陥り明治19年（1886）に閉鎖
1885 (明治18)	東京市	東京(予備)感化院	高瀬真卿	石門心学	錦華学院	水戸神道と石門心学折衷の東洋思想にたつ家族主義
1886 (明治19)	千葉県	千葉感化院	千葉県 仏教各宗寺院連合	仏　教	成田学院	千葉県監獄教誨師等が発起人となる
1887 (明治20)	大阪市	感化保護院	森祐順	仏　教	閉鎖（1899）	職業紹介家庭連絡を中心とした活動
1888 (明治21)	岡山市	岡山感化院	千輪性海	仏　教	閉鎖（備作恵済会感化院へ）	対キリスト教であり，大工職を中心とした実業教育
1889 (明治22)	京都市	京都感化保護院	教海師	仏　教	備作恵済会感化院に吸収	少年のほかに免囚保護を含めた活動を展開
1890 (明治23)	静岡県	三河感化保護院	不　明	不　明	不　明	
1890 (明治23)	新潟県	新潟感化院	不　明	不　明	不　明	
1891 (明治24)	高知県	高松感化保護院	不　明	不　明	讃岐免囚保護院	
1891 (明治24)	広島市	広島感化保護院	不　明	仏　教	広島感化院	広島感化院は財団法人真宗崇徳教社が経営
1897 (明治30)	四日市	三重感化保護院	山岡作蔵	不　明	閉鎖（1942）	警察官としての職務経験から実科を含めた教育を展開
1897 (明治30)	徳島県	徳島感化保護院	不　明	不　明	不　明	
1899 (明治32)	東京市	東京巣鴨家庭学校	留岡幸助	キリスト教	不　明	実業・宗教・体育を教育の中心として活動
1900 (明治33)	感化法制定					

出典）重松一義『少年懲戒教育史』および，佐々木光郎・藤原正範『戦前感化・教護実践史』より作成

化院の変遷を，表1-1としてまとめた。

　私設の感化院が設立される一方で，1898（明治31）年には，当時東京市本郷桜木町において10歳前後の浮浪児の放火により千数戸を消失させるという事件が発生し，当時の人びとに「不良浮浪児」の恐ろしさを痛感させられたとの史料が残されている[7]。そのような社会状況のなかで，1900（明治33）年に法律第三十七号感化法が施行される。この感化法は，成人から少年を刑事政策上分離して感化教育をおこなうことを目的に掲げた点で画期的なものであった。

　感化法制定の経緯について，『感化事業回顧三十年』(1930) によれば，「感化法は明治三十三年三月十日法律第三十七號を以て制定公布せられたのであるが，其の以前にも民間に於て既に感化制度の必要を叫ぶ者，歐米諸國の感化制度の紹介をなす者，感化院を設立する者等が少くなかつた。抑も少年犯罪者を感化すると言ふ思想が我國に於て初めて起つたのは，明治維新以後泰西の文物思想の影響に依るものと謂はねばならぬ」(前掲書：1) と指摘している。つまり，明治維新以後の西欧文化の流入によって「少年犯罪者」に対する感化思想が日本にもたらされ，民間の感化運動を契機として感化法が制定されたことになる。

　その感化法の草案には，内務大臣西郷従道や監獄局長大久保利武，そして大久保のもとにおいて内務省参事官窪田静太郎および監獄局事務官小河滋次郎の名が認められ，その感化法案理由書には，「乞丐，放蕩者等犯罪ノ虞アル不良ノ少年，懲治場ニ留置スヘキ幼者及懲戒場ニ入ルヘキ者ヲ収容シ適當ナル感化教育ヲ施ス爲感化院ヲ設置セシムルノ必要アリト認ム是本案ヲ提出スル所以ナリ」(同書：17) と記されている。

　この法案で注目される箇所は，「乞丐，放蕩者等犯罪ノ虞アル不良ノ少年」であろう。そこには，今日の「ぐ犯」にあたる要件として「乞丐，放蕩者等」があげられている。特に「乞丐」（乞食）は，先述した安達の「乞児」犯罪にも指摘されているように，不良少年の一つの要件であったことがわかる。また感化法案の審議の過程においても，貴族院および参議院の両院における感化法に関する政府側の意見には，「近來所謂乞食遊蕩の不良少年が都鄙到る所に増加する傾向ある爲め，是等の者を収容感化する必要がある」(同書：18) とあり，当時の政府の

40

「乞食遊蕩」という「不良少年」観が認められる。

　このようにして感化法案は議会を通過し感化法の施行に至るのだが，実際には設立管理費が府県負担と規定されており，さらに感化法の附則第14条に感化院の施行の期日を府県議会の決議を経ることが明記されていたため，いっこうに公設感化院の増設が進まなかった。また，感化法の施行に際しても，刑法の「不論罪」により懲治処分を受けた児童が必ずしも感化法による感化院収容とされず，依然として懲治場に収容が可能であったことなどの問題が噴出した。その後，1908（明治41）年の第一次改正感化法が問題解決の法制度として整備されるのだが，その間に設立された公設の感化院は東京，大阪，神奈川，埼玉，秋田の5府県に過ぎなかった。このような状況において，実際に不良少年に接する私設の感化院が注目されるのだが，多くの私設の感化院では少年を中心とする感化院というよりも出獄人保護に傾き，少年の感化が宗教団体による免囚保護の余力としてあつかわれたことは否定しえない事実であった。さらに，実際的な問題として小規模であった私設の感化院では，未成年犯罪者の増加により対応できない状況にあった。そのために感化法以前と同様に運営の資金繰りが困難とな

表1-2　未成年犯罪者の刑事裁判に附されたる者の累年増減表

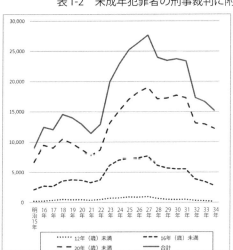

	12年(歳)未満	16年(歳)未満	20年(歳)未満	合　計
明治15年	228	2,117	6,671	9,016
16年	248	2,725	9,476	12,449
17年	380	2,653	9,028	12,061
18年	511	3,559	10,478	14,548
19年	459	3,756	9,804	14,019
20年	479	3,690	8,796	12,956
21年	376	3,275	7,787	11,437
22年	474	3,740	8,687	12,901
23年	702	6,146	13,115	19,963
24年	735	7,024	15,173	22,932
25年	901	7,291	17,054	25,246
26年	853	7,359	18,238	26,450
27年	960	7,674	19,036	27,670
28年	673	6,160	17,142	23,974
29年	508	5,697	17,256	23,461
30年	460	5,551	17,723	23,734
31年	508	5,555	17,309	23,372
32年	325	3,886	13,125	17,336
33年	264	3,466	12,934	16,664
34年	159	2,828	12,224	15,211

出典）小河滋次郎「未成年犯罪者の処遇」より作成

り閉鎖に追い込まれたり，他の施設に吸収されたりするものも多かったのである。

　ここで，表1-2をみると，「未成年犯罪者」の増加が1894（明治27）年を一つの頂点とする傾向を認めることができる。このような「未成年犯罪者」の増減に関しては，当時の統計資料に対する信頼の評価が必要となる。しかし，少なくともこの明治27年という年が，日本と清国が交戦した日清戦争にあたり，少年犯罪に関して検挙の動向なども含め今日の非行少年と同様に社会状況を過敏に反映していることが確認できる[10]。

　では，当時の不良少年に対する統制機関は，どのような状況にあったのだろうか。次に「不良少年」観を踏まえながら警察を中心とした統制機関の動向をみることにしたい。

3．不良少年に対する保安警察と「不良少年」観

　ここでは，感化法が施行される明治期を中心に不良少年に関する警察幹部や司法関係者の論文等を読み解き，当時の統制機関の関係者がどのような「不良少年」観を有していたのかみてみよう。

　不良少年が実際に増加して問題が顕現した明治30年代には，警察内においても不良少年への注目がみられるようになる。1901（明治34）年の『警察協会雑誌』（第12号）には，検事であり後の農商務大臣仲小路廉の「少年犯罪附き（プロベーション・システム）」が掲載されている。

　論文の内容は，当時アメリカ合衆国のマサチューセッツ州において始められた「プロベーション・システム」（Probation System）を紹介するものである。仲小路は，プロベーション・システムの日本における採用を求める理由として，「左れと予は竊に以爲らく，己に『タラック』の云へりしか如く，犯人に對しても成るへく其名譽を保持せしめ，出来得る限りは之を毀傷せさらんことを努め，後來世に立て人と交るに於て毫も差支なからしめんことを期することは，國家の組織に於て必要にして，個人亦其利益を享くること尠少ならすとせは，一たひ法廷に於

て刑の言渡を爲し單に其執行のみを猶豫すると，寧ろ暫らく之れに刑を科せず
して，刑の言渡其者を猶豫し置くとの利害は果して如何」(仲小路 1901：57-58) と
述べている。このように，少年犯罪者に対する名誉やその後の社会復帰を含意し
た視点が，日本の統制機関においても導入されようとしていたことがわかる。

　ところで明治期の警察機関をみてみると，その活動内容によって「行政警察」
と「司法警察」にわけることができ，不良少年に対応するのは行政警察のなかで
も「保安警察」とされた。では，この保安警察とは警察行政においてどの範囲を
指すのであろうか。保安警察をみるまえに，その前提となる司法警察および行政
警察について説明しておきたい。この説明に際しては，日本における警察学の権
威と評され，戦前期の代表的な警察官僚であった松井茂の『警察読本』(1933) の
類別を用いることにする[11]。

　松井 (1933) によれば，司法警察とは「犯罪を捜索し犯人を逮捕することを目
的とする國家作用であつて，我國現行法でも『行政警察豫防の力及ばずして，法
律に背く者ある時，其犯人を探索逮捕するは，司法警察の職務とす』と規定され
てある (明治八年三月太政官第二九號行政警察規則第四條)」(松井 1933：45) とする。
しかし松井は，これらの職務内容が本来司法権の行動に属するとして，「犯罪を
捜査し，犯人を逮捕して，控訴を提起し，裁判を求むるのは，國家刑罰權の作用
であつて，警察の範圍に屬すべき限りでない。即ち警察は，犯人の出でざるやう
に，危害を未發に防ぎ，安寧秩序を維持するものであるのに反し，司法警察は既
に發生せる犯罪を發見せんとするのであるから，今日一般に稱する理論上の警
察ではないが，刑事警察は之と異り，犯罪豫防の方面からは，警察當然の行爲と
見られてゐる」(同書：45) と指摘している[12]。

　これに対し，行政警察とは「現行法上では，司法警察を除いた總ての警察を稱
する。即ち，行政警察の職務たる人民の危害を豫防し，安寧を保全するに在る
(行政警察規則第一條)」(同書：46) とする[13]。さらに松井は，保安警察について「公
共の安寧秩序を維持すべきものであつて，一般の公共的秩序を維持すべき内務
省の行政系統に屬する警察の如きはそれである。(中略) 保安警察は亦『高等保安
警察』及び『個人保安警察』と細分することも出來る。前者は國家直接の危害を

第1章　不良少年研究の出発と感化事業の展開　　43

防ぐ場合で，後者は個人の危害を防ぐ場合に付て云ふ」（同書：48）と定義している。つまり，松井によると，保安警察は行政警察に属することになる。

　しかし，当時の警察活動に対して内務次官を経て内務大臣を務めた水野錬太郎は，「我國ノ警察沿革ニ於テ警察ナルコトハ單ニ司法警察ノミヲ意味スルカ如キノ實況アリ，随テ或ハ犯罪人ヲ逮捕シ或ハ暴行者ヲ捕縛スルヲ以テ警察ノ事務ナルカ如クニ思惟スルモノ尠カラス，是レ全ク行政警察ノ何物タルヲ解セス警察ノ本質ヲ明ニセサルニ職由スルナリ，余ハ將來我警察界ニ於テハ行政警察ニ重キヲ置キ行政警察事務ノ奏効ニ力メラレンコトヲ希望セサルヲ得ス」（水野1902：5）と述べている。つまり，当時の警察活動の内容は，司法警察活動の側面が強調されるために，本来求められる行政警察活動の必要性を改めて求めていることがわかる。

　この警察活動に関して，学者間においても司法警察と保安警察は混同されがちであった。松井も『日本警察要論』（1901）のなかで，「然ルニ學者或ハ司法警察ヲ以テ箇人保安警察ナリト稱シ或ハ執行警察ナリト稱ス」（松井　1901：197）と述べているように，当時の知識人でさえ警察活動に対する認識が未分化な状態にあった。また，当時の警察活動のなかで不良少年や「精神病」者の保護や取締りは，保安警察がその任にあたることになっていた。つまり，不良少年と「精神病」者は，「公共の安寧秩序を維持」という目的において保安警察の対象であったといえる。そして，不良少年も社会問題化することにより，当然に保安警察による対応の必要性が求められることになる。

　ここで，明治30年代の警察行政における「不良少年」観をみることにしたい。『感化救済事業講演集』（1909）において，「警察行政と感化事業」と題して講演した内務省警保局長有松英義は，不良少年についていくつかの意見を述べている。

　有松（1909）は，「犯罪を未発に防止する」ことが「国家の職責」であるとの姿勢から，「是は平素行政警察と致して努めて居る次第でありますが，行政警察の職域に屬せざる範圍に於ても更に進んて人をして犯罪者たらしめざることに就て國家は大に力を致さなければならぬことてあらうと思ひます」（有松　1909：799-800）と言及している。そして，不良少年に対しては，「望むところは成るへく丈

44

強制の權力を有しない所の町村長位か具申することになつた方か，入院者に對しても亦其父兄に對しても又世間に對しても極めて希望する所てあり感化の精神から申した時は斯くなけれはならぬことてあらうと考へる。併なから唯如何せん果して不良少年てあるや否や感化院に入院せしむる必要あるや否やと申すことに至つては恐らくは市町村長に於ては公平なる調査を爲し公平なる具申を爲すことか出來ない場合かあろうと考へる。已むことを得す地方長官の感化事業に對して重なる機關は警察官なりと言はさるを得ぬことは實際てあらうと考へる」(同書831) として，不良少年への實務面における警察官の介入を明示している。

次に，有松の「不良少年」觀に關する言及をみていくと，「所謂不良少年なる者は之を社會に放つて其性行を矯むることに努めなかつた時には相背いて罪人ならさる者は少ないのてありまして，中には盗癖ある者もあり或は放火の習慣ある者あり，其他幼年の時より惡事を爲す癖のある所謂不良少年なる者に至りましては，例へは罪人社會なるものかありててさうして軍隊の組織てあるといふことに看做しますれは不良少年は即ち罪人の新兵てある。此罪人の新兵なる者は追々外物に訓練せられて遂には嚮ふ所敵なきの犯罪人となりて生長の後所謂公共の秩序を害する者になるのてあります。其犯罪の新兵を彼等社會から奪還へして通常の善良なる人に復らしむるといふことは即ち犯罪の萌芽を絶つ道てあらうと考へます」(同書：800) と結んでいる。

ここから有松の「不良少年」觀を読み取ると，有松の不良少年の形成は，例示した「罪人社會」からもわかるように後天的な原因論に依拠していることがわかる。これを換言するなら，当時の警察組織 (警保局長は内務省三役であり，警察行政を主管) において，先天的な原因論がそこまで重視されていなかったことを意味する。だからこそ，「其犯罪の新兵を彼等社會から奪還へして通常の善良なる人に復らしむる」という意見になったといえる。

一方で有松は，不良少年に対する警察官の職責について，「又警察官は平素管内の状況を注意致して居る義務かあるとする以上は，苟くも感化院に入る、ことを地方長官に於て命令するの必要ある者と認めた時は時を移さすして具申しなけれはならなぬ。其具申か後れた場合には遂には感化の目的を達し得へき兒童

も他の物を盗み其他の悪事を爲して，殊に十四歳以上は感化院に容れ得へき者も監獄に容れなけれはならぬやうなことに陥り，愈々悪事を爲すの人とならしむるのて，とうしても豫防の目的を十分に達するには平素注意を慎密に致して，苟も入院命令の必要ありと認める時は速かに具申を致すことは是又警察官の職責てあろうと考へる」（同書：832-833）と述べている。ここでの「予防の目的」は当然に不良行為や犯罪行為を指しており，「公共の安寧秩序を維持」が前提にあることは明らかである。しかし，有松は少年の本来の責任に関して，「少年者監護の責は前に述へた如く元來親権者にある」（同書：833）と指摘する。なぜ有松は，親権者を警察活動より重視するのであろうか。有松は，警察官の不良少年に対する活動を「警察官は不良少年なりと認定したる時は於ては爲し得るならは成るへく父母を説諭して監護の責を盡させるやうに致し已むを得る具申をすることに努める必要かあらうと考へる。即ち此子供をなせ此の如く放任して置くかなせ取締をしないかといふことを出來得る限り父母に注意を與へ，已むを得さる場合にあらされは具申をしないといふことか最も大切てあらうと考へる。（中略）併なから今日に於ては矢張り之も警察官の監督に依らさるを得ないのてある」（同書：833）と指摘している。つまり，本来不良少年に対する直接の説諭は，本来保護者によってなされるべきであり，警察官は保護者に注意するにとどまることを理想として掲げているのである。しかし，当時においても現実問題として，不良少年問題は保護者の手に余る状態にあったことも事実である。

　有松の理想とする，保護者を前提とした不良少年への警察権の行使は，警察活動に起因する潜在的な影響にも留意した発言である。それは，「唯此場合に於て假退院者に對する注意を爲すときに假退院を取消す必要あるや否やといふことに就て警察か平素注意を加へなけれはならぬとするにしても，其注意の方法たるや，公然假退院者の居宅に臨監致したり或は日中警察署に呼出し其他公衆の耳目に觸れ易き爲に世間をして嫌厭の念を起さしめ，遂に兒童をして自暴自棄の心を起さしむるか如きことは努めて避けて人に目立たさる方法を以て假退院者の監督を致して貰ひたいのてある」（同書：833）との意見から知ることができる。つまり，警察官の不良少年に対する言動の一つひとつが世間の注目と「嫌厭の

念」を起因させ，子どもに新たな心の動揺を起こさせる危険がはらんでいること
を念頭においた発言といえる。感化法が制定され不良少年問題が顕在化してく
る過程において，警察の代表者である有松の警察活動の方針と不良少年にかか
わる社会意識を配意した見解は，傾聴に値するものであろう。また有松の「不良
少年」観には，近代的な要保護性や可塑性を含意した「少年」観を認めることが
できる。

　ここまでみてきたように，不良少年に対する警察活動は不良化を防止する活
動が中心の行政警察を表明していたため，不良少年を更生させる感化事業に対
して少し距離をおいた状況が有松の発言より窺い知れた。しかし，警察活動に対
する社会の認識は，司法警察活動が大勢を占めている状況にあった。そのなか
で，警察権力による不良少年への影響を考慮した保護者への説諭が本来ならば
理想であるのだが，その後の日本社会は統制機関による直接の不良少年への対
応を求めていくことになる。[14] この不良少年に対する統制機関の変容については，
大正期の分析を含めて後章で改めて考察することにしたい。

　ここで明らかにした不良少年に関わる警察機関の考察から，近代的な「少年」
観に配意した「不良少年」観をみいだすことができた。では，この統制機関に不
良少年の可塑性や要保護性を示し認識させたものは何であったのだろうか。そ
の疑問を解決する手がかりとして，留岡幸助の『不良少年感化事業』を端緒とす
る本格的な不良少年研究の始動から分析することにしたい。

4．留岡幸助の不良少年研究と感化教育

　少年にかかわる諸制度ならびに感化院設立運動が感化法に帰結する過程にお
いて注目すべき人物をあげることができる。それは，家庭学校の創始者である留
岡幸助と感化法の起草において重責を担った小河滋次郎である。

　留岡は，警察監獄学校教授および社会事業養成所の講師という立場から，「釈
放者保護事業」や「不良少年感化事業」などの講義を担当し，実務指導者である
警察監獄幹部や内務省幹部に影響を与えた。同様に小河も，留岡とともに講師の

第1章　不良少年研究の出発と感化事業の展開　　47

立場にありながら，そのほかに自らの語学力を活かして諸外国の少年行刑や感化教育を日本に紹介し，さらに感化法の草案に関して法制度にまで帰結させた功労者として注目される人物である。他にも同時代に不良少年への実践的な活動をした人物はあげられるが，特に感化事業をけん引し，関係者に大きな影響を与えた両者の「不良少年」観に注目したい。

　はじめに留岡幸助の不良少年研究をみることにより，当時の不良少年に対する研究視点や感化教育，さらに留岡の「不良少年」観について考察する。ここで留岡幸助の人物像をみていきたい。留岡は，1864（元治元）年備中高梁（岡山県高梁）に吉田万吉，トメの次男として生まれた。そして，生まれて間もなく本家と分家の関係であった留岡家へ養父の金之助，勝子の養子として引き取られることになる。その後，地元高梁教会設立の1882（明治15）年に18歳で洗礼を受けた。しかし，高梁が従来から保守的な土地柄であり留岡家の宗旨が真言宗であったことから，キリスト教に帰依した留岡は養父である金之助よりキリスト教の棄教を迫られた。このような経緯から，一大決心の末に翌年（1883）に四国の今治に逃避し今治教会に身を寄せることになる。今治教会では周辺地域において積極的に伝道を展開し，同時期に徳冨蘆花と親交を深めている。1884（明治17）年に徴兵検査の為に帰郷を余儀なくされ，結果は不合格であったが，これを契機として金之助との関係も修復された。

　1885（明治18）年に，新島襄によって設立された同志社英学校神学科に入学する。同志社では，将来の宣教師を夢見ながらラーネッド（Learned, D.W.）やデイビィス（Davis, J.D.），ゴルドン（Gordon, M.l.）のもとで神学を学び，1888（明治21）年に卒業する。そして，同年に丹波第一教会の仮牧師として赴任する。その3年後の1891（明治24）年に北海道集治監の教誨師として赴任する。この時期のことを自ら主催する『人道』（第299号）において，「監獄は私にとつては一つの大なる大學であり，囚人は私の爲には社会學の教師であり，先生であつた」（留岡 1930：2）と回顧している。この発言からも，留岡自身の感化教育への胎動とともに，社会学的な視角を有していたことがわかる。

　この集治監における囚徒とのかかわりから得た経験は，監獄改良事業の一環

として公刊された『教誨叢書』の投稿や教誨師としての活動をみても，その後の感化事業の契機となったことは確かである。北海道の集治監で培われた感化事業へ思いは，1896（明治29）年に約2年間に及ぶ米国遊学へとつながっていき，当時最も進んだ感化教育を修身する機会を得ることになる。留学の間，感化監獄の囚徒とともに働くことによって生計を立てつつ研究を進めていった。まさに座学だけでは得られない実証的な調査と研究をおこないながら，その成果を日本の行刑関係やキリスト教関係の雑誌に寄せており，その研究の多くは感化監獄における教育的な処遇であった。

　当時の留岡の「犯罪者」観は，どのような犯罪者（「凶悪無頼の罪因」）も感化が可能であるという視点が北海道時代より一貫していたようである（室田 1998）。つまり，留岡の「犯罪者」観には，感化の効用がどのような犯罪者においても適用することから，そこに後天的な原因論に依拠する留岡の「犯罪者」観を知ることができる。この留岡の「犯罪者」観は，社会環境に立脚しており，監獄改良についてもその一番の目的が，社会改良につがっている。そして，留岡の社会改良の姿勢は，1897（明治30）年に著書『感化事業之発達』，続いて1898（明治31）年の『慈善問題』というかたちで紹介されることになる。

　アメリカおよびカナダの遊学を終えた留岡は，1897（明治30）年に霊南坂教会の牧師として就任する。[15] しかし，1899（明治32）年に霊南坂教会牧師および巣鴨監獄教誨師の任を退き，これまで長く携わってきた『基督教新聞』編集人を辞任している。その辞任と同年（1899）に，北海道の集治監において交友があった小河滋次郎の斡旋により警察監獄学校教授に就任している。さらに留岡は，これまで温めてきた自らの理想とする感化施設である「家庭学校」を東京府巣鴨に創設ずることになる。[16] そして，この翌年（1900）に感化法の施行と時を同じくして，『不良少年感化事業』が公刊されることになる。

　次に『不良少年感化事業』をはじめとした留岡の不良少年研究で展開される感化教育および「不良少年」観について確認したい。

　『不良少年感化事業』の自序には，監獄改良における実際問題としての「急務」を訴えたうえで，「犯罪を豫防して國家の健全を保たんと欲すれば未だ之を以て

足れりとせず其由て起る所の本源に溯り犯罪人を發生する根據より之を救治せさる可らず，仰々根據とは何そや惡少年是なり」（留岡 1900：10）として，犯罪の端緒を少年期に求め，その対応として感化事業の必要性を説いている。留岡の不良少年に対する主張は，先述した「犯罪者」観を多分に含意するもので，「犯罪者」とその原因である社会環境との間に位置するのが不良少年であり，「犯罪者」の前身である不良少年を感化することが社会としての「国家の健全」にも通じることを示している。

　このような留岡の不良少年に対する感化教育とはどのようなものであろうか。留岡は，「不幸に依て肉體上精神上道德上の不調和を來して再び之を作り直す所の必要がございますので其作り直す所の作用即ち教育を名付けて感化教育と申します」（留岡 1906：7）と定義している。また，遊学から得た当時の欧米の犯罪理論を前提して，「不良」原因を「無教育，無宗教，職業の欠乏，懶惰，不良の家庭，惡友，貧困，少年を惡に使嗾する者，天變地妖，遺傳，戰爭，物價の暴騰，飲酒，惡疫の流行，淫猥なる書籍繪畫の類此の十五のもの即ち彼等を惡に導く重大の原因たるを失はざるなり」（留岡 1900：68）としてあげている。この「不良」原因をみてもわかるように，遺伝を除く多くものが後天的な要因であり，社会的な要因が中心となっている。つまり，留岡の考える不良少年問題の根底には，矯正または改善が可能である社会的な境遇を中心に据えていることがわかる。

　留岡自身，『不良少年感化事業』の2年前に出版された『慈善問題』（1898）においても，「少年者の犯罪を爲すに至るは素より彼等に良家庭なく，良教師なきを以てなり，彼等を導くに慈母あり，良教師あらん乎彼等は何を苦しんで惡少年とならん」（留岡 1898：119）として，少年とかかわる家庭や学校の問題性を指摘している。さらに，『家庭学校回顧十年』（1909）のなかで留岡は，「不良少年と云ふものは，多くは家庭の缺陷から出來たもので，境遇の罪もあるが，就中家庭と云ふ狭い意味の境遇が，彼等をして知らず知らず不良に陥らしめた」（家庭学校 1909：9）と述べており，社会的な境遇のなかでもさらにその原因を家庭環境においていることがわかる。この「不良」原因を感化教育の対象の中心に据えること

により，留岡の不良少年に対するアプローチは，学術的な段階から実践的な段階へと進むことになる。それが，学校と家庭の両機能を有する家庭学校の設立として帰結するのである。

この家庭学校の感化教育を概観すると，監獄や幼年監などの高い塀を構える施設ではない開放的な環境のもとで，職業教育，体育教育，訓育，宗教教育を感化教育の中心に据えた学校方針を知ることができ，これは日本における本格的な感化教育の嚆矢であった。留岡の感化教育で展開される不良少年は，「犯罪者」ではないが犯罪性を帯びやすい「少年」観であり，「悪境遇」や「家庭の欠陥」のもとにおかれた哀れむべき「少年」観であった。

一方で留岡は，不良少年に対する増加に関して注目すべき分析をしている。1906（明治39）年の『人道』（18号）には，「近來新聞雑誌の傳ふる所に據れば，悪書生，不良少年の増殖せるを警告すること頻繁なりと雖も，卑見を以てすれば，悪書生又は不良少年の，近時に至りて多きは，特に此頃暴殖せるが爲ならず。一は以て新聞記者たるものが，不良子弟の行動に注目するに至りたると，二は以て警察官の厳重に之を監督するに至りたると，三は以て父兄が不良子弟の教養に，更に一層の注意を拂ふに至りたるとの三原因に歸着せざる可らず。從來も不良子弟は，今日の如く少からざりしと雖，世人の留意今日の如く現はれざりしが爲而己」（留岡 1906：2）と言及している。まさに留岡の不良少年の増加に対する見解は，当時の不良少年の増加原因をマスコミや統制機関などの社会的反作用，つまり社会からの「不良」観の付与に求めている点として，注目すべき指摘といえる。

その後の留岡は，家庭学校を運営する傍ら欧米諸国（1903 – 1904）の巡視においてさらなる見聞を広め，一方では報徳社に共鳴して二宮尊徳の思想研究や報徳運動にも熱心に参加している。[10]家庭学校は感化院という更生施設でありながら，慈善事業師範部（師範学校）も校内に設置され，慈善事業従事者を育成する機関として，また社会事業教育の教授機関の嚆矢とされている。

留岡の「不良少年」観をまとめてみると，留岡は不良少年の原因を「境遇」に拠るものと捉えた。そして，当時欧米の感化事業から得られた性善説的な児童観

において，犯罪に陥りやすい性行にある少年をその境遇から「家庭制度」(カッテージ・システム) を以て解放し，再び犯罪に陥ることのないようにキリストの精神を用いて不良少年の自助精神を培う教育を施した[19]。つまり，留岡の「不良少年」観は，これまでに一般的に「社会的一種の黴菌」と評され，下層社会から発生し悪風を感染するという一面的な「不良」観から，その不良化の原因を諸外国の進んだ理論研究や実証的な分析結果を得ることで，社会環境の如何により感化矯正が可能な「不良」観の主体となる不良少年をみいだそうとしたのである。

5．小河滋次郎の監獄改正と感化教育

　当時，留岡幸助とならび評される不良少年の研究者といえば小河滋次郎であろう。小河は，1863 (文久3) 年に上田藩医金子宗元の次男として誕生した。その後，小河が7歳の時に小諸藩医である小河直行の養子となる。1880 (明治13) 年に東京外国語学校独語科に入学するが中退し，改めて1882 (明治15) 年に東京専門学校邦語法学科に入学する。さらに1884 (明治17) 年には，監獄学を穂積陳重に学ぶため東京帝国大学法学部法律専門科に「選科生」として入学している。1884 (明治17) 年に東京専門学校邦語法学科を首席で卒業し，翌年 (1885) に東京帝国大学を卒業する。

　その後，清浦奎吾の紹介で内務省警保局保安課に身をおき，監獄行政に携わっていくことになる。1890 (明治23) には，ドイツより招聘された内務省獄務顧問ゼーバッハ (Seebach, K.) の通訳官として随行しており，東北や北海道の各監獄施設を巡視する。その際に留岡と出会うことになる。またゼーバッハ著書の翻訳をおこないながら，自らも『日本監獄法講義』(1890) を出版し，1894 (明治27) 年には監獄学の研究のためにドイツ留学して『監獄学』(1894) を著している。翌年 (1895) にフランスで開催された第5回万国監獄会議に出席するために渡欧していたが，同時期に妻さき (崎) を亡くしている。その後，小河は，清浦の養女しず (静) を紹介されて再婚し，清浦が警保局長として監獄行政を所轄していたことから内務省監獄局監獄課長として更なる監獄行政の推進に貢献する。理論的指

導者としての小河は，内務省および司法省内部においてもその評価は高く，内務省監獄事務官として1900（明治33）年にベルギーで開かれた第6回万国監獄会議の日本側委員に任命され渡欧していることからも彼への高い信頼と期待を窺い知ることができる。さらにこの渡欧の際には，ドイツ行刑の真髄を得るためにゼーバッハの師にあたり管理監獄学を専門とするクローネ（Krohne. K.）から直接の指導を教授され，自らの監獄学を構想する契機を得る。

　一方で小河は，東京帝国大学や早稲田大学，警察監獄学校において監獄学の講義をおこなうなど，監獄学の普及と後身の育成にも力を注いでいる。1900（明治33）年に内務省から司法省へ監獄局の移管が決定し，小河も内務省から司法省へ所属を移すことになる。この監獄局の移管は，ただの省庁間の移管を意味するものではなかった。つまり，監獄に掛かる費用が地方費から国費に移ることにより地方費の軽減をもって感化事業を展開し，また監獄費を国家が負担することで検察・裁判・刑罰という一連の司法過程を統一して合理化を図るという意図があったのである[20]。

　しかし，この監獄局の移管において内務省と司法省との省益の問題や見解の違いが明らかとなり，実際には当時の監獄局長であった大久保利武（大久保利通の三男）や小河という中心事物を失った内務省においては公設感化院の増加が捗らず，一方の司法省では感化院とは別の不良少年施設である「幼年監」の設置が進められることになる。このような監獄および感化事業をめぐる両省庁の関係は，後年の少年法施行の際にも再び顕現することになる。小河自身は，司法省における幼年監の拡大を見届けつつ1908（明治41）年に退官している。退官後は，清国政府に聘用され監獄建築を指導し，帰国後は元司法省時代の上司であった大久保利武が大阪府知事に就任したことを契機に大久保に誘われ，大阪において社会事業の指導者的立場として活動する。

　ここで小河の不良少年に関する研究を取りあげながら，小河の「不良少年」観を確認してみたい。小河の不良少年研究で代表的なものは，博士論文『未成年者二対スル刑事制度ノ改良二就テ』があげられる。この論文は1903（明治36）年に東京帝国大学に提出され法学博士の学位を授与されたもので，同年には普及版

『未成年犯罪者ノ処遇』として出版された。当時の少年感化教育に関する高い水準に位置する研究として同書は評価された。そのなかで展開される小河の未成年犯罪者に対する処遇法は，先のドイツ行刑理論にイギリスやアメリカにおける処遇実績を加えることより，時代に即した進歩的で合理的な内容となっている。

　特に小河は，幼少年を成人から分離し，幼年監獄として分監させる方向性を前面に打ちだしている。その理由は，「未成年者ナルモノハ啻ダニ必然的ニ殊ニ總テノ罪悪ニ陥リ易キ性格ヲ具備スル」(小河 1903：17) というものであり，「未成年者間ニオケル罪悪傳播力ノ激烈ナルコト」(同書：17) があげられている。つまり，そこには子どもが犯罪に染まりやすいものだという「不良少年」観が認められ，その視点により成人との分離収容を求めるのである。また，感化教育の対象として教育年齢を18歳未満と設定し，そのなかでも「精神的疾患のある者」を除いた教育可能者を条件としていることからも，教育可能性を含意する「少年」観をそこにみいだすことができる。[21]

　小河は，成人との分離収容からさらに進んで，これまでの日本の監獄事業にはない感化教育の導入を図る。その感化教育の内容をみると，留岡の感化教育との違いを認めることができる。同書では，感化教育について「感化教育ハ自然的監護教養機關ノ欠乏セル又ハ不完全ナルカ爲メニ遺棄，浮浪，悪行又ハ犯罪ノ状態ニ陥リ又ハ陥ラントスル幼年者ニ對シテ國家カ直接又ハ其監督ノ下ニ當該個人及ヒ社會公共ノ利益ヲ保全スルノ目的ヲ以テ監護教養ヲ補充スル所ノ強制手段ナリ」(同書：114) と述べている。[22]ここからもわかるように，小河は感化教育の対象とする少年を「公共の利益を害する者」と位置づけ，彼らを監護教養するための強制的手段を感化教育に求めているのである。

　またこの感化事業の捉え方としては，「末を治めんと欲するものは先ず其の本を究はむ，感化事業は本にして監獄事業は其の末なり」(小河 1900：4) とあり，感化事業が監獄事業に先立つものであることを表明している。また小河にとっての感化事業とは，「犯罪の卵であり，殊に最も恐るべき常習性犯罪なる者の先駆であり醸造元である所の謂ゆる遺棄少年又は不良少年をば其放浪的なる無監護状態により救済し保護し教養し薫育する所の施設即ち感化事業なるもの (後

略)」(小河 1918：5) と言及していることからも，「犯罪の卵」である「遺棄少年」
および不良少年を対象とする事業として位置づけている。そして，小河における
「遺棄少年」は，不良少年と同様に犯罪性を内包した存在として捉えていること
がわかる。

　感化事業の展開についても，「感化教育的施設の普及發達する所にあつては，
此不良行爲のあつた最初の時機に於て，否な寧ろ其行爲の未だ實現せざる所謂
不良に陷るの虞ありと認むる未前の機會に當つて」(同書：6) と述べているよう
に，ここに「不良に陷るの虞」がある者が顕現するのである。つまり，小河は今
日の非行少年概念に内包される「ぐ犯少年」(ぐ犯性) の存在も感化事業のなかに
想定していることがわかる。

　その後の小河の感化教育は，少年への教育的行刑方式を成人へ準用し，成人行
刑を教育的に構成する意図をもって進められた (重松 1976)。また小河は，ドイ
ツ監獄学の学問的基盤として未成年犯罪者に対し，「個別処遇主義」と「規律主
義」を前面に打ち出している。小河によれば個別処遇主義とは，成人と同施設に
収監するのではなく幼年監と成年監にわけることから悪風感染を避けることを
目的としている。そして，規律主義は別名「必罰的感化主義」とよばれ，懲罰を
減食罰とし浮浪怠惰者が労働から人生をみいださせる西欧の監獄学が内包する
プロテスタントの思想をもって感化教育を進めるものであった。この両主義は，
少年行刑事業の胎動を促し，監獄事業全体としても新たに収監者に対する教育
的処遇の導入につながる先駆的な業績をなしたといえる。

　ここで小河の「不良少年」観をまとめてみる。小河は，公共の利益を害する
「犯罪の卵」として，不良少年にある意味で性悪説的な視点をもって対峙し，「個
別感化主義」および「必罰感化主義」によって，監護教養をおこなうための強制
的手段を含意した感化教育を監獄事業に取り入れることに尽力した。一方では，
不良少年問題に対して「社会公共ノ利益ヲ保全スルノ目的」など国家的な視点も
強調されがちではあるが，小河の「不良少年」観は，「少年」観と結びつくこと
によって教育可能性を内包し，さらに「不良」観にはっきりとしたかたちで「不
良」行為の前段階にあたる「ぐ犯性」というものみいだした。このような姿勢は，

前述した感化法草案のなかによくあらわれている。

　後年に著した「何をか感化教育と謂ふ」(1917) をみても，「尤も普通に所謂低能性の兒童の如きは健全者と精神的疾患者との中間階級に在る者に屬し之を教科するの至難なるは勿論なるも，然も絶對に教育を不可能と爲すべきに非ざるが故に，この種の者は之を感化教育より除外すること能はざるものとす」(小河 1917：13) と論じている。不良少年と精神障害との関係については後章において詳しく検討することになるが，小河の感化教育には，感化教育対象として広範囲な少年が想定され，その基盤部に教育可能性があることがここからも確認できる。

　一方小河は，不良少年の原因に関する言及として「不良少年を作り出すファクトルも社會に在る」(小河 1923：91) としたうえで，「不良少年の製造元は不良老年である」と評している。そして小河は，ここにあげた主なる「不良老年」を，「不良貴族」，「不良の富族」，「不良の資本家」，「不良の官吏」，「不良の政治家」と類別して，「これらの人達によつて盛に風紀壊亂の毒瓦斯をふりまかれつゝある今日のやうな腐敗溷濁の環境に於て，最も軟かなる意志とまた最も敏感なる模倣性の持主である所の少年が，相率いて其の惡風に感染し，其の醜態に誘惑せらるゝ」(同書：92) として，「不良老年」の問題性を指摘するのである。小河の「不良」観には，不良少年の対概念として「不良老年」をあげることで，ここに「不良」というものが「老年」から「少年」へと「模倣」を介して伝播するという「不良」観をみいだすことができる。

　また，小河が当時さけばれていた不良少年の増加に対する世論の傾向を評して，「昔を尚んで今を卑しむ」または「今の若い者には困る」という人類共通の伝統的観念があることに言及しつつ，「不良」観というものが常に，「老年」または「成人」から「少年」へと絶えず付与される現象であると指摘している。つまり，小河の「不良」観において，不良少年に対する「不良老年」は，少年に「不良」を伝播させると同時に，昔の伝統的観念を誇張するかたちで目の前にいる少年の行為と老年の行為の差異を「不良」とみなすという二つの社会的反作用を不良少年に向けていることがわかる。

6．研究者の比較からみる明治期の不良少年研究と「不良少年」観

　ここで，留岡および小河の不良少年研究とともに，両者の「不良少年」観を比較しつつ考察してみたい。先述したように，両者の「不良少年」観から概ね大別するとすれば，留岡はその研究対象を主に監獄に収容される前段階の不良少年におき，小河は監獄に収容された後の不良少年を対象としているといえよう。留岡と小河の不良少年研究から得られた「不良少年」観について，感化教育を中心に図1-1および図1-2としてまとめてみた。この両者の「不良少年」観について考察してみたい。

　両者に共通する点として，大きく四つをあげることができる。一つ目として，不良少年を成人犯罪の端緒とみなしている点である。これを裏返して読めば，当時は成人犯罪があって，初めてその犯罪原因の端緒である不良少年が注目され，研究対象として取りあげられたものと考えられる。つまり，両者の見解からこの明治20年代から30年代には，「少年」観の浸透とともに成人犯罪の前提となる年齢により区分された「少年犯罪」という概念が形成されつつあった時期ともいえる。

　二つ目は，その「不良」原因を境遇，つまり社会環境や家庭環境においてその

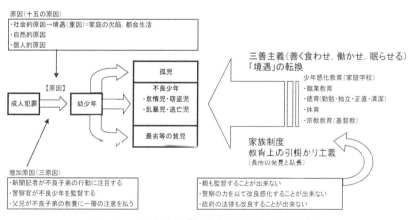

図1-1　留岡幸助の「不良少年」観とその対応図

出典）筆者作成

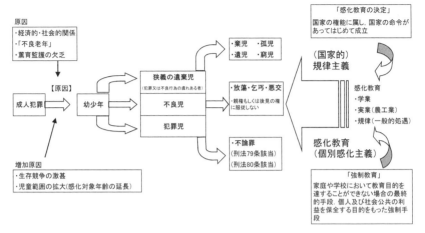

図 1-2　小河滋次郎の「不良少年」観とその対応図
出典）筆者作成

環境下にある悪風感染に対して注意を払っていることである。したがって，大多数の不良少年は，社会環境や家庭環境が主な原因であり，その境遇の転換をもって感化教育を施すことにより悪風感染を絶ち，更正が可能であるという教育可能性が両者の「不良少年」観に通底しているものと考えられる。

　三つ目としては，境遇を主な原因に据えるという視点が，同時に不良少年とともに「浮浪少年」を感化教育の下に内包してしまうという点である。つまり，保護対象とされた「乞児」や「孤児」，「棄児」などの「浮浪少年」も，後天的な原因論において多くの部分（不良観）を共有する不良少年と同様に感化教育の対象に附されてしまうのである。留岡が校長を務める家庭学校の「家庭学校規則」第十二条をみると，四つの入校者の性質が述べられており，その内容は「改心シ難キ少年又ハ品行方正ナラサルモノ」，「浮浪漂白ノ少年」，「不道徳ナル父母ノ許ニ在リテ適當ノ教育ヲ受クル能ハサルモノ」，「犯罪ノ傾向アリト雖改良ノ見込アルモノ」（家庭学校編 1909：18）とある。これをみても，「浮浪」状況であることが，「不良」傾向の強い少年と列挙されていることがわかる。このような「浮浪少年」に対する「不良」観は，今日の非行少年に至るまで「浮浪」を不良少年の一形態，つまり法執行レベルの「ぐ犯」として位置づけていくことになる。したがっ

て,「不良」観に「浮浪」状態が含まれていくことになる。

　四つ目は,不良少年に関する言葉のイメージである。両者ともに「不良少年」や「感化院」という名称の使用に対して,注意を払っていることがわかる。留岡においては,家庭学校を命名する経緯において,「不良少年感化院とか,不良少年養育院とか云ふ露骨な名を附けるとは,一見學校の性質が明白にはなるが,しかし之れに収容さるゝ生徒は,餘り良い心地をせないものであります」(前掲書:8-9)と述べており,そのイメージが「教育上非常な害」であり,収容される少年たちに影響することを指摘している。

　一方,小河も「感化院とか懲治場とか云ふ名が既に面白くない,其實質の上から言へば純然たる兒童教育の施設物であつて刑的意味の微塵も加味せらるべき筈もなければまた努めて加味せしめぬやうにせねばならぬ」(小河 1907:197)と述べ,兒童教育に刑罰的な意味合いを混同されないように注意を払っている。この両者の見解は,当時の社会において「不良少年」や「感化院」という名称がある程度浸透し,どちらかといえばネガティヴなイメージが付与されていた状況をよくあらわしている。これは,感化法の施行などに伴い公的に不良少年を感化教育するというメッセージが社会に向けて表明されることにより,一般の人びとにおける「不良少年」観にも,ある程度明確な「不良少年」や「感化院」というイメージとして組み込まれていたと思われる。

　相違点としては,前述した成人犯罪の端緒である少年をさらに分析すると,不良少年を性善説的あるいは性悪説的に捉えるかという「少年」観に両者の相違が認められる。留岡は,性善説的な「少年」観の視点により不良少年に対応していくが,小河を始め当時の多くの研究者および関係者は,性悪説的な視点に立って不良少年に対していた。おそらく,ここには留岡のキリスト教に依拠する感化教育観と小河のドイツ監獄学に依拠する強制教育観の違いが「少年」観の相異としてあらわれたのであろう。つまり,留岡は家庭学校という私設感化院を運営することで,キリスト教精神を基調とする自由な不良少年への感化教育を進めることが可能であり,その感化教育は留岡個人の心情と強く結びついていたと考えられる。そのために,家庭学校の企画の段階で三好退蔵など当時のキリスト教に対

する異端視のなかで対立することになったのであろう[23]。

　それに対して，小河は眼前にある旧態依然とした監獄をいかに改良し，そのなかで感化教育をいかに取り込んでいくかというところから考究が始まる。つまり，小河の場合は，既成の組織を見直すことが大きな課題であり，そしてその監獄という特殊な環境を改善することで「犯罪の学校」と評された監獄のあり方を改革し，その結果が「個別感化教育」として「成人犯罪者」の悪風感染から回避することに主眼をおいたといえる。したがって，このような背景が，先述した両者の感化教育内容の違いとしてあらわれたものと推察される。

　留岡と小河は，不良少年研究において先駆的な活躍と業績を残した。留岡は家庭学校などの実務を中心として，また小河は官吏として監獄事業や社会事業の改革改良を牽引していった。両者の関係は，小河の亡くなった追悼記念として留岡の回顧にみることができる。そこには「私が小河君と面會した最初は今を距る三十五年前則ち明治二十四年北海道は石狩の國空知集治監で，當時私は同監獄の教誨師をして居た。小河君は其時内務屬兼監獄官練習所詰を務めて居た（中略）爾来私は小河君と懇意になり，監獄改良や社會改良につきては協力して約三十四年間を働いたのである」（留岡 1925：17）とあり，両者の親密なつきあいが認められる。しかし，感化教育に関しては，留岡の教誨師としての宗教を中心とした監獄改革に対して，小河はあくまで法制下おける法的な人権保障という立場から監獄改革を進めようとしたことによる違いが意見の対立となってあらわれたのである。だが，小河は宗教による監獄の改革を全面的に否定しているわけではなかった。先述した小河の監獄における規律主義もキリスト教と深いつながりがあることからも知ることができる。また，留岡との書簡の中で「老兄よ，君と僕の意見が全反對と思はるるは大いなる誤なり。宗教を監獄に是認すること，最も此を大切に論する点は同一なり」（留岡幸助日記編集委員会編 1979：619）との言及からもわかるように留岡自身も宗教に関して小河との接点をみいだしている。

　そのような両者の不良少年に対する学問的または実践的な見解は，その後幼年川監川越児童保護学校に尽力した早崎春香や教育刑理論を推進した刑法学者

牧野英一など多くの実務幹部や実践家，研究者に影響を与えることになる。

7．「不良少年」観にみられる二つの側面と問題化

　ここまでの「不良少年」観は，感化法が施行された1900（明治33）年を中心に不良少年研究を通して考察してきた。この考察結果を図1-3として示してみた。

　近代化の大きな変容のなかで社会が不良少年を意識するとともに，逸脱視から生じる不良少年への対応の苦慮が社会問題として顕在化していくことで不良少年研究が始動する。安達の「浮浪少年」研究に認められた「浮浪少年」は，幕末期に生産活動の従事しない者，つまり将来の生産労働者として確保の面から問題とされてきた。この「浮浪少年」が，社会状況の急変により窃盗や掏摸（スリ）に手を染めていく過程では，幼少年の行為に少年の犯罪としての「不良」観が胎動していた。しかし，その幼少年に対する「不良」観には，ある程度の要保護性はみられるものの，本格的な教育可能性といった近代的な「少年」観を認めることはできなかった。そのような意味で不良少年を解せば，留岡や小河の不良少年研究に認められるように，近代的な「少年」観を含意した感化教育が想定され，そのなかで不良少年が社会的に認知されるようになることが本格的な不良少年研究の出発であるといえる。

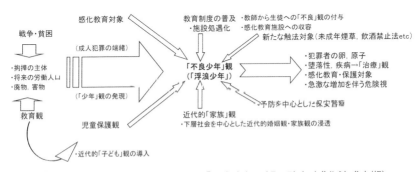

図1-3　「不良少年」研究における「不良少年」観の確立（感化法成立期）
出典）筆者作成

しかし，不良少年の増加とそれに関する問題の噴出は，急速な近代化にともなう社会環境の変化のなかで，「不良少年」観にさまざまな「不良」観を付与することになる。この不良少年に向けられた社会の動向は，中産階級社会や学識経験者などから向けられる「公共の利益を侵害する」という問題意識と重なっていた。当時の不良少年の捉え方は，文部省の局長が「一般の教育が行き届かぬのに，不良少年の教育なんて云う設備をする暇がない」(留岡 1910：755)との発言からも窺い知ることができる。この局長に限ったことではなく，養育院や感化院が私設から国に移管される際にも同様に批判は多かった。

　一方で不良少年は，社会事業や不良少年に接する実践家，保安警察から向けられる保護されるべき対象であり，また感化教育の対象という側面も有していた。つまり，明治期の不良少年に向けられる社会的反作用とは，近代化が図られていく過程で「負」と「正」が同時に含意されていたことになる。

　大正期に入ると不良少年研究の本数自体も飛躍的に増え，さらにその研究内容も分析レベルも向上していく。そして，不良少年研究における「不良少年」観に関しても，これまでにはみられない多角的で学際的な研究のなかで不良少年問題の解決を意図した新たな展開を迎えることになる。

8．小　括

　明治期以降の近代化による「少年」観や近代的な家族観の浸透と近代的な学校教育の普及において「学生の腐敗堕落」や「女学生の堕落」，そして「不良児童」等の諸問題が顕在化し，本格的な不良少年研究は進められる。実践的には，民間の感化院が設立され，その感化運動が感化法の制定と公的感化院の設立へと帰結する。また警察幹部の発言から不良少年に対する警察は，「行政警察」，なかでも「保安警察」の対応が求められており，少年の不良化への予防と保護者への説諭を念頭においた警察活動が掲げられ，警察活動が子どもたちにおよぼす影響（世間の衆目）についても配慮していた。そこには不良少年に対する近代的な要保護性や可塑性が窺い知れる。

また明治期の不良少年の政策および感化事業においては，留岡幸助と小河滋次郎の活動に留意する必要がある。留岡は「家庭学校」を運営するなかで社会的な境遇に注目して不良少年の自助精神を養う教育を進めた。一方，小河は官僚の立場から監獄事業において犯罪に染まりやすい子どもたちに対する分離収容や教育の推進に尽力した。この両者の共通点として成人犯罪の端緒として少年犯罪に注目している点や不良原因を社会環境および家庭環境に求めている点，浮浪状態の少年をぐ犯として不良少年に位置づけている点や不良少年に向けられるネガティブなイメージの付与に配慮している点があげられる。相違点として性善説的な視点と性悪的な視点の相違やキリスト教に依拠した感化教育観とドイツ監獄学に依拠した強制教育観の相違があげられる。しかし，不良少年への社会環境の原因を注視する姿勢や要保護および可塑性を内在する近代的な「少年」観は，両者の活動の共通するものであった。不良少年問題に対する本格的な取り組みにおいて，この両者から得られた知見や活動はその後の不良少年研究および臨床的場面においても大きな影響を与えることになる。

〔注〕

1) 国立国会図書館による蔵書検索では，1903 年に文明堂から出版された伊東思恭『欧米不良少年感化法』が最も古い「不良少年」を書名に含む書物であったが，さらに 3 年前の 1900 年に警醒社書店から出版された留岡幸助『不良少年感化事業』が現存するため，同書が現状では最も古い「不良少年」を冠する書物であると思われる。

2) 舘昭（1991）『子供観』放送大学教育振興会，p.10。また，近代的な「子ども」観の発見については，Philippe Aries, 1960, editions du seuil, paris, lenfant et la vie familiale sous laucien regime（＝杉山光信他（1980）『〈子供〉の誕生』みすず書房）を参照のこと。さらに，石川謙（1949）の児童観の分析によれば，児童保護に関する諸藩の政策が子どもというものを単なる親まかせの「私の存在」だけではなく，藩や社会などの「公の存在」として取りあげられ見直されるに至ったと指摘している。つまり，ここに「幼少年」が社会の対象として家族から引きあげられ，社会問題に展開していく明治初期の児童問題の胎動をみることができる。

3) 当時の受験期にある学生の心性史に関して竹内洋（1991）は，受験生の生活世界を「受験的生活世界はきわめて脆弱な世界である。努力と勤勉の世界は一方

では『誘惑』と『耽溺』に接しており，他方では『倦怠』と『憂鬱』に接している。誘惑と耽溺の行く先が『堕落』であり，倦怠と憂鬱の行く先は『神経衰弱』である。努力と勤勉の受験的世界はたえずポテンシャルを補給しなければ，どちらかの方向に落下する世界である」(竹内 1991：99) と考察している。

4) 有地享 (1976) は，明治期における家族観の変遷を，これまでの多くの先行研究の中心にあった政府の「イエ」制度の理論化や政策に追ったものではなく，民衆の中の家族観の変遷に着目している。そこでは，明治政府がいち早く天皇制を国民統合の機軸におき，徳川武家社会の儒教主義に依拠した「イエ」をもって天皇を頂点とする絶対主義体制の基底を借用し同時に家族国家観，家族主義イデオロギーを民衆の末端まで浸透させる政策を展開したとし，戸長制度・徴兵制度・戸籍制度の設定，憲法・教育勅語の発布，新旧民法の公布 (民法典論争の前後) という法制度により着実に秩序化され，他方，国家神道，天皇制，公教育制度の諸制度を通じて，家族主義イデオロギーが強化され，見事に近代国家体制内に「イエ」制度を挿入する作業を実現したという。

5) 同法第 20 条 1 項は「前條第二款 (第 19 条第 2 項「尊属親ノ請願ニ由テ懲治場ニ入タル者」) ニ記載シタル懲治人ハ戸長ノ証票ヲ具スルニ非ザルバ入場ヲ許サズ但在場ノ時間ハ六箇月ヲ一期トシ二年ヲ過ルヲ得ズ入場ヲ請ヒシ尊属親ヨリ懲治人ノ行状ヲ試ル為メ宅舎ニ滞住セント請フトキハ其情状ニ由リテ之ヲ許スベシ」と記されている。

6) 吉田久一 (1960) によれば，当時の児童に関する制度に対して「そこにみられる教育観には封建的人倫観や強兵の一翼として期待する救済動機が強く，また児童の人権に立脚し保護する考え方がみられない」(吉田 1960：159) と指摘している。

7) 東京少年裁判所編 (1932)『東京少年裁判所十年史』日本少年保護教会東京支部，pp.9-10。

8) 感化法については，重松一義 (1976) によれば，近代的「少年」観を含意している点では評価されるが，実際の施行状況は，事実上産み捨て同然の死産法であり，予算を割いてまで感化院を設ける意思は府県にはなく，一般的に不良少年のための感化院設立は「泥棒に追い銭」と理解されていたと指摘している。第二次改正感化法に至るまでの経緯に関しては，内務省社会局編の『感化事業回顧三十年』(1930) および田中亜紀子の『近代日本の未成年者処遇制度 ― 感化法が目指したもの』(2005) を参照のこと。また，ここであげられた「不論罪」とは，明治 13 年施行の刑法において罪を犯した時，12 歳未満の少年または 12 歳から 16 歳までで是非の思弁がなかったと認められる少年について罪を問わないとするものである。

9) 重松，前掲書，pp.342-343。

10) 精神科医の金子準二は，日本における不良少年問題について「不良少年問題

が，勿論近來に初めて起つた新問題でないことは確である。古來何れかの型に
於いて，不良少年は存在していた居たに相違ない，たゞその跋扈の程度と禍害
の範圍とが，どれ程であつたかゞ問題であつたのみである。(中略) 現代の不良
少年は，現代の色彩が濃厚で，現代の社會組織に，その起因を持つて居ることは，
實に不良少年が，日本の社會問題になつたが，何時にあつたかに徴しても，略
想定出來るのである」(金子 1930：566) と指摘している。そして，「不良少年問
題が三十七八年戰役 (1904 年－5 年) 後の，明治四十年 (1907 年) 前後より社會
問題として，相當の注意を惹くに到つたことは明治四十一年 (1908 年) 五月，内
務省が第一回の感化救濟事業講演會を開催し，また同年八月には，三宅鑛一博
士と池田隆德氏とが，浦和監獄，熊谷保護學校，埼玉學園に赴いて，不良少年
の精神病學的研究を實行し，それに刺戟されて當時埼玉學園に醫師として居つ
た，池田千年氏が，精神病學研究のために，東京醫科大學の精神病學教室に派
遣されたのでも判るのである」(同書：567) と述べている。金子は，不良少年の
社会問題化を明治 40 年前後として指摘しているが，同氏は精神科医であり，そ
の社会問題化の基準となる内容も精神科医の活動が中心となっているため感化
事業の展開 (明治 20 年代) と比較する必要がある。しかし，戦争という社会的
な変容に着目している点は傾聴に値する。また久井英輔 (2001) は，明治期の少
年犯罪と官庁統計について分析をおこなっている。

11) 杉村幹『警察物語』(1942) の「警察学の権威法学博士松井茂」によると，松
井茂は慶應 2 年に広島県安芸に生まれ，1893 (明治 26) 年に東京帝国大学を卒
業後，警視庁試補となり警視となった。四谷警察署長を皮切りに，第一部長警
務長兼消防長や静岡県知事，愛知県知事，警察講習所長兼内務監察官を経て，
貴族院議員となった。杉村も松井を「何れにしても，松井を一度は警視總監の
地位に据ゑて，其施爲するところを見たかつたとおもふのは，あながち私一人で
もあるまい」と高く評価している。また，前近代を含めた警察制度の歴史的研
究として，黒田重雄の『日本警察史の研究』(1963) および民衆と警察の公権力
に着目した大日方純夫の『天皇制警察と民衆』(1987) を参照のこと。

12) 刑事警察を補足すると，大審院判事河邊久雄の『司法警察職務規範提要』
(1925) によれば，「司法警察ヲ以テ其性質ヲ刑事訴訟ニ屬スル者ト爲シ警察權ノ
作用ニアラスシテ刑事訴訟手續ノ一部トシテ刑罰權ノ作用ナリト論スルモノア
リ，是レ警察ナル觀念ヲ内務行政ノ範圍ニ限定セントスル獨逸多數學者ノ謬見
ニシテ我國ニ於テハ不通ノ議論ナリト信ス。從テ危險防止ノ爲メニスル行政ハ
他ノ行政部分ニ屬スルモノニテモ之ヲ警察行政ト爲スヘキモノトス。蓋シ我國
法ハ司法警察ヲ以テ警察トシ且同一ノ警察官廳ヲシテ之ヲ遂行セシムレハナリ」
(河邊 1925：10) とある。当時の司法警察は，司法権の下にありながら危険防止
を掲げることで行政権下にあったことになる。しかし，河邊の意見から実際の活
動からみると，司法警察は司法権，つまり検察の遂行者として共通認識であっ

たことは明らかである。また，松井茂の『日本警察要論』(1901) にも当時の行政警察に関する法整備の不足が「我邦ニ於テハ未ダ警察ノ制度完カラズ，司法警察ニ關シテハ刑事訴訟法アリト雖行政警察ニ關シテハ殊ニ不備ナル點多シトス」(松井 1901：8) と指摘している。

13) 黒田重雄 (1963) は，「警視庁職制章程並諸規則」(1874) の制定によって行政警察の概念とその限界が明らかとなり，後の「行政警察規則」(1875) の制定によって司法警察の時期から行政警察の時期へと移行したと考察している。

14) 当時の少年事件報道をみると，「警察犯処罰令」(1908) の施行により，警察署長の権限で警察犯として拘留または科料として略式の手続きで即決することができ，同法第 1 条第 3 号の違反行為に該当する「浮浪罪」(浮浪徘徊犯) として不良少年が取調べを受けて事件が発覚する事案も認められる。

15) 田澤薫 (1999) によれば，このアメリカ遊学において感化教育理念の形成に影響を与えたのは，感化監獄ばかりでなく，感化施設の影響が大きかったと指摘する。そして，感化院には監獄改良からうまれた「監獄と感化院との間に位する感化院」とあまり悪化していない不良少年に対応する市民の慈善精神を基盤とする「家族制度の感化院」の使い分けをアメリカ遊学の見聞で得たことを同書で明らかにしている。

16) 留岡の感化院設立構想は，以前に元大審院院長三好退蔵と後に総理大臣となる司法省の清浦奎吾との間で本格的に始動していた。しかし，留岡清男 (1964) によれば，三好が留岡のキリスト教を中心とした宗教教育を掲げたことに対して反論してやむなく感化学校の設立は中止することになった。

17) 池上の感化院に続き，二番目に東京感化院を開設した高瀬真卿は，『実験家庭の教え』(演説集) のなかで，不良少年は「家庭教育失敗の結果で有りますから此の失敗の結果を御承知にならば教育上幾分かの御警戒と成るに相違ありません」(高瀬 1888：2-3) と言及している。さらに，不良の原因を「父母の過ち」として，「一人の不良少年を預る毎に必らず其父母に面會して生育の様子を聞きますが父母は皆な子供が獨りて悪くなつたとか悪友に誘はれたとか何の祟りでケ様になりましたのやら分らぬ抔と申しますので自分が悪くしたと云處へ氣の付く父母は一人も有りませ (中略) 私が實驗した少年の父母は皆な熱とか冷とかどちらか一方へ走り過た人々でありまして」(同書 17-18) と家庭内の親の子どもに対するかかわりについて指摘している。この高瀬の所見から留岡と同様に家庭環境を重視していることがわかる。

18) 留岡の海外遊学の経路およびそこから得た知見については，二井仁美 (2010) が詳細な分析をおこなっている。また留岡の報徳思想については，「独立自営論」との関連で田澤 (前掲書) を参照のこと。

19) 「家庭制度」とは，留岡の言葉を借りると「圓満な家庭の中に子供を置くと云ふ制度」である。この制度を取り入れたのは，家庭学校が最初であり，この制

度のなかで家庭的薫育が施されることになる（家庭学校編1909：32）。また当時の新聞報道にも「家庭學校の教育方法」として，「先ず六十名の爲めに六棟の小屋を設け一家六人宛家族的生活を營ましむ而して彼等を教育するに音樂，教育，實業，體操，家政の五要素を以てす生徒は凡て不良少年なるを以て彼等が矯正するに惡を憎む可きを教へずして寧ろ善を樂むべきを以てし常に惡を考へざらしむるやうになす」と掲載されている（『東京朝日新聞』1900.1.27）。

20）当時の小河の内務省から司法省に異動に至る感化教育の普及と監獄に関する政府内の攻防については，田中和男の『近代日本の福祉実践と国民統合』（2000）を参照のこと。また，小河の行刑思想や自治については小野修三の『監獄行政官僚と明治日本 ― 小河滋次郎研究』（2012）を参照のこと。

21）小河滋次郎（1917）「何をか感化教育と謂う」『救済研究』第5巻第3号．小河は「教育可能者とは『教育の對象として取扱ひ得べき者』といふ義にして，普通の意味に於ける教育の可能性を有せざる白痴，瘋癲其の他の精神的疾患のある者の如きを除外せざるへからざることを論を俟たず」（小河 1917：13）と定義している。

22）後年，小河は感化教育について「教育年齢に在る教育可能の未成年に對し，本人及び公共の利益の爲めに，立法の規定に基づき，一定の条件を具備するの場合に，國家が其の代表機關をして命令を爲し或は國家の直營として之を執行し，或は國家の監督助成の下に一私人又は公共團體をして執行せしむる所の，格段なる教育を指して之を稱す」（小河 1917：12）と述べている（土井洋一・遠藤興一編（1980）『小河滋次郎集』鳳書院）。

23）留岡清男（1932）「我邦の感化事業」『教育』第6号，岩波書店，p.22．

第2章

多元的な不良少年研究の展開と統制機関

—後天的な原因論を通して—

　不良少年に関する研究は，少年が社会環境や家庭環境から影響を受けることにより不良少年となる後天的な原因論と，遺伝など生まれもった「不良」（精神障害など）の形質が少年に影響を与えて不良少年になるとする先天的な原因論に大別される。先天的な原因論の展開については次章で述べることにして，ここでは，感化教育の分野に多くの成果をみることができた後天的な原因論について考察する。

　これまでみてきた明治期を中心とした感化教育には，境遇などの社会環境や家庭環境に不良少年の原因を求め，その対応として「家庭制度」を導入して再教育を施すことで不良少年の更生を図ったことを確認した。こうした感化教育を施すためには，「不良」原因を社会環境や家庭環境にみいだす分析視角が必要となる。なぜなら，不良少年のおかれている境遇を重視するからこそ，彼らの生活環境から「不良」要因を取り除くために人工的な環境である感化院を代替として用いたのであり，そうした環境を整えて初めて不良少年に対する教育や矯正がおこなえるということが感化教育の前提となっていたからである。そして，不良少年に対する実践的な感化教育をおこなうためには，後天的な「不良」原因である社会環境などを考究する分析視角として社会学的なアプローチが取り入れられることになる。

　そのように考えると，不良少年研究の分析を後天的な原因論に依拠したものを中心に取りあげ，そこで展開される社会学的アプローチを考察していくことにより，不良少年研究における後天的な原因論の動向を知る手がかりを

得られるものと考える。そのためには，不良少年研究のなかで，各研究者の
研究目的や当時の学問的影響などにふれながら，当時の社会学や社会病理学
の研究と不良少年問題との学問的交流を探ることが求められる。そして，「不
良少年」原因論の動向を前提として本研究課題である不良少年への社会的反
作用をみるために，実際に不良少年に対する統制機関の「不良少年」観を考察
し，改めて不良少年研究における後天的な原因論について考えてみたい。

1．大正期を中心とした不良少年研究の社会的背景

　本考察で取りあげる先行研究の多くが大正期を中心におこなわれている[1]。こ
の大正期とは不良少年研究においてどのような時期であったのだろうか。その
社会的背景を概観してみると，不良少年およびその研究にかかわるさまざまな
社会状況は大正期から昭和初期（15年戦争に至るまで）において特徴的な変化が認
められる。この社会状況とは，法制度や産業化，そして教育制度の変容である。
　法制度をみると，特に感化運動やアメリカの子ども裁判運動に触発されるか
たちで1922（大正11）年に制定された，「少年法（旧少年法）」および矯正院法があ
げられる。この少年法には，大人と少年をわけて法的な判断をする少年審判所の
設置と少年審判官および少年保護司の配置が明記されており，家庭的な審判方
式として日本で初めて採用された。また少年の名誉にも配意して，審判に付せら
れた事件の一切を公にすることを禁止する内容も認められる。さらに，少年法の
成立過程における立法主旨説明の席においても，これまでの少年にかかわる法
律の限界と諸外国の進んだ少年にかかわる法律の有用性，さらに不良少年を取
り巻く家族や地域社会の問題など，少年に関する法制史上ここまで「少年」観を
意識した議論はなされておらず，その議論を経て少年法が成立したことは注目
すべきものである[2]。この少年法については，警察や少年審判所の統制機関と不良
少年との関係のなかで改めて考察する。
　経済的な側面においては，明治期に近代的な資本主義的経済制度が移入され，
短期間に国内に浸透させるために政府主導の殖産興業政策が推し進められた（富

永 1990)。この産業化が少年にもたらしたものは，新たな資本主義経済下におけ
る労働価値としての少年である。これらの少年を中心とする工場労働者の多く
は，低賃金で働く労働価値として早い時期から親元を離れ過酷な労働条件と劣
悪な生活環境のもとでの労働を余儀なくされた。この状況から脱するため一部
の少年は，工場労働から逃避しそのまま「浮浪児」として都心で生活し，不良少
年と同様に警察の検挙対象となる者もいた[3]。この詳細については，「少年工の不
良化」(第7章) として改めて分析する。

　一方で，経済の発展は同時に貧富の差の拡大を意味していた。明治期に引き続
き，商品経済が農村へ浸透して農村経済から自給的家内工業が駆逐され，さらに
戦争や自然災害が加わり窮乏化する農村もみられるようになった。特に日露戦争
後から明治末期にかけて漁村や農村の窮乏化は著しく，都市に対する人口流出
も激しい状況にあった。そのような状況のもとで，これら流出貧民の流入地がス
ラム化して新たな都市下層社会が形成され，大正期の物価上昇や日露戦争後の
恐慌が相まって本格的な失業をもたらし，さらなる都市貧民層の拡大を招くこと
になった (吉田 1984)。この都市貧民層に深くかかわり社会事業家として活躍し
ていた賀川豊彦 (1915) も「不良少年の製造所」と指摘している[4]。

　教育面おいて大正期は，資本主義の興隆とアメリカ新教育制度が連動した時
期であった。20世紀の教育界は，新教育時代を迎えると同時に児童の世紀とさ
れ，アメリカを中心としてさまざまな教育運動が盛んにおこなわれた。大正期は
日本の資本主義の興隆期にあたり，特に産業界はアメリカの新教育の一面であ
るアメリカ社会に根付いた実利的な教育観と教育方法に関心を持ち，官僚に対
して働きかけ積極的にアメリカ新教育制度の導入を支援することになる (田代
1961)。また明治期からの就学率は，大正期に入ると9割近くにまで達し，明治期
に一桁であった中学校の進学率も大正期における学制援助会の組織化もあって，
1915 (大正4) 年の段階には25％に達した。しかし，この時期における多くの受
験生は，経済面においても厳しい受験生活を余儀なくされる苦学生であり，これ
ら苦学生のなかには都会生活における誘惑など不良化や堕落の傾向をしめす者
は極めて多かった。さらにそのように堕落した苦学生には，「不良少年」と同一

視され警戒される者もいた（竹内 1991）。このように大正期から昭和初期を中心とした社会背景をおおまかに概観しても，大正期を中心とした近代化は，不良少年にかかわる大きな社会変容であったことがわかる。

そのような社会の変化が不良少年を問題化し，その問題に対応するために不良少年研究が進められることになる[5]。

2．不良少年研究に係る社会病理学と後天的な原因論

戦前の不良少年研究は，明治期に伊東思恭（沙村）の『欧米不良少年感化法』（1903）や小塩高恒の訳書としてモリソン（Morison, W.）の『不良少年』（1912）がみられるものの，「不良少年」や「少年犯罪」を含む表題の単著はほとんど見受けられない。だが，大正期に入り不良少年研究に関する研究書は，不良少年が社会問題として顕在化してくるとともに徐々にその出版および論文掲載が目立ちはじめてくる[6]。特に，不良少年に関する研究は，大学教授などの学者のほかに当時不良少年とかかわることが多かった統制機関や感化（教育）機関の関係者の論文が多く見受けられる。ここでは，社会病理学および社会学の学問的な状況と不良少年問題との関連を中心に分析を進めることにする。

初めに，後天的な原因論の分析視角として社会病理学を取りあげてみたい。『社会病理学』（1896）を題として初めて著されたものは，ドイツ系ロシア人のリリエンフェルト（Lilienfeld, P.v.）である。リリエンフェルトの社会病理学は，当時の細胞病理学説に大きく影響を受け，社会要素的単位を「細胞個人」と呼び，社会病の原因を細胞（＝個人）の異常または退化に求め，それらが伝染するなど身体生理学的な影響を強く示している[7]。リリエンフェルト以前にも犯罪者研究として，ロンブローゾ（Lombroso, C.）が著した『犯罪人論』（1876）で展開される隔世遺伝による「生来性犯罪者説」があり，その説に対したタルド（Tarde, G.J.）の『模倣の法則』（1890），また，ロンブローゾの弟子であるフェリ（Ferri, E.）の『犯罪社会学』（1884）などがあげられる。

この時期における日本の社会病理学に関して，小関三平（1989）は，当時の社

会病理学の研究が近代社会学の古典的名著が多く書かれた時期と同時期である
ことから，ここに社会学と社会病理学の歴史的相関を示唆している。そして，日
本における初めての社会病理学の研究を「日本おける風俗とその病理研究」とい
うかたちであらわした米田庄太郎をその創始者としてあげている。[8]実際に米田は
社会病理に関する研究として，『現代社会問題の社会的考察』(1920) および『続
現代社会問題の社会的考察』(1920) を著している。

　ここで，不良少年研究が盛んにおこなわれた大正期の社会病理学について，当
時法政大学教授であった大場寛治の「社会病理学に就いて」(1920) を取りあげ
る。この大場の論文は『最近社会学の進歩』(1920) に掲載されており，同書の内
容は全般的に社会学理論を中心に捉えるというよりも，当時の社会が抱える諸
問題に対しての社会学的視座を問うものが中心に語られている。同書の教育学
術界主幹尼子鶴山の序文からも，当時の社会学の状況を知ることができる。尼子
によれば，「社會學が，斯學の鼻祖オーギュスト・コントによつて組織立てられ
たのは，極めて最近のことである。之が日本に於て研究されるに至つたのは，二，
三の學者を除いては，十数年以來のことである。世の所謂當路者が社會學に對す
る了解に乏しいことは，無理ならぬこととは言へ，餘りの無理解に驚かざるを得
ぬ」(尼子 1920：1) と述べている。一人の研究者の意見ではあるが，一般的には
当時の社会学の浸透と理解があまり進んでいなかった状況を知ることができる。
つまり，社会的に社会学への認知があまり広まっていない状況にあることを踏ま
えるならば，当時の社会病理学はその研究内容や理解も始まったばかりであっ
たといえる。

　また同書の執筆者を概観すると，当時の社会問題に対した研究者の状況を知
ることができる。執筆者18人の内訳をみると大学教授を除く7人が官僚で占めら
れている。つまり，当時の社会問題に関して官僚が大学の研究者と同様に発表の
場を得ていたことになる。これは言い換えれば，社会問題という社会事業に密接
にかかわる研究対象の性格上，実際に社会問題に対峙する政策遂行者としての
官僚が意見する場を得ていたともいえる。

　そこで，大場の論文を読み進めると大場は当時の社会病理学について，「人類

72

の社會生活を純正に享受し，以て益々之を擴充發展するに當つて間接乃至直接に之を妨障する一切の社會現象又は社會事實を研究するものである。略言すれば，社會的害惡又は社會的疾病に關する攻究であって，不完全なる社會の組織機能及び進展に關する研究である」（大場 1920：378）と述べている。しかし，他方では，社会病理学が独立の学問大系をなすものではなく，社会諸相にあらわれる事実や現象を一括して観察するための便宜上の略称とも述べている。つまり，大学教授であった大場の言及からも知られるように，当時の日本における社会病理学の学問的位置づけやその内容が未だ発展段階にあったことがわかる。

　一方大場は，ギリン（Gillin, J.L.）の社会的不適応の概念を援用しながら「健全－不健全」や「正常－異常」という社会の識別は，絶対的な本質的意義を包括するものではなく相対的であり，さらに精神的または道徳的なものについてはみる者の立場や主観の差異により明確な断定が困難であると指摘している。そして，社会病理学の対象となる問題について，社会を組成する相関的要素や社会の各部分をなす多くの要素が正常な連係を形作らないためにその社会は諧調と協同を保持できない，つまり社会秩序の混迷と社会の進歩の停滞に向かうという理論的な展開をおこなっている。このような前提に立って大場は，事実を詳細に分析することによりその社会の特質や特徴が抽出可能であるとして，「社会的不均衡」，「反社会的傾向および反社会性」，「社会の退廃的傾向」の三つをあげ，これを社会病理学の内容として提示している。

　ここで不良少年問題についてみてみると，大場の社会病理学には直接不良少年問題に対する言及を認めることができない。先にあげた「社会的不均衡」のなかには，社会の物質的環境的不均衡を原因とする「犯罪問題」をあげ，そのほか「教育問題」や「道徳問題」，また「社会遠心生活（生活の中心が社交界に享楽的に向かう生活）」に移行しつつある「家族問題」などに関する言及は見受けられる。しかし，不良少年問題が顕在化していたと思われるこの時期に，個別の問題対象として不良少年をあげていない事実は，当時の社会病理学が未だ学問上西欧の抽象的一般理論として輸入され定着する段階期にあり，その応用や発展の段階にまで達していないことを示しているものと考えられる。[9]

第2章　多元的な不良少年研究の展開と統制機関　　73

大場の研究からみた大正期の社会病理学の状況は，大場の指摘するように社会病理学に内在する「正常－異常」の社会的識別の困難さを内包しながらも，その詳細な分析において社会病理学の対象とする問題整理とその対応策を思考する状況であった。またその対応策としての社会，経済，刑事，教化政策など必要性が問われはじめていたものの，そこには個別の問題対象としての不良少年問題を認めることはできなかった。その後，立教大学初代学長である元田作之進の『社会病理の研究』(1923) には不良少年の項目が認められる。しかし，そのなかで展開される不良少年分析は，不良少年の特徴とその影響をあげるにとどまり，総合的な考察と対応までの考究がなされていない。ここからも，本格的な社会病理学の不良少年研究は，さらなる学問的成熟を待たなければならなかったものと推察される。

　ここで不良少年問題を含めた戦前の社会病理または社会問題に対する先行研究として，立命館大学教授真田是 (1977) の考察を取りあげてみたい。真田は，戦前の社会病理または社会問題に関して三つの特徴をあげている。それは官許・公認などによる権力的な裁断，社会学的実証主義の影響による社会学的考察の増加，特殊日本的な天皇制に裏づけられた科学的水準の存在である。これらの特徴を示す当時の社会病理または社会問題に対する研究に対して，真田は「社会学的なもの」をキータームとした考察をおこなっている。[10] 真田は，社会病理または社会問題として分類される論文をみると，初期の論文には研究対象として取りあげた現象を「社会的なもの」と捉えることができず，「生物的」，「地理的」，「季節的」など他の因子，すなわち「非社会的なもの」との複合により一般的に捉えていると指摘する。つまり，これら初期論文にみられる「社会学的なもの」は，多元論に立った上で「社会的なもの」に注目しながら因子複合の分析に焦点を当てる方針であるとする。また真田は，この「社会学的なもの」に関しても昭和期に入り社会病理現象における「社会的なもの」の確定・追求に重点が移ったとして，ここに「社会的なもの」の確定・追求には，通例のものともう一つ，「社会的なもの」を「社会学的なもの」として確定していこうとする方針がみられると指摘する。[11]

真田の戦前の社会問題研究は，「非社会的なもの」を含めた因子複合分析とい
う視点を提示してくれた点で注目される。「社会学的なもの」についての厳密な
考察は，今日においてもいろいろと議論の余地がある[12]。しかし，後章で紹介する
戦前期の不良少年研究においては，多分に当時学問的輸入期にあった犯罪学に
依拠する研究動向が認められる。このことが，ほかの問題対象よりも「社会的な
もの」と「非社会的なもの」の分析上の区分を明らかにするものと考えられる。
このような学問的状況を踏まえると，真田の分析視角は，当時の不良少年問題に
おける社会学的研究を分析するうえで，「社会的なもの」を推敲するための分析
視角としての有用性を認めることができる。

　この分析視角を用いて後天的な原因としてあげられるものをみていくと，そこ
には社会と強い結びつきをみいだすことができる。前章の感化教育に認められ
た「家族」や「境遇」などの原因がその例としてあげられよう。つまり，後天的
な原因には，社会関係が影響するという点が重要になってくる。そこで，不良少
年研究にみられるそれぞれの原因を整理すると，そこには「慣習」，「道徳」，「宗
教」，「政治」の形態などを社会的・経済的諸条件とする「社会的なもの」と，「物
理的」，「生物的」，「地理的」，「季節的」などを諸条件とする「非社会的なもの」
に大別できる。

　この大別において不良少年研究をみていくと，非社会的な原因には，不良少年
に対する教育可能性（可塑性）をみいだすことは難しいように思われる。なぜな
ら，そこには，絶対条件である自然科学が対象とする「自然」や「生物」が前提
に掲げられているからである。この類別に関してもさらなる考察が必要ではある
が，ここでは大正期における不良少年研究の後天的な原因論の展開をみるため
に用いることにしたい[13]。

3．不良少年研究における後天的な原因論の考察

　ここでは，大正期の後天的な原因論が含まれている不良少年研究を取りあげ
る。そして，この不良少年研究の目的について分析し，当時の不良少年研究にど

のような学問的アプローチがなされていたのかという検証的な考察を試みたい。

（1）不良少年研究における各研究者の研究目的

　当時の研究者たちがどのような意図（対応策）をもって不良少年研究に臨み，そして，各研究目的に通底するものについてみてみたい。ここでは特に「少年法」（1922）が施行され，不良少年問題が注目されていたと考えられる大正期を中心に執筆された三つの不良少年研究の目的を中心に取りあげることにする。

　はじめに，大澤真吉の『少年犯罪論』(1922) をみてみたい。当時の大澤は，判事を退官して弁護士の立場にあった[14]。その緒言には，先例的なイギリスやアメリカの少年裁判法の制定状況にふれながら，日本における少年法の実施に際して，同書を将来の不良少年処遇方法の参考になる研究書として著された旨が述べられている。そこには大澤の研究が，心理学，生理学，生物学，社会学など多岐にわたる学問的視点に立脚し，さらに実際に当時の少年監獄において統計および調査報告書類に基づいた分析をおこなったという自負がこの文面から窺える。

　そのような研究に基づいて，大澤は不良少年問題について「現代少年の健全なる發達を圖るは即ち優秀なる次代の國民を形成する所以にして不良少年を矯正し其品性を陶冶せんとするは國運の進展を期するの一端に外ならざればなり」（大澤 1922：5）と述べている。この点から大澤の不良少年研究が，国家的なレベルから次世代を担う子どもの発達を期するという目的を中心に捉えていることがわかる。つまり，大澤が性悪説的な犯罪原因論に立脚し，社会意思として発現した行為が国家の法規に抵触したものを犯罪とみなし，その犯罪行為は道徳関係（犯罪の抑制）と密接に関係する経済関係（貧富の差）に起因するという犯罪の理論的な展開による言及といえる。

　この不良少年の矯正が「国運の進展を期する」という理論的な展開は，犯罪の素質を内在する個人に対して，国家が社会政策及び教育政策を積極的におこなうことが同時に，国家の中心となる経済関係や道徳関係を盤石にすることにつながるということに依拠したものである。つまり大澤は，その犯罪行為の発現を少年期にみいだし犯罪の消滅が少年の犯罪の絶滅にあるとして，不良少年問題の

76

対応に社会共同（国家）の継続的絶大な努力が必要であることを指摘するのである。

　次に，少年審判所判事鈴木賀一郎の『不良少年の研究』（1923）をみると，同書に序文を寄せた鈴木の恩師であり当時上席検事（後に司法大臣）であった塩野秀彦は，「少年の教養薫化は固より國家重要の事務なり，夙に學制を敷かれ，其の効果は，燦として光輝ありと雖も，近年都市生活の一現象として不良少年の群頻出し，教育家の手裡を脱するものあり，誠に邦家將來の爲寒心に堪えざる所なりとす」（塩野 1923：1）と記している。この序文からも当時の不良少年問題は，国家レベルの対応が迫られていたことがわかる。続いて凡例の部分で鈴木は，「近頃不良少年の激増跋扈は著しく，殊に優良少年を侵蝕蠱毒することが甚だ猛烈でありまして，その害毒は寸時も忽せにすることが出来ないやうになりました」（鈴木1923：1）として，当時の不良少年の増加に対する「優良少年」への危惧を示している。また，「通常少年のみを知つて，不良少年を知らない父兄及教育者は，まだその害毒の甚しいことを知らぬ爲め，等閑に付して居る間に，警察署や検事局の取調を受けまして，始めて我が子弟や我が校生が不良なることを知り恰も足許より鳥の飛び立つたやうな感に打たれ，遽かに悲嘆する者が甚だ多いのであります」（同書：1）として，不良少年の実態を知らない父兄および教育者に対して「不良」の予防策とするのが研究目的であると述べている。

　また，不良少年に対する「優良少年」の害悪にもふれており，その理由から父兄に対して本書を一般少年に読ませない旨の注意を発している。これは，同書の後半部分に不良少年に至るライフヒストリー的な内容が含まれており，活字という媒体を通した「不良文化」の伝達への懸念からの注意であった。この点をみても，鈴木が少年に対する社会的な影響を重視していることがわかる。そして，鈴木は不良少年の原因を家庭の欠陥にあるとして，この家庭を基礎とする国家を「一大家庭的国家」として位置づけており，愛情ある家庭の発展とその中で育まれる児童が国家の基礎であると主張している。

　最後に，川越少年刑務所元ノ浦和監獄川越分監において，少年受刑者を指導する立場にあった白井勇松の『少年犯罪の研究』（1925）の自序をみてみると，当時

の少年犯罪が社会問題のなかでも重要な問題であったことが知られる。白井は，不良少年問題に対して，「不良少年問題ハ勞働問題或ハ思想問題ト共ニ現今世界ニ於ケル文明國ノ重要問題タルコトハ吾人ノ呶々スルヲ要セサル所ニシテ（中略）社會問題中ノ不良少年問題ノ如キハ最モ注意考究セラルヘキハ論ヲ俟タサル所ナリ抑現今不良少年問題カ刑事政策上，社會政策上如何ナル地位ニ在ルヤハ吾人ノ喋々ヲ要セスシテ明ラカナル所ナルカ我邦ニ於ケル不良少年問題ハ目下政府當局ニ於カレテ大ニ研究考覈セラレツゝアリ」（白井 1925：1）と述べている。この白井の見解からみても，当時不良少年問題は社会問題として注目され，国家における刑事政策および社会政策の急務の対象であったことが確認できる。白井は，社会問題化した不良少年問題に対して家庭環境を重視し，そのためには下層社会の改良と教育の普及の必要性をあげている。

　これまでの各不良少年研究者の研究目的を概観すると，当時の不良少年問題が社会問題として認識される状況と予防手段としての社会政策の必要性を説いているものがほとんどであり，多くの研究が不良少年にかかわる家族や社会に対して啓蒙的な論調傾向にあった。そして，当時の不良少年問題を国家の対応する社会問題とみる状況は，分析概念上後天的な原因である「社会的なもの」にかかわっていることが指摘できる。なぜなら，この時期の不良少年研究は，国家政策の上で対応可能である「不良」原因を抽出し，改善する意図を明確にあらわしているからである。つまり，その原因をみいだし対応するためには，少なくとも自然環境などに依拠する「非社会的なもの」よりも，社会政策や問題啓発の対象となることを前提とした「社会的なもの」が重視されるためである。しかし，その目的に認められた「社会的なもの」は，各不良少年研究のなかで全面的に展開されることはなかった。次に，その研究の内容についてみてみたい。

（2）大正期の不良少年研究からみる犯罪学と「不良」原因の多元論化

　当時の社会問題や社会病理に対する社会病理学的研究は，前述したように社会病理の対象を分析整理する時期にあった。このような学問的状況を前提として，不良少年研究にあらわれる分析視角を，「物理的」，「生物的」，「地理的」，「季

節的」条件を含むもの，つまり「非社会的なもの」を確認することから探ってみたい。

先述した『少年犯罪論』には，当時の不良少年研究の動向として司法省監獄局長谷田三郎が序文に，「特に少年の犯罪に就て論議した遍作は決して少くはないが，其大部分は抽象的な法理論か，形而上學的な倫理説か，然らざれば獨斷的な宗教觀に過ぎぬ。然るに現時の少年犯罪論は十九世紀の後半期以降發達した生物學，人類學，實驗心理學，醫學，社會學，統計學等の實証的科學を基礎とし，個人，社會及自然界の三方面から犯罪の原因と之に對する救治法を究明せんことを目的とするものである」(谷田 1920：4) と述べている。

この序文から，当時の不良少年研究に関する二つの状況を知ることができる。まず，当時の不良少年研究について，科学的で実証的な研究結果をもとにした原因論を重視する傾向があらわれてきたこと，そしてこれまでの実践的な感化教育にみられるような一元的な原因論とは異なり，犯罪の原因を個人（精神および心理的な側面）と社会（社会環境）の関係だけではなく自然界を加えることにより三つの要因を含む多元的な原因論の展開が認められることである。また大澤の不良少年研究は，「少年犯罪論」という用語を用いていることからわかるように，犯罪学の理論的な影響を多分に含むことは明らかである。ここで，不良少年研究を通じて学問的に犯罪学がどのようなかかわりをもっていたのかを確認したい。

当時の日本における犯罪学は，社会病理学と同様に自国の犯罪学が理論的になお未分化であり，諸外国の学問的導入に大きく依存していた。また，当時の諸外国の犯罪に対する初期理論は，一元的原因論（素質説または環境説）から複数的原因論また多元的原因論に移行する学問的変遷期であり，この学問的変容が日本の「不良少年」原因論にどのように影響したのかについて考察する必要がある[15]。

大澤の不良少年研究には，素質説に立ちながらも「不良」原因を複合的に求める姿勢がその序章から認められる。また行政官僚であり，後に社会事業の先駆的な研究者として注目される三好豊太郎の「不良少年の社会的考察」(1925) をみると，精神医学的な研究を行ったグルーレ（Gruhle, H.）の研究成果との比較を中心におこなっている。そのなかで遺伝を媒介とした「不良」要因を認めながらも，

他方では「外因」とよばれる社会的環境，つまり家庭環境や戦争などが不良少年の発生の社会的要因であると言及している。この遺伝に一つの「不良」要因を求める考察は，先述した鈴木の不良少年研究にも認められる。

鈴木はやや過激な表現ではあるが不良少年を「社会のばい菌」と称し，「不良」を感染するものとしてその実態と感染を重視した研究をおこなっている[16]。しかし，この論調は，ただ不良少年を蔑視するものではなく，先天的な遺伝感染のほかに後天的な教育や養育の有無も大きな「不良」要因として取りあげており，それに直接かかわる親や教師の指導，保護の必要性を指摘している点において多元的原因論に立脚していると考えられる。

またこのような傾向は，先に触れた白井においても同様に認められ，「少年受刑者」に対する自らの統計調査をもとに，「個人的遠因」，「家庭的遠因」，「社会的原因」の三つの分析枠組みから「不良」要因を究明し，「風俗習慣及季節並に土地と犯罪との関係」などの「非社会的なもの」を含む多元的な原因分析に論究している。

ここにあげた各不良少年研究者の研究スタイルをみると，当時の不良少年の原因論が諸外国の学問，特に犯罪学の影響を受けながら旧来の一元的原因論から多元的原因論へと移行していく学問的状況を認めることができる。そして，その多元的原因論への学問的展開が一方では，「非社会的なもの」および「社会的なもの」の性格をより明瞭にしていったものと考えられる。つまり，「不良」原因の多元論化は，これまでの一方的な価値観からの脱却を促し，多元的な原因論を模索するなかで「非社会的なもの」および「社会的なもの」のさらなる内容分析を進めたものと考えられる。

実際に大澤の不良少年研究を通して，「非社会的なもの」に関する学問的状況を確認すると，やはりこの「非社会的なもの」に関する内容については，当時の犯罪学から得られた学問的影響を知ることになる。なぜなら，当時の犯罪学の物質的自然環境的なものからも犯罪原因をみいだす多元的な分析枠組みが，大澤の不良少年研究からも多く認められるからである。

特に大澤の不良少年研究では，フェリやガロファロ（Garofalo, R.）などのイタリ

ア犯罪学（イタリア実証学派）の影響を受けているようである。フェリの『犯罪社会学』（1884 = 1923）における犯罪原因論をみると，犯罪者の自由意思の存在を否定し，犯罪者の社会責任論を唱えつつ，人類学的・個人的要因（民族性，年齢，性別など），物理的・風土的要因（人種，気候，地理，季節，気温など），社会的要因（人口密度，慣習，宗教，政治の形態，経済的・産業的諸条件など）の犯罪原因における三種の犯罪原因を提唱している。また，フェリ自身が当時刑法の大学教授の職にあり，『犯罪社会学』（1905）の下巻にも「刑事責任の実証的理論」が認められることから，当時弁護士の立場にあった大澤は，フェリの犯罪研究にふれる可能性は多分にあったものと推察される[17]。

　さらに大澤の犯罪原因論を確認してみると，当時の不良少年研究における「非社会的なもの」の性格をそのなかに読み取ることができる。大澤は，「社會現象として發生する犯罪の原因は之を大別して二種とす，其第一は犯罪人の個性に存するものにして犯罪人の身體的特質，犯罪人の精神的特質幷に遺傳等なり，之を犯罪の内部的原因と稱す。第二は犯罪人の環境其他外界との關係に存するものにして經濟的關係，性慾的關係，政治的關係等は其主要なるものなり，之を犯罪の外部的原因と稱す」（大澤　1922：11-12）と犯罪原因を類別している。

　このなかで注目すべき点は，内部的原因にある遺伝である。同書「犯罪と社会」の章には，犯罪の内部的原因にあげられているものとして，ロンブローゾの犯罪人類学的手法を用いた「犯罪人の身体的特質と犯罪人定型説」を取りあげている。大澤は，このロンブローゾの実証的分析手法を用いて，「少年（少女）の意義」において身体の栄養や神経，本能に言及し，「少年（少女）の犯罪」においては遺伝的な要因分析をおこなっている。また，研究の後半部分でおこなわれた統計分析も，最終的には統計結果から道徳意識と宇宙的法則に依拠した自然科学に犯罪の原因を求める点など，フェリの犯罪学に類似する箇所が認められる[18]。さらに，犯罪の区分においては，ガロファロの一般的な社会に通底する人類の生存や安寧に危害を与える殺人や窃盗を「自然犯罪」とし，ある時代や社会の特殊な法律違反を「人為犯罪」とする類別に対して，日本の仇討ちなどを例にあげつつ，「文化の發達に伴ひ社會意思は擴大し，犯罪の科目は自から増加するを免か

れす」(大澤 1922：20) とする批判的な持論を展開している。この点からも大澤の不良少年研究は，当時のイタリア犯罪学に影響を受けていたことがわかる。しかし，そこにはすべての原因論をイタリア犯罪学に依拠するのではなく，その原因論を時にはガロファロへの批判にみられるようなかたちで日本の不良少年の原因に適用させていこうとする姿勢が認められる。

　大澤の不良少年研究に取り入れたロンブローゾの犯罪学は，ロンブローゾ自身が医師 (監獄医・軍医) であったことからも知られるように，先天的な原因論に依拠する「犯罪生物学」であった。このようなロンブローゾの「生来性犯罪者説」に対する批判を修正するかたちで，その後継者であるフェリやガロファロは「犯罪人類学」として継承していった (瀬川 1998)。したがって，大澤の不良少年研究が，多元論的なイタリア犯罪学を骨子として構成されていることは，大正期において後天的な原因論から先天的な原因論を取り込むかたちで多元的な理論の展開がなされていたことがわかる。つまり，日本の不良少年研究における犯罪学の導入は，これまでの実践的な側面で中心となっていた後天的な原因論から，先天的な原因論を含めた多元的な原因論による不良少年研究となったことを意味するのである。

　ここであげた当時の不良少年研究では，遺伝などの生物的要因や季節，土地などの風土的な要因などが「非社会的なもの」として比較的容易に各研究のなかにみいだすことができた。これを換言するならば，この「非社会的なもの」が「不良少年」原因論のなかである程度類別化され整理がなされていたことを意味する。[19] また，今後のさらなる分析が必要となるが，「非社会的なもの」が当時の不良少年研究のなかに認められ，大澤のようにイタリア犯罪学に対して同調的もしくは批判的な見解からその原因を探る研究姿勢は，当時の日本における不良少年研究が諸外国の犯罪原因論を積極的に吸収し，「不良少年」原因の解明に応用していこうとする学問的姿勢を知ることができる。

　しかし，日本の不良少年研究において，生来性犯罪者説や犯罪生物学を中心とした犯罪学の導入と浸透は，不良少年概念上，「少年」観に含意される教育可能性という内容に大きく抵触することになる。なぜなら，そこには「遺伝」という

教育可能性のおよばない原因論が展開され，また生まれながらの犯罪者という学説には可塑性をみいだすことができないからである。だからこそ，多元的な原因論としての修正が必要となったのであるが，一方では不良少年研究のなかで生来性犯罪者説や犯罪生物学に通底する先天的な原因論の展開もみられる。この原因論の展開については，次章の精神医療化を視野に入れた不良少年研究で確認する。

4．大正期の統制機関と少年法の制定による不良少年との関係

　ここまでは，不良少年研究における後天的な原因論を中心にみてきた。本章で取りあげた不良少年に関する研究書の著者の多くは，法曹界や統制機関の関係者であったことが指摘される。なぜなら，後天的な原因を重視する不良少年研究には，常に不良少年への対応のなかで「教育可能性」や「要保護性」という「少年」観を前提とした不良少年の更生が多分に含意されていたからである。ここでは，警察や少年審判所などの統制機関を中心に，これまで確認してきた多元的な原因論に依拠する犯罪学の影響をみるとともに，これら統制機関における「不良少年」観を考察する。

（1）近代化する警察活動と犯罪学的な捜査手法

　大正期には，警察活動に関しても近代的な科学捜査が盛んとなる時期であったといえる。その状況を警視庁検閲係長山田一隆『犯罪科学ノ研究』(1915) から概観してみると，自序には「犯罪行爲ヲナスニ必要ナル科學ヲ研究スルト云フノデハナクシテ犯罪ヲ檢擧スルニ必要ナル科學ノ研究ト云フ意味デアル」(山田1915：1) としたうえで，指紋鑑別や足跡鑑定などの公判の物証を確保するための捜査手法があげられている。そのほかにも，「犯罪心理」，「性相学ヨリ見タル犯人鑑定」，「犯罪と迷信」，「犯罪統計」などの項目も列挙されている。

　同書において当時の実践的な警察捜査に用いられた研究について確認すると，「犯罪心理」については，同書の参考文献に日本の犯罪心理学をけん引した寺田

第2章　多元的な不良少年研究の展開と統制機関　　83

精一の著書があげられており，「犯罪心理学」が警察捜査の実践において用いられていたことがわかる。また，「性相学」による犯人の鑑定においては，「ロンブローゾの先天的犯人型」を中心とした説明がなされていることから，当時の警察捜査におけるロンブローゾの影響も認められる。そして「犯罪と迷信」では，犯罪の原因として怨恨や嫉妬とともに迷信もその原因の一つであることを五つの分類を用いながら説明している。最後に「犯罪統計」において山田は，「元來統計モ科學デアル其一種ノ犯罪統計モ勿論科學トシテ研究出來ナイコトハナイ，廣ク犯罪ノ豫防竝ニ犯罪ノ如何ナル關係ヲ知ルコトニ於テ有益ナルコトハ勿論デアルガ茲ニ犯人ノ探索ニ密接ノ關係スルモノト私ハ云ヒタイノデアリマス（後略）」(山田 1915：311) と述べている。この山田の主張から当時ケトレー(Quetelet, A.) の犯罪統計などが捜査手法の一つとして重視されていたことがわかる。このように警察捜査を概観しても，多元的な原因論に依った犯罪学に依拠する科学的な手法が用いられる時期であったといえる。[20]

（2）不良少年に対する少年法の施行と司法警察官

　警察活動が科学的手法を重視して盛んに用いることになった同時期に，不良少年に対する法整備も進められていく。それは，1922(大正11) 年に法律第四十二号をもって制定された「少年法」である。[21] 少年法の制定に至る経緯については，当時の東京少年審判所長であり，少年法案調査における特別委員であった鈴木賀一郎の『東京少年審判所十年史』(1935) に詳しく述べられている。そこには，明治期からの感化教育と感化施設の歴史，そしてそれにかかわる政府の対策や内情が記されており，その状況において感化法やその改正法の法整備の状況を論じている。

　少年審判所が設立される前の状況について，鈴木は同書の「少年審判所開設前の情況」において次のように回顧する。鈴木は1913 （大正2) 年の不良少年の増加をあげながら，「爾來少年犯罪者の數は益々増加し，罪狀は益々惡辣となり且つ露骨となつてきた（中略）このような有様となつてきたので，司法部でも少年犯罪事件を普通事件と同一に取扱ふことの非なるを悟り，大正六年頃からと思ふ

が全國の裁判所に於て，少年の刑事々件に就ては特別なる判檢事をして之れに當らしむること、爲し，地方に於ては主に區裁判所の上席檢事及監督判事をして少年事件を處理せしむる有様であつた」(鈴木 1935：278) と，少年法が施行される以前の司法側の苦慮する状況を語っている。

　この少年法についての議論は，1911（明治44）年の法律取調委員会の刑事訴訟法改正主査委員会における平沼騏一郎と花井卓蔵両委員による「幼年犯罪者の犯罪処分」に関する意見にみることができる。ここで鈴木は，14歳以上17歳未満の少年に犯罪を区別して扱う必要があることを欧米の研究をもとに意見しており，結果として「結局我國に於ても諸外國の立法例に鑑み不良少年に關する法律制定の必要なることを認め，同委員會に於て右法案を起草することを議決し，之を會長に報告し會長は之を同委員会に託した」(同書：17) と回顧している。その後も，少年法案の議会への提出をめぐって，少年の心理と保護の観点を重視する内務省と司法省との攻防が繰り返され，十年近くの歳月を要することになる。

　鈴木は「司法警察官との関係」として，「少年審判所は刑事政策を遂行するものであるから司法警察官の活動に待つべきものが多い，今日の如き法制上無關係の有様では到底刑事政策を完全に遂行することは六ヶ（難）しい。少年審判官には檢事と同様司法警察官に對する指揮權を有せしめねばならぬ。同時に司法警察官は少年法の精神及少年審判所の制度組織を十分に理解し置くの必要あり，警察講習所及，巡査教習所に於ては必ず少年法及少年審判所の制度の講座を設くることを切望するものである」(同書：298) と述べている。

　ここで注目されることは，少年審判所が刑事政策の遂行という位置づけがなされていることからも，実際にこのなかで不良少年を処遇する機関は，従来の「保安警察」というよりも「司法警察」という立場にあったことがわかる。つまり，新たに施行された少年法に係る諸制度は，不良少年に対する司法警察の存在を事実上公認することになる[22]。この警察活動の不良少年の変化は，司法警察活動における実務必携ともいえる『司法警察執務要典』(1924) の「司法警察職務規範竝同關係法條対照」のなかで少年法に基づく「少年ニ関スル特則」が設けられていることからも知ることができる。

先述した警察官僚の松井茂は，当時の警察における不良少年の対応について，
「兒童の虛言は後に不良少年となるところの元になる。その他不良少年は身體の
關係，精神的の關係，或は精神の疾病等，種種の點から來る場合も頗る多いが，
先以て兒童の性質の中に，少しでも悪い所があれば，一時も早く之が治療を施さ
なければならぬ。この點も亦大いに考慮を要すべきこと、思ふ」（松井 1913：621）
と述べている。ここで注目される点は，不良少年に対して「治療」という言葉を
用いていることである。つまり，ここに当時の警察の「不良少年」観に何らかの
医療的な「不良少年」観が含意されていることを示唆することができる。このよ
うな傾向は，鈴木にも同様に認められる。

　一方で，当時の不良少年にかかわる警察活動として，「少年警察」の必要性が
顕在化してきたことも特筆すべき点である。松井によれば，「此の頃東京朝日新
聞には少年警察の必要を論じて居るが，その趣旨は，近來東京に於て不良の子女
が大分徘徊して居るので，警察官吏が澤山之を檢擧したとのことであるが，此の
如く不良少年の多きに至れることは，頗る慨嘆すべきことであるから，どうかこ
の不良少年に對して，一般警察から引離した一種の少年警察を組織したらよか
ろうといふのである。(中略) されば，時勢と共に益、之を擴張して，其の專門的
智識を注入し，其の害毒を減ぜむ事に勉むべきは，時代の要求に合せる適當の主
張なりと信ずる」(同書：621-622) と言及している。この内容から少年事件が増加
し，当時のマス・メディアが「少年警察」の必要性を指摘していることがわかる
が，見方を変えれば当時の警察による不良少年対策が後手にまわっていたとも
受け取れる内容である。[23] この言及の後に，少年法が施行され不良少年に対する司
法警察活動が展開されることになる。

(3) 少年審判所および矯正院の設置と「不良少年」観

　当時は，少年審判所とともに矯正院も設立される。これまでの感化院と新たな
矯正院との違いについて，子どもの早期教育の研究者であり，嘱託少年保護司で
あった服部北溟の『愛の法律と少年審判法』(1923) には，「感化院は内務省の管
轄に置かれ，矯正院は司法省の管轄に置かれることになつて居るが，その所管を

異にする大體の理由は，感化院の方は少年の性質を教育し改善して行くと云ふ單純なる意味からであるが，矯正院の方は不良性の強い者を矯め教養して行くことになるのである。卽ち一は單に教育，一は矯正と教育とを兼ね行くことになる，なほ矯正院の方は感化院のやうに何等本人に對する自由の拘束がないのと異つて，多少本人に對して自由の拘束なるものが必要となつて居る，感化院の収容者はたゞ行政の命令處分によるもので，別段自由の拘束なるものがないから設備上逃走も自由と云ふことになつて居る，矯正院は性質の特に不良なる者を収容するのであるから，實質的には自由を拘束する必要が生じて來る，卽ち教育のみでなく，戒護と云ふことになる」(服部 1923：91) として，両者の違いを監督庁と指導内容にふれながら説明している。

　しかし，この矯正院の登場は，ただ単に行政上の新たな不良少年対策施設にとどまらず，司法や警察における「不良少年」観の新たな「不良」カテゴリーが法的に裏づけられることを意味するのではないだろうか。つまり，矯正院を司法省のもとに設置することにより，これまでの感化院の不良少年のなかでもさらに犯罪性を帯びた「特に不良なる者」が「不良少年」観として顕現したといえる。また少年法には，「十八歳に滿たざる少年は何れも少年法の支配を受けることになつて居るが，此の法の適用外のものにも不良性の種類や性質によつては，相當社會に害毒を流すものが澤山ある，是等のものゝ豫防矯正の方策や，又保護處分を受けるやうな不良者を出さないやうに豫防すると云ふことは，社會一般のものゝ國家に對する義務であつて，一面少年法の眞精神を透達する基礎の一部となるのである」(同書：100) とあるように，「不良」行為に対する「予防」という対応策が，教育主義や保護主義の前提として掲げられることになる。[24]

　大正11 (1922) 年に少年審判所が設置されてから，司法側からの不良少年に対する予防の視点は，当時の学校制度にも向けられる。少年法および矯正院法の成立に寄与し，後に司法大臣となる大審院検事宮城長五郎は「少年保護の根本精神」(1928) のなかで，不良少年を「普通よりも優つて居る者，普通人よりも劣つて居る者，此の二つのものが普通ならざるものであつて，其の中から不良少年が飛出すのであります」(宮城 1928：3-4) とし，少年審判の目的は，「其の普通なら

ざる者，善良ならざる者，換言すれば普通より優れた者，劣つた者，之を忠良有為の國民にしようと云ふことが，少年審判の大眼目であると云ふことになるのであります」(同書：4) と述べている。

　ここで注目されるのは，不良少年を「優つて居る者」と「劣つて居る者」に大別している点である。特に「優つて居る者」をみてみると，宮城によれば「優つて居る者」は，「普通の者と歩調を揃へやうとすれば少し歩いては休み，少し歩いては休みしなければなりませぬ。だから優れて居る者は普通の人と同じ行動を取らうとするに就いては，餘程樂に世渡りが出來るのであります。此の樂に世渡りの出來る所に不良の卵が生ずるのであります」(同書：4-5) とし，「時間にしても，努力にしても世の中を暮すに就て裕りがある，其の裕りが偶々法律上刑罰の制裁を以て禁止して居る行爲を爲すべき機會を與へるのであります」(同書：5) と言及している。

　なぜ宮城は，不良少年に両極端にある性格をみいだしたのであろうか。それは，宮城の新たな少年審判という職業的な環境から得られたのであろう。宮城は，「從來不良少年なるものは多く低能兒である，劣つて居る者であると言はれたが，吾々が實際に不良少年を扱つて見ると決して低能兒ばかりではない，優秀なる兒童が不良少年の中に居る事を發見するのであります。さう云ふ所から私は不良少年 (普通ならざる少年少女，善良ならざる少年少女) の中には普通よりも優れた者，普通人よりも劣つた者の二つが包含されて居ると考へて居るのであります」(同書：6) という言及からも知ることができる。

　この宮城の見解は，当時の統制機関の「不良少年」観を考察するに際して重要な視点を提示してくれる。つまり，一つ目は，当時の司法側を含めた一般的な「不良少年」観が「低能兒である，劣つて居る者」であったことであり，二つ目は，自ら不良少年に接することにより，「優つて居る者」が不良少年に含まれていることを発見していることである。

　ここで宮城は，「今日の社會組織と學校の制度と云ふものが，不良少年少女と云ふものを造り出さなければならぬように出來て居ると私は云ひたいのであります」(同書：8) と指摘する。そこには段階的な学年制をとる学校制度と「優つて

居る者」の「智情意の三方面の發達」の差異が問題であることによる。つまり，「優つて居る者」は普通教育の教育進度に勝るため時間に余裕ができ，「發育旺盛なる」ためにその時間に悪戯などすることで，教師の指導を受け，これが原因となって「面白くないから學校へ行かなくなる，其の結果は落第と云ふことになる」のである。しかし，宮城はこの矛盾を「止む得ぬこと」であるとする。なぜなら，「大勢の者は普通の者である。普通の人々を土臺にして各種の制度と云ふものが立つて居るのであるから普通の人よりも優つて居る者は自己の力を矯めて，普通の人と同じだけの事柄をして落付拂つて行かなかつたならば不良者になることがある，劣つて居る者は自己の全力を擧げて普通の人に追付いていかなかつたならば不良兒になる譯であります」（同書：8）とその理由を述べている。

　このような視点をもって「優つて居る者」を含意した不良少年をみると，宮城は，「學校から不良少年が出ると云ふならば，學校の制度を變へて，少くとも學校からは不良少年少女を出さないやうにすれば宜くはないかと云ふ疑問が起るかと思ひます。みすみす今日の學校教育の遣方では不良少年少女が出來ると云ふことが分つて居るにも拘らず，其の根本に手を着けずして，不良少年少女が出來上つてから，少年審判と云ふ方法に依つて之を救ふと云ふやうなことをしないでも，學校の制度を更へてしまつたら宜くはないかと云ふ疑問が自ら起りませう」（同書：9）と，学校制度に対する疑問と少年審判のあり方を指摘するのである[25]。だが宮城は，不良少年に関する社会組織や学校制度が改善し，不良少年が全くなくなることは「一種の空想」に過ぎないともいう。それは，「何れの世に至つても或は裁判所，少年審判所，監獄と云ふものゝ數を減ずることは出來ませうが之を全然無くすると云ふことは出來ないと云ふことは過去の經過から考へて，將來もさうあるべきことゝ考へられます」（同書：12）との理由からであった。宮城は検事として，不良少年に対して少年法上における保護処分対象である「刑罰法令ニ触ルル行爲ヲ爲ス虞アル少年」（第4条），つまり「予防主義」の実際的な行動を社会組織や学校制度に求め，特に学校制度と教師の指導を指摘した。この教育に関する司法側の視点は，さらに直接現場で不良少年に対応する警察側の視点にも認めることができる。

ここで不良少年と直接対峙する警察機関と教育について，既述の警察官僚である松井茂の『警察の根本問題』(1924) を取りあげてみたい。同書では，「殊に最近警察官は，一面に於て教育家たれとの希望さへ高唱されつつあるのは，最も注意するべき思潮と言はねばならぬ」(松井 1924a：4) と意見する。この思潮の背景としては，1922年にアメリカのサンフランシスコで開催された国際警察協会会議における「不良少年の教育感化の問題」に関する議論が発端である。この会議において，「刑事警察官は一面刑罰機關の最も權威ある執行者たると同時に，他面社會の教化力となり，刑事教育家たるべき信念を有してこそ，こゝに始めて少年の改善も實行し得らるるものであると決議したのである。其の意味は不良少年の犯罪行爲に對しては，必要に應じ一層嚴重に警察力を注ぐの必要があると同時に，又一面に於ては再び犯罪を爲さしめぬ様に，能く之を指導教育する事が將來の警察官の任務として最も必要であると云ふのである」(同書：4) との議論が交された。

　松井は，このような国際的な不良少年に対する警察の姿勢と日本における不良少年が，「年齢が頗る低下し來つて，益々不正行爲を逞ふする」という状況を考察して，「是れ畢竟教育制度に基く缺陷の然らしむる所で，警察官は將來益々市民の教育殊に兩親の兒童に対する態度に關する教育問題は勿論，少年其の者に對する感化教養に關し，甚大の注意を拂はねばならぬ」(同書：5) と指摘するのである。

　また警察講習所教授南波杢三郎は，『最新犯罪捜査法続編』(1922) の「第十一章不良少年犯罪」なかで，「一，不良少年少女ノ問題ハ重大也。元來刑事家ノ討究事項ニ屬セス社會問題トシテ取扱フ可キ本質ノモノタルヲ失ハス。即チ不良兒童ヲ生セシムル社會根本事情ノ檢究，並ニ之カ救濟豫防ヲ其焦點ト爲ササルヲ得ス。旣ニ不良少年少女トナリタル者ニ對スル感化矯正ノ如キハ抑モ末也。況ンヤ單ニ不良少年中ノ犯罪少年ノ捜査問題ノ如キハ末ノ末ニシテ，研究範圍ヨリ謂フモ，全不良少年問題ニ於ケル唯一隅中ノ一隅ヲ占ムル過キサルノ感アリ。然シナカラ，吾人ノ犯罪捜査研究ノ一列中ニ於ケル不良少年問題トシテハ，『犯罪少年捜査』ナル領域以外ニ一歩モ踏ミ出ツルコトヲ許サレス。故ニ保護兒童ニ

關スル興味アル問題ニ就テハ他日ニ讓リ，今ヤ暫ク刑事問題トシテノ不良少年少女ニ就テ要説スヘシ」(南波 1922：386) として，不良少年の問題は社会問題であり，少年犯罪の捜査に対する謙虚な姿勢がみてとれる。さらに「二，犯罪少年ノ捜査研究モ然シナカラ亦比較的緊切ナルヲ刻下ノ状況トスルニ似タリ。彼ノ少年犯罪ノ捜査能率ノ發達ハ，總テ間接的ニハ亦不良少年豫防ノ一因トモナリ得ヘシト云フカ如キハ改メテ之ヲ言ハス。近年ノ統計上，我國ニ於ケル保護ノ必要アル不良少年少女 (卽チ，犯罪少年少女，墮落少年少女，遺棄少年少女) 總計四萬二千七百有餘人ノ中，實ニ犯罪少年少女ハ一萬三千九百有餘人ヲ算シ得ヘシト稱セラレ，不良兒ノ約三分ノ一ハ，日々我國ノ刑法ヲ破壞シツツアル犯罪兒ニシテ，數字上ノミヨリ論スレハ不良兒問題研究ニ盡クスヘキカノ三分ノ一ハ，先ツ犯罪捜査ニ鷲ササルヲ得サルカ如キ外觀ヲ呈セリ，此事情カ卽チ吾人ヲシテ犯罪少年捜査ノ重要ナルヲ叫ハシムル實際的立場ヲ與フルモノ也」(同書：386) として，現実問題として少年犯罪は看過できないものであり，警察の捜査が実際に必要であることを明言している。この南波の見解から不良少年に対する司法的な活動が求められていたことがわかる。

　次の図2-1は，明治期の不良少年に対する統制機関の「不良少年」観と大正期における「不良少年」観の変化をまとめたものである。

　図2-1をみると，少年法の施行が不良少年に対する統制機関の大きな転換期であったことがわかる。これまでの感化法下における統制機関の「不良少年」観は，警察権力の影響を含意した不良少年に対する姿勢としてみることができる。しかし，松井の言及から不良少年が社会問題化し，家族や教育機関の機能が低下することにより，不良少年と対峙する統制機関の活動が社会から求められることになる。それは，少年審判所の開設であり，また矯正院の設置においても認めることができる。

　そこでは，これまでにみられない「保護処分」が施行され，予防対策として教育主義や保護主義を中心に活動が展開される[26]。しかし，一方でこれらを統括する司法省は，警察機関に対して司法警察官としての活動を求めるのである。ここで，不良少年に対する警察機関と少年法に依拠する少年審判機関の差異が少な

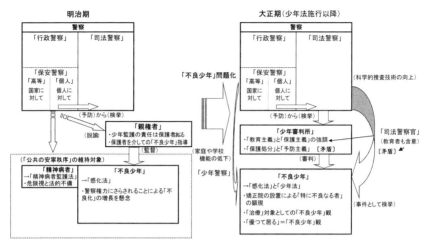

図 2-1 不良少年にかかわる統制機関と「不良少年」観
出典）筆者作成

からず露見することになる。つまり，これまで通り「予防」に重点をおく保安警察の立場であれば，少年警察にみられるようにできるだけ警察権力に配意した取り組みがなされるのであるが，新たな少年審判機関は，事後の検挙に重点をおく司法警察としての活動に期待するのである。そして，さらに警察機関は，その司法警察活動に教育家としての活動が求められるという矛盾をはらんだ状況におかれることになったと考えられる。

このように統制機関の動向と「不良少年」観をみていくと，明治期の教育可能性を配意した保安警察の「不良少年」観が，大正期の少年法の法制化によってはっきりとしたかたちで示されたといえる。つまり，不良少年の基盤部となる近代的な「少年」観が，少年法により明文化されたわけである。しかし，少年法の施行は，従来の警察機関とともに新たな少年審判機関を立ち上げることになり，少年審判機関から警察機関に対しては，少年の不良化を予防することよりも検挙という事後的な活動を求めたと察せられる。

また，新たな少年審判などの少年司法過程が法的に整備されることで，これま

で統制機関のなかで曖昧であった「不良少年」観が，少年審判を前提とした判別
されるべき「不良少年」観として発現することになる。これにより，不良少年に
対する少年審判を前提とした司法警察活動が必要となり，一方で審判に係る調
査資料に基づいて少年審判にあたる少年審判官（検察官や判事などの司法官経験
者）は，法律だけではなく精神的な障害から社会環境に至るまで，多角的な視点
によって少年を判断することが求められるようになった。このように考えると，
捜査手法の近代化も含め，明治期からの後天的な原因論だけに依拠する一元的
な視角よりも，「不良」原因を多元的に捉える犯罪学的な視角の方が，不良少年
への実践的な活動の主体である統制機関にとって受け入れられやすかったもの
と考えられる[27]。このようにして大正期における統制機関を捉えると，不良少年の
増加とともに法制度や「不良少年」観，そして「不良」原因論の展開など大きな
変容期にあったことがわかる。

5. 小　括

　大正期は不良少年研究の興隆期といってもよいほど，明治期にくらべて研究
書が多く認められる時期であった。本章で取りあげた不良少年研究には，明治期
の感化事業にみられるような一元的な原因論を中心とする見方とは異なり，明ら
かに先天的な原因論から後天的な原因論までを包括する多元的な原因論への展
開を認めることができた。そして，統制機関においても，諸外国の近代的な捜査
手法の導入とともに実践的で多元的な犯罪学の分析枠組みが取り入れられはじ
めていた。

　少年審判をみても，実際の過程において不良少年を相対化し，多角的な「不
良」要因を究明して少年審判を経ることで，さまざまな「不良」要因を複合的に
判断することで保護処分などの処遇が検討されることになった。これは，統制機
関から不良少年へ向けられた新たな社会的反作用と捉えることができる。この
不良少年への直接的な反作用の賛否は，不良少年の捉え方によって大きく異
なってくる。つまり，その賛否には教育可能性や要保護性などを重視する近代的

な「少年」観が判断基準として取り入れられていたといえよう。

　ここで対象とした統制機関とは，従来の警察機関と新たな少年審判機関を指している。少年法が不良少年に対する教育主義および保護主義を掲げていることからもわかるように，同法の施行は，両統制機関に対して必然的に「少年」観に留意することを促している。このような法制度のもとで少年審判機関が始動することから，不良少年への個別的な調査も進み，先述した宮城の見解からもわかるように，不良少年のすべてが劣っている者ばかりではなく優れている者がいることをみいだすことが可能となった。また，少年法の保護処分の条項にみられるように予防主義も法制化されることから，不良少年への対応として飛躍的な展開をみせたといっても過言ではない。つまり，教育可能性や要保護性が法制度化されたといえよう。

　一方，警察機関においては，少年法の施行がこれまでの保安警察よりも司法警察としての機能をもって，増加する不良少年へ直接的な検挙という社会的反作用を促すことになる。つまり，少年法の施行は，警察機関が不良少年に対して予防する機能よりも，少年審判所や検察機関などの指揮命令系統下において，事後的な検挙機能を重視せざるを得ない状況を生みだしたと察せられる。これは，決して警察機関が予防的な不良少年への対応を手放したという意味ではなく，法制度のなかで実質的にも社会的にも司法警察機能が求められていたのである。

　このような経緯から大正期における統制機関の「不良少年」観を考察すると，少年法により不良少年が教育され更生することが法制度的な裏づけをもって社会へ発信されていることがわかる。これは，従来の内務省が管轄する感化機関とともに司法省が管轄する少年審判所と矯正院が新たに加えられることにより，不良少年への教育主義または保護主義を啓発する効果が少なからずあったものと推察される。しかし，同時に不良少年の社会問題化に対する統制機関は，警察や検察から少年審判所を経て矯正院や感化院，そして保護団体へとつながっていく司法少年政策が法的に確立することから，それぞれの機関に対応する「矯正院の方は不良性の強い者」などの段階的な「不良少年」観を生みだしたことが示唆される。つまり，警察に検挙されるレベルから矯正院に入院するレベルまでの段

94

階的な「不良少年」観が社会に認知されることにより，社会に新たな「不良少年」観の指標として加えられることなったと考えられる。

　「不良少年」観は不良少年に向けられる社会的反作用の基盤ともなるが，その社会的反作用が時として新たな「不良少年」観を生みだすことがある。本章では，不良少年に対する研究が進むにつれて，不良少年への理解が深まりネガティブな側面ばかりではない「不良少年」観もみいだされた。しかし，「不良少年」観に大きな影響を与える統制機関の社会的反作用は，不良少年を類別するという意味で新たな「不良少年」観を生みだすことになる。だがこれも，教育可能性や要保護性を基準に判断すれば，類別化された新たな「不良少年」観も基準の枠内に含まれることになる。つまり，「不良少年」観における不良少年の類別化がおこなわれても，そこに教育可能性や要保護性がみいだされる限りにおいて，少なくとも不良少年にとって更生する機会を得られるからである。

　この近代的な「少年」観に依拠する基準は，本章で考察した後天的な原因論という一元論に立っても，多元的な原因論に立っても保証されている。しかし，先天的な一元論においてあまりに遺伝を強調することになれば，先天的な原因論から考究された不良少年は，更生手段が絶たれることになる。つまり，不良少年研究における「不良少年」観を考究するためには，先天的な原因論の展開を確認することは避けて通れない課題である。次章では，明治期から大正期における先天的な原因論を中心に，先天的な原因論に依拠する精神医療化とその学問的な展開について考察する。

〔注〕

1) 真田是 (1977)「社会問題・社会事業」『社会学評論』有斐閣，no10，pp.121-134。真田は，社会学に関連する雑誌を中心にその連載論文を年代ごとにまとめて分析し，社会問題に関する論文は大正期に集中していると指摘している。また，日本社会学会編 (1914)『社会学雑誌』46 号，pp.97-101 に添付されている「犯罪問題関係文献年表」に基づくと，その研究書の数は，明治期に 2 冊，大正期23 冊と大きな開きが出ている。特に大正 11 年から 15 年にかけては 16 冊の研究書が集中的に出版されている。

2) 重松一義（1976）『少年懲戒教育史』第一法規出版，pp.601-637。少年法の成立については，鳥居和代の『青少年の逸脱をめぐる教育史 ―「処罰」と「教育」の関係』（2006）の44-103頁を参照のこと。

3) 鮎川潤（2001）『少年犯罪』平凡社，pp.108-110。

4) 賀川豊彦（1915）『貧民心理の研究』警醒社，p.589。また，文部官僚であり後に東京高等学校初代校長となる湯原元一は，『都市教育論』（1913）において都市部の不良少年の増加に対して「大體論で以て，どうせ若い者の事だからと云つて，大目に看過する傾きがある」（湯原 1913：225）と不良少年に対する都市部の世論について意見している。

5) ここでは，大正期から不良少年が出現したという意味ではなく，不良少年にかかわる研究が盛んにおこなわれはじめたことを意味している。改めて考察するが，実際に東京に限れば明治31年に「東櫻倶楽部」という300名近くの「不良少年」団が認められるし，東京に上京した少年が出身地域の枠で集団化した「不良少年」団も認められる（阪口鎮雄（1917）『不良少年の研究』警察新聞社，pp.104-120）。

6) 戦前期における社会学関連の不良少年研究の動向は，新明正道編の『社会学辞典』（1944），河村望の『日本社会学史研究（上・下）』（1975），秋元律郎の『日本社会学史 ― 形成過程と思想構造』（1979）の各文献年表を用いた。また国会図書館蔵書目録においても，「不良少年」，「犯罪少年」を単著の題名に含む研究書は，明治期には上記したもののほか認められなかった。

7) 村上直之（1986）「社会病理学の過去と現在」仲村祥一編『社会病理学を学ぶ』世界思想社，pp.30-32。

8) 小関三平（1989）「社会病理学成立の時代背景」日本社会病理学会編『現代の社会病理Ⅳ』垣内出版，pp.22-24。小関は，「1890年代は近代社会学の形成期を採る古典的名著が続々と出た時代であり，社会問題の研究と社会学は，少なくとも歴史的な相関を示す」（小関 1989：22）と評している。また米田庄太郎に関して，社会問題研究の創生期であったフランスの90年代に遊学していたのは米田一人だけであり，彼の蔵書における詳細な精読の跡が米田を病理研究の創始者とみる根拠としてあげている。

9) 当時の社会病理学について，竹中和郎はさらに個別科学としての市民権と得る議論が提起されたのは，昭和に入ってからになると述べている（竹中和郎（1990）「日本における社会病理研究 ― 1920年代から1930年代を中心として」日本社会病理学会編『現代の社会病理Ⅴ』垣内出版，pp.92-93）。また，昭和期の不良少年に対する社会病理学の状況は，国立武蔵野学院長菊池俊諦が「社会病理的現象に就いて（続）」（1939）において，「少年教護の問題を大觀すれば，病理的現象と看做すべきものは，固より二,三に止まらない」（菊池 1939：52）として少年教護における病理的現象を考察した後，「社会病理的現象は，頗る廣汎に

して，又複雑である。社會病理學そのものに就きては，學究的に，論評すべき点の少なからざるを信ずれども，各般の特異現象を，吾人に啓示しつ、ある點に関しては，吾人は大に感謝せんことを欲する。而して，吾人は教育家，教護家，社會事業家の参考資料として，極めて有意義であり，有價値であることを信ずる」（同書：57）として，少年非行という臨床的な場面における社会病理学の実用性に言及している。

10) 前掲書，真田，p.124。真田は，当時の『社会学雑誌』，『季刊社会学』，『年報社会学』に掲載された社会問題・社会事業の論文について，便宜的に「社会問題」，「社会病理」，「社会事業・社会政策」の3つに分類して考察をおこなっている。しかし，当時の社会問題研究が20年間に40本しか掲載されていないことから，社会問題研究が社会学のなかで一つの柱となっているとは言い難いと指摘している。

11) 前掲書，真田，p.127。真田は，この「社会学的なもの」を用いて社会問題研究における分析視点や指標を総括し，「社会学的なものは，社会統計的手法および実態調査をその外周とし，人口学的カテゴリー，職業，階層，社会集団，社会関係といった分析視点をすえておこなわれた社会問題研究」であるとし，これは「社会学的実証主義の研究方針」と言い換えられると述べている。しかし，この「社会学的なもの」が天皇制という特殊日本的なものとの関係において，前期から後期にかけて研究方針の注意すべき変化を示しているものの，日本社会の骨格にも当たる天皇制の体制に遠い地点であり続けたことは，「社会学的なもの」もわが国の社会病理現象を深く科学的に究明できるものではなかったと指摘する。だが，当時の社会病理現象の研究に関して，少なからず特殊日本的なものによる一定の社会学的視点の制限があったにせよ，当時の「不良少年」の研究変遷過程における「社会学的なもの」が分析視点に組み込まれていく変容に関しては傾聴に値する。

12) 最近の古典社会学における「社会的なもの」の考察については，B・ターナー（Turner, B.）の「古典社会学－社会的なものへの批判的擁護」（2004）の41-62頁を参照のこと。

13)「社会的なもの」と「非社会的なもの」の分析枠組みについては，本研究が社会学的視点による分析に依拠するため，フェリの犯罪要因にある人類学的要因（年齢，性，器質的および心理的な諸条件）を括弧付きで「社会的なもの」に含め，まずは完全に「社会的なもの」を形成し得ないであろう「非社会的なもの」を分析概念上わけていく作業をおこなうことになる。今後の課題としては，当時の不良少年研究がどのような「不良」原因に依拠して分析をおこなったのか，また研究者自身の学問上注目される研究視点はどのようなものなのかについても，資史料収集を進め，当時の日本における学問的レベルとの比較検討を含めた分析を試みていく必要がある。

14) 大澤真吉の略歴であるが，1863（文久3）年に東京に生まれ，幼少期より漢籍を学び中江兆民創立の仏学塾を経て東京法学校で法律を専攻することになる。その後，1887（明治20）年に判事登用試験に合格し大田区裁判所に着任し，前橋地裁判事補を経て，1894（明治27）年に東京地裁判事（上席予審判事）となる。その後，13年の判事生活を送ったのち弁護士となる。この略歴からも知られるように，大澤は人生の大半を法曹界に過ごし，本書も弁護士時代に著されたものである。

15) 岩井弘融（1964）『犯罪社会学』弘文堂，pp.16-18。また，当時大阪毎日新聞記者であり後に明治大学教授やNHK会長を歴任した阿部眞之助も，犯罪学的な視点から『犯罪問題 — 現代社会問題研究第九巻』(1920) において「人間の歴史を通觀すると，社會の進歩と共に新犯罪が設定される，犯罪者を出すことなしには，社會は進歩しない，犯罪者の多い國程，進歩の速かな國である，犯罪は社會進歩の犠牲であることが明白になる，徒に統計表を案じて，犯罪者の減少を策するは愚の骨頂だ，遺傳による犯罪者の出現は殆んど防止の手段がない，適當なる隔離方法を講ずるより外にないが，社會學者としての研究の興味は犯罪の撲滅策より，如何なる新犯罪を選ぶことによつて社會が進歩に資する事を得るかの問題である（中略）犯罪の裏面には刑罰が必要に豫想されるが國家が新刑罰を發布することは國家が一歩，進んだか或は退化したかを示すものだ，適當に新犯罪が選擇された時は，文化はより善き段階に押し進められる，文化の進歩と犯罪との關係は恰も個人に於ける苦樂の關係の如きものだ，苦がなければ樂はない，苦が大なればそれ丈け樂が大きい。犯罪を增すことなしに社會の善を增進する事は考へられない，犯罪が固定すると其國の文化は固定するものだ」(阿部 1920：102-106) と指摘している。この阿部の見解は，同氏が東京帝国大学社会学科を卒業していることからも犯罪社会学的な知見に裏付けられたものである。

16) 鈴木の不良少年を「ばい菌」と称する発言には，リヨン環境学派の総帥であるラカッサーニュ(Lacassagne, A.) が犯罪について「社会は犯罪の培養器であり，犯罪者はバクテリアである」(瀬川晃 (1998)『犯罪学』成文堂，p.74) とする主張からも，ここに犯罪の環境要因説を含む鈴木の分析視角を読み取ることができる。

17) 九州帝国大学教授風早八十二は，「犯罪を以て人類學的，物理的，及び社會的環境の相互的作用を原因として發生する必然的現象であると見る事はフェーリ教授に至つて始めて科學的體系に迄築き上げられた理論であつて，それ以前に於ては全く別の考へ方が支配してゐた」(風早 1929：52-53) と評している。また京都帝国大学教授勝本勘三郎は，「チエザーレ，ロンブロソー教授ヲ追想ス」(1909) において「Ferri 氏ニヨリテ敷衍セラレタル社會學ハ一般學者ニヨリテ是認セラレ今ヤ沖天ノ勢ヲ以テ學界ヲ風靡セントセリ亦先生ノ功績ニ非シテ何ソ

ヤ」（勝本 1909：164）として，フェリの犯罪社会学を評価している。さらに中学校長寺内頴の「少年の過失，不徳及び罪悪」（1909）においても，ロンブローゾやフェリの研究成果を紹介していることから，当時の教育界におけるイタリア犯罪学の影響が認められる。ガロファロに関しては，東京帝国大学教授牧野英一が「ガロファロ氏の永逝」（1934）で功績について解説している。

18）上原道一（1928）「犯罪に於ける個人的要因と社会的要因」『法政研究』第 2 巻第 1 号，pp.14-15。

19）佐々木英夫（1920）「物理的環境の気候季節及天候」『日本法政新誌』第 17 巻第 12 号，pp.28-42。

20）その後，法医学を中心に犯罪鑑定の科学的な捜査がおこなわれている。当時の犯罪鑑定については，浅田一の『犯罪鑑定余談』（1915）および樫田忠美の『犯罪捜査論』（1931）を参照のこと。ただし，当時の新聞記事によれば，警視庁の幹部の情報として「多くの刑事巡査の方は岡つ引などと云はれるのが厭だから志望者も少くたまたまあれば無學の者許りだから進歩のしようがない，又多くの刑事は犯罪學の智識などは少しもない」（東京朝日新聞 1908.12.7）とあり，幹部職員と一般職員との犯罪学に対する受容の差はあったと推察される。

21）大正期に施行された「少年法」と戦後に施行された「少年法」を区別するために，大正期の少年法を「旧少年法」を称するが，ここでは戦後の少年法を対象としないため，歴史的考証を鑑み「少年法」を用いることにする。

22）河邊久雄の『司法警察職務規範提要』（1925）においても，不良少年をめぐる「司法警察官」の法的な位置づけについて「少年ニ關スル特則」としてふれられている。河邊は，「司法警察トハ犯罪ヲ捜査シ犯罪ノ證憑ヲ蒐集シ竝ニ犯罪人ヲ逮捕シ以テ司法機關ノ作用ヲ補助スルニ在リトセハ保護處分ハ司法警察ノ範圍ニ屬スヘキモノニアラス。然レトモ法ニ從ヒ保護處分ヲ爲ス點ニ於テ恰モ民事刑事ノ事件ト同シク之ヲ司法處分ト解スルニ支障ナク，少年審判所ヲ呼ンテ司法官廳ト爲スモ必スシモ不當ニアラス」（河邊 1925：196）として，少年事件にかかわる「司法警察官」の法解釈をおこなっている。

23）海野幸徳の『児童保護問題』（1924）には，不良少年の増加（京都では 3,000 人ほど）とそれに対応する感化院の不足（京都は感化院 1 ヶ所，36 名定員のみ）を前提に，「實際，執れの市及縣に於ても，局に當つて居る警察なり，其他なりに於て困惑の體であると見受けるが，街路より犯罪少年を警察に拉し來り，其法定年齢に達せざる故を以て，日ならず放遷すると云ふ仆組は無意義と云ふよりも，寧ろ一種の困惑である。（中略）これを感化院へ送ると云ふ一段となると，磁と困るが，それは，例の定員三十六名と云つたやうな率そのものである。どうにもならぬ，仕方なしとして放遷追放と言ふのでは困る」（海野 1924b：107-108）と言及していることから，感化院等の収容先の問題なども実際の不良少年に対する警察活動に影響を与えていたことがわかる。

24）不良少年に対する国家主体の「予防主義」の理由として，服部は「不良少年は文明の副産物とも言ふべきもので，確に社會も其の責任の一半を負ふべきである，單り犯罪少年准犯罪少年それ自身にのみ責任を負はすは甚だ酷である物質文明の偏頗なる發達や，工藝生活の急激なる進歩や，或は都會生活の異常なる膨張等によって，著しく社會の惡風が強くなつた其の影響に原因し，遂に不良者を増加し且つ其の不良性を惡化せしめた點も多いのである」（服部 1923：102）と主張している。つまり，不良少年の原因を社会の急激な文明の変化とみることにより社会の責任を認めるのである。

25）「少年法」（1922）が施行される 2 年前の少年裁判法および矯正院法案の議会提出に際して，石川県立育成院教師笠井貞康は，「法に於て不良少年なる名稱を以て少年に向はるゝ以上は單に不良性を有するが如き薄弱なる程度のものにもあらざるべく，必ずや不良少年なる行爲の明確にして實蹟の顯著なるものにあらざるべからずと思はるゝのです。故に本法は私をしていはしむるならば，教育政策若くは社會政策にあらずして，實に刑事政策の上に確立したるものといはねばならぬと思ひます」（笠井 1920：129）と指摘する。そして，「不良少年裁判法なるものも結構ですが，もつと思ひ込み切り込んで，社會政策教育政策として少年保護警察の徹底を高唱したいのです」（同書：130）と社会政策や教育政策に立脚した少年保護警察の必要性を説いている。

26）鳥居和代（2006）は，少年法立案過程の分析から少年法の「強制教育主義」に根差した少年個人に対する矯正や改善が保護処分に求められることを指摘している。また，文部省が「ぐ犯少年」の対応を管轄下において取り扱うのではなく，少年法の下で司法的な措置に委ねるような消極的な姿勢を明らかにしている。

27）衆議院議員でもあった弁護士花井卓蔵は，「少年犯罪」という章において「犯罪は總べて社會の共同責任である。大にまれ，小にまれ，犯人は皆憐れむべきものである。而して就中憐れむべきは少年犯である。（中略）彼等は遺傳的に先天的障碍に壓迫せられて，之に勝つの自力を有せず。境遇又は疾病の爲めに後天的障碍に虐げられて，忌はしき邪惡の淵に沈む。眞に憐れむべきは彼等の運命である」（花井 1912：84-85）として，少年犯罪の原因が多元的なものとして捉えている。刑事事件の弁護士として著名であった花井の主張から，多元的な原因論に立った法曹界の「不良少年」観の一端を知ることができる。

第3章

不良少年研究における
精神医療化と「不良」観の変容

──精神医学を中心として──

　先天的な原因を対象とする不良少年研究は，精神医学および心理学において牽引されたといっても過言ではない。特に精神医学に関しては，「不良少年」観をみても治療対象としての意味合いが加味されることにより，感化教育や統制機関とは異なる研究の展開が認められる。それはある意味，不良少年に対する精神医療化が進められる過程が顕在化したと捉えることができる。したがって，精神的な障害の側面が強調され，既存の「不良少年」観に対して，近代的で科学的な医学に基づいた治療対象という新たな社会的反作用が加えられることを意味する。

　ここでは，明治・大正期を中心に精神的な障害を「不良」原因とする精神医学の不良少年研究を中心に取りあげる。特に，精神医療化が台頭する状況下において，「精神病」と「低能」が不良少年の原因として掲げられていく過程について明らかにしたい。

1．明治期の近代的精神医療の導入とその台頭

　精神医学の歴史について，フーコー（Foucault, M.）は著書『狂気の歴史』（［1961］1972 - 1975）のなかで，精神病が自然に属する事象とは異なり文化的構造物だと指摘している。フーコーによれば，西欧諸国の「狂気」の変遷は，17世紀半ばから教会勢力の衰退や魔女狩りの終息をむかえるとともに資本主義的な秩序が出現し，反社会的または反道徳的とみなされる逸脱者や貧困者，そして狂気の人び

とが一斉に施設へ拘禁されたという。さらに，18世紀末には狂気に対する「精神病」の概念が台頭し，精神異常として他の逸脱者から分離され，医師が管理する癲狂院など治療施設へ組み入れられてしまった。つまり，近代の精神医学は狂気を精神疾患として見出し，症状を類別化していったという。そして，隔離施設のなかに狂気の人びとを隔離することが，狂気というものに攻撃性や排他性，有害性を付与する結果となった。

　一方，日本において精神を対象とする医学が本格的に確立されるのは，明治期に遡ることになる。ただし，それ以前の江戸期末の天保年間には，蘭方医の間で「神経病」という新語もみられる。また漢方医学においては，「精神障害」（癲癇狂）を「狂」・「癇」（十歳以下）・「癲」（十歳以上）に分類し，「精神病」の下位概念として学問的に位置づけていた[1]。しかし，当時としては「憑きもの」観が主流であったため，精神病概念自体は一般的には普及していなかった。つまり，精神医学が導入される以前には，狂気や乱心の状況下における行為が，「狐憑き」や「生き霊」などの憑依が社会的な解釈装置として機能していたといえる。ここには，どのような手法を用いても，狂気や乱心の状態から元の状態に戻すという目的が人びとの心性として通底していたと考えられる。また，狂気や乱心に至った者が反社会的な行為をした場合をみても，徳川幕府は親類預や寺預という寛大な処分をおこない，一部の家庭においては「座敷牢」（私宅監置）によってこれに対応していた[2]。

　明治期に入ると，政府主導による西欧化が推し進められるなか，西洋医学の導入が盛んにおこなわれた[3]。1875（明治8）年には，日本で最初の公立精神病院となる京都癲狂院（明治15年廃院）が，京都・南禅寺の一角を病棟に転用して設置された。その後，東京の上野に公立である東京府癲狂院が設立されるが，その後に続く精神病院のほとんどが私立であった[4]。この事実からも，当時の政府の精神医療や精神障害者に対する理解と関心の低さが認められる。

　しかし当時の政府の意図は，近代的な精神医療の導入と相補完的な関係を構築する。たとえば，江戸期の京都では，寺が参籠者の宿泊のために提供した茶屋が後に「強力」とよばれる専門の病人介抱人をもち「癲狂者」を受け入れていた

が，これも京都癲狂院の設立にともなって禁止された。この事実について岡田靖雄（2002）は，文明開化が禁令と啓蒙で始まったとして，これまでの「憑きもの」などの迷信的なものの禁止令が発布されたと指摘している[5]。つまり，政府の急速な西洋の近代的な文化の導入政策と既存の「憑きもの」観に依拠した狂気や乱心に対する処遇が抵触する状況に対して，西洋の精神医学の導入が相補完的なかたちで展開していくのである。さらに，精神医学の導入に際しては「憑祈祷の禁止令」（1873）など，法律面の影響も間接的であれ注目すべき一側面である。なぜ間接的であるかといえば，この「憑祈祷の禁止令」が本当に意図するところは，加持祈祷による過剰な暴行，つまり精神障害者に対する保護にあったのではなく，天皇制の枠内における国家神道の宗教的な一つの表現であることが推察されるからである。

　一方，私宅監置について「警視庁布達三十八号」（1878）をみてみると，「瘋癲人看護及ヒ不良ノ子弟等教戒ノ爲メ不得已私宅ニ於テ鎖錮セントスル者ハ（中略）区戸長ヘ相達候懲治監入願手續ニ照準シ其事由ヲ詳記シ親族連印ノ上所轄警視分署ヘ願出認許ヲ可受旨」とある。この通達からも当時の私宅監置に関しては，「瘋癲人看護」とともに「不良ノ子弟等教戒」が対象として同列にあげられていることがわかる。この通達では，さらに精神障害者の看護と不良少年の教戒が同様に扱われ，「警視分署ヘ願出」，つまり警察の把握がその通達の大きな目的であることを知ることができる。このような法律や規則が，明治20年代までにいくつか認められるものの，その多くが警察における精神障害者の把握と監督を意図するものであった[6]。その後，1900（明治33）年に「精神病者監護法」が施行されるが，加藤久雄は，「当時の社会情勢，本法の成立過程，成立後の運用状況を分析してみると，病者を治療上のレベルで取り扱うのではなく，危険な者として警察の取締りの対象として捉えていたことは明白であるといえよう」（加藤1980：190）と指摘している。

　この精神病者監護法と警察機関との関係をみると，当時北海道庁警視であった和田潤の「精神病者監護法ヲ論ス」（1903）には，「精神病者ノ監護監置ニ關スル行政ハ其實質保安警察ノ範圍ニ屬シ單ニ保健行政ノ目的ニ由リ取締リタル者

ニアラサルナリ」(和田 1903：9) というものであったが，精神病者監護法の発布
により「其全體ニ亘リ立法ノ主義ヲ査察シ更ラニ各本條ノ法條ニ憑レハ精神病
者ノ監護監置ニ關スル行政ハ，明ニ保安警察ノ範圍ニ屬スル事ヲ發見シ得ルナ
リ」(同書：9) として，精神障害者に対する保安警察の姿勢を明らかにしている。
特にこの法律には，私宅監置や監護義務者に関する届け出は警察署を経由して
地方長官に申請することが明記されており，また「精神病」者に関する許可申請
は警察署が窓口となる旨が定められている。

　社会面からみても，精神障害者を中心とした世間から注目されるいくつかの話
題をあげることができる。その一つが，最後の相馬藩の藩主相馬誠胤をめぐるお
家騒動である。これは「相馬事件」とよばれ，1883 (明治16) 年から1895 (明治
28) 年までの間，新聞や出版物において報道され，当時の錦絵にまで登場した世
間を騒がせた事件である。この相馬事件は，精神病者監護法の法制化を進める
きっかけとなった。その他にも，巣鴨病院 (後の松沢病院) に1877 (明治10) 年か
ら56年間入院し続けた芦原将軍(本名－芦原金次郎)があげられる。芦原に対して
当時のマス・メディアは，何かある度にその発言を「お言葉」として記者会見を
開き話題にしていた。このようなマス・メディアの報道は，精神医学の対象であ
る「精神病」が当時世間一般の共通認識のうえに成り立っていることをよくあら
わしている。つまり，特に芦原の奇矯な意見を求めるマス・メディアの動きは，
話題性がその根底にあったにせよ，当時の政変など直接的に意見が述べにくい
話題に対しても，「精神病」をある種の免罪符のように捉えながら芦原将軍の
「お言葉」として求めたからである。

　また医師を法制面からみると，1883 (明治16) 年に内務省は「医術開業試験規
則」や「医師免許規則」を布達することにより医師の資格制度が確立する。この
制度によって，欧米の西洋医学に関しては，試験に受かることが医師になるため
の必要条件となるのだが，この難関試験が世間一般に広く認知されると，相対的
に西洋医学の医師に対する信用は増してくることになる。その後，1906(明治39)
年には「医師法」が公布され，医師はすべて医科大学または医学専門学校を修了
したものでなければ医師免許を取得することができなくなった。つまり，医師法

に至るまでの医制の成立は，医師の社会的評価と経済的地位が向上とともに，医師の専門職化を進めていくことになる。1911（明治44）年に一部の東洋医療に対して，「按摩術営業取締規則」や「鍼術灸術営業取締規則」が内務省によって布達されるものの，この時期には西洋医学の社会的地位は確固たるものとなっていた。したがって，前近代の日本において医療の中心的役割を担っていた東洋医学は，西洋医学の台頭に対して事実上その地位を追われることになったのである。

２．クレペリンの「脳病」概念の継承と「不良少年」原因論

　近代的な精神医療の導入と不良少年研究に目を転じると，当時の精神医学界に多大な影響を与えた精神科医呉秀三をあげることができる。

　呉は，1865（元治2）年に父黄石，母せきの三男として江戸青山に生まれた。1890（明治23）年に東京帝国大学医科大学を卒業し，翌年に同大学精神病学初代講座教授榊俶のもとで助手となる。1896（明治29）年に助教授に昇格し，翌年に榊が急逝したため後任として精神病学講座を担当する。その後，文部省より精神病学研究のためにオーストリアおよびドイツに留学し，1901（明治34）年に帰国後，第三代東京帝国大学医学部精神病学講座の担当教授となり，それと同時に東京府巣鴨病院医長，警察監獄学校講師に就任する。つまり，この時点から呉は，精神医学に関する研究，臨床，政策のすべてにおいて中心的な役割を担い，強い発言権を有することになる。[8] 特に，不良少年に精神医学的な視角をもって研究した多くの精神科医たちは，呉の門下生であったことからも特筆される人物である。また，当時の「医学校通則」(1882) によれば，医学校設立には教授陣のなかに東京帝国大学卒業の医学士を含めることが絶対条件となっていたため，東京帝国大学の教授であった呉の精神医学界における支配力が絶対的なものであったことは想像に難くない。

　当時，呉の精神医療における仕事は，主にドイツ留学時に得た脳解剖学及び脳病理学と臨床精神病学を日本に紹介し普及させることにあった。特に後者の臨床精神病学は，ハイデルベルグ教授であったクレペリン（Kraepelin, E.）の影響を

受け，帰国後にクレペリンの『精神医学教科書（第六版）』(1899) を用いて呉自身が講義していたことから，当時のドイツ精神病学の影響を強く受けていたことがわかる。この教科書で展開される精神医学は，これまで別種のかたちで捉えられていた「精神病」を，いくつかの独立した範囲に整理し，一定の原因，経過，症状群を有する疾患単位として取りあげている。特に「破瓜病」，「緊張狂」，「妄想狂」として扱われていた疾病を，「早発性痴呆症」として捉えなおし，青春期に発病する特有な精神の衰弱として定義した点は先駆的な業績といえよう。今日[9]においても「精神病」に対する基本的な治療は，明治期に呉によって紹介されたクレペリンの精神病学の概念を踏襲している。

　さらにこのクレペリンの精神病学をみてみると，「早発性痴呆症」を身体的な原因として「脳病」であると捉え，梅毒スピロヘータの感染と脳内の「進行麻痺」（麻痺性躁狂）となり死に至るモデルを想定している。また，その体系では，もう一つ大きな概念規定をおこなっている。それは，精神障害の分類において内因的な要因を「分裂病」（統合失調症）と「躁うつ病」の二つに大別したことである。これは，内因的な要因の神経症群から明白に一線を画すものである。つまり，この時点から，「精神病」と「神経病」が医学概念上わけられることになる。[10]このクレペリンの精神病学が与えた原因不明の統合失調症である「早発性痴呆」を，仮説的に身体的な原因による「脳病」として捉える概念規定は，その後日本の近代精神医療の中心として推し進められるとともに，これまで加持祈祷の対象とされた「憑きもの」状態を「脳病」や「神経病」として診断を下すことにより，これらを治療対象とする端緒を得るのである。[11]

　ここで，呉の精神病概念と不良少年に注目してみることにしたい。呉は，不良少年を中心に研究したとはいえないが，「少年犯罪と精神病」(1914) という講演のなかで少年犯罪について述べている。この講演において，呉は基本的に精神の働きが満20歳未満まで不十分であり脳髄も不完全であるという。そして，精神作用を「智」（知恵），「情」（知恵と志を働かせる），「意」（志）の三つにわけ，「子供の時代は大人の様に智慧が完全でないから，何かに志して，事を爲し遂げやうとしても，夫れが出来ない。而して智や意は多く情に支配さるゝから，比較的情が

106

早く出來る」(同書：3) とする。さらに，呉は子どもが大人にくらべて一次的な欲望に対して熟慮がないとし，「況んや子供には自他の心，社會的，道徳的の心は不十分であるから，信義の意味など分らぬ」(同書：3) とし，嘘や窃盗，放火をおこないやすいものであると結論づけている。

この呉の「少年犯罪」原因論の流れを辿るとその多くは，「犯罪は少年者の脳髄の不備不完から起つて來る」(同書：4) という発言からも知られるように，脳髄の不完全な状態規定がその根底にある。つまり，人間の思考や行動の全てを脳髄が神経を媒介として司っていることから発せられた言葉といえる[12]。呉にみられるような「精神病」の脳病説の一元論的な考え方は，当時のドイツ系精神医学の直輸入であった[13]。その徹底ぶりは，「癲狂院」の名称を明治後期の多くの精神病院が「脳病院」への改称することからも知ることができる。これは同時に，呉を頂点とする東京帝国大学医学部という学閥の影響力をあらわしている。

呉は講演において，「癲狂」と「白痴」を精神的な異常とし，さらにこの二つの疾病と「健康者」とのあいだにある「中間者」を「或種の病人であるけれども精神上に異状があるのではない，唯道徳上に缺陥がある」状態として，それを「道徳病」と位置づける。この「道徳病」は，手癖が悪いなどの道徳心の欠如を概念規定とし，遺伝による梅毒や花柳病，また「薄志弱行者」(知的障害) が，「人の自由に成り易い」，つまり「自ら犯罪を爲さんとする者ではない」とする類別が示されている。

この呉の提示した「中間者」の類別に対して，呉の後継者であり東京帝国大学第4代精神病学講座教授三宅鉱一によってさらなる研究が進められる。三宅は1876 (明治9) 年に東京に生まれる。父親は東京帝国大学医科大学初代内科講座教授三宅秀であり，貴族院勅選議員にもなった医学界の元老であった。祖父良斉も神田お玉が池の種痘所の発案者であることから，代々医者の家系であったことがわかる。三宅は，1901 (明治34) 年に東京帝国大学を卒業後，呉秀三のもとで助手を務めることになる。1905 (明治38) 年より2年間クレペリンのもとに留学している。帰国後，1909 (明治42) 年に助教授，1925 (大正14) 年に呉の後継者として教授に就任する。1936 (昭和11) 年に退官後，同年に設立された東京帝国

大学医学部附属脳研究室の主任として研究を続け，1954（昭和29）年に永眠するまで知的障害児研究の第一人者的立場であった。

　三宅の不良少年に対する研究は，「白痴」および「低能児」といった知的障害児に注目することから始まる。三宅は『日本小児科叢書第十篇白痴及低能児』（1914）のなかで「白痴」および「低能児」に対する学問的研究の意義において，これらの児童をなるべく早く「特別ニ教養」させることを提起する。その理由として「而シテ社會的ニ之レヲ放任スレバ所謂不良少年乃至幼年犯罪者トナリ，社會ヲ荼毒スルコト多大ナルベキヲ知リ，此種低能児ノ教育又其ノ處置方法ハ教育學上，又刑事政策上看過スベカラザル重要問題」（三宅　1914：2）であるとする。つまり，三宅にとって「白痴」および「低能児」の放置という状態は，「不良少年」原因と直結して捉えていることがわかる。

　さらに三宅は，「今親シク不良少年又ハ幼年犯罪者ノ性格就中其ノ病的異常ノ點ヲ考察スレバ夫等児童ノ大半ハ精神發育病的ニ異常アルモノ，就中所謂茲ニ揚グベキ病的低能児ト名ヅクベキモノタルコトヲ知ラム」（同書：10）として，不良少年の性格における「精神発育病的に異常」な状態を「病的低能児」と同様に扱っている。つまり，「白痴」および「低能児」の行為を反社会的行為として捉えることにより，「他ノ児童ト同宿セシムレバ有害ナルコトヲ是認セラレ，而カモ其ノモノガ精神病的者殊ニ精神低格者又低能者タルコトヲ明カニセラレタルトキハ之レヲ普通ノ校舍ニ放置スルヲ不得策トシ」（同書：13）という見解へとつながり，不良少年と「白痴」および「低能児」を反社会的行為の主体として関連付けていることがわかる。

　このような三宅の「不良少年」原因論の展開は，机上のものではなく「不良少年調査報告」による調査分析の裏づけをもって進められた。この調査は，1908（明治41）年に三宅は，呉の指示のもとで少数の研究生とともに埼玉県にある保護学校と埼玉学園の両感化院（調査対象88名）においておこなった不良少年調査である。付言すると，この調査は当時導入されたばかりであるビネー（Binet, A.）と弟子のシモン（Simon, T.）が協力して作成した知能検査（1905年に考案）を用いた先駆的な調査でもあり，心理学者ではなく精神科医により直ちに用いられたこと

108

は注目すべき事実である。また，三宅の調査をみるとこの「知能測定尺度（ビネー－シモン法）は，発達の程度により「白痴」「痴愚」「鈍愚」（魯鈍）にわけ，成長後満6歳児の知能以下に停止しているものを「白痴」，14歳以下のものを「痴愚」，「痴愚」と正常な成人との間にあるものを「鈍愚」（魯鈍）と定義している[14]。

　調査の概要であるが，面接調査により犯罪の種類や時期，境遇などのほか，身体状態および精神状態を総括して診断というかたちで報告している。その結果，「不良少年ナルモノハ之ヲ精神医學上ノ見地ヨリ見レバ一様ノ人ニアラズシテ，其ウチ最モ多キハ病的ニ精神發育足ラザルモノ就中醫學上癡愚ト名ヅケラレルベキモノナルコトヲ示シ之等ヲ救濟スベキ爲メニハ社界ノ状況一般改善ハ勿論各個人ニツキテハ個性教育ヲ以テ最大主眼トシ，特ニ精神發育足ラザルモノハ強迫的教育殊ニ低格者教育法ヲ必要トス」（三宅 1912：133）と述べている。この調査結果の報告をみると，三宅の「不良少年」原因論は，不良少年に顕著に認められた「精神発育」の不足を全面的に展開しており，その解決策を「低格者教育法」に求めていることがわかる。三宅の不良少年に関する研究は，同時に三宅自身が名実ともに「白痴」および「低能児」研究の第一人者であることからも，「白痴」および「低能児」と不良少年の関係性は必然的に強調されるのである。

　また，1913（大正2）年の第二十五回国家医学会総会における講演「不良少年と医学」では，三宅の不良少年と精神医学の接近を次の言及から確認できる。「不良少年の原因に，境遇又は家庭等の關係に重きをおき過ぎ，病的の個性，乃至人格異常に餘り重きを借いて居らぬ。卽ち，其等の少年を普通人と何等異なる處がないやうに考へて居る人が多いのであります。併し，是は誤りであつて，私の考へでは，その原因には境遇的關係が必要であつても，またその人格異常なる點も確に爭はれぬものがある。殊に或種の犯罪となるやうな行爲を惹起するにけ直接，境遇が重大なる關係を持ちましても，其の境遇から容易にこの犯行，卽ち反社會的行爲に陷らしめらると云う事には，少なくも，累犯者に於ては，其の人格が普通人とは異なる所があるからであるといふことに疑ひを挿む餘地がないのであると考へられる點があります。實に境遇によつて人格が出來るには違ひないが，其の生來の變質，又は，病的人格と云う點も決して等閑に附すべきもの

第3章　不良少年研究における精神医療化と「不良」観の変容　　109

ではないと思はれます」(三宅 1936：238-239) と述べている。この三宅の見解か
らわかることは，不良少年のなかでも特に「累犯者」において「境遇」という後
天的な要因よりも大きく影響するであろう「病的人格」という先天的な要因を主
張していることである。

　そのような不良少年に対する視角をもって，「併し，何にしても不良少年と醫
學，殊に精神病學との接觸が，之等の事柄から甚だ親密なものとなり，少なくも
以上の立場から，不良少年の中には病的人格者が多くある事を知り，従つて，之
れを感化教育するには，精神病學的に考へて治療をし，若しそれでも感化し得ざ
るものは如何に處分すべきかの問題から，不良少年たらしめざる豫防法につき
ても，醫者，殊に，精神病學者と益々深く接觸して來た事を申し上げたのであり
ます」(同書：247) として，精神医学が非行少年の対応に必要であり，また非行行
為が精神医学の治療対象であることを表明している。そして，非行の予防や感化
教育に先立つものとして精神医学が位置づけられている。このような少年非行
に対する精神医療のかかわりは，ある意味，日本の少年非行に対する精神医療化
のあらわれとして解される。

　このような「白痴」および「低能児」と不良少年に関する研究は，同時期に呉
門下である精神科医和田豊種においても認めることができる。和田の分析視角
は，呉および三宅のクレペリンに依拠した分析枠組に立脚しており，そのなかで
も，和田の「不良少年」原因論には，先天的な原因（「精神病的原因」）における血
統，つまり遺伝を重視している。和田の「遺伝原因論」は，大阪児童学会講演で
ある「精神病的不良少年」(1915) のなかにも強く主張されている。[15]

　和田は，「精神病的不良少年」のなかにも軽重の区別があるとして，軽いもの
を「道徳的不良の行為」，重いものを「智力の欠陥即ち白痴」とわけている。そ
して，基本的には「彼等の精神状態は即ち物の理屈が解らない」のであり，これ
らの少年は「外界の悪い誘惑にうかうか乗つて，悪事を悪事と知らず不良少年の
中間入りをする」という過程を経て不良少年になるという。さらに和田は，「是
等の不良少年を出す大原因は遺伝の関係が主なるもの」としつつ，その遺伝から
生じる「精神病的不良少年」を含めた不良少年の全体の動向として，「既成の不

良少年は，他の不良に陥り易き少年を誘惑して新らしき不良少年を増殖し，是等相集つて増々不良の術を研究するから，恰度傳染病と同じ事で遂には一國を滅亡せしむるに到るであらう」(和田 1915 : 83) とみるのである。つまり，「既成の不良少年」は，「精神病的不良少年」の外部からの影響を受けやすい側面を誘惑することにより，不良少年を生み出し増加させるというのである。

　この主張は，精神障害が「不良」行為の直接の起因となるのではなく，「物の理屈が解らない」という一つの知的障害の特徴を，周囲の「既成の不良少年」の影響と結びつけることにより「不良」行為に至るというかたちで少年の非行過程を説明している。まさにこの説明は，後天的な原因論との折衷的な理論を展開しているともいえよう。このような和田の考えは，当時の不良少年に知的障害児の割合が増加するという状況説明としても注目される分析枠組みである。一方で和田は，同書のなかで不良少年が社会的に注目された東京の放火事件についても言及している。この放火事件は，本郷や深川，中野，日暮里，千住などで同時期に起こった放火事件であり，その後，千住 (17歳の少年) や中野 (15歳の少年)，日暮里 (13歳，17歳の少年)，深川 (14歳他5名の少年) の放火が少年によって行われたことがわかった。[16] 本郷の放火事件で捕えられた少年について，和田は後に精神病として巣鴨病院に入院している事実を告げている。つまり，同講演において不良少年が起こした放火という大事件の原因が，精神障害にかかわることを公表しているのである。

　3名の研究者からみた不良少年に対する精神医学からのアプローチは，呉を筆頭とする東京帝国大学医学部精神病学教室によって牽引されてきたといっても過言ではない。その分析枠組みは，「精神病」は「脳病」とするドイツ精神病学体系を受け入れることにより，これまでの「憑きもの」概念に大きな影響をおよぼした。また，呉は「不良少年」原因において脳髄の不備や「道徳病」などに着目し，その着想は三宅に引き継がれることになる。

　三宅は，知的障害児の放置状態による「不良」化を指摘することにより，「精神発育」の不足を「不良」原因の中心に捉えることで，「病的異常」が行為主体である「不良少年」観を提示した。さらに同門の和田により，知的障害児の外的

な影響に依拠する性格の特質を不良少年の接触および影響に結びつけることで，内因と外因の収斂を図るなど，着実に精神医学による不良少年研究の立場を確立していくのである。

3. 「精神病」を原因とする「忌みきもの」観への変容

精神医学の不良少年に対する原因の考究は，「精神病」と「白痴」や「低能」といった知的障害に大別することができる。「精神病」を主な原因とする「不良」観を中心に考察すると，「憑きもの」観から「忌みきもの」(危険視) 観へ変容が認められ，この変容が少なからず「不良少年」観にも大きく影響することになる。

精神医療が導入される以前の「憑きもの」観，つまり「憑きもの」に対する人びとの意識には，狂気や乱心状態にある異常な行動に対して狐を代表とする動物が憑依するという「憑依」の解釈装置がはたらいていた (川村 2007)。したがって，当時の人びとが異常な行動を「動物憑依」という解釈をもって捉えたとするなら，そこには霊が外部から「憑く」という原因論に依拠していることになる (兵頭 2008)。これを裏づけるように，当時の異常な行動をとる者に対して，加持祈祷などをもって対応していたことは周知の通りである。この外部的な原因を中心とする解釈装置が，「憑きもの」を顕在化する基盤部を構成していたと考えられる[17]。

日本に精神医学が導入され，呉秀三を中心とした東京帝大精神病学教室が本格的に精神医療を展開していくなかで，近代化政策による「加持祈祷の禁止令」や「相馬事件」など精神医学を受け入れる社会的な土壌，つまり精神医学への認識は明治30年代までにある程度広まっていたと考えられる[18]。さらに，「精神病者監護法」(1900) の発布は，全国的に統一された精神障害者のための保護制度としての役割を担うことと同時に，社会意識のなかに一定の「精神病」概念が浸透する端緒であったともいえる。しかし，この精神病者監護法もその内容に関しては，患者のためというよりも政府の社会保安がその中心にあったことは付記しなければならない事実である[19]。

112

さらに精神医療の展開は，本格的な精神治療の範囲外にあった私宅において監置されていた精神障害者へと向けられていく。呉が1910（明治43）年から1916（大正5）年までの間，教室の助手および副手の15人を1府14県に派遣し，実態調査の報告として『精神病者私宅監置ノ実況』（1918）をまとめている。

　呉の調査結果をみると，「行政廳ノ監督ニモ行キ届カザル所アルヲ知レリ（中略）民間療法方ニモ何等見ルベキモノナク，且ツ時トシテ危險ヲ伴フ措置アルヲ知リ」（同書：138）としている。つまり，呉の調査した明治期末から大正期はじめには，警察などの行政の把握は実際にそこまでの効果がみられず，民間療法も近代的な精神医学とともに一般的に受け入れられていた状況にあったことがわかる。また，この調査結果から実際に病院において治療を受けていた者は裕福な一部の階層に限られ，多くの者が私宅監置や民間療法によっていることが明らかとなった。呉はこのような状況を憂い，精神病者監置法の施行と私宅監置の廃止，さらに精神病院の設立などをあげて早期の精神障害者に対する法整備を訴えるのである。

　この呉の調査結果は，「精神病院法」（1919）の施行に大きな影響をおよぼすことになる。この法律では，「行政裁判所ニ出訴スルコトヲ得」など精神障害の患者に対する公の責任を明らかにしており，また，これまでの監護の責任者が監護義務者から「精神病院ノ長」への権限の委譲が明記されている。これは，家族から医師への権限の委譲を示すものである。このような精神医療化の動向は，私宅監置や加持祈祷のもとでひどい扱いを受けてきた精神障害者にとって光明であった。だが一方では，精神医学がこれまで多くの精神障害者がかかわってきた民間療法を否定することにより，おのずと精神医学の確固たる地位を築くことになる。

　大正期には，従来のような「憑きもの」観は一部を除いて過去のものとなっていた。この一部とは，宗教的な関係者とそれに信じる人びとを指すが，この頃には義務教育を受けた者が人口の多くを占めていることから精神医学に依拠する科学的な分析が「憑きもの」観の矛盾を露呈し，都市を中心としてその認識は浸透していったものと察せられる。しかし，精神医学が「狐化妄想」などの「憑き

第3章　不良少年研究における精神医療化と「不良」観の変容　　113

もの」を医療対象に包括することにより，その異常的な行為に対する人びとの意識は変化していく。

　元千葉医科大学教授であり「性欲」研究でも著名な精神科医高田義一郎は，『優良児を儲ける研究』(1926) において「一定の時日を經てから起る精神病には色々の種類がありますが，その内の大部分を占めて居るのが早發性痴果と申すものであります。これは青年の頃から壯年の頃迄に多く起る病氣でありまして，段々に馬鹿になつて行くと云ふ非常に性質の悪い病氣であります。これは治る事が稀れでありまして，假令一旦治つた様に見へても多くは又悪くなる，卽ち之が再發でありまして，一時的には治るけれ共結局駄目なのであります。しかもその爲めに死ぬと云ふ事は殆んどない位で，誠に困つた病氣であります」(高田 1926：10-11) と説明している。この見解は，青年期の統合失調症に対する完治が難しく，社会にとって排他的なものであるという印象を読み手に与える。つまり，当時一般的に信頼を得ていた西洋医学に立脚して，精神科医が青年期に発病する「精神病」が完治し難いものというイメージを社会に呈することは，「精神病」に対する病気としての認知と発病する恐怖を危険視して社会に喚起することにつながる言及といえよう。

　この統合失調症という完治し難い「精神病」の印象を，三宅鑛一は「不良少年の精神病学的観察」(1925) のなかで取りあげている。このなかで三宅は，「不良少年は素質のためにも起り，境遇に因つて起る事は確かである。或る人はこの犯罪者といふものには，少なくとも，此の境遇が二分で八分は素質であると云ひます」(三宅 1925：6) と述べている。そして，各所でおこなわれた「保護教育所」の調査結果に基づき，不良少年について「普通の兒童よりは精神病の遺傳，酒客犯罪者の遺傳は特殊兒童の持つて居る數が何れも多いといふ事が判つたのであります」(同書：6) と指摘する。つまり，遺伝を媒介とした「不良少年」の内因的な原因が，調査結果として顕著にあらわれたことを示している。次に，三宅は「検査の結果で見ますと不良少年のする犯罪は多く子供の時に起る，又その犯罪的行爲は大人に起るものとは別種のものが多い」(同書：6) として，年齢の概念を加えることにより「不良」行為の類別を図っている。また，年齢における「不良」

114

行為の発現の違いを「発育期ヒステリー」と「変質性ヒステリー」として捉えな
おし、「不良少年の或る程度のものは，發育期の不良少年であつて，後にはなく
なり，他のものは變質性の不良少年であつて一生治らぬものと考へるのが都合
好いやうであります」(同書：6) と述べている。つまり，三宅は心理学的なヒステ
リー概念を用いて，成人の犯罪行為にみられない少年期の特徴的な「不良」行為
を「発育期ヒステリー」と「変質性ヒステリー」として捉え，「不良」行為を一
過性のものと終生持続するものに類別するのである。

　さらに三宅は，「不良」行為を時系列的に捉え，そのなかから「不良少年の予
後 (見込み)」として最終的な「発育期ヒステリー」と「変質性ヒステリー」の違
いを示している。その結果，「発育期の不良少年」がおこなう「不良」行為は一
過性の現象であるとして「予後は善い方に属する」とし，それに対して「精神分
裂性といふ病氣の系統にある人に來る不良少年は現在同人は例へ病氣でなくて
も豫後の悪い不良少年になるのが多くあります」(同書：6) と言及している。この
説明においては，「変質的ヒステリー」は先天的なものであり，常に「不良」行
為として永続することを示唆しているといえる。この三宅の「不良」行為の原因
をヒステリーのなかにみいだす作業は，先天的な原因論と後天的な原因論の図
式に似通っている。つまり，「変質的ヒステリー」は，まさに遺伝を媒介とする
先天的な原因論といえる。しかし，「変質的ヒステリー」を除いた「発育期ヒス
テリー」をみると，後天的な原因論として説明することが可能な「不良」行為を
少年，つまり発育期の一過性のヒステリーとして捉えることにより，すべての
「不良」行為の原因をヒステリーの概念をもって説明するのである。

　三宅は，「変質的ヒステリー」の予後として，「遺伝関係に於て近親に精神病が
ある」(同書：6) ことや「不良行為が割合に早くから起つた場合，モウ一つには低
能の合併がある場合には不良行爲の特に著しいもの，殊に眞に反社會性のもの
で，道徳といふことに更に理解のないもの」(同書：7) などをあげるのである。こ
の見解は，先述したように三宅の知的障害を原因とする不良少年の原因論に依
拠している。

　また三宅の不良少年の一部には，「隠くれたる病のために斯くなつたと考へた

く，殊にその病は軽く病氣と云へぬまでも病に近い程度のものであり，それがた
め不良少年になつたのではないか」(同書：7)との持論を展開している。そのため
に，不良少年の診断として精神科医が，「殊に，その人の性格中病的体質，殊に
その精神上の病的体質を顧慮し，又その他の身体的變化を見更に精神的の現症
には，智力感情などを深く検査する必要があります」(同書：7)として，不良少年
に対する検査と治療の必要性を説くのである。

　ここまでみてきたように，精神科医の西洋医学に立脚した分析と指摘は，精神
医学が社会に展開されるとともに既存の「憑きもの」観を信憑性と科学的根拠の
不在をもって「迷信」であることを社会に提示した。さらに，「憑きもの」に対
して精神医学が「憑依妄想」という病名を命名し，「脳病」として精神医療の対
象に取り込むことで，これまでの外部的な「憑依」の解釈から，脳機能を含めた
内部的な原因を中心とする精神医学的解釈の移行に成功したといえる。[20]

　その後，この精神医学の提示した不良少年の「精神病」原因に対する解釈は，
青年期におこる完治が困難であり，梅毒スピロヘータのように本人自体に責任を
還元させ，「祓い」のおよばない遺伝を提示することで，「忌みきもの」観へと変
容していく。つまり，「精神病」として異常性が強調されることで，「祓い」のき
かない完治し難いものとして恐怖観が強調され，その行為自体が「危険なもの」
として多くの人びとの解釈の一つとして取り込まれたと推察される。

　その「危険なもの」を含意した「精神病」が不良少年にみいだされるとき，完
治し難い少年が人びとの「不良少年」観に組み込まれ，彼らを類別する精神医学
的判断に対する自律性を精神医療化のなかで展開したといえる。

4．不良少年研究における知的障害への教育と治療観

　次に，精神医学が治療対象とする知的障害を中心とした不良少年と精神医療
の展開についてみてみたい。それを明らかにするためには，学際的な研究領域の
拡張と国策とのつながりを中心に捉えていくことが有効と考える。その一つが教
育界における「教育病理学」の導入であり，また遺伝を中心とした禁酒運動や優

生学との接近である。ここでは不良少年研究における精神医学と教育の学際的な接近に注目してみたい。このなかで注目すべき人物として，精神科医富士川游を取りあげる。

富士川は，医者としての功績にもまして雑誌の主宰や日本医学史を刊行し，当時としてはめずらしく医学博士のほかに文学博士の学位を得ている異色の研究者である。富士川の略歴であるが，1865（慶應元）年，広島県沼田（安佐）郡に父雪，母タネの長男として生まれる。1887（明治20）年に広島医学校を卒業後は，明治生命保険会社の保険医のかたわら，中外医事新報社に入社する。1889（明治31）年に2年間の渡独の後，在野としてさまざまな活動を展開する。富士川の業績は，医療史のほかにも迷信研究や医者の風俗など医学以外の著書も多く見受けられる。富士川にとって最も代表的な著書は『日本医学史』(1904) であり，1914（大正3）年に東京帝国大学文学部より文学博士の学位を受け，さらに翌年には京都帝国大学医学部に『日本疾病史』(1912) を請求論文として提出し，1915年に医学博士の学位を得ている。当時，医学博士と文学博士の両学位を得ていたのは，森鷗外と富士川の2名だけであった。このように，富士川は持ち前の知的探求心からさまざまな社会現象にも興味を示すことになる[21]。

富士川の研究活動は多岐にわたるが，ここでは不良少年にかかわる研究として，「教育病理学」を取りあげる。教育病理学は，精神医学のなかでも，特に知的障害児研究の発達のなかで導入された学問分野といえる。知的障害児研究は決して精神医学に牽引されてきたわけではなく，同時に心理学や教育学などの学問領域においても進められてきた。そのなかでも，当時のドイツにおいてその学問的地位を明確にしはじめていた教育病理学に，ドイツの精神病学に依拠する日本の精神医学者が注目し導入したことは，自然の流れであったのかもしれない。

1910（明治43）年に『教育病理学』と題された共著書が出版される[22]。その各著者は，精神科医である富士川游，呉秀三，三宅鉱一の三名である。富士川によれば，教育病理学とは「固より教育上のことであるが，しかし，その研究の事項は，教育學と醫學との中間の境界に渉りて居る」(富士川 1910：1) とし，その内容は

第3章　不良少年研究における精神医療化と「不良」観の変容　　117

「精神状態の尋常ではない兒童を教育上の見地から研究する。即ち兒童の精神の缺損をば醫學と教育學との兩方面から觀察して行くのが，教育病理學の要旨であります」(同書：12)と解説している。

この教育病理学に対する学問的な位置づけと内容の解釈は3名に共通するものであり，そのなかで注目すべき点として，その対象を「精神低格」(性格の異常)と「精神薄弱」(智力の障害)に大別していることである。つまり，ここで教育学に「精神病学」の分析枠組みを適用することにより，新たな教育対象の児童を提示しているのである。さらに，この教育病理学により顕在化するさまざまな治療対象の児童は，次の「教育治療学」の対象となった。富士川は，「教育的治療學といふのは，異常兒童の身體及び精神の治療を目的とするものであつて，その治療といふのは，醫學上の用語の意味でありまして」(同書：247)と述べていることからも，教育に関する医療の必要性を強調している点で注目に値する。この教育治療学の考え方は，特別な心身状態にある児童に対して特別な処置を推し進める学校衛生の思惑と合致するかたちで，補助学級や補助学校の創設による分離教育へと展開する。そして，その後の知的障害教育における理論面での一翼を担うことになる。

後年に富士川は，『中央公論』(1920)において「不良少年の教育病理学的研究」を寄稿している。[23]それによれば，富士川は教育病理学の認知度の低さを憂い，少年の「不良」原因における教育病理学の有効性を主張する。富士川の考えとして「不良行爲の基本たるべき身體及び精神の如何といふことには些も顧慮せず，從てその不良行爲が由りて起るところの眞正の原因を詳にすることが無いから，懲戒若しくは刑罰の方法は悉く肯綮に中らず，却てそれがために不良行爲を増加せしめ，不良少年を懲治しようと思ふて却てこれを養成するといふ實際の有様を呈するのである」(富士川 1920：3)として，当時の法的な事後の不良少年対策の批判をおこなうとともに，教育病理学におけるミクロな原因究明の必要性を説くのである。

富士川による不良少年の分類は，「所謂不良少年とは少男及び，少女にして竊盗，詐僞，浮浪，放火，傷害，殺人等の犯罪を爲し又は犯罪を爲すの虞あるもの

を總括するのである」(同書：4)とし、「少年犯罪者」、「遺棄又は無監護の状態にある児童」、「浮浪児童」をあげており、そこに示された分類は当時の一般的な不良少年の分類と大きな違いはない。ただし、富士川は、「しかしながらその兒童の性質よりして言へば強ち不良の少年ではなく、善良の性質を有しながら内部の缺陷と、外部の缺陷とによりて、その行爲が反社會的になるのであるから、これを不良少年と稱するのは適切でない。或は單に異常児童(Anomale Kinder)と名づくるか、或は反社會的兒童(Antisoziale Kinder)と稱すべきものである」(同書：4)と述べている。つまり、富士川は反社会的行為を直ちに「不良」行為とみるというよりも、その前段階にある「善良の性質」を重視することにより、内部的要因と外部的要因の影響を考慮したうえで、「不良少年」や「異常児童」、または「反社会的児童」として類別しようとするのである。

　精神科医である富士川が、「善良の性質」を不良少年研究の分析枠組みに用いていることは、先天的な原因論に依拠した遺伝による不良少年、つまり、生まれた時点から善良ではない状態が前提となる不良少年を否定しているといえる。このような富士川の不良少年に関する原因論は、不良少年の原因を内因的なものだけに求めず、外因的な「遺棄または無監護の状態」も重要な原因としてあげていることからも、他の精神科医の解釈とは違った視点を有していることは明らかである。その後、富士川は不良少年の対応策として、強制教育から一歩先んじた「保護教育」の重要性をあげている。これは、教育病理学などによるミクロな分析から不良少年の本質と原因を改善し処置する意図がある。すなわち、この不良少年の「善良な性質」を保護し教育していく保護教育こそが富士川の教育病理学の本質といっても過言ではないだろう。

　ここでもう一つ、教育病理学と題された単著として、当時京都帝国大学医学部講師であり後に大阪医科大学教授となった笠原貞夫の『教育病理学』(1912)があげられる。その内容に関しては、その多くを富士川の『教育病理学』に依拠している。しかし、笠原においても遺伝を重視しており、「不良少年及び未成年犯罪者は、即ち精神異常児を放任して置けば、其の多くは不良少年、或は夫れが進んで未成年犯罪者と成るものが屢々あります。(中略)未成年犯罪者の多くを取調べ

て，其の精神状態を検査して見ると，十中の八，九は，少し智慧が足らない者で
あるとか，或は精神の発達が常軌を逸して居る者，即ち精神の薄弱なる者，或は
精神の低格の者が多いのであります」(笹原 1912：27) とし，当時の不良少年と知
的障害の関係性を強調している。しかし，笠原の教育病理学には，遺伝に起因す
る知的障害が不良少年の原因となる先天的な原因論に立った視点がみてとれる。
したがって，ここに富士川のような「保護教育」観を認めることはできない。そ
の後，昭和期に入り，名古屋医科大学教授杉田直樹 (元東京帝国大学精神病教室助
教授) らの精神科医によって，教育病理学は「教育治療学 (治療教育学)」として
受け継がれていくことになる。この教育治療学と不良少年については，戦時期の
不良少年研究として改めて考察することにしたい。

　これまでみてきたように，精神科医が進めてきた教育病理学は，知的障害児に
対する特別な教育の必要性を説くわけであるが，その通底するものはやはり知
的障害児と不良少年との関係性にあり，その対応として精神医学の治療と教育
学の手法を収斂させた臨床的な教育病理学が前提としてあることは明らかであ
る。1901 (明治34) 年の『児童研究』にも「教育病理学の必要」として，「近時教
育の進歩を考ふれば教育病理學の發達の如きは，慥に其の主なるもの丶一に算
ふべきなり。(中略) 醫家と教育家とが，相提挈すべきの時期，漸く接近し來れる
なり。全國とも，此の問題は，両職業家の強力を以て解決せんこと，望ましきこ
となり。少くとも，教師は，異常の児童の身体は，必ず醫診を求むるの責任あり
とす」(児童研究 1901：57) とあるように，教育病理学を教育界，つまり現場の学
校において展開することにより，教師には対応できない部分を補完的に医療に任
せる青写真を描いていたことがわかる。なかには，富士川のように知的障害だけ
を教育病理学の対象とせず，先天的な原因と後天的な原因を含意する広い視野
と「善良な性質」を前提とした教育病理学も認められた。しかし，多くの精神科
医は，教育病理学として精神科医という専門家の治療を教育界に展開しようとし
たと考えられる。その後，このような精神医学の学際的な動きは，教育界だけで
はなく多方面にも進められていくことになる。

5．未成年の飲酒問題と遺伝による精神医学とのかかわり

　ここでは教育病理学のほかに，精神医学が実際の社会問題に対して学際的な活動を展開していく状況について考察したい。これまで明らかにしてきた精神医学に関する不良少年の原因を遺伝の問題として捉えていく研究動向は，知的障害児における原因論のなかにも展開されてきた。つまり，遺伝により親から子へと精神的な障害が内的要因として組み込まれることにより，結果として「不良」の行為主体である知的障害児があらわれてくることを示唆する内容であった。さらに，こうした遺伝を媒介とする「不良」原因は，当時の禁酒運動および優生学との共通する視角として精神医学の学際的な展開のなかで広められる。

　明治期に入り，子どもに対してこれまで一定の寛容さをもって受け入れられていた飲酒は，急速な近代化により大きな変容を迫られることになる。[24]この変容に学問的な根拠を与えたものは，精神医学によるところが大きいものと考えられる。ここでは，精神障害と不良少年に関して飲酒を中心にみていくことにしたい。

　「子どもと飲酒」に関する問題提起は，明治30年代以降から多くみられるようになるが，それ以前から禁酒運動はおこなわれていた。当時の禁酒運動に関して，『現代社会問題研究』(1921) によると，「是に於て先づ基督教徒は其宗教上の見地から禁酒運動を開始し，爾來長年月の間該運動は殆ど彼等獨占の事業であるかの觀を呈した。然るに近時歐米各國に於ける國民的禁酒實現の氣運に促され，之を宗教關係を離れた社會問題，國家問題として一般の輿論を喚起し，之を宣傳する禁酒會なる機關が各地に續々創設せられ，又之を熱烈に高唱する先覺者も續出するに至つた」(日本社会学院調査部編 1921：302) とある。このような運動は，1898（明治31）年に初めて全国的団体の日本禁酒同盟が設立されて以降盛んになった。しかし，この禁酒運動の背景にはキリスト教の影響を認めることができる。[25]また，金澤来蔵の『古今禁酒大観』(1923) によれば，禁酒運動において，「生理的酒害の眞相は，片山・大澤兩醫學博士，及び有力の專門家之を研究して公表せられたるは，大に意を強うする所なり」(金澤 1923：332) と述べている。

この片山とは，東京帝国大学医学部精神病学講座第二代教授片山國嘉のことを指しており，精神科医の研究や意見が当時の禁酒運動に関しても多大な影響を与えていたことがわかる。

　少年に関する法律としては，1899（明治32）年に「未成年者喫煙禁止法」が施行され，翌年の1900（明治33）年に「未成年者飲酒禁止法」も法案として提出されている。同年に「感化法」が施行されていることから，少年の問題行動にかかわる法制化も盛んであったことがわかる。この未成年者飲酒禁止法については，種々の議論の末，1922（大正11）年に施行される。この法律の施行は，これまでの子どもに対する社会の寛容な飲酒文化に大きな影響を与え，少年非行に対する新たな判断基準（未成年の飲酒喫煙）を提示した。

　未成年者飲酒禁止法の概要は，未成年者の飲酒を禁止するために親または監督者に飲酒の制止を求め，かつ，酒類販売者に対する未成年者への酒類販売を禁止するもので，違反者には科料が科されるものであった。この法案の理由書として，衆議院議員であり自らも熱心なキリスト教徒であった根本正は，「全國幾萬の學生が飲酒の爲，其の目的たる學業を成す能はざるにあり。是れ文明諸國が，幼者の飲酒取締に關し，特に嚴重なる規定を設くる所以なり」（金澤 1923：19）と述べている。根本は，当時の学生の堕落問題とイギリスやアメリカにおいて推進されていた未成年者の飲酒禁止法を強く意識しており，そのなかでも，根本があげた七つの飲酒の害のすべてが「心臓の神経又は筋肉の衰弱」など，医学的な研究業績を根拠にしていることを認めることができる（同書：19-20）。つまり，前述した片山らの影響もあって，近代的西洋医学がこの時期の立法においても一定の発言権と立法根拠としての地位を有していたことがわかる。

　また，同時期の明治30年代の精神医療と飲酒問題についてみてみると，後年の九州帝国大学医学部精神科初代教授榊保三郎が，1903（明治36）年に子どもにおけるアルコールの弊害に関する研究を発表している[26]。榊のアルコールと子どもの研究をみてみると，その多くは当時の諸外国における研究を紹介することにより，日本における少年のアルコール問題を啓発する内容となっている。その概要は，親による「酒精の中毒」状態が精神上の「変質」をきたす時，その「変質」

が子孫に向けて「遺伝性負因」をおよぼすとする。これを「酒精中毒性変質遺伝」とし，さらに母乳の飲用による有害性を指摘し，これにより「ヒステリー，精經衰弱，半身不随，白痴或は他の精神諸病を生じ，少量と雖も病となりて現出す」（同書：10）として，アルコールと精神との関係を指摘する。最後に，子どもの飲酒の先行研究をあげ，毎日飲酒するものは「劣等」であると言及する。その後も，榊は諸外国の児童と飲酒問題に関する研究を積極的に紹介し，アルコールと子どもの精神に関する諸問題を指摘している。そのほか，医学士山根正次も「東京に於ける飲酒と犯罪」（1902）において学生飲酒に関するフランスの研究を提示しながら注意を喚起しており，医学博士大澤謙二の「青年の飲酒に就て」（1909）では，学校や家庭にある酒を撤廃し，青年に酒と接することのない環境作りを全面的に展開することにより，少年におよぼす飲酒の「神経毒」の問題が切実であると訴えている。

　このような子どもと飲酒を取り巻く精神科医たちの研究と発表は，大正期に施行された「未成年者飲酒禁止法」の素地を間接的であれ提供した。このような明治期の精神科医の研究発表は，子どもの飲酒による害悪を酩酊のような一次的な迷惑行為から，近代医学の科学的な根拠をもって「精神病」，つまり「脳病」への影響を喚起し，身体上において持続的な害悪であることを広範に一般的に社会意識化させることになる。

　この状況をよくあらわすものとして，1926（大正15）年に近江禁酒会八日市支部の小島弥三による小学生調査（3校計1,005名）を取りあげたい。この「児童と飲酒」と題された飲酒調査報告によれば，1,005名の児童のうち「一度も飲まぬ者」は321名（男性102名，女性219名）であり，当時の児童における飲酒率の高さを知ることができる。さらに注目される結果として，飲まない理由をみてみると「法律で禁ぜられている」が47名であったのに対し，最も多い理由である「体に悪い・毒です」が352名であったことである。この調査結果から，当時の小学生にとっての飲酒行為は法律により禁じられているという意識よりも，「体に悪く，毒である」という医療的な意識が飲まない理由に反映されていることがわかる。つまり，この調査がおこなわれた大正末期には，当時の子どもの意識として，ア

ルコールの害悪に関する医療的な知識がある程度定着していたことがわかる。

　しかし，なぜ飲酒と精神医療がこれほどまでに接近し得たのだろうか。その一つには，当時の禁酒論者たちにおいて，これまでの道徳論や経済論の説明根拠とする説明よりも，科学的なデータを用いた精神医学のある意味普遍的で説得力のある説明が，禁酒論者の禁酒運動の展開にとって魅力的なものとして映ったと推察される。そして，当時の禁酒運動家の最終目的は国民全体の禁酒にあったが，その先駆けとなる子どもの禁酒運動を展開する際に，先述した遺伝を原因とする子どもとアルコールの研究業績をあげていた精神医学が，アルコール中毒などに起因する知的障害の解決という意図と禁酒運動が合致するかたちで接近したものと考えられる。

　ここで禁酒運動に話を戻すと，未成年者飲酒禁止法の起草者である根本の意志は，代議士阪東幸太郎に引き継がれて飲酒禁止年齢を25歳未満とする「未成年者飲酒禁止法中改正法律案」の段階へと進んでいった。その一方で，未成年者飲酒禁止法の施行から，精神医学を基盤とした遺伝における「酒精」と児童の問題は隆盛を期する。

　昭和初期の研究を概観すると，1928（昭和3）年に著された多摩少年院谷貞信の「不良少年と遺伝」がある。この論文は，在院生63名を対象とした「遺伝的素質」の調査結果である。その内容は，45名が父母や祖父母との遺伝的な素質が認められたとして，さらに調査を進めていくとその「遺伝的不良素因」の54.33％が飲酒であるとする結果を得ている[30]。また，筑豊禁酒会同盟会四宮友一の「怖るべき飲酒系統」（1928）には，当時大阪府立中宮病院における調査を例にあげている。この調査は，当時のアメリカでおこなわれていた遺伝と犯罪の研究調査を日本において検証する意図をもっておこなうこととし，同病院の「精神病者犯罪者等」の調査結果をもとに遺伝表を作成している。この調査結果の説明には，「酒客が脳溢血で死んだ人の娘と結婚して，其間に變質者で，且つ酒客である男子一人を産んだ。此人が父母共に酒客で，其兄弟七人の内大部分精神病者であるヒステリーの婦人と結婚した所，其の間に二人の男子を得たが，其一人は精神病者で，一人は不良少年の隊長でありました」（四宮 1928：37）とある。この調

査内容の真偽は別として，これらの調査が当時アメリカでおこなわれたダグディル（Dugdale, R.）の「ジューク家」研究を代表とする犯罪の生物学的要因説の影響を強く受けていることがわかる。また四宮の報告が，精神障害者と不良少年を同様のものとして扱っていることは，当時の不良少年に対するイメージを掴むうえで重要な見解といえる。

このような精神医学を中心とした研究論文は，呉から精神病理学，富士川から治療教育学を学び知的障害児の教育施設（三田谷治療教育院）および児童相談所の設立に尽力した三田谷啓が「児童とアルコホール問題」(1931) を発表し，その他三宅鉱一や杉田直樹，三宅の後継者である吉益脩夫も「未成年・飲酒・犯罪」(1938) において，アルコールと不良少年に関する言及を活発におこなっている[31]。このように昭和期に入ると，遺伝というものを媒介として精神医学の発言力は増し，さらにその影響力の範囲は優生学の台頭において広範になるのである。

6. 優生学を中心とする精神医学の学際的活動と断種論

不良少年研究における精神医学と優生学の接近は，遺伝という媒介があって成立する。日本においては，明治の新政府による積極的な欧米諸国の近代的文化や学問の導入とともに，当時のダーウィン（Darwin, C.）の進化論やゴルトン（Galton, F.）の優生学も紹介された[32]。その後，この優生思想は人種改良論として宣伝されることになる。また，欧米において19世紀後半より広がった社会的な適応力を欠いた，「精神病者」，「身体障害者」，「犯罪者」などについて，遺伝を中心に社会の中で淘汰されるべき存在であるという「社会ダーウィニズム」が，精神医学の領域におけるモレル（Morel, B.）の「遺伝・変質説」と結びつくことによってドイツやフランスをはじめとして広範に自然法則の一部として認識されるようになった。

日本における優生思想については，早期に福沢諭吉の『時事小言』(1881) や高橋義雄の『日本人種改良論』(1884) などの進化論に依拠した言及も認められる。ここでは，不良少年に関する優生思想を中心に取りあげてみると，日本で本格的

第3章 不良少年研究における精神医療化と「不良」観の変容　125

な優生思想を紹介した海野幸徳（後に龍谷大学教授）の『日本人種改造論』（1910）をみてみたい。そのなかに「悪質者の処分」という章があり，海野は「感化院に入るものゝ中，精神病者，不具者，飲酒家，白痴，犯罪人，悪質者の子孫の薫化改善せられし例は無之く，たゞ薫化改善せられしものは境遇によりて不良となりしものゝみなり。後者の意味に於て感化院を開設するならばいざ知らず，前者の場合に於ては全く無用有害なるは自明なることなりとす」（海野 1910：160）として，感化院を中心とした感化教育のなかでも「先天的に不良なる形質」を有する少年に対して，感化教育は「無用有害」であると批判する。つまり，海野にしてみればこれら先天的な原因による不良少年は「遺伝的悪質者」であるために，隔離もしくは最終的な方法として「炭酸瓦斯」による排除（死）さえ主張している。ただし，この時点において本格的な優生学に立脚する不良少年研究はほとんどみることができず，後年の優生学の隆盛を待つことになる。

　第一次世界大戦後，世界では資本主義国間の競争が，民族の改良として優生学の研究の必要性と体制を求めることになる。日本においても，1924（大正13）年に後藤竜吉が日本優生学協会の設立運動を展開し，『ユーゼニックス』（翌年『優生学』に改題）を創刊した。鈴木善次（1983）によれば，『優生学』第7号における依頼と協力者の75名のうち，53名が医学者または医師であり2名が教育者，8名がジャーナリストであったという。つまり，この時期において優生学と医療との関係は密になっていたことがわかる。

　しかし，日本における精神医学に注目すると，精神医学が優生学におよぼす影響は，1925（大正15）年以降，精神疾患の遺伝研究から実際に断種の論議として盛んになる。日本ではじめての断種法案である「民族優生保護法案」（1934）が提出される頃には，ドイツの優生思想の影響もあって「民族衛生学会」（1930）が設立され，当時東京帝国大学医学部精神科教授であり，厚生省予防局の「民族優生協議会」（1930）の主要メンバーであった三宅鉱一が学会の幹部として連名し，その弟子である吉益脩夫は犯罪精神医学の立場から積極的に優生運動の医学面における理論的支柱として活動することが認められる[33]。まさに，国家レベルの政策に精神科医の意見が求められる状況，つまり政策面における精神医療化が顕在

126

化したといえよう。

7. 精神医療化による「不良少年」観の変容

　戦前は警視庁の技師を務め，戦後は日本精神病院協会理事長となる精神科医
金子準二は，『犯罪者の心理』(1930) のなかで，不良少年と精神医学との関係に
ついて言及しており，不良少年が社会問題化するなかで精神医学が臨床レベル
において貢献したとして次のように述べている。金子は，「呉，三宅，富士川博
士等によつて，幾多不良少年問題に關する著書が公刊されて，不良少年問題を社
會問題とするに貢献したのである」(金子 1930：567) とし，「不良少年問題は，全
く現代の社會問題であるとして，現代人にも承認を得るに到つたのであるが，先
進精神病學者の努力の程は，實際感謝に値するものである」(同書：568) と言及し
ている。つまり，これらの精神科医たちの不良少年に対する考究は，社会問題と
しての顕在化に影響を与えたことがこの言及からも窺える。

　ここで，精神医学を中心とした不良少年研究についてまとめてみたい。精神障
害を原因とする不良少年に関しては，大きく二つにわけて考察する必要がある。
その一つが「精神病」であり，もう一つが「知的障害」である。

　基本的に不良少年を対象とした精神医学の研究は，後者の知的障害を中心と
して進められてきたといえる。なぜなら，そこには精神医学における不良少年の
治療的な側面が強調されるからである。そのために，精神医学は教育病理学や教
育治療学など，治療が可能であることを前提とした学際的な活動を展開してき
たのである。したがって，厳密に精神医学の治療対象として不良少年を捉えるな
らば，そこに完治しがたい「精神病」は除外される[34]。

　確かに，呉における不良少年の原因を「脳病」とする視点を用いるならば，両
者は包括されて扱われることになる。そして，その捉え方は，諸外国の先行研究
の裏づけをもって不良少年の先天的な要因として確立されたことも事実である。
しかし，不良少年研究における原因論では，その対象となりうる「精神病」は，
臨床場面において治療対象というよりもいかに回避するかに重点が移っていく

のである。この「精神病」に対する回避の裏には，精神医療化の過程で「精神病」が過去の「憑きもの」観を否定し，新たな「忌みきもの」（危険視）観が教育水準の上昇などを含めながら浸透したことが指摘される。

　また「早発性痴呆」は，精神医学の説明において青年期に発病するものであり，かつ不良少年の先天的な原因論に依拠した遺伝を媒介とする「不良」行為の説明も，当時のアルコール問題や優生学の台頭において精神医学的解釈がうまく合致することになる。この学際的な状況も，不良少年に係る精神医療化を進める要因としてあげられる。

　しかし，その不良少年の原因を考究する精神医学は，遺伝に重点を据えることにより，新たな「不良」原因を顕現させる。それは，遺伝を介した飲酒や梅毒における後天的な「不良」要因である。後天的な「不良」要因が精神医学のなかであつかわれるとき，特に飲酒や梅毒など，当時の人びとにとって身近な現象が精神病と結びつくことで，これまで不良少年とは異なる「不良少年」観の変容を招くことになる。つまり，飲酒や梅毒はこれまでの精神病の要因よりも日常的に接触の可能性があるものであり，解釈装置としても受け入れられやすいものである。その反面，精神病に対する「忌みきもの」観が付帯している状況下においては，不良少年に対して後天的な原因が強調されると，「いつ発症し」その上「何をするかわからない」という側面が強調される。

　さらにこの状況における「不良少年」観は，不良少年に関する精神医学の学際的な展開，つまり精神医療化によって完治の難しい精神病の概念が不良少年の原因に据えられることを意味する。すなわち，これは教育可能性（可塑性）の入り込む余地はないことを示している。この「少年」観の変容については，第8章の戦時下の不良少年において改めて考察する。

　不良少年に対する社会的な反作用は，精神医療化が広範になるに従い変化していく。つまり，精神医学から放たれる不良少年の先天的な原因論においては，一方では知的障害を治療対象とすることによって不良少年の改善の道を模索した。そして，もう一方では「脳病」である「早発性痴呆症」，つまり青年期に発病する「精神病」を不良少年の原因として精神医療化のなかで危険視と排除観を社会

に向けて発信したのである。これまで，後天的な原因論と一定の均衡を保っていた先天的な原因論は，精神医療化が進められていく過程において，飲酒などの一部の後天的な原因をも含むことで，「少年」観が重視される「不良少年」観に大きな変容をもたらしたといえる。

〔注〕

1）最も古い精神医学書としては，土田献の『癲癇狂経験編』(1819) があげられ，そこには憑依現象が加持祈祷の対象ではなく疾病であることを指摘している（西丸四方 (1989)『精神医学の古典を読む』みすず書房）。このなかでは，60 例の症例があげられており，特筆される点として，多くの症例が漢方を中心とした治療により治ったと記されていることである。これは，当時の精神障害者に対して実際に治ったかの是非は別として，そこには「治る」という治療効果が前提として成立していることを意味する。つまり，精神医療化の進んだ今日の「不治の病」のような精神障害のイメージとは異なり，完治するという概念が「憑きもの」観と同様にそこにみいだすことができる。

2）小田晋の『日本の狂気誌』(1980) によると，文化史的な視点から「日本では，狂気におちいった者が，西欧の 17 世紀以後の社会のように，社会から切り離されたり隔離されたりすることなく，ひとつは民間信仰がらみで，他方には，村落や家族などの共同体のなかにとりこまれる形で，一般の生活のなかに溶けこんで存在していた」(小田 1980：320) とし，そこに一定の補完機能を有していたことを指摘している。しかし，近世の町人社会においては，すでに狂気や乱心の状況にある者の対応が難しくなり，幕藩側からその処置において一定の連帯責任が負わされることで「久離切り（勘当）」か，もしくは家族共同体の内側で抱えこんで「加持祈祷」もしくは「座敷牢」に拘禁することになっていた。

3）小俣和一郎 (2000)『精神病院の起源近代篇』太田出版, p.20。小俣は，当時の日本における精神医療の導入状況について，「明治における日本の近代医学・医療が，ヨーロッパにおける啓蒙主義期の近代化の中で誕生したのとは違って，はじめから軍陣医学によって主導されていたという事実だけを確認しておきたい。(中略) 維新以降の日本の近代医療は，新政府の富国強兵政策とも相まって，軍陣医療中心の，それゆえ精神医療はもとより一般庶民を対象とした福祉的障害者医療を置き去りにしたかたちで遂行することになる」(小俣 2000：20) と，当時の精神医療と国策の関係について明らかにしている。

4）小俣，同書, pp.21-22。小俣は，公立精神病院設立の進まない理由として，「その最大の理由は，いうまでもなく先述の軍陣医療優先・一般福祉的医療の軽視という明治期の基本的医療政策にある」(同書：22) と指摘している。

5) 岡田靖雄（2002）『日本精神科医療史』医学書院，pp.113-114。

6) 加藤久雄（1980）によれば，「精神病者監護法」(1900)の施行まで「改定律例」
(1873)，「行政警察規則」(1875)などのいくつかの「精神病」者に関する法律お
よび規則が公布されているが，「精神病者取扱規則」(1894)にある私立病院，私
宅鎖錮室や官公立の精神病院に入る際の警察医の診察による許可について，「精
神病者に対する私宅監置の固定化傾向の中で，彼らが座敷牢などおよそ治療と
はほど遠い環境劣悪の状態に放置されるのを，警察のチェックによって防止で
きるという利点があった反面，比較的病状の軽い病者に対しても警察の日常生
活干渉が行なわれるという側面をもっていた点を注意する必要がある」(加藤
1980：189)と言及している。つまり，法的な臨床場面において精神障害者の顕
在化が促されてきたともいえる。

7) 相馬事件の概要としては，「精神病」の徴候にあった相馬誠胤を私宅監置し，
さらに精神病院（東京府癲狂院）に入院させることにより，誠胤の異母弟順胤に
家督を継がせようとする相馬家の一部の動きに対して，元相馬藩士錦織剛清が
これを告発したことにはじまる。その後，相馬家には星亨，錦織には後藤新平
や大井憲太郎などの著名人を巻き込み，1895（明治28）年に錦織の誣告による
有罪が確定した。

8) 呉の業績を概観しても，「精神病者慈善救治会」(1902)を設立し，1901（明治
34）年には，巣鴨病院においてこれまで使用されていた「手革・足革・縛衣」な
どの強制具を撤去して解放治療を取り入れた。このような活動から「日本のピ
ネル」と称される。また，東京帝国大学精神病学教授内村祐之によれば，「呉教
授時代に入つて，一には社會的進展により，一には呉教授等の努力により，精
神病學の社会的聯關は更に繁くなり，司法關係，警視廳關係，保護教育關係等
の諸方面との交渉が多くなり，教室員にして之等の方面に貢獻せる人々も尠く
ない」(内村 1942：278)と評していることからも，呉による精神医学の広範囲
な活動と実績を知ることができる。さらに新聞報道でも呉のコメント等が『読売
新聞』をみると次のように掲載されている。「精神學上より観し大塔奉良に就て
－醫學博士呉秀三氏の談」(『読売新聞』1906.1.14)，「精神病者について ― 呉醫
學博士の談話」(『読売新聞』1906.1.28)，「精神病の起因 ― 醫學博士呉秀三氏講
演」(『読売新聞』1906.5.15)，「妄想者の談話」(『読売新聞』1906.5.16)，「神經の
衛生 ― 經度の神経衰弱症」(『読売新聞』1906.6.10)がある。また「女房殺しの
無罪について呉博士の話」(『読売新聞』1905.12.31)では，「呉博士は精神病學の
大家にて片山博士は法醫學の大家なり孰れも醫界の泰斗にして大學の教授たり，
梅ケ谷常陸山兩横綱の取組より面白き勝負，先ず軍配は片山博士の揚りしが今
度控訴院にて呉博士勝つか再び土俵の砂を浴るかココ見物人も片唾を呑んで力
瘤を入れる處なり」と掲載されている。

9) 小田晋は，呉の評価として，当時の「精神病疾病学」が「物を盗めば窃盗狂，

130

つけ火をすれば放火狂」というかたちの病名風潮に対して，先の「早発性痴呆症」を青春期に発病する一群の痴成の転機として定義したことについて，今日の精神分裂（統合失調）概念の重要な一歩であると評している。また，この概念が導入されることにより，これまで西洋における「精神病」者は悪魔と契約を交わした者であるという考え方とは異なる，日本や中国に通底する「病者は一個の無辜の犠牲者」であるという超自然的存在の憑依の意識が，麻痺性躁病が性病である梅毒に起因するという「自業自得」の意識へと観念の根本的変更を迫ったと指摘している（前掲書：328-329）。また，わが国で最初の西洋式精神医学書は，神部文哉によって紹介されたモーズレイ（Moseley, H.）『精神病約説』（1876）があげられるが，ここではクレペリンの理論にみられるような理論的な展開を認めることはできなかった。

10) 度会好一（2003）によると，「神経病」は，「神経病」の領域が時を経る（フロイトの活躍）につれ「内因性精神病」（統合失調症と躁うつ病）よりも軽い精神障害とされた「神経症」に限定され，今日では精神分析理論を前提とする「神経症」という用語は排除され，不安障害・身体表現障害・解離性障害の下位分類として表舞台から消えたと述べている。また若生年久は，「彼（クレペリン）の理論があまりにも強く，かつ，長期に現代の精神医学に影響を与えたことは，かえって不幸であったといわねばなるまい。内因性という概念が固定化し，あるいは強調して把握され，病気の原因はうちにある，すなわち，もって生れたもの，体質的なもの，おそらく遺伝的で宿命的なものという点が定説化した。また精神分裂病（統合失調症）は，人格崩壊への道を不可逆的にすすむ治らない病気だというイメージを強烈に与えた」（若生 1972：10）とし，クレペリンの影響による逆機能的な側面を指摘している。

11) 1902（明治35）年には，呉秀三と神経病学の三浦謹之助が中心となって「日本精神学会」が創立された。その内容は「精神病理学」と「神経病学」の両者を対象とするもので，この学会が創立されることにより臨床的に両概念が治療や研究においても類別化されていくことになる。

12) 呉秀三（1897）『精神病学要略』吐鳳堂書店，pp.1-2。

13) 八木剛平・田辺英（2002）『日本精神病治療史』金原出版，pp.114-132。

14) 三宅の「不良少年」調査（1909）によれば，当時の犯罪者を対象とする調査は，ロンブローゾの刑事人類学による身体的特徴説に関して，「現今学者間ノ多数ノ意見トシテハ犯罪者ノ身体的徴候ノ価値ハ大ナラズト云ウアリ」（三宅 1909：315）とあることからも，日本における犯罪人類学は展開期に入っていたことがわかる。また，三宅は精神状態の観察では，ロンブローゾにおける当時の調査評価を「主トシテ個人性ナラザル犯罪者全部ニ通有ノ精神状態ノ調査ニ止レリ」（同書：316）として，今回の調査は「犯罪者個人性精神状態ノ調査」であることを強調したうえで，その結果「在監者ノ多数ハ病者又ハ病的ニ近キモノナルコ

ト見出サレ而カモ其種類ノ同一ナラザルコト明カトナルニ至レリ，而シテ殊ニ少
年犯罪者ノ精神状態ニ關シテ其智力一般ニ足ラザルコトハ古キ年代ヨリ注意セ
ラレ居レリ」(同書：316) と結論づけている。

15) 大阪帝国大学精神病学教室の教授であった和田豊種 (1915) は，知的障害のみ
の「不良」原因論を展開するのではなく，「徳義心の欠損所謂る悖徳狂」，「神経
質」，「ヒステリー性」，「癲癇」，「病的虚言者所謂妄想狂」，「色情の異常」，「意
志薄弱」をあげ，精神障害に起因する「不良少年」原因の類別を図っている。

16) 当時の放火に関する新聞記事の見出しは以下の通りである。「湯島の放火犯人」
(『読売新聞』1913.3.15)，「千住の犯人も」(『読売新聞』1913.3.15)，「本郷大火
犯人は少年 ― 尚も放火を企てんとす」(『朝日新聞』1913.3.15)，「千住の放火犯
人 ― 逮捕の際巡査を傷く」(『読売新聞』1913.3.24)，「放火の面白味は別 ― 悪
少年の自白」(『読売新聞』1913.3.24)，「十一人組放火少年捕はる ― 出火は悉く
彼等の業」(『読売新聞』1913.4.2)。

17) 当時の神社仏閣における加持祈祷について，どのような状況にあったのかを
確認しておきたい。小田晋が，当時の狂気に対する加持祈祷に関して，霊験あ
らたかな寺社における禁呪や誦経や水治療法などが中心であり，これらの加持
祈祷は呪術をもたない浄土真宗の寺院にはみられないとの指摘をしている (前掲
書：322)。これが事実であれば，当時の人びとにとって「呪術」に含意される
ものとは，特殊な宗教職業集団にのみ理解され行使できるものを重視する，裏
返してみるならば一般の人びとが理解しがたい「呪術」というものに対して何ら
かの期待と信頼をもって，「祓える」ことを前提に受け入れていたことがわかる。

18) 佐藤雅治は，「大津事件」(1891) における新聞報道に着目して，この事件が精
神疾患に関する報道内容の転換として「① 個別事件の解説ではなく，一般化さ
れた精神疾患に関する知識を提供する記事の登場，② 当該知識の担い手として
の専門家の登場，③ 遺伝や厭世主義といった新しい病因論の登場」(佐藤 2013：
138-139) をあげている。

19) 加藤久雄は，「精神病者監護法」の提出理由に関する松本正直政府委員の答
弁に注目し，「民法に規定する所は重に財産上の保護でございまして此精神病者
と云ふものに付いて社会に障害を及す如きに附いての規定がございませぬ依て
この法律を規定して右等の者を能く保護して遂に社会流す患害なきように致し
たいと云ふ目的である」との内容から社会保安を重視したものであると指摘し
ている (前掲書：189-190)。また，当時の新聞をみると精神病者に対する法制度
と事件について次のように報道されている。「精神病者監護法の厲行」(『読売新
聞』1900.11.12) には，「近來精神病者の各地方より東京に入込み來る者益々多く
去る八日の如き一日に四名の狂人を警察廳に於て處分せし如き実況なる」や「各
私立病院の取締厲行」(『読売新聞』1901.11.6) では，「警視廳にていま各私立病
院の取締を嚴重にする筈にて先般來山根警察醫長は先づ私立精神病院の巡視を

始め一昨日を以て終はれり然るに各院共其設備及取扱方法に缺くる處尠からざれば近々各院主を警視廳に召喚し嚴談する筈」と報道されている。また「精神病院取締規則」(『読売新聞』1902.4.23) では，「京都船岡病院の大惨事に關し同所管轄警察部にては調査の結果病院設備殊に火防上の設備不行届の点ありし (中略) 新に精神病院取締規則を制定し病院其他看護人の心得等を規定し已に脱稿したれば不日公布すべしと云ふ」と伝えている。

20) 呉門下の精神科医栗原清一は，『古文献に拠る日本に於ける精神病の特質及標型の樹立』(1933) において，天狗の憑依に注目し，これらの症例をあげてこれを「天狗被瞞症」と命名した。そのほか，「動物憑依」に対しても「動物憑依の最大なる感覚は，經驗にありて存す。未だ曾て知識せざる動物の侵犯なきを以ても立證するに足るべし」(栗原 1933：12) と，憑依に対する矛盾を指摘し，「憑きもの」に対する精神医学的な解釈の展開を図っている。

21) 「富士川游先生」編纂委員編 (1954)『富士川游先生』「富士川先生」刊行会。

22) この『教育病理学』(1910) では，「教育病理学」は精神医学と心理学の二つの側面から教育学が扱ってこなかった「精神の状態の尋常ではない」児童を考究することが主であったが，「治療教育学」に至っては「治療」的側面を強調することで，結果的に教育学における精神医療の位置づけを図るかたちとなったことがわかる。

23) 富士川游 (1920)「不良少年の教育病理学的研究」『中央公論』第 399 号，中央公論社。また，富士川の教育病理学における治療と教育の詳細については，前田晶子の「富士川游と治療教育学 ― 教育病理学における"治療"と"教育"の架橋」(2013) を参照のこと。さらに教育病理学と治療教育学の系譜については，山崎由可里の「戦前期日本の精神病学領域における教育病理学・治療教育学の形成に関する研究」(2004) を参照のこと。

24) 藤原暁三の『日本禁酒史』(1940) には，江戸期の学塾において酒を塾内に入れさせないための諸規則が紹介されている。上杉鷹山の藩学である米沢の「興譲館」においては，鷹山の精神を反映して興譲館戒令として「塾中にて酒相用候儀之れ禁」(1777) とあり，豊後日田において広瀬淡窓により設立された私塾「咸宜園」(1817) では，「醑日は毎月二十七日に定め，其外は五節句並に休日之分に致事可」として「醑日 (酒を楽しむ日)」以外の飲酒や塾への持ち込みを禁じている。ここであげられる塾内における禁酒に關しては，絶対的な禁酒戒令ではなく，行事などによる飲酒や塾外での飲酒は認めており，その禁酒の根拠についても一過性の酩酊における粗暴行為に対する注意にとどまるものである。また当時の若者組の条目をみても，若者の飲酒自体を禁止するのではなく飲酒を起因とする喧嘩に対する注意であり，「酒と餅は若い衆の附き物」(山形県最上郡稲舟村) として若者の飲酒に一般的に寛容であったことが知られる。日本における飲酒文化は，諸外国に比べ今日に至るまで一定の寛容性をもっているように思

われる（大日本連合青年団編（1936）『若者制度の研究 — 若者條目を通じて見た
る若者制度』大日本連合青年団，pp.301-304）。さらに，清水新二の指摘する日
本の「超許容的文化」は，「精神病学」やアメリカの影響を受けた禁酒運動が歴
史的展開されるものの，諸外国のような飲酒に対する絶対的な否定観は一般的
にみられない（清水新二（2003）『アルコール関連問題の社会病理学的研究』ミ
ネルヴァ書房，pp.33-60）。だが，明治期には入り日本の禁酒運動が顕在化する
ことも事実である。

25）1933（大正8）年に創立した国民禁酒同盟の設立理由のなかには，「国民禁酒
同盟会は日本禁酒同盟会が基督教徒に依つて組織せられ，且つその運動が常に
宗教的関係を有し，従って世人が禁酒運動を以て基督教伝導の一端であるやの
誤解を避けんがため」と記されている。つまり，日本における禁酒運動は，キリ
スト教に端を発し，その後欧米の禁酒運動の後押しを受けることによって，宗
教を超えた運動にまで展開していったのである。また，キリスト教徒であった
卜部幾太郎の『人と酒』(1922)には，「片山醫學博士は老後に於いて全國を巡回
し，少年禁酒のために努力されるやうに語られたが，將來の日本を健全なる禁
酒國とするには，如何しても斯ういふ根本的な方針を取らねばなるまい」（卜部
1922：126）と著されていることからも，精神医学とキリスト教，禁酒運動の関
係を知ることができる。

26）この榊の略歴として，榊は1870（明治3）年に東京に生まれ，実兄は先述し
た東京帝大精神病学講座初代教授榊俶である。1898（明治31）年に東京帝国大
学医学部を卒業し，1902（明治35）年に同講座助教授に就任している。その後，
精神病学研究のために3年間のドイツ留学を経て，1911（明治44）年に九州帝
国大学医学部精神科初代教授として約20年間活躍した。特にその活動は，「精
神薄弱児」研究に注がれ，『教育病理及治療學 — 小学校異常児童の病理及教育
法』(1909)を著すなど，特に知的障害に対する治療教育的な研究に大きく貢献
し，早期における知的障害児教育の基礎を確立するなど先駆的な業績を残した
人物でもある。

27）榊は，著書『変り者』(1912)において，「精神病」の原因論として「遺伝論」，
「妊娠中に生ずる精神病原因」，「生後の原因」の三つに類別している。さらに「精
神病」者と健康者の中間にある精神病的性格の類別や，「遺伝変質的性格」から
「中毒性性格（例へば飲酒其他慢性中毒）」や「痴愚」などの大別や，凡例におけ
る「凡て近代の學問即ち實驗心理學，生物學，醫學などの一大原則である處の
『精神は一物質たる處の大脳皮質の機能である』と云ふ事が本書の骨子であつて
精神の病は即ち脳の病であるといふ立脚地から本論は述べられて居る」（同書：3）
からも，当時の日本におけるドイツ精神病学に大きく依拠した傾向はここからも
窺い知れる。

28）卜部幾太郎（1922）は「只だ見逃すことの出来きないのは，不良少年と酒と

の關係である。(中略) 或る中學校の生徒が水戸に修學旅行をした。上級生の一人は，下級生の某を伴ふて，小さな飲食店に往つて酒を飲んだ。下級生は品行方正なる幼年であつたが，此時全く誘惑された。彼は修學旅行に於いて，始めて飲食店の酒の味ひを知つた。夫より此の幼年は堕落の途に進むやうになつた。彼は娛樂と飲食に耽りて學校を怠り竟には金錢に窮して盗みをなし，果ては強盗殺人を行ふに至つた。之が有名なる『江戸川殺人事件』である。私は此子供の名を明記しない。が，此の重大事件は何時かの日刊新聞の社會記事に現はれた筈である」(卜部 1922：127-128) と述べている。この言及から，社会的に注目された少年事件と飲酒を結びつけることで飲酒の害悪を社会に訴えていることがわかる。また，大阪少年審判所の『事業報告第3回 (自大正12年至昭和4年)』(1930) にも結論において，「家庭の改善と相俟つて禁酒斷行を提唱し度い，子供の素質を不良ならしむるものは梅毒と酒であると云はれて居る。現に保護少年中の大部分は飲酒系の子弟である。そして精神薄弱者及び精神低格者の殆ど全部は飲酒系の子弟であることを思へば禁酒斷行こそ少年問題解決の重大なる鍵であると同時に優良なる國民を得るの唯一の方法であり國家を繁榮に導く最大のものと信ずる」(大阪少年鑑別所編 1930：112) とあることから，実際の不良少年の審判を行う現場においても不良少年と飲酒の関係は自明視されていることがわかる。

29) 小島弥三 (1926)「児童と飲酒」『禁酒の日本』日本国民禁酒同盟，pp.19-20。

30) 谷貞信 (1928)「不良少年と遺伝」『禁酒の日本』日本国民禁酒同盟，pp.14-15。

31) 杉田直樹は，東京帝国大学医学部助教授や名古屋医科大学教授を歴任した。また吉益脩夫は，東京帝国大学医学部を卒業後，呉の門下として精神病学教室の助手となり，戦後は東京大学医学部脳研究所教授となる。

32) ゴルトンは，著書『天才と遺伝』(Hereditary Genius) において，天才的な科学者を対象にその血縁関係を統計的に調査し能力が遺伝することを結論づけた。また，家系調査ばかりでなく双生児法を用いることにより，遺伝と環境のかかわりにも言及している。その後，ゴルトンはユーゼニックス (人種や民族の優化策，劣化防止策の科学的研究，つまり優生学) の必要性を説くことになる。また，従兄のダーウィンと書簡のやり取りをするなかで，ゴルトン自身は自然なかたちでダーウィニズムと結びつくことになる。

33) 岡田靖雄 (2002) によれば，断種に関する外国文献の紹介が1920年頃からみられ，この1925年においては去勢を含む論説が認められることを指摘している。その論説では，重度の精神疾患をもった者の子孫を残さないための処置としての断種に多くの精神科医が漠然と賛成していたとする (前掲書：191)。

34)「精神病」と「不良」観については，精神科医菊池甚一の「精神病院に収容したる一少女」(1916) によくあらわれている。このケースは，酒屋からビールを摂

取した少女（14）が検診結果「痴愚」ではないと判断されるのだが，「この能力不平等なことは，或は痴愚と考ふる一理由」として精神病院に入院させられるのである。この経過として菊池は，「此閲歴と此傾向とを有する少女を，精神病院へ収容するに就いては，何等積極的の理由はない。併し此儘放任して置くと，年齢の進むにつれ，其悪癖を擴大し，又深刻となるは火を見るより明らかなので，さりとて今日の處適當な女兒感化院の設備もなき場合，警察でも處分に苦しんでゐたので，遂に病院に収容したのである」（菊池 1916：10-11）と述べている。ここで注目すべきは，不良少年をめぐる制度的な不備や「不良」傾向を放置し「不良」を進行させるという精神医学的ではない理由が，本来「精神病」ではない「不良少女」を「精神病」として病院へ収容することに至る点である。つまり，「不良」原因から治療対象としての「病人」へと「不良少女」は移行させられてしまったといえよう。

第4章

不良少年に対する教育学
および心理学的アプローチと学際的交流

　これまで精神障害という医療上のカテゴリーが，不良少年に対する精神医療化のなかで浸透し，「治療」および「危険視」が含意される「不良少年」観の変容過程を明らかにしてきた。ここではさらに教育学や心理学など，精神医学以外の動向に注目しながら不良少年研究の動向を明らかにする。

　特に前章の精神医学の学際的な動向にも認められたのだが，不良少年研究は精神医学以外の学問分野においても，「教育可能性」がみいだされた知的障害児に対する研究や臨床が中心におこなわれていった。したがって，ここでは教育学と心理学の二つの学問を中心に，このなかで展開される不良少年研究とその対応に関して考察することにしたい。

1．知的障害児に対する教育の端緒とその活動

　明治期以降の日本における知的障害児に対する教育は，義務教育の成立に端を発することになる。義務教育に関しては，1872（明治5）年の「学制」発布に遡るが，実際にその内容が本格的に展開されるのは明治20年代に入ってからである。特に知的障害児に対する教育は，明治20年代に学業不振や『劣等児』が問題として顕在化し，それを受けるかたちで明治30年代には公教育にも「補助学校」などの特別な学級や学校の必要性が問われることになる。この知的障害児に対する組織的な対策については，大きく公教育の学校教育のなかでおこなわれるものと福祉的な立場からおこなわれるものとにわけてすすめられていくこと

になる（杉田・飯森　1962）。

　1900（明治33）年の「第三次小学校令」第33条には，「学齢児童瘋癲白痴又ハ不具廃疾ノ爲就學スルコト能ハスト認メラレタルトキ」は，市町村長が府県知事の許可を受け就学免除され，「学齢児童病弱又ハ發育不完全ノ爲就學セシムヘキ時期ニ於テ就學スルコト能ハスト認メタルトキ」は就学猶予と記されている。つまり，義務教育の制度が浸透することにより，「瘋癲白痴又ハ不具廃疾」や「病弱又ハ発育不完全」の状態にある子どもたちは，学校制度の枠外におかれることになったのである[1]。

　学校教育をみると，初めて知的障害児を対象とする特殊学級が1890（明治23）年に長野県松本尋常小学校（明治27年に廃止）に認められる[2]。その後，1896（明治29）年には，知的障害児教育の嚆矢といわれる「晩塾生学級」が長野県長野尋常小学校に開講され，1901（明治34）年には群馬県館林尋常小学校に「劣等児教育」が登場する。しかし，当時の知的障害児を対象とした学級は，成績不良に関する問題に集中しており，知的障害に対する本格的な教育はみられなかった。また，財政的な支えも乏しかったために大正期の半ばには，ほとんどの特別学級が消滅することになる[3]。

　これに対して，宗教的な精神を背景とした民間の実践家たちによる知的障害児の施設が続々と設立されるようになる。知的障害児に対する施設の嚆矢として，後年日本精神薄弱愛護協会（現日本知的障害者福祉協会）を設立する石井亮一の滝乃川学園（明治24年設立）があげられる。石井は，当時の「白痴」問題がまだ未分化であった時代に，キリスト教の信仰的動機づけのもとで積極的な研究資料と知識の収集のために渡米した。その成果は日本に導入され，「白痴」教育の専門書として『白痴児，其研究及教育』（1904）を残している[4]。その後，1909（明治42）年には小学校訓導脇田良吉の白川学園，1919（大正8）年には，川田貞治郎の藤倉学園などの民間施設が各地に設立される。また，1907（明治40）年に発せられた「文部省訓令第六号（改正師範学校規程）」においても，「成ルベク盲人，啞人，又ハ心身ノ發育不完全ナル兒童ヲ教育センガ爲」の特別学校を設け研究することを求めている。これは訓令であり直接の法的規制はないものの，全国

の特殊学級開設に影響を与えることになる。

このような特殊学級の設立は，同時に新たな教育法の導入が図られることを意味する。その教育法をみてみると，そこには教育学的アプローチとして知的障害児にみいだされる「不良」観が注目される。この「不良」観を考察するために，次に教育学的な視角からみた不良少年研究について分析してみたい。

2．不良少年に対する教育学的アプローチ

明治20年代には，先述した知的障害児に対する教育施設が設立されはじめ，それにともなって一般の児童とは異なる教育法が，諸外国の学問的な智恵を借りながら模索されることになる。不良少年研究に関しては，教育学や心理学においても学問的輸入を図っていく過程から進められていく。特にこの過程には，当時の精神医学における知的障害を「不良」要因として捉える原因論が教育学や心理学においても影響をおよぼすことになる。[5]

教育学における不良少年研究を辿っていくと，はじめに大村仁太郎の『児童矯弊論』（1900）をあげることができる。[6]同書の総論において大村は，「十九世紀の教育學者にして兒童矯弊の道を講せるもの少なからず（中略）兒童の性行の如きも或は先天的不良の分子に因り或は生後不良なる外圍の影響に因り或は教育の錯誤に因り妨害を受くること少なからす，之か矯正の法を攻究すること必要ならすとせんや」（大村 1900：1）と述べている。

ここで大村は，「不良」原因を先天的なものと後天的なもの，さらにもう一つ「教育の錯誤」を加えている。つまり，大村は二つの要因と同列に「教育の錯誤」が記されていることからもわかるように，教育が子どもにおよぼす影響を重視している。また，序論では不良少年に関して「兒童性格の故障を研究し，之を矯正するは，教育學中優に獨立の一分科となすに足るなり」（同書：4）」と述べていることから，子どもの性格上の問題に対する教育学の強い独自性を主張していることがわかる。さらに，この大村の教育論をみていくと，そこには教育病理学に大きく影響を受けていることがみてとれる。同書の凡例には「教育病理學の開祖

第4章 不良少年に対する教育学および心理学的アプローチと学際的交流 139

とも云ふべきストリュンペル博士の児童矯弊論の如きキョツレー氏の教育病理學の如き，又博士エミングハウス氏ガ児童の心的障碍に關して論述したる著書の如きは，児童矯弊に關し一讀の價値あるものとす」(同書：2) とし，「而して醫師の病者に臨むや能く疾病の原因を究はめ其の經過を察し以て適當なる對症法を施すか如く，教育者も亦能く児童の缺點を精査し之に適する矯弊の法を講して以て健全なる人間を作らさるへからす」(同書：2) と述べており，ここに精神医学が牽引する教育病理学との強い結びつきを知ることができる[7]。

ここで，戦前の教育学（教育史）をけん引した乙竹岩造の教育論を取りあげてみたい[8]。乙竹の教育論の内容をみると，「特種（特殊）教育」として大きく二つに大別して考察をおこなっている。その二つとは，『低能児教育法』(1908) と『不良児教育法』(1910) である。これらはそれぞれ単著として公刊されており，『低能児教育法』では，「低能児」の教育について「教育政策上の問題であるのみならず，實に社會政策上の問題であらうと考へます」(乙竹 1908：3) と指摘している。そして，この「低能児教育」を「社會の頸架であり世の中の屑物となるのでございますから今この低能児教育は其れ等の世の中の屑物を救濟する仕事であると致しますするならば，其の事の社会政策上重要なる問題である」(同書：4) と位置づけている。さらに乙竹は，「一歩を進めて考へて見ますると此の問題は更らに又刑事政策上の問題であらうと存じます。世には所謂不良少年といふ者が澤山ありましてそれが高じますと遂に未成年犯罪者となるのでありますが，此の未成年犯罪者の多くは低能者の仲間から出るのでございます」(同書：4) として，「低能児教育」の必要性を説くのである。

乙竹は，「即ち低能児といふ者は未成年犯罪者の弟分でありまして，低能児教育論といふのもは保護教育論と隣して居るのでございます」(同書：4) として，「低能児教育」と「保護教育」が密接にかかわっていると言及する。しかし，両教育論に密接なかかわりはあるが，教育学的には「低能児」を「病人として病院へ送ることは出来ない，白痴として白痴院へ入れる程でも無いけれ共通常の児童として認むることの出来ないやうな者，之を稱して茲に低能児と申すのでございます」(同書：6) として，不良少年とは異なる位置づけをしている。また，後年

140

（1930）の論文「不良児教育と低能児教育」では，「殊に寒心すべきは，低能児をば低能児と認めずしてこれに無理な學習を強い，その結果更に不良児たるに至らしめることである。我も人も最も心すべきことではあるまいか」（乙竹 1930：11）と述べていることからも，不良少年の前段階に「低能児」が位置づけられていることがわかる。

ここで『不良児教育法』（1910）を取りあげ，不良少年の原因とその対応についてみることにしたい。同書のなかで，「不良児の教育」とは「一言以て之を蔽へば家庭，學校，社會と洽ねく三方面に重大なる關係を有って居る所の緊急適切の問題でありまして，實際教育家の特に考慮を用ひんければならん所のものと考へます」（乙竹 1910：2）と主張しているように，家庭，学校，社会の関係を重視して「不良児」をみていく必要性が説かれている。この三つの関係を通して，乙竹は「元來不良児の取締り並に之が教育と云ふことは，両親即ち父母たる者が當然爲すべき仕事に屬するのであります。然るに兩親が己が爲すべきの義務を爲さず，己が盡すべきの仕事を盡さないことがある所から致して，已むを得ず國家の手を借り社會の助けを要するに至った譯のものでございまして」（同書：6）と述べている。つまり，三つのなかでも，はじめに本来であれば家庭における教育が重要であり，家庭の子どもに対する教育は，「自立自營の出來る所までその教育を進めなければ，父母たる者がその子を生んだときに生じた義務を全うしたものとは謂へない」（同書：9）ことになる。この「自立自營」とは，読み書きまでの教育ではなく，「今日の世の中に立って獨立の人間となり，一人前の仕事を爲して社會の爲め相當の働きを致たし，他人に對して決して迷惑を掛けない」（同書：9）ことまでが，「自立自営」であり家庭における教育の範囲であると言及している。

しかし，この教育が「不良児」問題にまで至ると，それは「普ねく教育政策上社會政策上及び刑事政策上の三方面に亘って居る所の極めて廣汎にして且つ緊急なる重要問題であると申さなければなりません」（同書：11）という。ここにあげられる教育政策においては，「不良児」に対して「普通の方面より考察（社会教育，個人教育）」と「特殊の方面より考察（少年保護事業）」の両方が文明社会の特色であり，かつこの両方面をもって「教化」が完璧になされるとする。次に「社

会政策」上の問題としては，将来の国家を担う少年の「不良」化を諸外国の事例を紹介しながら，刑事政策上「刑罰主義」よりは「教育主義」によることが「不良児」問題の対応としてはよいのではないかと提唱している。つまり，不良少年問題に対する教育可能性を含意する教育主義の主張をここに認めることができる。

　乙竹は，不良少年問題に関して「今日の少年は果して昔時の少年に比らべて堕落致したであらうか，どうであらうかとの事實問題を論じ，自分は今日の兒童少年が昔しの兒童少年に比して果たして堕落したとまでは斷言することが出來無いが，若し今日の少年子弟が悪く成ったとするならば，それは確かに世の中の罪であって物質的文明の偏頗なる進歩，工藝的生活の劇甚なる發達，及至は都會生活の急速なる膨張等に由って世の中の悪風が強く成った爲めによるものであらうと思ふのである」（同書：303）と説明している。ここから知ることのできる乙竹の不良化の原因の一つは，特に社会（世の中の悪風）と不良少年との関係を重視している点である。そして，乙竹はこのような社会の影響が顕著に反映される不良少年に対して，「強制教育」（「父兄も悪しく小供も良く無いといふ種類の者」に対しての強制的な「特別教育」）と「予防教育」（「家庭父兄の方が余程悪い」ために少年がさらに「悪く成らない様に予防し保護する」教育），そして「療治教育」（「随分深く不良の淵に沈んで居る者を救い上げてこれを療治する」教育）の三つをあげ，これらを考究することが「教育上緊急の問題」であると指摘する。つまり，乙竹の不良少年に対する教育学的アプローチとしては，感化教育に近い「強制教育」とともに「不良」化を事前に予防する「予防教育」，そして治療をあらわす「療治教育」である。この「療治」という言葉からもわかるように，実践的な教育学のなかで不良少年問題に対する教育観には治療観が取り込まれやすかった状況も読み取れ，かつ教育病理学の影響を窺い知ることができる。

　一方では，当時の不良少年に対峙する教師に対して，「今日不良児の段々殖えて來るといふことの如きは，これは實に憂ふべき現象でございまして，他の方面に於いても段々と考察せられ研究せられ且つ着手せられつゝあるのでございます。然るに教育の實際家がいつまでも惟だ之を傍觀して雲煙過眼し去って良い

142

ものでありませうか。實際教育家の奮勵を切に望んで已ま無い次第であります」
(同書：571-572) と檄を飛ばすのである。この内容をみても，当時の教師をはじめ
とした「教育の実際家」が，不良少年問題に対して消極的な傾向にあったことが
知られる[9]。

　ここで，白川学園の創始者である脇田良吉の「低能児」観を取りあげる[10]。そし
て，『人道』に連載された脇田の「低能児」に関する論文から，当時の不良少年
と「低能児」の関係について考究することにしたい。『人道』第35号 (1908) にお
いて，脇田は，当時の精神科医が「精神病」者と「普通の健全なる精神を備へて
をおる者」の中間の者を「低能児」と定義しているのに対して，教育学上の「低
能児」を想定している。それは，「只小學校の兒童にして，普通の兒童と共に教
育する事が困難であるか，又不可能であるかの兒童を低能兒といふのである。故
に余の所謂低能兒は，教育上より見たる低能兒といふのが適當であると思ふ」
(脇田 1908：10) と言及からもわかるように，精神医学の精神を基準とした類別で
はなく，普通教育の可否を基準とした教育学的な「低能児」の類別を示している
のである。図4-1は脇田の児童の類別である。

　しかし，こうした脇田の「低能児」観は，全く精神医学的な見解を否定してい
るわけではない。脇田は，「夫れで此低能兒といふ事を他の言葉でいへば，落第
生といふことにもなるのである。さうして此落第生と云のは，兒童の心身の何れ
かに缺點があるが爲に心的活動に異常を來して，普通兒と同様に教育する丈の
資格を持つて居ぬのである」(同書：10) と述べているように，脇田は普通教育の
基準として「落第生」となった者が，結局心身に欠陥があり「心的活動に異常」
を来している状態であることを指摘しているのである。

　次に，「低能児」の種類についてみてみると，『人道』第36号 (1908) の「低能
児の教育 (二)」には，「低能児」を「能力遅鈍性」，「精神異状性」，「身体虚弱性」，
「機関障害性」，「心性不良性」の5種類にわけてそれぞれの教育法について語っ
ている。これは，図4-1の「中間児」にあたるものであり，そのなかでも不良少
年と関連するものとして「心性不良性」を取りあげてみることにしたい。

　この「心性不良性」の「低能児」とは，「此の種の兒童は身體は比較的健全で

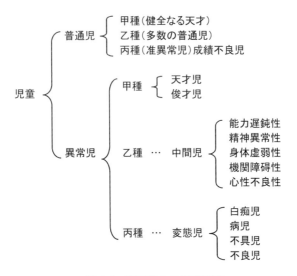

図 4-1 脇田良吉の児童類別
出典）脇田良吉「異常児教育の実際」および「低能児の教育（二）」より作成

あつて、心意の活動も普通以上に働くものがある。然るに只遺憾な事には、道徳的の意志が甚だ薄弱なのである。それで是等の児童は、盗癖、亂暴、虚言、動物虐待等の行爲によつて外面に表はれて來るのである」(脇田 1908：16) と定義している。一方、1915（大正4）年に著された『異常児教育乃実際』のなかで、脇田は不良少年について、「不良少年とは悪人の型ある小児をいふので、例へばまだ學齢に滿たざるに不良少年の如き行爲のあるもので感化院にゐる或る種類のものである」(脇田 1915：102) と定義している。つまり、脇田の「不良少年」観には、感化院という施設に収容されていることが強調されており、実際の「不良」行為に関して厳密に触れられていない。このような視点に立って脇田は、感化教育に依拠する感化院を不良少年の類別基準に用いることで感化院の枠に入らない「不良」行為をなす少年を「心性不良性」として抽出し、教育学上の「低能児教育」の対象とした。

　ここで注目すべき点として、感化院の対象とならない「心性不良性」の少年を

どのように類別するかという問題が出てくる。この点に関して、脇田は『人道』第39号 (1908) の「低能児の教育 (四)」において「低能児鑑別法」をあげている。このなかで「低能児即ち中間児」を問題として、「赤心不幸なる兒童の將來を思つたならば、中間兒は中間兒、變態兒は變態兒としての方法を講じて大患を未發に防がねばならぬ。そこで其禍根を未發に防ぐに第一の必要條件は、其中間兒であるや否やを鑑別する事が最も必要である」(脇田 1908：7) として、「変態児」と識別のために「低能児鑑別法」の必要性を提唱している。

　脇田は、「中間兒たる事は學齡以前から其萌芽があるのである、否其以前に源因を求める事が出來るので、多の教育家醫學者等の調査によると、兩親の血族結婚や、大酒家や、精神病者や、梅毒や其の他の不攝生、家庭の不和等は白痴や盲唖の源因であるという事であつて、中間兒の源因も同一であるという事である」(同書：7) と述べ、学校長と校医が「学齢になつて入学する前」の児童に対して検査をおこなうことを提言している。この検査とは、主に学校長は「心理的鑑別」をおこない、校医は「医的試験」をおこなうことを指している。したがって、この鑑別により「中間児」未満の者が判別され「入学させる必要がない」という結果となる。そして、脇田は、「中間児は普通小学校では特別な取扱をせねばならぬ」として、「一ヵ年間教育を受けたる時」に特例として「教育的な鑑別法」がおこなわれ、「老錬なる教師」が担任して観察をおこない5段階にわけて「中間児」を区別する事を付言している[11]。

　この脇田の見解から、「普通児」と「変態児」の中間に「低能児」を想定し、従来の「変態児」と混在する「低能児」の抽出とその類別を図っていることがわかる。そして、「普通児」と「低能児」および「変態児」をわける手法として心身の鑑別をおこなうことを求めている。しかし、そこで用いられる「低能児鑑別法」のすべてが精神医学的な精神を基準とするものではなく、「中間児」と「変態児」に見極める最終的な判断を、多くの経験を積んだであろう「老錬なる教師」の「教育的な鑑別法」を用いることを提唱している。ここに、脇田の低能児教育という教育学の学問的な存在意義と実践家である教師の重要性を主張していることが認められるのである。しかし、実際の学校教育現場では、学校医など

の医学的専門家の存在が校長と同等に重視されていることからみても，教育学のなかで医学的な見解が無視できない状況にあったことがわかる。

次に現場の見解として，東京高等学校附属小学校特殊学級訓導田島眞治の『劣等児と低能児の教育』(1918) を取りあげることにより，「低能児」の類別と精神医学との関係についてみることにしたい。そのなかで田島は，「凡そ教育を，最もよく徹底する様に施さんとするには，兒童の種類を明瞭に知悉せねばならぬ」(田島 1918：8) として，「劣等児」および「低能児」に対する教育学からの類別と実践的な教育の必要性を説いている。ここであげられている「劣等児」の説明として，田島は，「即ち低能兒は，従來の所謂，叡知即ち能力，今余の用ひんとする知能に障碍を有してゐるが，劣等児は，著しく知能に障碍を有してゐる譯ではないけれども，普通兒の中では，概して成績不良の結果を表はしてゐるものである」(同書：4) と述べている。

図4-2は田島の児童類別である。図4-2をみてもわかるように，田島の「劣等児」とは，先の脇田の「成績不良」に当たるものである。この図をみると，先述した脇田の児童類別 (図4-1) にくらべて「異常児」を精神と体質に大別している。つまり，田島の類別では，脇田のような「心性不良性」と不良少年の差異化は不要であり，「知の異常」として「低能児」が，そして「情意の異常」として

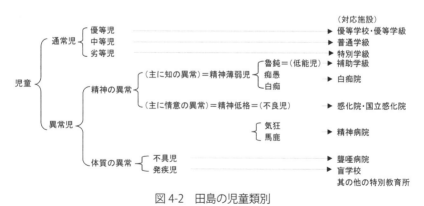

図4-2　田島の児童類別

出典) 田島真治『劣等児と低能児の教育』より作成

「不良少年」(不良児) が類別されていることがわかる。また，教育学の基準である成績を指標として「劣等児」を類別し，その対応を特別学級による教育を示唆し，「低能児」を補助学級において教育することを明らかにしている。この田島の類別は，類別された児童に対してそれに対応する施設が列挙されていることから実践的な類別であるといえる。しかし，実際に類別する段階になるといくつかの問題が生じることになる。

　「劣等児」および「低能児」に対する類別に関して，田島は「然るに此の分類を行ふには，従來主として，醫學者が，自己の專門とする醫學的見地より，兒童を分類して居るものに依つて居た。そして其の分類には，數多の種類があつて，其の何れを採ればよいのかは，容易に決し難い事柄である」(同書：8) と言及している。つまり，大正期に入って「低能児」などに対する教育学上の類別が展開していくなかで，同様に「医学者」の「医学的見地」による類別も進んでいたことがこの田島の言及からもわかる。しかし，類別における医学上の専門性が強調され，その内容自体も多様化することで教育現場における「低能児」の類別は「容易に決し難い事柄」となってしまった。

　さらに田島は「児童鑑定の必要」として，「醫師が患者を診察して，其の病症の如何，其の體質の如何，既往症の如何等を知りて後，初めて治療の方針，方法を定める如く，教師が兒童を教育するに當りても，恰も是と同一の消息を践んで行くべきである」(同書：16) と述べている。この言及から「児童鑑定」が重視されるということは，治療を前提とする医療的アプローチの手順がモデルとなっており，そのような傾向が当時の低能児教育において密接なかかわりを有していたといえよう。しかし，この時期の「低能児」に対する教育学は，田島が医学的鑑定法を「心身の障碍，缺損を治療し，以て教育の作用を十分に行はんがために，其の障碍缺損を見出さんとする所に其の必要が存する」(同書：19-20) と述べていることから，教育をおこなう前段階に医療を位置づけている。つまり，教育現場では，これまで精神医学により蓄積されてきた知的障害への研究を借用しながら，教育学における「低能児」や「劣等児」の教育学的アプローチの確立を図っていたと推察される。

当時は前章でもみてきたように，多くの精神科医が「異常児」の精神面における「異常」な状態を「精神低格」と「精神薄弱」に類別しており，田島と同僚であり「自学中心学級経営」の学級経営論で大正新教育運動期に著名な小林佐源治の『劣等児教育の実際的研究』(1914) をみても同様に類別されている (小林 1914：16-17)。しかし，教育学にあっては，「低能児」や「劣等児」に対して精神医学の治療観を受け入れつつも，そこに教育の効用を主張していかなければならない状況にあった。つまり，普通教育の他領域にある子どもに対して，教育可能性をみいだしていくことで教育学の重要性と実用性を主張する必要があったともいえる。そして，このような試みは不良少年に対する感化院の感化教育が教育学において自明視され，他方では「補助学校」や「白痴院」が教育施設として分化していく過程にあって，「不良」と「精神薄弱」とは明確に区別されることになる。これは同時に，不良少年における知的障害への教育学的考究が，蚊帳の外におかれることを意味するのである。なぜなら，低能児教育を施されない結果が不良少年であり，その段階における教育は感化教育によってなされることが制度的にも学問的にも明確になってきたからである。

　その後，「低能児」に対する教育界の大きな変化は，やはりビネー－シモン法による知能検査の導入であろう。関寛之の『学校児童心理学』(1925) によれば，ビネー－シモン法の使用について「この方法は，児童の智能の階級を心理的に診断するために用ひられる。これが企ては，出来るだけ教養の差異による影響のない生得性能力を検査しようとする」(関 1925：393) ことを目的する。その内容を関は，「ビネー・シモン氏は，検査に就いて次の如き二つの規則を與へる。(一) 児童は検査法の相當年齢の問題に全部合格するだけの智能を有する。(二) 児童が相當年齢の問題に全部合格した上に更に上階級の問題にも合格するときは，五題に合格する毎に精神年齢一歳を加へる。十題に合格するときは同じく二歳を加へる。(中略) (三) 児童が暦年齢よりも三歳下の階級の問題だけに合格してそれ以上の階級に不合格の場合は精神缺陥である」(同書：393-394) と説明している。

　前章でもみてきたように，日本において心理学者よりも早く三宅鉱一らの精神科医の手によって実施された知能検査は，学校児童の知能を数字としてあらわ

すほかに，一定の数値に満たないものを「精神欠陥」として公に認定し付与することを同時に進めることになる。この知能検査の実施は，これまでの教育現場における指導面の弊害，つまり「普通児」と「劣等児」および「低能児」の混在する指導困難な状況を回避する大きな指標としてその機能を発揮する。そして，このような教育界における知能検査の導入は，身体的な「不具児童」と同様に「低能児」をはっきりとしたかたちで顕在化させ区別することを意味したのである。これは不良少年にも適用され，「低能児」などの知的障害の区分も明確になるのだが，実際に教育学にみられるような特殊教育への取り組みが，感化・教護教育において本格的に取り入れられるのは戦後を待たなければならなかった。

このように不良少年を中心にして教育学の動向をみていくと，本来教育学においてみいだされてきた知的障害児への教育可能性が，不良少年に対してはほとんど向けられていなかったように思われる。感化教育においては，知的障害という類別よりも不良少年という大きな枠組みで教育可能性を捉えてきた感がある。そこには，感化教育や教育学において共有されていた知的障害児から不良少年への移行過程の認識が，学問的で実践的な棲み分けを顕在化させ，活発な学際的交流を阻んでいたのかもしれない。つまり，「不良少年」に対する教育学の「不良少年」観は，感化教育のもとに置かれる手に負えない少年であったのかもしれない。だからこそ，次章で考察する実際の教育現場では，不良少年への対応に苦慮し，感化・教護教育に大きく依存する傾向が認められるのである。

3．日本における近代心理学の導入とその展開

日本において本格的な近代心理学の導入は，日本に体系的な学問的知識を提供した西周にはじまる。また心理学が本格的に教授したのは，1877（明治10）年の東京帝国大学教授外山正一であるとされる。しかし，外山自身は心理学のほかに英語，倫理学，西洋史を講義しており，さらにその後スペンサー（Spencer, H.）の社会学に専心し自らも社会学の講義をおこなうことから，アメリカ留学（1888）から帰国した元良勇次郎が「精神物理学」を担当することになる。

元良の心理学は，物理的法則により精神現象を解明することにあった。当時の東京帝国大学における心理学は，哲学科の一学科であったため独自の学科に至らなかったものの専攻として卒業論文規定を得えることになり，さらに1893（明治26）年に講座制が導入されることで専門的な心理学の教授が可能となった。また元良は，障害児教育に関しても三宅鉱一とともに東京師範学校長伊沢修二の「鈍児教育研究会」において，現場の教員に対する指導をおこなっていた。そして自らが考案した機器（精神操練器）を用いて，実際に「低能児」に対する研究をおこなっている。[14] 元良の死後，元良の弟子であり当時京都帝国大学の心理学講座主任であった松本亦太郎が後任を務めることになる。松本は，実験心理学を重視し，特殊知能の測定と分析を中心とした大著『知能心理学』(1925) を著している。

　もう少し当時の心理学のイメージを掴むために，大槻快尊の「日本の心理学」(1913) を参照する。そのなかで大槻は，「心理學は心の哲學であるとか，靈魂の研究であるとか，神秘不可思議の心靈研究であるとか，幽靈の研究であるとか，推理のみで考へて行くべき心の研究であるとか，夢の研究であるとか，催眠術の研究であるとか，神通力の研究であるとか云ふやうな，ぼんやりした考を有つてゐるものが，失禮ではあるが多いやうに見受けます」(大槻 1913：264) として，「かゝる考が割合に世人の一般の考の内に隆盛であるのは，現今の心理學を正しく了解して居ない所から來た誤解であると思ふ」(同書：265) と述べている。

　大正期に入った当時においても，心理学の内容までは広範に認知されておらず，「多くの人々から其正当の価値を認められて居ない」，または「心理学に対する待遇が普通学として取扱はれて居ない」という状況にあった。この大槻の説明から，心理学が大正期においても他の学問とくらべてあまり認知されていなかったことがわかる。また，大槻は当時の心理学の動向に対しても，「從來の個人心理學に満足して，直ちに應用の方面にのみ馳てはならぬ」(同書：281) と注意を喚起している。つまり，「心理學には純理論的方面，即ち個人心理を實驗的に研究して行く方面と，應用の方面，即ち其實驗的研究の方法及び結果を社會百般の方向に應用すると云ふ方面と此兩方面があつて，兩方面共に研究して行かねばならぬ」(同書：281) というのが，大槻の本来心理学に求められる研究方針であった

のである。この後者にあたる「応用の方面」は，後述することになる「犯罪心理学」として顕現する。

　ここで，元良が亡くなった後に公刊された『元良博士と現代の心理学』（1913）をもとに，当時の心理学と精神医学および教育学との学術的な関係について確認したい。

　精神科医呉秀三は，同書の「心理学と神経学」（1913）のなかで両者の関係を考察している。呉は，大学院時代に心理学を履修し，元良と実験研究を共にしていた間柄から本論文を寄稿している。呉は，心理学について門外漢であると前置きしながら，一般的な心理学と神経学の関係として「神經に就ての學問は大體之を三つに別ける。神經の解剖，神經の生理，神經の病理と云ふやうに醫者の方から或は萬有學の方から考へると三つに別ける。それに關係する應用科學がありますけれども大體此三つに別けます。心理學と云ふのは生理學の中に屬するものと認めてある」（呉 1913：307）と心理学を定義している。そして，「其等の研究が土臺となつて，さうして心理學上の事實と相待つて吾々の精神現象に就ての知識が進んで行く譯であります。其故に生理學と心理學との關係は餘程密接なものでありまして，或場合に於ては心理學が生理學の一部である」（同書：312）と述べている。

　この呉の見解は，当時東京帝国大学で主流となっていた実験心理学と生理学，そして神経学の関係についての言及であるが，大槻の指摘した当時の心理学の学問的地位が，呉の「心理学が生理学の一部」という意見からも窺い知ることができる。また，「精神病学」と心理学の関係について呉は，「精神病學は心理學上の助けを借りて段々開けて行きますけれども，亦反對に心理學の方に影響を及ぼして即ち心理學の方に知識を借すと云ふことがある」（同書：319）として双方の関係を説明している。

　ここで，心理学と教育学の関係について考察すると，同書には先に紹介した乙竹岩造も寄稿している。乙竹は，教育と心理学の目的を二つに大別して，その関係性について次のように言及している。乙竹は教育の目的を「理想」や「要旨」という方向からみると，「哲学や倫理」と密接な関係があるとし，「心理學とは，

或は必ずしも重大なる直接の關係を有つて居らんと言へるかも知れません」(乙竹 1913：325) と述べている。しかし，教育の目的を「教育といふことを，其の活動とか，事實とか，方法とかいふ方面から考へますと，心理といふこと丶極めて緊要密接なる直接の關係を有つて居るやうに存ぜられます」(同書：325) と言及している。

　では，乙竹の教育学と心理学との密接な関係とは具体的にどのようなものであろうか。乙竹は，教育活動が近年めざましい発展を遂げたとして，これに貢献した「人道主義などに因つて鼓舞せられたる陶冶的精神の発揮」とともに，「近世科学の発達に因つて刺激せられたる心理学的研究の進歩」であると指摘している。つまり，「殊に心理的研究といふものが進んで来た爲めに，人を教へ育つるの道，即ち教育の實際を最も有効ならしむる働きの上にも，甚大なる刺戟と成つたのでありまして，是れが又近世の教育活動を大に且つ盛ならしむるに與るて最も力を有つた一つの動機であると認めざるを得ません」(同書：328) として，教育学における心理学の貢献について説明している。

　また乙竹は，実際の教育現場における心理学の役割を「当該教育者が子弟の心理に通じて居る」ことに求めている。これは「陶冶的精神」を教育活動において展開する際に，「子弟の心の動く実際の情態に通暁」することが求められるからである。その方法についても「有数適切の教育を施さんと望む所の教師」に対して，「初等教育に従事するものは兒童の心理に通ぜんければなりません。中等教育に従事するものは青年の心理を知らなければなりません。女子教育に携はる方には女子の心理が必要であります。盲人教育に當らる丶方には盲人の心理が大切であります。低能兒の心理を研究すること無くして補助教育の實際に従事することは困難でございませうし，不良兒の心理を究め無いで感化教育の効果を十分に擧げることは六かしからうと存ぜられます」(同書：331) として，実践的な教育現場における心理学の必要性を説いている。

　しかし，これまでの乙竹の考えからも知られるように，教育学における心理学の役割は，陶冶的精神を教師から児童に対して伝えるための手法，または媒介の一つとして捉えられている。このような乙竹の教育学と心理学の関係についての

言及は，当時の教育学者すべての意見ではないとしても，当時乙竹が「実験教育学」の草分け的な存在であったことから考えると刮目に値する意見といえる。

これに対して，心理学者からの見解として松本亦太郎と楢崎浅太郎の共著『教育的心理学参考書』(1915) を取りあげ，そのなかから心理学と教育学の関係についてみてみたい。同書には，当時の心理学の状況として「心理學は各種の精神科學の基礎となるのみならず，生理學及生物學に對しては相互に補助科學と爲り，又實際生活の指導に應用せらるゝこと尠からず。近來に於ては，政治・軍事・醫術・實業等苟も人的活動の範圍に於て或度まで心理學を應用し或は應用の可能を見るに至れり。されど古より一般に廣くかつ深く心理學を應用せられたるは教育の範圍なり」(松本・楢崎 1915：16) という。しかし，「かくの如く心理學は，教育と密接なる關係を有すれども，教育の諸問題を心理學の知識のみにて解決し得可しとなすは，甚しき偏見なり」(同書：17) と指摘している。なぜ心理学が教育問題に全般的な対応が図れないかといえば，そこにはやはり教育学の「哲学的世界観」に依拠した「目的理想」があるからだという。したがって，「心理學は教育學の目的論又は理想論に，直接に關與するものにあらず。されども心理學は，この一度定められたる目的の，果して兒童青年の本質に適合せるや否やを檢する材料を提供するなり」(同書：17-18) として，教育学との関係性を認めている。

不良少年問題が顕現する状況にあって，心理学の学術的な展開は，大槻の意見からもわかるように医学や教育学にくらべて立ち遅れていた感は否めない。しかし，不良少年研究においては，その後に元良や松本が牽引した実験心理学が教育界や統制機関における知能検査へと結びつき，さらに犯罪心理学が欧米からもたらされることによって，これまで他の学問への一つの道具的技術を提供する学問から，実際に科学的な根拠をもった実践的な心理学としての確固たる学問的地位を得ることになるのである。

4．不良少年研究における三つの心理学の軌跡とその視角

日本の心理学の展開は，西洋の近代化における他の学問の導入と比較して立

ち遅れていたといえる。しかし,「不良少年」研究において心理学をみるとき,特に大正期に入って,いくつかの有力な学問的な知見を提供することになる。それは,「青年心理学」,「変態心理学」,「犯罪心理学」である。ここでは,この三つの心理学を中心に,そのなかで展開される「不良少年」観とその対応を考察することにしたい。

(1) 不良少年研究にみる東京帝国大学心理学講座の「青年心理学」と「変態心理学」

　心理学における「不良少年」研究に関しては,「青年心理学」がその一つとして取りあげられる。当時の「青年心理学」を知るために,東京帝国大学心理学講座教授野上俊夫の『青年心理講話』(1919) を参照する。野上は,青年の犯罪に対して「罪悪の本質」と捉えることから考察をすすめている。

　野上は,「此の如く青年の犯罪といふものは,青年時代に起る急激なる心身變化の結果として生ずる強烈なる諸種の衝動が,之を抑壓せんとする社會の制裁に對して猛烈に反抗したものに過ぎない。随つて此の時代に指導者が適度の注意さへすれば有望の青年を罪に落さないやうにすることは左程困難でない」(野上 1919：168-169) として,青年の衝動と社會制裁に言及する。野上の犯罪観は,「元來犯罪といふものは決して特種な悪い性質を有して居るものでない。たゞ何人も有して居る種々の本能のあらはれが偶然社會の規程や法律に觸れて罪を犯したことになるのである。随つて何人も多くの本能を有する以上誰も皆大罪人たる資格を有する」(野上 1919：169) との説明から,社會規範と人びとに内在する本能との抵触が犯罪の端緒であることを示していることがわかる。

　さらに青年が犯罪に向かう本能について,野上は「殊に青年少年が此くの如き危険な有害な強盗や放火などの活動寫眞を好むやうに見えるのも,決してそれが罪悪であるから喜ぶのでは無くして,その罪悪の中に含まれて居る道徳的分子を好むのであるといはねばならぬ」(同書：174) として,「道徳的分子」という概念を抽出する。野上の青年心理学は,「外界からの感化」を重視していることからもわかるように,青年の本能に対して社会的なコントロールがいかに必要で

あるかを中心に展開している。また，青年を取り巻く大人に対しても，「よく壮年及至老年の人は自分の若い時代と今の若いものとを比較して，自分共の若い時はかうで無かつたに，今の青年は柔弱で婦女子の媚を求めるに汲々として居るなどと云ふが，それは自分等の青年時代の記憶が消失したのを知らない爲めに外ならぬ」（同書：198）として，青年をみる大人や青年を取り巻く社会の意識に「記憶の消失」をもって問題を提起している。つまり，野上は，本能に依拠する犯罪観を基準として，青年期の衝動に抵触する社会規範やそこに内在する青少年への大人の「記憶の消失」という状況が，青年の犯罪の原因にかかわっていることを指摘するのである。これは，実験心理学が主流になりつつあった心理学の状況を考えると注目される解釈である。

　一方で，当時東京高等学校長であり元良の弟子にあたる塚原政次は，『児童の心理及教育』（1926）の「不良少年論」（公表は1908年の『教育学術界』）のなかで心理学的な考察をおこなっている[15]。塚原は，「元來少年は善悪の識別未だ明確ならず，随つて道徳観念は未だ十分に發達せず又道徳的情操も未だ發展の中途に在るもので，概して幼少なるほど主我的傾向の著しきものである。（中略）故に少年はなかなかに犯罪的傾向に富んで居るのである」（塚原 1926：412）として，少年の「犯罪的傾向」に注目している。

　このような不良少年に対して，塚原は「醫師が患者を治療するには精密なる診察を爲して其病源を發見して始めて適切なる治療法を施すことが出來，随つて疾患も亦容易に治癒するのである。之と等しく不良少年を感化矯正せんとするには亦最初よりして彼等をして不良少年たらしめ又犯罪を爲さしむるに至つた原因を精査しなくてはならない」（同書：423）と指摘する。ここに心理学的な不良少年への対応に関して，先述した教育学と同様に医学的なアプローチが含意された治療観をみいだすことができる。ここでは，感化教育の前段階に心理学的な原因考究の必要性を提唱している。

　また塚原は，1910（明治43）年の『青年心理』のなかで「精神異常及び不良青年」を著している。同書によれば，「精神の異常」とは「精神の病態のことでありまして，健態即ち通常の精神の活動及び状態と相違して居ることを云ふので

あります」(塚原 1910：179) と定義している。次に塚原は，この「精神の異常」を断定するには「學校に於ては醫師と教育家との協同に依るべきであります，即ち學校醫は固より，特に専門醫の診斷を請ひ，教育家も亦彼等の平常の動作及び精神狀態に就いて十分考察しなくてはならないので，其異常の原因を探究し又心身の狀態に關して精密なる診査を經なくてはならないのであります」(同書：181) と言及する。この意見から，塚原は，先述した田島の教育学と同様に当時の教育現場における学校医や精神科医の必要性を重視していることがわかる。そして塚原は，犯罪者の精神状態に注目して「不良青年」を捉えるとき，「近頃刑の執行猶豫などと云ふことが行はれるようになりました。而して此の如き各種の犯罪者の精神狀態及び其特徵等に就いて特に研究する心理學を犯罪心理學とか刑事心理學とか唱へて研究せらるゝに至り，既に多數の有名なる専門學者が世界に現はれて居ります。余輩は此處に犯罪を以て一種の精神現象となし，其原因を攻究して試ようと思ふ，即ち不良青年の原因は果して那邊に在るかといふことに就いて概言したいのであります」(同書：189-190) と提言している。この塚原の主張からもわかるように，犯罪の原因を精神現象として捉え，その視角から「不良青年」をみることで当時導入されはじめた新たな心理学的アプローチである「犯罪心理学」および「刑事心理学」に注目するのである。

　明治期の不良少年に対する心理学的な見解としては，青年心理学にみられるように，不良少年が青年期の衝動や道徳的観念および情操の未発達な状況に起因し，その対応は社会的なコントロールであり，一方で塚原のように医療的な治療観をもって不良少年に対していたことが認められる。

　大正期に入ると，心理学界において一つの事件が起こる。それは，「福来博士の休職事件」である。福来友吉は，元良の弟子であり1908 (明治41) 年に東京帝国大学心理学講座の助教授に就任している。福来は，博士論文「催眠の心理的研究」からもわかるように，「催眠心理学」や「千里眼」，「透視」，「念写」などの能力に対して関心を示し，心理学の研究対象に超自然的な現象まで包括する研究姿勢をとっていた。また当時は，科学的合理性と相容れない超自然現象が社会的なブームとなっており，福来の研究に対するマス・メディアの関心も当時の紙面

から読み取ることができる。しかし、御船千鶴子に対する「千里眼研究」の実験における失敗と元良の死去 (1912) にともなう松本亦太郎との後継者争いなどにより東京帝国大学を休職あつかいとなり、2年後に自動的に助教授から解任された。

　この結果、松本の精神身体的現象に対して物理的な単位を心理的尺度に採用して心理現象をはかる心理学が主流となり、公正な手続きによる客観性の確保と近代科学的方法における説明が可能なものだけが、心理学の研究対象となる方向性が形成されていくことになる (鈴木 1997)。当然、松本の教授就任により、東京帝国大学において元良が担当していた変態心理学の講義は姿を消し、実験心理学を中心とする心理学講座が展開される[16]。

　次に、ここにあげられた変態心理学について詳述することにする。当時の「変態」とは普通の「常態」からの逸脱を指しており、上野陽一・野田信夫の『近世心理学史』(1922) をみても、「變態心理學の對象は精神病者の心的生活、催眠現象、夢等を主たるものとする」(上野・野田 1922：372) と定義されている。さらに同書によれば、当時の「変態心理学」は、「その研究は、かゝる目的に適合した一つの方法が發見せられるに及んで、始めてその説明に或る假設的根據を得るに至つた。此方法が即ち精神分析法 (Psychoanalysis) である」(同書：372) として、当時の「ヒステリー研究」のなかから精神分析法を提唱したフロイトを紹介している。

　福来の事件により、東京帝国大学心理学講座から距離をおくことになった「変態心理学」は、在野として後年雑誌『変態心理』(1917) にその学問的な展開を図りつつ研究が進められていく。しかし、この『変態心理』の創刊は、心理学を中心とするものではなく、前年度に設立された「日本精神医学会」(会長中村古峡) によって発行されたのである。この雑誌の寄稿からもわかるように、精神科医以外にも東京帝国大学から事実上失脚した福来や柳田國男の論文も認められ、そのほか牧野英一、吉野作造、井上哲次郎など、他の学問分野の第一線で活躍する研究者が評議員や賛助員として名を連ねている。また、森田療法で有名な森田正馬もこの雑誌を中心に研究発表を重ねている。このように、心理学と精神医学の

関係は，学問的に主流になっていた実験心理学よりも，在野的な存在であった変
態心理学に強い結びつきを得ていたといえる。

　また，『中央公論』(1925) に寄稿された中村古峡の「変態心理現象の解説」に
よれば，「變態心理はその包有する範囲が頗る廣汎なのと，又その取扱はれる材
料が非常に豊富で且つ珍奇なものが少なくないのとで，専門の研究家には勿論，
一般世人の興味を惹くことも亦頗る多い」(中村 1925：218) とある。つまり，専
門的な実験心理学にくらべて変態心理学は，その広い研究範囲と手法により，精
神医学などとの学際的な展開が図りやすかったといえる。そして，当時の「変態
心理」に対するいくつかの類別例を表4-1のように提示している。

　この類別によれば，〔例1〕は能力を基準とした類別であり，〔例2〕はそれに時
間的な視点を取り入れた類別といえる。特に，〔例2〕をみると，「欠陥ある心理」
に知的障害者や「犯罪者」の心理が同様に包括され，「精神病」などは「永続的
変態」に類別されることがわかる。しかし，その後の変態心理学は，大正期の精

表4-1　「変態心理」における類別

〔例1〕
「下常心理」・・・「普通より以下のもの」
・「白痴や低能者の心理」
「超常心理」・・・「普通より以上のもの」
・「天才者の作品」・「宗教上の神秘的諸経験」・「精神感応」・「千里眼能力」
〔例2〕
「個人的変態心理」
（1）欠陥ある心理及び例外的なもの
欠陥ある心理・・・「白痴，低能者，変質者，犯罪者等の心理」
例外的なもの・・・「天才者，偉人，英傑などの心理」
（2）一時的な変態・・・普通常態の人々にも一時的に現われる心理
「あり触れた錯覚や幻覚や夢の現象から，失神，催眠，夢遊，自動，憑依等の状態」
（3）永続的な変態
「早発性痴呆を始め諸他の精神病または精神錯乱の主々なる形式」
「団体的心理」・・・「群集心理」

出典）中村古峡「変態心理現象の解説」より作成

神分析理論におけるブームの後，心理学界においては実験心理学の台頭とともに低迷し，さらに「治安維持法」(1925) の公布と昭和初期の世界的大恐慌とともに一掃される。

　不良少年研究に関する心理学の動向は，変態心理学の低迷とともに犯罪心理学が大正期を中心として顕現してくる。西山庸平の『心理学史』(1931) には，「戀態心理學の一種に犯罪心理學といふのがある。けれどもその發達の歴史からいふと犯罪心理學は之を法醫學的研究として見ることが出来る」(西山 1931：457) とある。また，犯罪心理学の捉え方として，先述した『近世心理学史』によると，「犯罪心理學はその性質上精神病學と密接な關係がある，寧ろ近代の犯罪心理學は犯罪人の精神病的研究から分化して來たのである。然し犯罪心理學はその以前に於ては，醫學的見地から見た法律的事項の研究の謂に用ゐられてゐた」(上野・野田 1922：381) とある。ここからも知られるように，犯罪心理学は，法律や心理学，医学を跨ぐ学際的な学問分野である。このような心理学の学術的な潮流を，西山は「応用心理学」として類別している。

　犯罪心理学と精神医学とのかかわりは，元良勇次郎の『心理学十回講義』(1897) のなかにも認めることができる。元良は「罪人心理学 (犯罪心理学)」について，「罪人ガ生レナガラ罪人タルノ特質ヲ有スルヤ否ヤ」との問題に対して，「生レナカラ罪人タルハ，身體ノ發達不完全ナルカ，若シクハ或一部ノ發達他ノ部分ト副ハザルカ，何レニスルモ身體ノ均齊完全ナル發達ヲ缺クモノナルカ如シ。故ニ之レヲ研究セバ心理學ノ材料ヲ得ルコト多シ」(元良 1897：19-20) と答えている。つまり，犯罪においても「身体ノ均齊完全ナル発達ヲ欠クモノ」とすることにより，生まれながらの犯罪者も心理学の研究対象であるという捉え方がなされている。このような先天的な原因にも対応する犯罪心理学は，精神医学と通底するところが多分にあったと考えられる。

　このような分析視角に依拠して「精神病」をみると，元良は，「殊ニ身體ト精神トノ關係ノ如キハ精神病者ノ現象ニ由リテ得ル所少カラズ。(中略) 身體ノ不完全ナルト精神ノ不完全ナルトヲ比較センニハ，最モ適切ナルモノノ如シ。白痴ノ如キハ少シク精神病ト異ナレリト雖モ，元來身體ノ發達不完全ニシテ從フテ精

神ノ發達モ之ニ副フモノナレバ，之ニ由リテ心身ノ發達常ニ並行セザル可カラサルモノナルコトヲ知ル可シ」（同書：19）のように，身体と精神の「発達不完全」という視点に立つと，「白痴」などもここに含められる。このように精神医学と密接な関係を有する犯罪心理学は，大正期の不良少年研究においても散見されるようになる。

（2）寺田精一の犯罪心理学からみる「不良」観と精神医療化

　元良は，後身の指導にも積極的であり多くの心理学者を輩出した。不良少年研究に関してみてみると，その1人として寺田精一をあげることができる。寺田は，1884（明治17）年に愛知県碧海郡に生まれる。第一高等学校を卒業後，1909（明治42）年に東京帝国大学文科大学哲学科心理学専修を卒業する。その後，38歳の逝去まで，東洋大学や東京女子大学校，労働学校等の講師として後身の指導に当たる一方，日本精神医学会設立時のメンバーに名を連ねており，日本犯罪学会の発起人の1人として著名な心理学者である。また寺田自身は，研究者として大学等の定職には就かなかったものの，感化事業所職員や警察講習所において講義をおこない，『児童の悪癖』（1917）や『犯罪心理学講話』（1918），『犯罪心理学講義』（1921）等の犯罪心理学や少年非行に関する著書も多く公刊している。ここからもわかるように，寺田は犯罪心理学を名実ともに牽引したといっても過言ではない研究者であった。

　寺田が犯罪心理学を知る端緒として，自著『犯罪心理学』（1926）の序言に，「著者が恩師故元良博士から，『犯罪心理に關する研究は未開拓の方面であるから，今後の研究問題にしては如何です』とのお言葉に接して，この方面の研究に着手してから相當の歳月を費した」（寺田 1926：5）と回顧している。ここからも，元良勇次郎との強い師弟関係が認められるとともに，犯罪心理学の先駆的役目を担っていることがわかる。また，同書の謝辞のなかにも寺田の交友関係を窺い知ることができ，元良の後任である松本亦太郎や刑法学者牧野英一，監獄局長谷田三郎の名を認めることができる。さらに，寺田の影響は，後年『警察心理学』（1927）を著した堀内文吉によると，「現に全國幹部警察官の教育機關たる警察講

習所に於ては，故寺田精一，高島平三郎，中村古峡等の諸氏に依り，心理學の講述も試みられたものである。殊に時代の要求と，思想問題の變遷に伴ひ，特高警察，高等警察，刑事警察等は一般心理學は勿論，特種心理學の力を緊要とし，皆この力に俟たないものはない」（堀内 1927：1-2）と明言しているように，寺田の犯罪心理学と警察機関との関係が密接であったことがわかる。

　ここで犯罪心理学に目を向けると，心理学と刑法の境界領域としての「犯罪心理」と「証言心理」に関する研究は大正期に大きく展開することになる。このような状況下において，寺田と精神科医杉江薫の発議による日本犯罪学会をみてみると，学会員に三宅鉱一の名が認められ，そのほかの精神科医も法医学や精神鑑定に関する研究発表をおこなっている。さらに，司法省行刑局長山岡萬之助が心理学者と精神医学者を嘱託することになった際に，松本亦太郎と呉秀三がそれぞれ就任することになったのだが，実際には寺田と石井俊瑞が心理的な仕事を引き受けている。つまり，寺田は在野の身でありながら積極的に自らの犯罪心理学の視角をもって研究活動を進めたのである。

　ここで寺田の「不良少年」研究をみると，1912（明治45）年に著された『危機に富める青年及児童期』をあげることができる。同書には，寺田自身も「犯罪心理の考察に伴ひて思ひ浮びたること共を所感に任せ通俗を旨として書き綴つたものに過ぎない」（寺田 1912：1）と前置きしていることから，論文の構成自体は決して系統だったものとはいえないが，同書から不良少年に関するいくつかの箇所を取りあげてみたい。

　緒言において寺田は，西洋にくらべて子どもに関する問題の対応が遅れている一つの要因を，「古來の風俗，習慣等より之れを察すれば，決して此問題が等閑視されて居つたといふものではない，却つて進歩した點が多々存するのである。只近世的な文明を以てして，兒童及び青年を解釋し，研究し，之れに應ずるやうな個人的若しくは社會的事業が後れたといふに過ぎない」（寺田 1912：2）と指摘している。つまり，子どもを取り巻く近代化する社会状況と社会的事業の対応の差異に問題性をみいだしているといえる。また，寺田は子どもの特徴を「一面に於ては，家庭團欒の中心となり，和楽の燒點たると共に，他面に於ては危險物

であり，注意物である」(同書：2-3) と捉え，「假令生來の惡性あり，惡癖ありと雖も，其教育によりて之れを薄らき，若しくは全く改めしむることも不可能のことではない」(同書：3) として，「不良」に対する教育可能性を示唆している。

ここにあげられた「惡癖」という表現は，寺田の著書『兒童の惡癖』(1917) によって知ることができる。寺田は序言において，児童の惡癖が「大人自らの心から推して觀察され，兒童の心に立ち入つて取扱はれることの少くなく，又それが何れも兒童の惡意若しくは惡性にのみ因ると，解されて居ることの多い點に注意して，この著述をしたつもりである」(寺田 1917：2) と述べており，当時の大人の立場からみた児童の惡癖に対する偏った見方を批判している。この見解は，先述した野上の「青年心理学」に共通する視角といえる。また惡癖に関しては，「性質善良」ではないが「公の秩序や善良風俗を侵害する」だけではなく，「假令他人に對しては何等の危害を與へないにしても，自己の心身の發達上に弊害があるもの」(同書：6) を含むという。つまり，「虛言をいふ癖」，「彷徨の癖」，「自慰の癖」もすべて惡癖に包括されることになる。

ここまでみると寺田の惡癖は，「不良」行為にくらべて対象が広範であるため，「不良」行為が惡癖に内包される。そして，誰でもがもつ「癖」を分析基準に用いることによって，「不良」行為に対する「蔑視」を緩和して回避する意図があるように思われる。その理由として，寺田は同書の結語において，「兒童の癖を，恰も其の兒童に特有なものであるかのやうに思惟して，甚だしきはこれを以て不良兒となし別物扱ひをなし，而して何んぞ知らん其の主たる原因の自己にあるか如きことは，兒童の教養上に於ける矛盾した滑稽事といふべきのみならず，兒童に對して甚だ申譯なき次第といはねばならない」(同書：476) と指摘する。この意見から，寺田は子どもの逸脱行為に対する社会からの一方的な批判の眼に対して警鐘を鳴らしていることがわかる。

寺田の不良少年に向けられる社会の偏見に対する注目は，先の『危機に富める青年及兒童期』(1912) のなかにも認められる。寺田は，当時の遺伝による犯罪者の起因説に対して，「尤も或る論者は犯罪者を其精神に著しき異常のあるものと觀て，犯罪者の存在を以て，精神病者の遺傳的の一表徵として取扱うて居るので

ある，即ち此論者に於ては精神病の多くある家族と，犯罪者の多くある家族とを，殆んど同一の範類に入れて論ずるのである」(寺田 1912：303)と批評する。そして，このような見解を「正鵠を失した見解」と指摘し，犯罪者と精神病とが同一視される動向を批判するのである。すなわち「不良」や「犯罪」，そして「精神病」に向けられる社会や専門家などの一方的な偏見のなかに通底するものをみいだそうとし，その部分から起因する社会的反作用に犯罪心理学の立場から着目していたといえよう。

　このような寺田の研究対象は，精神医療の専門家である精神科医に向けられ，精神科医の「犯罪者」観や「不良少年」観に対する問題性を指摘する。寺田は，「精神病學者の立脚地によりせば，大抵の犯罪者は，其低格なるところより，或は多少不健全のところあるより，皆精神病者と見てよいと強くいうて居る。けれども犯罪者をのみ調査して，直ちにこれを學校兒童等に就きて研究せるところとを比較せんことは，其當を失せるものであつて，先づ彼等犯罪者を最も多く出せる下級社會のものとを，比較して觀なければ其眞實の價は知られないのである」(同書：304)と批判する。このように精神医療化による「犯罪者」観や「不良少年」観の変容は，時として専門家を中心に犯罪者や不良少年を精神障害概念に取り込んでしまう状況を生みだし，寺田がこれに対し社会関係などの後天的な原因を重視する必要性を指摘している点においてその達見を認めることができる。

　ここで寺田自身の「不良少年」原因に関する見解を確認したい。寺田によると「不良少年」の原因の一つに「犯罪家族」をあげている。寺田は，「尤も如何に犯罪者たる兩親と雖も，自分等の悪行爲は，子供等に隠して居るであらう，然れども子供が漸く長ずるに至つては，之れ等の不良行爲に心付くことは自然であつて，時に依つては大に驚くこともあらん，されど幼時よりかゝるものを親とせることゝて，普通吾人が想像する程に思はないのは自然であつて，遂には兩親の不良行爲を普通のこと，觀て，却つてこれが助けをするに至ることも無理な徑路ではない」(同書：310-311)として，このような犯罪家族における「道徳的觀念，若しくは人生觀を得，最後には動かすべからざる性格の基礎を作り，もはや救ふべからざるものとまでに堕落するのである」(同書：311)と意見している。そして，

この「不良性」は家族内にとどまらず，家族と関係する他者自体も「悪影響」を与えるものであると指摘している。

　寺田は，心理学に依拠しながらも社会階層など外部的な「不良」原因に注目している。さらに寺田は，近代化の象徴ともいえる都市環境（「自然ヲ遠ザカッテ居ル」，「休息ノナイ」，「静寂ヲ欠ク」，「自然美ヲ欠ク」，「刺激スル程度ノ強イ」，「灯火利用ノ発達」）にも着目し，都市環境に起こる文明からの「有害ナル影響」が児童問題の増加と関係することを，論文「都市生活ノ児童ニ及ホス影響」（1919）において明かにしている。¹⁷⁾

　これまでの寺田の「不良少年」観または「犯罪者」観については，精神医療化による精神障害観の付与を指摘し，特に不良少年の原因に関して家族や都市生活などの社会環境を中心に考究していたといえる。しかし，寺田の分析視角は，社会にその原因をみいだそうとする社会学とは異なりあくまで心理学を学問的な基盤としている。¹⁸⁾それは，寺田の知的障害に対する見解から明らかである。

　寺田の研究から不良少年の原因としてあげられる知的障害を中心に，心理学と精神医学の動向および「不良少年」観について考察すると，寺田は「精神薄弱の意味」として当時（1918）の知的障害に関する精神医学と心理学の状況を次のように説明する。寺田は，「精神薄弱は，従來の醫學の方面では，白痴・痴愚又は魯鈍と呼んで一種の精神病者と觀られ，又心理學の方面では，これを普通の者よりも知能の低格なるものとされて居つた。然し近來は醫學的に觀るも，亦心理學的に觀るも特種な病的狀態が原因をなして，知能の發達に障碍して居るものであると考へられるに至つた。而して此種の研究を進めたものは，個性心理殊に知力測定に關する實驗心理學の進歩であつて，個人の知力を測定してこれを比較し，知能發達の程度を正確に定め得るに至つてからのことである」（寺田 1918：130）と述べている。

　ここからわかることは，寺田の知的障害観に関して精神医学と心理学の接近が認められるのである。つまり，精神医学の「精神薄弱」という疾患と心理学の「知能の低格」が「病的状態」を媒介として，「結果知能の發達に障害を來す」と解釈されることで，「知力測定」を指標として鑑別する協同的解釈が両学問を結

164

びつけているのである。しかし，寺田は，実際に知能を鑑別基準として用いることについて，本来あるべき「知識・感情・意志」の三分法を厳密な意味で必要とする「精神能力の発達程度」を「知識の作用」として測ることに疑問を呈している。寺田は，犯罪行為が「意志や感情に密接な關係を有して居る」のに，実際の「精神能力鑑査」には「感情や意志に屬する方面の研究は，これを数量的に計算して表はすことが極めて困難であるのに，知識に關する方面は，比較的に数量的に測定し得るの便宜があるから畢竟知識の方面が主として研究されそれを以て吾人の精神能力の發達程度を測定せんとする傾向になつて居るのである」（同書：133）と批判している。さらにこれを「學校教育に於て，主に採點法を以て精神能力を測定し比較せんとするのも，亦これに因る」（同書：133-134）として，学校における「精神能力の測定」の導入に対しても懸念している。

　寺田は犯罪心理学者でありながら，当時心理学の主流であった実験心理学とは異なる社会関係を含めた広範な視点に立つ研究者であった。それは，自らが在野という身分も手伝って，当時の心理学界の学問的な動向に対して距離感を置いていたからかもしれない。また，実験心理学とは異なり犯罪心理学が実践的な学問分野であり，必然的に多角的な原因論に依拠せざるを得なかったこともその理由の一つとしてあげられる。しかし，不良少年に対して，当時の多くの研究者や実践家が自明視していた精神障害と「不良」行為との捉え方を批判し，その背後にある精神医療化の影響を危惧していることから，寺田の研究者として高い能力を認めることができる。そして，寺田の分析視角には，常に不良少年や精神障害者に向けられる社会からの社会的反作用に留意した持論が展開されている。したがって，寺田が示した「悪癖」という誰もが有する癖が「不良」行為の端緒であっても，それは子どもを取り巻く家族の問題であり，社会が悪癖を「不良児」と強く結びつける偏見が問題であるという指摘に帰結するである。

　ここまで，不良少年研究における精神障害に対する心理学のアプローチをみてきた。心理学に関しては，図4-3に示しているように精神医学と同様に東京帝国大学心理学講座を中心に研究が牽引された。

　しかし，当時の心理学は他の学問分野にくらべて日本における学問的地位は

遅れをとり，また一般的な認識も浸透していない状況にあった。心理学の学問的地位と実証的であり科学的な実績をあげるために，元良を中心とした心理学者は諸外国の学問の紹介と導入に傾倒することになる。不良少年研究において，心理学は教育学および精神医学と学問的な交流を重ね，また知能検査により学校教育や児童の精神障害の判別などによって互いに影響し合っていた。しかし，元良の死を境として，松本を中心とした日本の心理学は実験心理学，また知能心理学を重視し，福来たち在野の学者は精神医学や教育学，法学などと学際的な交流を交わすことにより変態心理学や犯罪心理学を展開することになる。実際には，これらの学問は心理学者よりも精神科医などによって継承され，治療という視角のもとで臨床的に用いられることになる。この詳細については後章の戦時中の不良少年研究で確認する。

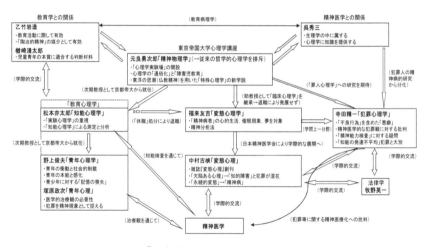

図 4-3 「不良少年」にかかわる心理学の動向

出典）筆者作成

5．各学問領域における「不良少年」観とその対応

　これまで，不良少年にかかわる教育学と心理学の学際的な展開を考察してきた。不良少年に対する教育学や心理学等の学問的な動向は，精神医学と関係しな

がら展開していった。教育学においては，知的障害児に対する教育の必要性が問われ始め，石井亮一などの私立施設が創立されるようになった。教育学にみる不良少年研究では，大村仁太郎が先天的原因と後天的原因のほかに「教育の錯誤」をみいだしている。この大村の見解は，教育学を基盤とするというよりも，精神医学の影響を多分に受けている教育病理学を骨子とするものであった。つまり，この時点から知的障害児に関して教育学と精神医学は密接にかかわっていたことが明らかとなった。乙竹岩造の「不良少年」観をみると，そこには「未成年犯罪者の多くは低能児の仲間から出る」と述べ，低能児教育の必要性を説いている。つまり，ここで不良少年とは異なる「低能児」に注目することになる。それは，不良少年の前段階に「低能児」が位置づけられていることから，感化教育とは異なる教育的アプローチの必要性を示唆しているとも解される。しかし，乙竹の不良少年に教育観にも療治教育として治療観が含まれていた。

　当時の不良少年と教育学との関係は，不良少年に対する感化教育と「低能児」に対する低能児教育，そして「普通児」に対する普通教育という類別と教育法の実践的な分化が認められる。この状況のなかで，脇田良一は，「普通児」と「変態児」の二分法であれば，「変態児」に含まれる不良少年は感化教育の対象となるところを，感化院という基準を用いることでそこから除外された少年を「心性不良性」として「低能児教育」の対象と捉えたのである。「変態児」である不良少年と「心性不良性」の「中間児」の「不良」行為の区別は非常に難しい。だからこそ，「不良」行為主体である少年を法的な感化院により区分することで，感化教育ではない低能児教育を主張しようとしたものと解される。

　しかし，本来なら教育学が牽引するべき知的障害児に対する教育可能性の展開は，感化教育との実践的な側面から分化されることによって本格的な感化院での展開にまで至らなかった。知的障害児の教育に関して，教育学は精神医学との学際的な関係を保ちながら，教育学の実践的な対象領域をみいだしていく。しかし，その対象領域に不良少年は含まれることはなく，不良少年は感化院の感化教育に任せるという認識が自明視されていたように思われる。

　心理学においては，教育心理学や知能心理学が実験心理学を基礎として台頭

し，変態心理学や犯罪心理学などの不良少年の実践的な研究は，専門的な分野として追いやられることになる。このような不良少年にかかわる心理学の動向をみていくと，やはり分化しながらもある部分を精神医学と交流しつつ展開していたことがわかる。

　寺田精一のように，心理学者のなかにも社会環境に留意し精神医療化に対する批判的な所論も認められるが，心理学という学問的な性格上，精神医学とのかかわりを避けることは困難であった。当時の教育学や心理学を代表する研究者や実践家の「不良少年」観をみても，そこには精神医学の影響を多分に認めることができる。ここであげた精神医学の提唱する治療観は，「治す」という意味合いにおいて教育学の教育可能性に抵触しない概念である。しかし，精神医学が先天的な遺伝を媒介として知的障害や「精神病」を捉えるとき，そこに可塑性という概念がどれほど含まれているかは疑問である。

　その後，心理学との学際的な交流により知能検査を推進し，この知能検査が実践的な教育現場や就職においても歓迎される。そうした状況は，知的障害や「精神病」を数値的に類別し，その対応を円滑に促進することが期待された。しかし，数値的に類別された少年を引き受ける施設が十分ではない状況において，「不良」行為に感化されやすく，「不良」という社会的反作用が社会から付与されやすい少年にとって後章で考察する戦中期の精神医療化は，不良少年の可塑性を見過ごすことになる。

〔注〕

　1）　北沢清司（1980）よれば，当時の公教育について「公教育の進行に伴って，産業資本の要請と密着した『安上がり教育』の矛盾が1880年代後半から1900年代にかけて顕著にあらわれてくる。すなわち，国庫補助金の乏しさによる過大学級や学力水準の向上を図るという名目での試験制度の厳格化，それに伴う形式的な詰め込み教育の拡大，就学率の向上と不就学児の少ない学校の優良校としてみなす等の動きとしてである」（北沢　1980：15）と述べている。

　2）　杉田裕・飯森義次（1962）「精神薄弱教育の変遷」小宮山倭編『精神薄弱児教育の教育原理 ― 精神薄弱児講座第2巻』日本文化科学社，p.37。

　3）　北沢，前掲書，p.16。

4) 田中和男（2000）は，石井の孤児に対する見地として「孤児であることは，それ自体犯罪であるというわけではない。石井もそれは認識している（中略）しかし生まれにおいて必然ではなくとも，そのまま放置されれば『怠惰放肆』『無頼凶悪』に陥らざるをえないのである」（田中 2000：191）という点をあげている。そして「犯罪性を潜在させたまま絶対的な不孝に生きる孤児に対する限りない憐憫を描き出し，賛助者として組織することが，大雑把にいえば，岡山孤児院を運営するために，石井がとった方向であった」（同書：193）として，岡山孤児院の設立経緯を紹介している。

5) 教育学者上田久吉は，『保護教育』（1911）のなかで「低能児といふことが近頃盛に我國の教育界に流行し，人々が競うて之を唱へ，又盛に其の教育法を講じ，徒らに之を實行して居る向さへもある様であります。然るに其の眞相に立ち至つて見ますると，未だ容易に肯がひ難い點が認められるのであります。（中略）我國の教育界は，身體上並に精神上，普通の能力を賦與せられて生れて來て居る兒童を，些々たる教育上の阻碍の爲に，之を低能児として取り扱うて居る場合は，随分少くはない様であります。若し果して然りとすれば是其の兒童に取つて甚だ不孝なる事柄でありますが，さても又，人の師たるものが，輕々に人の能力を云爲して，延いては其の人の生涯の不幸を醸すといふことは，誠に何たることでありませうか」（上田 1911：21-22）と，「低能児」に対する教育界の動向を批判している。

6) 大村仁太郎の略歴であるが，大村は 1863（文久 3）年に江戸（東京）小石川に生まれる。その後，東京外国語学校に入学しドイツ語を専攻した後，卒業後は東京砲兵工廠に勤務する。1882（明治 15）年に東京外国語学校の教員となり，2 年後には助教授に昇任する。陸軍大学校や参謀本部などの各教授を兼務し，1886（明治 19）年に学習院教授に就任する。また大村の業績は，日本におけるドイツ語の普及が有名であり，ドイツ語のテキスト編纂をはじめとして後年は独逸学協会学校の校長に就任している。

7) 津曲裕次（1984）『日本児童問題文献選集 15』日本図書センター，p.12。教育病理学については，前章で先述した精神科医富士川游，呉秀三，三宅鉱一らの『教育病理学』（1910）があげられる。津曲祐次は，富士川らの『教育病理学』を「正当」派の研究書としてあげ，大村の『児童矯弊論』で展開される児童にありがちな「個性（瑕疵）」と捉えていたものを，富士川等の『教育病理学』では「精神低格児童」および「精神薄弱児童」という「特徴」として論じられていると指摘する。つまり，教育病理学の変遷をみても，「個性」から病理的な「特徴」への概念規定の変容が認められ，そうした精神医療化が児童教育の分野にも少なからず影響をおよぼしていることがわかる。実際に教育病理学は，後年「治療教育学」として「特徴」に対する治療的な側面を強調することになる。また，津曲は，『児童矯弊論』が児童問題行動への科学的理解が求められる過渡期を代表す

る著述であるとし，その過渡期的性格から「著者の素養である儒教的訓育観と近代ドイツの産物である教育学的研究の科学性が奇妙な形で入りまじっている」（津曲 1984：13）と同書を評している。

8）乙竹岩造の略歴としては，三重県伊賀上野に生まれる。1899（明治 32）年に東京高等師範学校を卒業後，文部省視学官と兼任で東京高等師範学校の教授に就任している。1904（明治 37）年から 3 年間の欧米留学を経て，欧米の特殊教育の状況と方法論を得る。その後は，東京文理科大学において「低能児教育法」を将来の教員となる師範学校生に教授することになる。

9）乙竹は，後年に当時の教育者に対する生活をも含めた指導書を著している。それは『教育者の新修養』(1915) であり，そのなかで教育者としてのあるべき姿を展開している。そのなかには，教師が必要とする学問をいくつかあげており，その修養を啓発するのであるが「教師と心理学」においては，「心理學も亦た教育學の基礎學である。殊に教育の方法論的方面とは，最も密接なる關係を有つて居るものであつて，教育攻究の方法論的方面は，一に心理學の結果に待たなければならぬ」（同書：244）と位置づけ，「教師と社會學」においては「殊に此の教育學は，彼の社會學と，密接の關係を有つて居る所がなかなかに多い。自分は教育實際の問題に於て，社會的方面の考慮を必要とするのみならず，又教育理論の攻究に於ても，社會的方面の關係を重要とするものである。それ故に教師には社會學の修養が必要である」（同書：246）と言及している。つまり，乙竹の教育論としては，心理学は基礎学でありかつ密接なものであり，社会学は教育の実際問題に対して重視していることがわかる。付言すると，同書には，「現時教育界の一傾向は實に，教育學と醫學との力強き握手である」（同書：249）と医学と教育の関係にも言及している。

10）脇田良吉は，1875（明治 8）年に京都府丹後に生まれ，1890（明治 23）年の代用教員を経て 1898（明治 31）年に正教員として京都市の尋常小学校に赴任する。その後，教育現場において成績不良や「低能児」に関心をもち，その後，心理学者元良勇次郎の実験補助や，石井亮一の講義を受けるなどの経験を経ることより，1909（明治 42）年に白川学園（障害児入所施設）を創立することになる。石井は，「低能児」教育に関していくつもの著書があり，臨床的な分野でも活動した「低能児」教育を代表する人物の一人である。脇田の「低能児」教育論の展開については，玉村公二彦の「脇田良吉の『低能児』教育論の形成とその具体化 — 明治 40 年代初頭を中心に」(1993) を参照のこと。

11）脇田の学校医の理想は，治療教育学において語られている。その第一歩が学校医の改良であり，著書『異常児教育乃実際』(1915) においては，「學校醫の改良は教育改善の有力なる一法である。治療教育は學校醫の改善が第一歩であると思ふ。さうして學校醫について余の望みたい所は深くなくとも廣くあつて欲しい，精神科も知れば，内科も出來る，耳鼻咽喉科も出來れば，眼科にも精通して

ゐる人を欲しい。故に大都會に於いては，専門の學校醫が欲しい」（脇田 1915：44-45）として治療教育学上の学校医のあり方について意見している。

12）日本における近代的心理学の導入に関して大槻快尊は，心理学の導入について「この心理學と云ふ語が初めて日本に紹介せられたのは，明治十一年に故人西周氏がジョセツ，ヘヴン著『メンタル，フィロソフィー』を翻譯したのに始まつてゐると思ふ。西氏はメンタル，フィロソフィーを心理學と翻譯せられたのである」（大槻 1913：267）と述べており，西周の翻訳が日本の心理学導入の端緒であったことを確認できる。

13）元良勇次郎の略歴として，1858（安政5）年に摂州三田藩士であり藩校の儒学者杉田泰の次男として生まれ，後に元良家へ養子として迎え入れられる。16歳で洗礼を受け，1875（明治8）年に同志社英学校（後の同志社大学）の第一期生として入学する。1879（明治12）年に上京すると，学農社で教鞭を執りアメリカへ留学する。帰国後，東京帝国大学において心理学を担当し，先述した大槻の回顧では，「明治二十一年は我國の心理學界に於ける新時代の初期に入つた時として，永く記憶せられねばなりません。哲學的心理學時代から科學的心理學時代に移り變わつた時である。實に恩師元良先生が帝國大學に教鞭を取られた年であつて，我國の心理學に新傾向を先生が與へられた時である」（前掲書：269）と評しているように，元良は学問的な心理学の普及と教育に尽力するのである。そして，1890（明治23）年に教授に就任後，東京高等師範学校教授を兼任しつつ終生東京帝国大学において実質的に心理学を牽引することになる。

14）佐藤達哉・溝口元編（1997）『通史日本の心理学』北大路書房，pp.82-84。元良は，実践を積み重ねていくなかで「低能は治る」という結果を得ることにより，「低能児」にかわる「遅性児」を提唱している。

15）塚原は，当時の不良少年の状況を，「近頃都會の新聞に據ると，不良少年が益増加し來る傾向で，日々に数多検擧せらるゝ状態である。ズット以前などは不良少年などは警察などに於てもあまりに重きを置かなかつたとのことだが，近來に至つては其悪事がなかなか進歩せしのみならず，日に月に其數を増加しつゝあるとのことである」（塚原 1926：414）と述べている。この意見から塚原は，不良少年の不良性の悪化を指摘しつつも，統制側である警察の動向に関しても意識していることがわかる。

16）佐藤達哉・溝口元編，前掲書，p.155。また佐藤は同書において，当時の心理学の応用が「社会の風潮や現場サイドが個人をとらえる技術を要望した結果起きたものだともいえる。残念ながらそれは，人々を上から見おろす視線と一致してしまった面が多かった」（同書：203）と考察している。

17）寺田の都市生活における少年に対する影響を列挙すると，「生存競争ノ激甚」（貧富差など），「転居」（隣人関係や郷土的思想の希薄化），「未知者中の生活」（他者に対する信用性の希薄化），「借家生活」（「愛家心」の減退），「家屋・邸園の狭

隘」（児童の「浮浪性」の助長），「貧民窟の生活」（「不健全」な感化）であり，こ
れらの外的な都会環境下の生活が児童に影響をおよぼすことを提唱している。
18）寺田は，遺伝による「犯罪行為に陥り易い性格」について全面的に否定して
いない。つまり，「酒精中毒，或は黴毒，或は精神病等の素因を有する家族に於
て起り易く，事實上これ等の家族に於て，所謂犯罪家族の出現を見ることがある
のは，忘れてはならぬことである」（寺田 1912：309-310）という。しかし，寺田
は当時の遺伝に対する研究が完全に解明されていない状況から，「常習的犯罪者
の子供に於て，その犯罪的傾向が何處まで關係を有して居るかも，明かに證據
立てることは出來ない，けれども次に述ぶる後天的の關係と相待（俟）つて，犯
罪的性格に向はしむることの有り勝ちなることは，今更いふまでもないことであ
る」（同書：310）として，後天的な原因との総合的な考究を支持する研究姿勢に
あったことが窺い知れる。

172

第5章

少年犯罪に対する新聞報道の特徴と
「不良少年」観の変遷

　これまで感化事業をはじめとした実践家や精神科医，教育学者や心理学者等の「不良少年」観を不良少年の政策を含めて明らかにしてきた。ここでは，新聞報道を中心にそのなかで展開される「不良少年」観をみてみたい。はじめに不良少年として社会的に認知される端緒として，新聞紙面への掲載があげられる。新聞が少年事件を報道することで，読み手である購読者並びにその購読者を媒介して社会一般に広められる報道内容を前提にすれば，マス・メディアとしての新聞報道は「不良少年」観に大きな影響を与えたことは間違いないであろう。この点を重視して，本章では少年犯罪を報道する新聞機関の報道方法の特徴と少年事件の概要，そして報道機関が伝える「不良少年」観について考察する。

1．マス・メディアとしての新聞と分析対象

　少年事件を報道し，社会に大きく影響を与えてきたマス・メディアとしての新聞は，ラジオやテレビ，電子メディアの普及によって新聞離れが進むなかで，現在でも大きな影響力を維持している。特に本研究対象である戦前期の日本では，新聞報道が当時の人びとの最も身近で影響力をもつ情報メディアといえよう。そこで，新聞報道における少年事件に注目し，当時の少年事件の状況と新聞メディアが形成する「不良少年」観を明らかにしたい。

　はじめに新聞報道は，マクルーハン（McLuhan, M.）やアンダーソン（Anderson,

B.) が指摘するように，活字メディアの登場が人びとの価値観や国民国家の成立におよぼす影響からみれば社会にとって大きな力をもっている。また，タックマン (Tuchman, G.) は，マス・メディアが日常生活で進行するさまざまな事象を秩序づけ，組織づける解釈枠組みを人びとに提示する社会的な装置の一つとなっており，さらに解釈枠組みに公の性質を与えながら人びとのリアリティを規定していく装置であると指摘した。

　このマス・メディアの特徴が，犯罪や非行という逸脱現象に向けられるとき，情報の受け手である人びとの感情は「不安」や「怒り」，時には「興味」などが当事者以上に増幅されることがある。デュルケームは，かつて「われわれは，それを犯罪だから非難するのではなくて，われわれがそれを非難するから犯罪なのである」(Durkheim 1893 = 1971：訳書82) と犯罪を定義したが，現代の「われわれ」は，近代のマス・メディアの発展によって犯罪観や非行観に対して多分に影響を受け続けている。

　特に戦前期は，ラジオやテレビが一般に普及する以前にあたり，新聞が大きな影響力を有していた。新聞メディアは，購読者のニーズに応えるため新たな事件や話題を提供することでニュース価値を高め，画一的な価値観を人びとに普及させた。このニュース価値の序列は，人びとの喚起される感情の強度にかかわっている。村上直之 (1999) は，ニュース価値の本質について，ニュースの持つ力によって個々の散在した驚きなどの感情が絶え間なく喚起されることで，集合的で連続的なものへと飛躍すると指摘し，犯罪ニュースは新たな社会のモラル・オーダーの再生産をおこなうという[1]。このような特徴を帯びている少年犯罪報道は，モラル・オーダーとともに「不良少年」観にも大きな影響を与える。そこで，少年事件報道を明治期から戦前昭和期にまで遡って考察する。

　本書で対象とした『東京朝日新聞』(1888) は，大阪で発刊された『朝日新聞』(1879) を母体として，大正期には「東京五大新聞」(『報知新聞』・『時事新報』・『国民新聞』・『東京日日新聞』) の一つに数えられるまで発行部数を重ねていた。そして，1921 (大正10) 年2月1日より夕刊の発行が開始され，報道される少年事件数も増加した。また『読売新聞』は，1874 (明治7) 年に創刊され，1931 (昭和6) 年

に夕刊を発行し，周知のとおり全国紙として現在に至っている。

　さらに少年事件の新聞報道の比較として『福岡日日新聞』を取りあげる。『福岡日日新聞』は，『筑紫新聞』(1877（明治10）年3月24日）から『福岡日日新聞』(1880（明治13）年4月17日）へと社名を変え，その後，1942（昭和17）年8月10日『九州日報』と合併し，『西日本新聞』として現在に至る。大正5（1916）年には，発行部数74,000部に伸ばして隣接する佐賀県を皮切りにブロック紙体制を確立した。『福岡日日新聞』に関しては，対象とする戦前昭和期において毎年12月が新年号準備のため29日および30日は4頁となり，31日は休刊となっている。

　ここで対象となる少年事件であるが，その行為主体である少年（少女）は満20歳未満とした。「少年法」(旧少年法)では満18歳未満を対象年齢としているが，紙面では少年法施行前後にかかわらず概ね満20歳未満を「不良少年」として掲載している。そのため，本稿において取りあげる事件は，すべて満20歳未満の少年を対象にした。また少年犯罪および不良少年少女に関連する記事は失火および業務上過失致死傷を除いている。さらに犯人が逮捕されておらず「不良少年らしい」という表現で掲載されている記事や年齢が記載されていない記事は除いた。つまり，年齢からはっきりと満20歳未満の少年であると判別でき，また一般的に本人の意思や他者からの教唆に起因する少年犯罪を対象とした。

2．明治期の少年事件報道の特徴と「不良少年」観

　明治期の少年事件報道をみると，一つの特徴が認められる。それは，少年事件の事実のみを報道するだけではなく，その事件に対するコメントが掲載されている点である。明治30年代後半になると，少年事件に関するコメント数もほとんど見受けられなくなる。しかし，それまでのコメントを分析することによって明治期の新聞メディアの「不良少年」観を知ることができる。ここでは，明治期の少年非行報道の特徴とともに少年事件のコメントから「不良少年」観を明らかにする。

（1）明治期の少年事件報道の特集記事と報道姿勢

　明治期の少年事件報道は、『東京朝日新聞』（『大阪朝日新聞』明治20年10月の記事まで）が1,489件、『読売新聞』は1,118件であった。発行年の違いはあるが、明治期の少年報道は全体的に『東京朝日新聞』の方が多くの記事を掲載している[3]。ここでは、『東京朝日新聞』を中心に少年事件報道の特徴について考察する。

　少年事件報道における性別については、男性85.2%（1,269名）、女性14.8%（220名）であった。年齢については、7歳（3名）から19歳（436名）までとなっており、19歳が最も多かった。また共犯および単独犯の有無であるが、単独犯は84.6%、共犯は13.4%であり、この結果から単独犯の少年事件報道が多いことがわかる。事件の内容については、立件される以前の事件報道であるため記事の内容から罪名を当てはめてみた結果、「窃盗」が32.1%と最も多く報道されていた。

　特に不良少年が注目される30年代には、事件報道数も20年代の168件から30年代の748件と4倍以上にその数が増している。感化院の設立が進むなかで新聞メディアの関心も高まっていたと思われる。また明治40年代の報道では、不良少年に関する特集が組まれていることも注目される。

　表5-1をみると、明治40年代にこれほど多くの特集記事が組まれていたことから、不良少年への関心が窺える。また、その内容をみても事例が多く紹介されている。同表には記載していないが、その他にも「東京浮浪人生活」（（1）から（40））や「活動写真と兒童」（（1）から（10））、「宿無し子」（（1）から（5））など、少年事件にかかわる特集も組まれている。

　この特集によって検挙に至った例として、「先頃の本紙に罪悪の孵卵所と題して記したる淺草の浮浪兒とも見るべき悪少年の一團捕はれたり」（『東京朝日新聞』1910.8.9以後、朝日と略す）との記事も掲載されている。このような少年事件報道と直接の検挙の関係は、次の記事からもはっきりとわかる。

　「一千餘の悪少年、警視廳の調査完了」（朝日1910.10.13）には、「朝日新聞にて横行を摘發されし半數は改悛せし如くなれども半數は深刻なる悪青年少年と化し各悪團體の黒幕となり盛に活動しつゝあり今日彼等の根據は新聞の攻撃の爲め轉々して澁谷、角筈、千駄ヶ谷、瀧ノ川等に移りたるが如し」と報道されてい

表 5-1　不良少年に関連する特集記事

掲載年月日	見出し（一部小見出し含む）	掲載年月日	見出し（一部小見出し含む）
明治41年11月5日	小児の罪か家庭の罪か（1）　憫むべき不良少年	明治43年4月6日	満都悪少年の横行（40）　小石川の悪少年に就て
明治41年11月6日	小児の罪か家庭の罪か（2）　憫むべき不良少年	明治43年4月7日	満都悪少年の横行（41）　本郷の實例
明治41年11月8日	小児の罪か家庭の罪か（3）　憫むべき不良少年	明治43年4月8日	満都悪少年の横行（42）　本郷の實例
明治41年11月11日	小児の罪か家庭の罪か（4）　憫むべき不良少年	明治43年4月9日	満都悪少年の横行（43）　歌留多會の悪弊
明治41年11月12日	小児の罪か家庭の罪か（5）　憫むべき不良少年	明治43年4月10日	満都悪少年の横行（44）　神田の實例
明治43年2月23日	満都悪少年の横行（1）　校外に於ける児童の危険	明治43年4月11日	満都悪少年の横行（45）　神田の實例（續）
明治43年2月25日	満都悪少年の横行（2）　悪風全國に瀰蔓す	明治43年4月12日	満都悪少年の横行（46）　神田の實例（續）
明治43年2月27日	満都悪少年の横行（3）　誘惑醜行の實例	明治43年4月13日	満都悪少年の横行（47）　下谷淺草の實例
明治43年2月28日	満都悪少年の横行（4）　芝区の實例（つづき）	明治43年4月14日	満都悪少年の横行（48）　下谷淺草の實例（續）
明治43年3月1日	満都悪少年の横行（5）　芝区の實例（つづき）	明治43年4月15日	満都悪少年の横行（49）　下谷淺草の實例（續）
明治43年3月2日	満都悪少年の横行（6）　芝区の實例（つづき）	明治43年4月16日	満都悪少年の横行（50）　下谷淺草の實例（續）
明治43年3月3日	満都悪少年の横行（7）　警察と悪少年　古川芝署長談	明治43年4月17日	満都悪少年の横行（51）　本所深川の實例
明治43年3月4日	満都悪少年の横行（8）　麻布の實例	明治43年4月18日	満都悪少年の横行（52）　悪少年になる要件
明治43年3月5日	満都悪少年の横行（9）　麻布の實例	明治43年4月19日	満都悪少年の横行（53）　悪少年となる要因
明治43年3月6日	満都悪少年の横行（10）　麻布の實例（續）	明治43年4月22日	満都悪少年の横行（54）　當局者の談
明治43年3月7日	満都悪少年の横行（11）　麻布の實例（續）	明治43年4月23日	満都悪少年の横行（55）　讀者の注意注文
明治43年3月8日	満都悪少年の横行（12）　麹町赤坂の實例	明治43年4月24日	満都悪少年の横行（完結）　岡田文部次官と語る
明治43年3月9日	満都悪少年の横行（13）　麹町赤坂の實例（續）	明治43年7月27日	罪悪の孵卵所（1）　はかない職業犯人の一生
明治43年3月10日	満都悪少年の横行（14）　麹町赤坂の實例（續）	明治43年7月28日	罪悪の孵卵所（2）　淺草公園と浮浪児
明治43年3月11日	満都悪少年の横行（15）　麹町赤坂の實例（續）	明治43年7月29日	罪悪の孵卵所（3）　浮浪児と問答
明治43年3月12日	満都悪少年の横行（16）　麹町赤坂の實例（續）	明治43年7月30日	罪悪の孵卵所（4）　奇怪なる浮浪生活
明治43年3月13日	満都悪少年の横行（17）　麹町赤坂の實例（續）	明治43年7月31日	罪悪の孵卵所（5）　奇怪なる浮浪生活
明治43年3月14日	満都悪少年の横行（18）　四谷の實例　不良少年の検擧	明治43年8月1日	罪悪の孵卵所（6）　淺草公園の浮浪児
明治43年3月15日	満都悪少年の横行（19）　京橋の實例	明治43年10月19日	子供に関するいろいろ　不良少年の研究（1）　恐るべき其害毒
明治43年3月16日	満都悪少年の横行（20）　京橋の實例	明治43年10月20日	子供に関するいろいろ　不良少年を生ずる各種の原因
明治43年3月17日	満都悪少年の横行（21）　京橋の實例（續）	明治43年10月22日	子供に関するいろいろ　不良少年の研究（3）　遺傳と不良少年（上）
明治43年3月18日	満都悪少年の横行（22）　京橋の物騒	明治43年10月23日	子供に関するいろいろ　不良少年の研究（3）　遺傳と不良少年（下）
明治43年3月19日	満都悪少年の横行（23）　京橋の物騒（續）	明治43年10月24日	子供に関するいろいろ　不良少年の研究（4）　貧と不良兒
明治43年3月20日	満都悪少年の横行（24）　日本橋の實例	明治43年10月25日	掲載なし（不良少年の研究（5））
明治43年3月21日	満都悪少年の横行（25）　日本橋の實例（續）	明治43年10月26日	子供に関するいろいろ　不良少年の研究（6）　上流社會の不良少年
明治43年3月22日	満都悪少年の横行（26）　日本橋の實例（續）	明治43年10月27日	子供に関するいろいろ　不良少年の研究（7）　私生兒と孤兒と丁稚
明治43年3月23日	満都悪少年の横行（27）　日本橋の實例（續）	明治43年10月28日	子供に関するいろいろ　不良少年の研究（8）　悪友誘惑賣買其他
明治43年3月24日	満都悪少年の横行（28）　日本橋の實例（續）	明治43年10月30日	子供に関するいろいろ　不良少年の研究（9）　不良少年の種類
明治43年3月25日	満都悪少年の横行（29）　日本橋の實例（續）（益出て益亂暴）	明治43年11月2日	子供に関するいろいろ　不良少年の研究（10）　繼父と繼母
明治43年3月26日	満都悪少年の横行（30）　読者の注文・注意	明治43年11月6日	子供に関するいろいろ　不良少年の研究（11）　文部省と小學校
明治43年3月27日	満都悪少年の横行（31）　読者の注意注文	明治44年3月19日	悪少年横行す（1）　驚くべき小學生の被害
明治43年3月28日	満都悪少年の横行（32）　澁谷町の實例　澁谷の悪少年	明治44年3月21日	悪少年尚横行す（2）　注意すべき高六生
明治43年3月29日	満都悪少年の横行（33）　澁谷町の實例（続き）	明治44年3月24日	悪少年尚横行す（3）　小學校側の観察
明治43年3月30日	満都悪少年の横行（34）　澁谷町の實例（續き）	明治44年3月25日	悪少年尚横行す（4）　小學校側の観察
明治43年3月31日	満都悪少年の横行（35）　牛込の實例	明治44年3月27日	悪少年尚横行す（5）　學校側の観察
明治43年4月1日	満都悪少年の横行（36）　牛込の實例	明治44年4月5日	悪少年尚横行す（6）　學校側の観察
明治43年4月2日	満都悪少年の横行（37）　小石川の實例	明治44年4月13日	悪少年尚横行す（7）　最近の兒童被害
明治43年4月3日	満都悪少年の横行（38）　小石川の實例（續）	明治44年4月15日	悪少年尚横行す（8）　地方新聞と悪少年
明治43年4月5日	満都悪少年の横行（39）　小石川の實例（續）	明治44年4月17日	悪少年尚横行す（9）　彼等の手段

注）朝日新聞紙面では、「満都悪少年の横行警察と悪少年　古川芝署長談」および「満都悪少年の横行（6）　麻布の實例」となっていたため、「（7）」「（8）」を補完した。
出典）東京朝日新聞の記事より作成

る。この内容をみると，少年事件の新聞報道が直接検挙へ結びつくという視点が読み取れる。また，少年事件等の報道を「新聞の攻撃」と表現していることは注目すべき点である。新聞は事実のみの伝えるだけではなく，少年事件を引き起こす不良少年や不良学生を検挙するための端緒であり，攻撃であるという姿勢を窺い知ることができる。

　この少年事件や事例の特集は，「惡少年檢擧始る鬼鐵一派卅名拘引」（朝日 1910.3.10）においても「過般來本紙が惡少年横行の眞相を暴露し之が掃蕩を企つるや市内市外の惡少年等の狼狽一方ならず百方證壞の湮滅の策を講じ或は移轉逃亡を企つるに至りたるが麹町署長は此の機逸すべからずとし數日來檢擧に着手し（中略）兩署員は常務非番の差別なく晝夜兼勤にて惡少年の狩り立てをなしつゝあり其詳細は改めて記載すべし」とある。少年事件の特集を組むことで，少年事件の検挙につながるという報道機関としての責務がこの報道からもわかる。そして，不良学生や不良少年に対する警察に対しても「府下に彷雀する無頼の惡少年は窃盗又は放火などを爲して多くの良心を苦しめつゝありしが警察は非常の勉強を以て探偵をなし容釋なく彼等を取押へし」（朝日 1900.11.11）として，不良少年の検挙を促している。

　不良学生および不良少年に対する新聞メディアは，自らの報道が担う社会的使命として通常の事件報道に加えて特集記事を組むことで，実際の不良少年等の検挙を促す力を認識し，積極的な報道姿勢に転じたことが特集記事から認められる。

（2）不良学生と不良少年の集団化

　明治期の少年事件報道を概観すると，その見出しに「不良学生」や「悪書生」，「堕落学生」という言葉が散見される。各事件内容をみると，その多くは集団による事件が多くを占めている。新聞報道の内容からその特徴をみてみたい。

　「悪書生五名の無法騒ぎ」では，少年に集団で性的暴行をした事件である。その「近頃或る書生社會に一種の怪しかる弊風が行なはるよりその筋にても益ゝ取締り方を嚴重になし居る（中略）毎度ながら廉恥を知らぬ書生の多きは歎息の

限りなり」(朝日 1897.7.4) と報道されており, 「書生」の不良化が問題視されていることがわかる。

　不良学生や堕落学生, 悪書生が問題視されるなかで, 集団による少年犯罪も報道されるようになる。少年事件報道を時系列的に並べてみると不良学生や不良少年が集団化し, 組織化するのは明治30年代後半以降と思われる。それ以前の報道では, 多くて3人から4人の集団で事件を起こすことが多く, 組織的な事件は掲載されていない。表5-2は不良学生および不良少年の集団が起こした主な事件である。

　表5-2からわかることは, 学生間で形成した集団から学生が主となって小学生

表5-2　不良学生および不良少年の集団事件

掲載年月日	見出し（一部小見出し含む）
明治36年1月26日	少年の刀傷
明治38年3月16日	悪書生と警視廳
明治38年8月6日	學生堕落の真相（中學生の一團捕はる）　昨年來の非行，同志數十名を集む，重なる被害者，目的は酒色，一同の引致
明治39年8月30日	墜落書生檢擧
明治39年9月11日	不良學生大檢擧
明治40年11月22日	不良學生の檢擧，十三人組，首領は靴屋の息子，親爺は淫賣宿
明治41年3月5日	學生の賊
明治41年4月10日	悪書生蜻蛉組
明治41年7月12日	横濱の悪書生狩，浪花會先づ檢擧さる，次は狼，稲妻，櫻の各組
明治41年7月27日	學生を斬りし愚連隊，加害者五名捕はる
明治41年9月2日	少年賊の豪遊
明治41年12月9日	中學生の決闘，短刀竹槍，六十餘名混戦
明治43年2月8日	驚く可き悪少年團，王子小學校の亂脈，軍隊組織の掻拂ひ
明治43年3月10日	悪少年檢擧始る，鬼鐵一派卅名拘引
明治43年3月30日	悪少午團羊園會の檢擧，一見怪しむ所なき立札，其の實は女釣りの狡猾
明治43年8月9日	掻拂の悪少年團，集會所は淺草と吉原
明治44年2月23日	小學の悪少年團，五十餘名の少賊，血書の契約
明治44年3月4日	堕落少年團體赤旗組，團長は男女兩性の男なり
明治44年6月2日	悪少年團の檢擧，贓品額二千五百圓
明治44年8月24日	十名の少年賊團，芝櫻田町に巣窟を構ふ

出典) 東京朝日新聞の記事より作成

等を組み入れて組織化する集団への変遷である。全般的な少年事件報道の件数からみてもその多くは単独犯であり，集団（共犯）の少年事件報道はそれほど多くはない。しかし，その集団的な犯罪報道を集約してみるとその組織化が進んでいることがわかる。

　「驚く可き惡少年團，王子小學校の亂脈，軍隊組織の掻拂ひ」（朝日　1910.2.8）の記事では，一人の少年が筆一本を万引きしたことから組織的な「不良少年団」の様子がいくつかの章立てで報道されている。少年は巡査に対して，「掻拂つて持つて行かねば仲間の者に酷い目に遇はされますから私許りではなく皆やりますと云ふに端なく王子尋常高等小學校男生徒一般の間に惡風の潜める事暴露したり」と語っていることからも集団内の圧力が記事から読み取れる。一つ目の「惡少年の團體」では，「星流義團と稱する惡少年の團體あり團員は目下三十人に超へ團の餓鬼大將は（中略）と云ふ元中學生にて（中略）一家を借りて根據地と定め王子小學校の男生徒七百名の殆ど全部を手下にして種々の惡事を働き居ること判明し板橋署にては意外の大事件に打驚き全力を舉げて不良少年の檢舉に従事せり」として，元中学生がリーダーとなって小学生を集団化していたことがわかる。

　また二つ目の「連署血判状」では，「毎日毎夜多勢の小學生を呼び集めて自家より金品を持出さしめ到る處にて掻つ拂ひをなし金に代へ飲食の為に費消し或は夜業の踊りの女工を追ひ廻すなど少年としては末恐るべき所業を事とし一巻の規約書を作り其末尾に各自の姓名を自署し頭分の命令には如何なることも服従すべしと指を切つて血判をなしありたりとのことなり」と報道されていることから，かなり厳しい制約が課されたようである。またその集団の内容をみると，三つ目「大袈裟なる軍隊組織」として，「多勢の少年を招集して軍の如くに組織を立て將校以下下士卒に至るまでそれぞれ任命しありて各自一錢づゝを持來ることになり居りて彼等は此金を集め種錢とし隊伍を組みて王子の町に出でゝ商家にて僅の買物をなすとて一時に押入り其混雑に紛れて手當り次第に掻拂ひをなし其成績により位置を昇せて將校とす」とあることから，軍隊を模した組織的な活動がおこなわれていたことがわかる。

このような「不良少年団」の内情として「横濱の惡書生狩，浪花會先づ檢擧さる，次は狼，稲妻，櫻の各組」(朝日 1908.7.12) では，「各組は互に氣脈を通じ惡事を働き居る者なるが其黨派別は髪の刈り方にて判明するやうに爲し組合規則に違反せば過怠金を徴収し居れり斯く其弊害黙過し難きを以て同署にては進んで各組の檢擧を行ひ生徒の風儀を矯正せんと目下調整中なりといふ」と掲載があり，髪型で集団を判別し，違反者に対する「過怠金」が設けられていたようである。また，「少年の刃傷」(朝日 1903.1.26) では，「此地に住めるもの〻多くは皆運送夫人力車夫などいふ面々なれば人氣從つて荒々しく惡戯盛りの少年等も親分の子分のといふ呼名を用ひて互に腕力を誇ること流行し近頃は淺草町組千住組といふ二ツの黨派が分れ十人乃至二十人一團となりて喧嘩をなす事屢々なりし」と報じてることから，「不良少年団」間の争いもあったことがわかる。

　学生が中心に結成した「不良少年団」は，警察も注視しており「惡書生と警視廳」では，「脅喝，誘拐，強姦，鶏姦抔あらゆる惡事醜行を擴にし各區を横行する惡書生の増加せしより警視廳にては是れが取締方を嚴にする爲め先般來各署に内訓する所ありたるが聞く處に依れば是等惡書生の根據を作りて横行し居る重なる場所は芝を第一とし麻布，麹町，神田等之に次ぎ居る由にて目下明瞭となり居る是等の親分株とも見るべき惡書生に對しては已に夫々警戒又は處分を加へし向もある」(朝日 1905.3.16) として警戒していることがわかる。また翌年の「堕落書生檢擧」では，「各區に割據せる幾多不良の學生等は放蕩堕落の極白晝公然強姦，鶏姦，竊盗若くは強盗等の惡事醜行を敢てするに至りたるより最初彼等の前途に囑望し出來得る限り平和手段を講じ居たる當局も今や斷然法律上の檢擧を勵行し迅雷一下以て彼等の迷夢を覺さしむるに一決し目下夫々準備中なる」(朝日 1906.8.30) として，書生や学生たちの将来を念頭に置いた対応から厳しく検挙する対応へ転換することが窺える。[4]

　警察以外の具体的な対策として「新規なる學生風紀監督法」(朝日 1907.9.5) では，神田区学事振興会が「今回各學校長と交渉協議の結果，男女各學校の徽章(帽章，釦，襟章，胴〆) 等實物大に一枚の紙に印刷し都下各下宿屋，學校用品舗，書肆，飲食店其他學生の立寄き處に配布し置き各學校の徽章を記憶せしめ

若し學生にして不都合の行爲ある時は直樣會に申出で、嚴重なる處分をなす可く又學生間も互に不都合なる所爲あるものを認めたる時は相互に注意せしむ可き方法なる由」が掲載されている。警察以外に学校現場における不良学生の取り締まりなどが実施されていたことが認められる。

　その効果があったのか，「赤坂署の金警部は曰く當管内には近來不良學生減少したるも常に視察簿なるものを調製し不良学生の行動を視察して氏名を錄し置き不都合の行爲ある時は父兄又は監督者と共に召喚し充分訓戒を加へ居れり，自分の取扱ひたる不良學生は酒食の目的或は鷄姦等にて女子關係はなし，年齡は中學程度の者に多く以前は溜池組扞と稱するものありしが今は其影を認めず彼等の實家は中流以上なるが是は親達が過度の愛より金錢を亂費せしめし結果と思はる」（朝日 1907.12.11）の記事からもわかるように，不良学生の数は減少した地域もあったことがわかる。しかし，一方では学校所定の正帽と制服を用いた偽学生もあらわれ，停車場等で詐欺をおこない問題となっていたようである（朝日 1908.11.23）。

　これらの不良少年の集団化については「不良少年団」として，第6章で研究者の実際調査からその詳細と変遷について考察する。

（3）少年事件におけるコメントと「不良少年」観

　明治期の最後の少年事件報道の特徴は，事件の事実的な内容とは別に事件を起こした少年少女に対するコメントが付されていることである。各新聞報道の見出しをみると「悪少年」や「悪太郎」,「悪書生」など「悪」という文字が多用されている。ここから当時は「不良」よりも「悪」という表現を用いて少年事件を報道していたことがわかる。「不良少年」または「不良学生（不良青年）」として見出しで掲載されるのは，明治30年代後半からである。しかし，「悪少年」や「悪書生」は，その後も「不良少年」および「不良学生」とともに見出しに併用されている。

　このような見出しの表現とともに各事件の報道記事を読むと，多くの記事に記者または編集者が記したコメントが添えられている。このコメントは読み手に

とって事件の事実とともに加害者である少年に対する心証に大きな影響を与えるものと思われる。表5-3はコメントが付されている主な少年事件である。

表5-3をみるとコメントが付された少年事件について性別および年齢，共犯の有無についても全体の少年事件報道の特徴と大きく変わる点はない。つまり，特別な少年事件だけではなく一般的な少年事件に対してもコメントを付すことが表5-3からもわかる。

ここでコメントに注目してみると次のような特徴があげられる。一つ目は，「末恐ろしき」という表現である。この表現がコメントのなかで最も多く掲載されており，報道対象である不良少年の「少年」観がよくあらわれている。つまり，将来のある「少年」観が「末」という表現から感じ取れる。しかし，その後に「恐ろしき」とあることから，「行末が思ひやらるる少年なり」（朝日 1902.7.1）や「将來が想ひやられておそろし」（朝日 1898.7.24）など，このまま放置しておくと先々に再犯もしくは成人して大事件を起こす可能性があるというメッセージが込められていると推察される。

二つ目は，「憎むべし」や「浅まし」，「哀れ」など，事件を起こした少年に対する感情の表現である。少年事件に対する筆者（記者・編集者）の感情が読者の目線で語られている。さらに，「斯くも盗み心の失せざるとは扨々困つた人間の屑」（朝日 1881.8.3）や「此奴先祖の面汚し」（朝日 1897.2.27），「石川五右衛門や鼠小僧が存命で居たら養子にしたいと望むでござらう」（朝日 1891.9.5）や「體は小さいけれど膽は太いやと今の音羽屋の辯天小僧を眞似たる悪少年あり」（朝日 1906.12.2）など，直接的な非難の表現や比喩的な表現が掲載されている。

三つ目は，親に対する同情や批判である。「此のやうな子を持つた親の心が察しやられていぢらし」（朝日 1895.9.21）や「子を思ふ故に迷ふとはなべての親の心なるが別て氣の毒なるは斯る悪少年を子に持てる親心ぞかし」（朝日 1903.10.13）などである。一方では，「松太郎の不心得は言ふ迄もなき事養つて良く教へざりし親の怠惰も免れ難し」（朝日 1897.7.17）と養育に対する批判のコメントも認められる。

そのほかにも「灣泊盛りの少年等が隊を組みて己等の意に隨はざる朋友を虐

表 5-3　コメントが付された少年事件

掲載日時	年齢	性別	見出し	コメント
明治14年8月3日	11	男	少年，窃盗重ね７年の刑	「斯くも盗み心の失せざるとは扠々困つた人間の屑」
明治15年8月18日	15	男	ヘビに襲われ，熊に助けられた悪少年	「少年にして大膽なる悪ても畏るべき頑童なる哉」
明治17年9月3日	7・10	男	少年,盗んだピストルで強盗を繰返す	「少年にして此大胆なる恐るべし憎むべし」
明治18年5月31日	12	男	大膽なる悪少年	「此少年にして此所業ある畏るべし驚くべし」
明治20年10月26日	11	男	此少年にして此犯罪あり	「此少年にして此犯罪あり恐るべし」
明治21年7月21日	17	女	少女の官文書僞造	「少女に似げなき罪科を犯すとは扠々見かけによらぬもの」
明治21年8月9日	12	男	小僤の大膽	「ホンに困つた悪太郎」
明治22年6月26日	15	男	悪少年	「好く好くの悪小僧と見ゆ」
明治23年1月28日	15	男	後世恐るべき少年	「我子ながら末おそろしい奴ぢやと舌を巻き立もどりし由」
明治24年9月5日	14・14	男	一對の悪少年	「石川五右衞門や鼠小僧が存命で居たら養子にしたいと望むでござらう」
明治25年5月18日	15	男	少年の賊外國館に入る	「今年僅か十五歳の小僧なりしと恐るべし」
明治25年8月25日	11	女	少女の放火犯	「其の愚寧ろ憐む堪へたり」
明治26年1月13日	12	男	悪少年	「僅か十二歳の少年で二度の入獄とは圖太いもの」
明治26年4月8日	12	男	悪少年	「この様な狡児はトツトと校外へ放逐すべし」
明治27年12月1日	14	女	大膽な少女	「末おそろしき難物こそ顯はれたれ」
明治28年9月21日	12	男	脱檻の悪少年	「此のやうな子を持つた親の心が察しやられていぢらし」
明治29年2月28日	14	男	少年共謀の窃盗	「少年にして此の所業あり誰か呆れぬものやはある」
明治29年3月11日	17	男	恐るべき美少年	「美男子の上に奸ありては世にいふ鬼に鐵棒なり前途むしろ恐るべし」
明治29年5月1日	15	男	妹に逢たさ罪を犯す	「如何に心掛けは優しくともこれでは如何も賞められず」
明治29年9月19日	14	女	少女の前科者	「随分性の悪い子供もあれど斯んなのは稀なるべし」
明治30年1月9日	13	男	末恐るべき悪少年	「末恐るべき奴」
明治30年2月3日	18	男	墳鼻揮擔ぎ盗賊となる	「師友の恩誼を仇にせる墳鼻揮擔ぎの所爲憎むべし」
明治30年2月27日	19	男	番頭の子息賊となる	「此奴先祖の面汚し」
明治30年6月8日	19	男	恩を仇の賊	「さりとは恩を知らぬ曲者かな」
明治30年7月4日	18・18・18・18・19	男	悪書生五名の無法騒ぎ	「毎度ながら廉恥を知らぬ書生の多きは歎息の限りなり」
明治30年7月17日	18	男	若旦那の感化院入り	「松太郎の不心得は言ふ迄もなき事養つて良く教へざりし親の怠惰も免れ難し」
明治30年7月24日	18	男	前科六犯の悪少年	「将來が想ひやられておそろし」
明治30年7月31日	16	男	親泣せの悪少年	「不孝な小僤も有れば有るもの」
明治30年10月8日	13	男	大膽少年	「親子の情さもあるべし」
明治31年2月20日	14	男	少年の放火	「愚なる少年もあるかな」
明治31年5月11日	16	女	少女主家へ放火す	「恐ろしと云ふ事を知らぬものが一番恐ろしきものなり先頃記せし養育院の放火小僧又は少女の如きは夫なり」
明治31年5月20日	13・13	男	末恐るべき二少年	「益益悪化して好き悪業になる末を思へば怖ろしくも淺まし」
明治31年5月25日	15	男	とんぼ小僧捕はる	「末恐しとは斯る小僧の事なるべし」
明治32年11月17日	17	男	悪少年	「末恐ろしき少年は毎度書くの事なるが是も其内」
明治32年11月25日	13	男	少年の刃傷	「殺傷事件の多きに伴れ小兒までが殺氣を帯びて斬つ僕つつの刃物三昧は恐るべき憂ふべし」
明治33年2月9日	11	男	可怖の悪少年	「不孝にも後脚もて砂を蹴かけ跡は野となれ山となれと家出せし可怖の少年ありいかに年端の行かざればとて其擧動禽獸にも劣れりと謂ふべきなり」
明治33年3月8日	15	男	悪少年	「世に悪しき少年も多けれど斯くの如きは稀なるべし」
明治33年3月16日	18	男	悪少年の殴打創傷	「豫て近所評判の悪太郎なり」
明治33年3月23日	14	男	悪少年捕へらる	「性来手癖がわるくいかほど教戒を加へても改悛の功あらはれざりし」
明治33年4月9日	13	男	悪少年の争論	「七，八歳の頃より手癖あしく常に近傍の子供達を悩ましたるが此頃は最早一廉の悪人となり」
明治33年4月16日	16	女	悪少女の放火	「年に似合はぬ不敵女なり」

184

明治33年10月1日	14・14	男	二人の悪少年捕はる	「生れながらの悪童にて窃盗を働きし爲め處刑を受けし事」
明治34年3月21日	14・18	男	小学生を脅やかせし悪少年	「末恐ろしき小強盗こそ現はれたれ」
明治34年7月6日	16	女	悪少女警官を欺く	「大膽不敵な少女もあるものにこそ」
明治34年7月21日	15	女	少女の大金窃取	「同人は少しもわるびれず悠々として引かれゆきしとは末恐ろしいき心地ぞする」
明治34年12月5日	14	女	悪少女	「末恐ろしき少女なり」
明治35年4月8日	15	男	滑稽小僧の刑事巡査	「大擔にも刑事を名乗る不敵の小僧にて末恐ろしき奴」「養父母は涙ながらに米次郎の悪少年なる事を語りし宜しく御懲罰を乞ふとの事」
明治35年4月23日	17・18・18	男	三人組の悪少年捕はる	「怖しき悪少年共かな」
明治35年6月3日	13	男	相模川の上流に悪少年の惨劇(十三歳の少年九歳の少年を殺す)	「同人は性來の横着にて而も膽太く近所合壁へ屢々迷惑をかくる事あるより誰も豊といふ者なく悪太郎々々々と云ひ居たり」
明治35年7月1日	14・14	男	悪少年の二人阿呆陀羅	「行末の思ひやらるる少年なり」
明治36年2月26日	16	女	小娘の賊	「小娘の迷ひこそ恐ろしけれ」
明治36年4月2日	15・18	男	二少年父を殺さんとす	「人倫廃頽して鬼畜の如き心に堕落せし世の中なるか聞くも恐ろしき悪少年の兇行こそ現はれにけれ」
明治36年5月14日	17	男	恐るべき放火少年	「實に不敵の悪少年なり」
明治36年6月29日	14	男	悪少年の竊盗放火	「悪少年の行末こそ恐ろしけれ」
明治36年7月13日	14	男	悪少年學生喧嘩を買ふ	「中學校の生徒なりしが性質の不良なるより放蕩書生の群れに交はりて無頼の行爲のみをなし」
明治36年8月24日	15	男	悪少年	「悪少年の心根こそ太々しけれ」
明治36年9月28日	12	男	正ちゃん(悪少年のはなし)	「斯んな子は末始終何んな人間になるでせうか考へれば恐ろしい事であります」
明治36年10月13日	9	男	悪少年と親の嘆き	「子を思ふ故に迷ふとはなべての親の心なるが別て氣の毒なるは斯る悪少年を子に持てる親心ぞかし」「我子を懲してくれよと願ふ親の心こそ哀れなれ」
明治36年10月15日	14	男	悪少年五十餘戸を荒す	「悪太郎あり七,八歳の頃より手癖良からず兩親は殆と持て餘し如何やうにもして直なる人になさばやと日夜心を碎く」
明治36年11月28日	14	男	少年の持兇器強盗犯	「末怖ろしとは實に斯る少年をやいふなるべし」
明治37年3月26日	15	男	少年の横着	「箸にも棒にもかからぬ悪たれ小僧にて」「末恐しき少年なる」
明治37年10月21日	13	女	大阪富豪毒殺事件の豫審決定(恐るべき少女の犯罪)	「僅か十三歳の少女にして此行爲あり前途恐るべきの毒婦ならずや」
明治38年2月4日	13	男	悪少年新橋停車場を荒す	「世の中に悪といふ字はあらざりせば可憐の少年等は之を習ひ覺えまじくに恨めしきは此の字なり」
明治38年3月16日	14・16・16・17	男	四人組悪少年捕はる	「是等悪徒の前途こそ思ひ遣らるれ」
明治38年6月9日	13	男	名譽の少年盗を働く	「名譽の少年は末恐ろしき警察署刻印つきの悪少年と變じ終れり」
明治38年6月29日	12・13	男	菓子の搔浚ひ	「既に五,六回も懲治檻入をなしたる悪小僧なる」
明治38年8月8日	19	男	本郷駒込の主人殺し	「一朝の怒りに殺人の大罪を犯す恐れても恐るべきは短慮なり愼むべし戒むべし」
明治39年1月25日	14	男	強盗騒ぎは少年の悪計	「末恐ろしき悪少年かな」
明治39年6月27日	19	男	学生共謀の悪策	「世を憚らぬ不良學生の所業こそ憎けれ」
明治39年9月8日	14	男	小学生徒の殺人(廣島)	「性質極めて不良にして常に他生徒を苦しめ村内の憎まれ者なりし」
明治39年10月13日	16	男	悪少年懲治場へ入る	「斯る子を持てる親の嘆き佐こそと思ひ遣らるるなり」
明治39年11月28日	10	男	膽太き悪少年	「斯の三代三の行末何となるべきか」
明治39年12月2日	15	男	恐るべき悪少年	「體は小さいけれど膽は太いやと今の音羽屋の緋ゞ小僧を眞似たる悪少年あり」「既に十二三歳の時より不良の事をのみ働き屢度淺草署の厄介となりし者なりとぞ其曲れる性根何とかして直して遣り度くぞ思はる」
明治40年1月8日	7・10・11・15・16	男	悪少年の集會	「年に似合はぬ悪少年」「一層の悪太郎にて末恐ろしき者共なる」
明治40年12月25日	16・16	男	悪少年の詐欺	「揃ひも揃ふた悪少年なり」

出典) 本表の記事は,すべて東京朝日新聞の記事より作成した。また明治14年から明治17年の見出しは,朝日新聞データベース「聞蔵Ⅱ」による

げ得々たる惡風近來盛に行はるゝ由なれば家庭は元より是等兒童を教導する學校教師に於ても十分なる監督を要すべきなり」(朝日 1903.10.12)とあるように学校の教師に対する要請もコメントから知ることができる。

　これらのコメントには，現代の社説に近い新聞メディアの声(見解)が読み取れる。今日とは異なり，事件の当事者である少年の住所や氏名，年齢，そして過去から事件を起こす経緯までが詳細に報道されており，その情報をもとにして購読者が事件を理解(または感情移入)するために新聞メディアの心情的な表現が受け入れられやすい条件が揃っていたと思われる。

　当時の社説をみると，中学校において4人の学生が1人の上級生と喧嘩してその1人が短刀で相手を刺殺した事件に対して，「其事たる絶えて前例無きものにも非ず，又其殺したる動機も言はば其場の出來心なるべければ，深く之を咎む可らずと言ふ者有らん。又現に被害者の實父は，加害者の近親に向つて敢て加害者を怨まず，能ふ可くんば加害者を無罪にも仕度しと言へる趣にて，世人の此の犯罪に對する憎惡或は輕からんとする有様なるが，吾人は聊か見る所を異にせり。(中略) 吾人は敢て茲に嚴正なる裁判と言ふ，其理由は，此の如き犯罪に對し，漫りに宋襄の仁を施し，寛大に過ぐる裁判を下すは，他の幾多の學生をして殺人の如き大罪を輕視し，屢々之を犯さしむるの虞有ればなり。近來學生の風儀墮落したりと言ふ世評は，果して當れりや否や疑問なれども，十七八の少年が，學問に要も無き兇器などを懐中すること，一般に流行しつゝ有りとすれば，其腐敗は辯護する餘地無し」(朝日 1909.6.9)と報じている。社会問題化する学生の犯罪に対する厳罰的な姿勢が，この社説から窺い知ることができる。そこには，新聞報道がマス・メディアとして社会的使命を帯び，特集記事を含めた事件報道とコメントを通じて少年の不良化を抑止し是正していく姿勢が読み取れる。これは「不良少年」観としても共通する点である。その後，大正期になると少年法等の法整備が進み報道姿勢も変化していく。

3．大正期の少年事件報道の特徴と「不良少年」観

（1）事件記事の見出しとニュース価値

　大正期は1912年7月30日から1926年12月25日までの計5,262日間であるが，『東京朝日新聞』に関しては賃上げ要求による休刊（大正8年7月31日から同年8月3日まで）および関東大震災時の『大阪朝日新聞』の代替期間（大正12年9月2日から同年同月11日まで）は含まれていない。この年齢区分を基準にして大正期の少年犯罪および不良少年少女に関連する記事を抽出すると1,516件が認められた[5]。この記事をもとに大正期の少年犯罪と新聞報道を考察する。

　ここでは，少年犯罪に関する記事を中心に取りあげる。先述した基準から少年犯罪および不良少年少女に関連する記事（1,516件）にこの基準を用いて選ばれた少年犯罪の掲載記事は906件（複数回掲載された同一の少年事件は一つと数えている）であった。

　はじめに，906件の少年犯罪報道を男女比でみると，男性88.9%（1,158人），女性は11.1%（144人）であった。当時の警視庁が把握していた「黒表（ブラックリスト）」では，不良少女は全体の一割を占めていた（朝日　1924.6.16）。この結果から『東京朝日新聞』に関して，実際の少女事件数とその事件報道数に大差はなく，不良少女の事件報道に関しては偏った報道は比率の上で認められなかった。また，新聞報道された少年事件のなかで「共犯」は30.5%（277件）であり，そのなかで成人が含まれる「共犯」の少年事件は16.3%（148件）であった[6]。また，『東京朝日新聞』はその名のとおり東京を中心とする情報を発信していたわけだが，少年犯罪事件の犯行場所からみても73.3%（664件）が東京で発生した事件を取りあげている。したがって，本章における大正期の少年報道は，主に東京（首都圏）を事件発生場所とする少年犯罪である。

　さらに，当時の少年報道の全体的な傾向をみるため新聞の「見出し」に注目したい。矢島正見（1996）は，犯罪報道の社会学的分析枠組みから記事の見出しと犯罪統計を用いて「新聞報道率」を指標に，マス・メディアによって形成される犯罪観について分析している。そこでは，マス・メディアという「ブラックボッ

クス」（インプットされた「犯罪事実」を「報道事実」としてアウトプットする機能）に
着目し，「犯罪事実」とは異なる「報道事実」が社会問題を喚起し，犯罪観を形
成すると指摘している。特にその「ブラックボックス」には，「社会的使命」と
「話題の提供」に裏づけられたニュース価値が形成され，この価値が犯罪事実か
ら報道事実としてのアウトプットの段階における事実の取捨選択と内容のアレ
ンジの判断基準になると述べている。本章では，大正期の基礎的な犯罪統計資料
がすべて揃わないために「見出し」のみを用いて少年犯罪報道の傾向を確認した
い。

　ここで，少年犯罪記事の見出しを基準に，4倍以上の活字を使用しているもの
を大記事とし2倍以上4倍未満を中記事，2倍未満の記事を小記事とする。この
結果，大記事として報道された少年事件は，対象とした少年犯罪事件数（906件）
のうち6.0%（54件）であり，小記事は6.2%（56件）であった。つまり，大多数の
少年犯罪事件は，中記事87.9%（796件）として報道されていた。中記事は，厳密
に分析すれば見出しの大きさに幅があるため事件の情報量（文字数）に幅がある。
しかし，多くの少年犯罪事件が小記事ではなく中記事で報道されていた事実は，
購読者の求める少年犯罪の情報を満たすだけの内容が安定して報道されていた
ことを示している。次に，大記事として報道された少年犯罪について分析を進め
る。

（2）連続掲載される少年犯罪とその特徴

　当時の紙面では，少年事件について同一の事件を連続して報道することは稀
であり，多くの少年犯罪報道は，現代の軽微な少年事件と同様に1回のみの掲載
であった。つまり，掲載が複数回あるものは，それだけニュース価値があり購読
者の興味をひく少年事件と考えられる。その特徴から報道回数や紙面（見出し）の
大きさに着目し，大正期に掲載された少年犯罪記事のなかで複数回報道された
ものを選び出して，その犯罪報道に共通する特徴を明らかにしたい。だたし，こ
こでは事件数を絞るため主に4回以上の掲載がある事件で，見出しが大記事で報
道されているか，またはその少年事件についての特集が組まれているものを中

心に取りあげた。表5-4は，上記の基準により選んだ少年犯罪事件をまとめたものである[7]。

　表5-4をみると，殺人や強盗などの凶悪事件が中心に報道されている。資料上，東京を発生場所とする記事が中心になるが，その他の地域で連続して起こった「女学生（うたの・みつぎ）殺人事件」や「列車内短銃強盗事件」なども連日報じられている。

　性別や年齢，「共犯」の有無については，共通するような傾向は認められない。ここでは取りあげていないが，泣き止まない妹を殺害した「九歳の少年殺人，被害者は二歳の妹」（朝日　1914.4.21）や9歳の窃盗事件である「末恐ろしい少女，九歳で窃盗掻拂」（朝日　1915.8.20）など，加害者が低年齢の犯罪も多く掲載されている。しかし，その報道も1回のみの掲載がほとんどである。この点については，「小学生」の犯罪分析で改めて考察したい。ここで，各事件の概要を簡単に説明する。

　はじめに，「少女強盗事件」（朝日　1918.6.27）である。当時としては，不良少女の犯罪は売春やスリ，拐帯などが一般的であった。しかし，17歳の少女が19歳の少女に対して，手斧で脅し金品を強奪することは当時でも珍しい事件であった。その後，第1回目の公判には傍聴者が開廷前から数百名に達していたと報道されていることから，人びとの関心をひく事件であったことがわかる。次に，「多田薬師境内絞殺事件」（朝日　1920.1.3）は，八百屋の息子が活動写真館の帰りに絞

表 5-4　特別な報道が組まれた主な少年犯罪事件

事件名	事件発生年月日	発生場所	性別・年齢	共犯	被害者
少女強盗事件	大正7年6月24日	東京深川区和倉町	女（17歳）	なし	留守番の少女（13歳）
多田薬師境内絞殺事件	大正9年1月2日	東京本所番場町	男（19歳）	なし	八百屋の息子（12歳）
女学生（うたの・みつぎ）殺人事件	大正9年3月24日 大正9年3月25日	兵庫県河邊郡立花村 大阪府大阪市北区	男（15・16・16・17歳）	あり	高等女学生（18歳） 女学生（16歳）
高師生刺殺事件	大正10年5月4日	東京本郷区	男（18歳）	なし	東京高等師範学生3年（24歳）
列車内短銃強盗事件	大正11年5月5日	栃木県宇都宮駅	男（19歳）	なし	乗客の男性（29歳），女性（51歳）
名教中学生刺殺事件	大正11年10月16日	神奈川県鎌倉郡戸塚町	男（19歳）	なし	名教中学1年生（13歳）
リッチ氏狙撃事件	大正14年9月28日	東京麹町紀尾井町	女（16歳）	なし	イタリア男性商人
にせ札少女事件	大正15年7月23,24,25日	東京牛込区薬王寺町	女（16・19・19歳）	あり	駄菓子屋，紙屋．

注）事件名については，見出しではなく筆者が事件の内容から総称して名づけた。
出典）東京朝日新聞の記事より作成

殺された事件である。加害者の少年は，活動写真代で金銭が無くなったための犯行であると自供した。この事件報道では，当時問題視されていた「活動写真」を強調した内容が特徴である。

また連続した「女学生殺人事件」は，「又も大阪で女學生惨殺さる，卒業式の踊りに山林中にて絞殺，不良少年の所爲か」(朝日 1920.3.28) という見出しで報道され，不良少年の誘拐による絞殺を疑う報道内容であった。加害者は2名 (満16歳) であり，「大阪のうたの殺しは不良少年の出來心，婦人惨殺の活動を見物して好奇心を起したその翌日に」(朝日 1920.5.5) という見出しからもわかるように「活動写真」を犯行動機として報道している。この事件を受けて後日の紙面 (朝日 1920.5.7) では，少年法の起草に携わった山岡参事官の談話が掲載されている。その導入部分で取材担当者は，「うたの殺しの秘密の鑰が開かれると夫れが僅か十六歳の不良少年の出來心の結果と判明して，娘持つ親達は今更不安に脅かされない譯に行かぬ，活動寫眞，不良少年，殺人と並べると新しい文明が生み出す世の塵の罪深いに戰かざるを得ない」と述べている。この記事が読者に送るメッセージは，まさに少年犯罪に対する「不安」である。

翌年には，「高師生刺殺事件」(朝日 1921.5.4夕刊) が報道される。高等師範学校3年生 (満24歳) が友人二人と飲食後の帰宅途中で，職人風の男と口論になり短刀で刺殺された事件である。犯人は，時計職人であり，犯行時に同伴していた内縁の妻 (満31歳) が「金ちゃんおよしよ」と叫んだことが逮捕の手掛かりになった。この容疑者が18歳の少年であることが判明すると，記事ではすぐに東京の児童保護員の調査結果を用いて，「近來不良少年の増加は著るしい傾向である。そしてだんだん險惡な性質を帯るやうになつた。本郷の大學前で高師の學生を刺殺したなどは最も兇暴的な實例であるがその他に隠れた戰慄すべき事實は少なくない」(朝日 1921.5.6夕刊) と注意を喚起している。

この報道で特徴的な点は，被害者および被疑者の写真が掲載されていることである。またこれまでの事件も同様であるが，少年法が施行される以前 (大正12年1月1日) であるため加害者の少年は実名で報道されている。さらに犯人逮捕の同紙面には，「近頃の不良少年は硬軟の合の子，黒表には男女三千人，禍となる

懐中の兇器」(朝日 1921.5.6) という記事が掲載されている。この記事には，警視庁が不良少年について把握している「ブラックリスト」が紹介されており，暴力的な「硬派不良少年」の増加と彼らが不良の仲間入りの為に携帯する短刀に対する注意が喚起されている。その後の取材で，18歳の少年は「白團（ボソート団）」の首領「目玉の金」として不良少年少女仲間に幅を利かしていたことがわかり，判決は懲役13年となった。

　また「列車内短銃強盗事件」(朝日 1922.5.6) は，少年犯罪の問題よりも列車内の電灯を消して短銃を使って強盗をしたことが大きく報道されている。この事件を起こした少年は，宇都宮駅電燈検査手であったが，勤務態度が不真面という理由で同年2月に解雇されていた。「高師生刺殺事件」と同様に少年の写真と生い立ちが掲載されている。その犯行動機は，現金が欲しくなり「探偵小説」や「飛行少年」などの小説から思い立ったと報道され，死傷者もなく短銃自体が玩具であった。

　「名教中学生刺殺事件」(朝日 1922.10.17) は，名教中学生が法政大学予科1年生に刺殺された事件である。この事件の特徴は，友人に依頼された犯行であり，その要因に女学生がかかわっていたことがあげられる。加害少年は翌日に友人につれられて自首したが，被害少年が美人女学生を巡り周囲の学生から反感をかっていたことが原因とわかった。後日の記事には，その少女（満18歳）の素生や少女の写真が掲載されている。この加害少年は，警視庁の「ブラックリスト」に記載されている不良少年であり，被害少年も教員と喧嘩し名教中学に転校したばかりの不良少年であった。その後の記事には，「女を惑はすのを誇りとする不良少年」(朝日 1922.10.19夕刊) と大きな見出しで報じられ，記事の冒頭には「名教中學生殺しに依つて不良少年といふ言葉の響きが年頃の子女を持つ親達の心に再び不安な影を投げ初めた」と掲載されている。この報道も，実際には不良少年の事件であるが，その間に女学生が関与していることで，「女学生殺人事件」と同様に子どもを持つ親に対する注意や不安を促すような報道がおこなわれている。

　このほかにも，法務大臣も公判を傍聴した「正則中学生の明治学生徒刺殺事

件」(朝日 1923.2.13) や「攻玉舎工学生徒刺殺事件」(朝日 1923.2.23) が起こり，「学生」と「不良少年」が関連する少年事件報道が多く取りあげられた。一連の学生事件を受けて「斯うした恐ろしい犯罪の動機は皆同じ様にそこには大した怨嗟もなく眞實の發作で子持つ親の眞摯に考えねばならぬことだ，そして斯うしたグループの學生はいづれも警視廳などで注目してゐる所謂不良少年中『硬派』に屬する者共で彼等は常に懐に鋭利な兇器を祕ましてゐる，これが偶々取返しのつかぬ結果を生んでゐる」(朝日 1923.2.27夕刊) として，被害者ではなく加害者の親にならない為の注意が喚起されている。

また「リッチ氏狙撃事件」(朝日 1925.9.29) は，イタリア大使館内で少女が短銃で狙撃した事件である。この事件は，「十六歳の一少女が短銃で外人を撃つ，被害者はイタリー人＝二ヶ所負傷，舊大使館内で兇行」(朝日 1925.9.29) として，当初から紙面に大きく取りあげられており，少女 (16歳) の射撃した理由や通報後の被害者である外国人男性の不審な行動がさまざまな憶測を呼んだ。その後，この事件は被害者男性の密輸事件へと進展していく。

最後は，「にせ札少女事件」(朝日 1926.7.25，朝日 1926.7.26，朝日 1926.7.27) である。この事件は，少女がにせ10円札を出して釣り銭を騙し取る犯行であり，写真入りで偽札と本物の紙幣を掲載して注意を促している。その後，早大生夫婦とその妹で高等女学科3年 (満16歳) の犯行が判明した。逮捕後の聴取によって，学費に苦慮し落第した兄夫婦がこの事件を思い立ち，福岡県から兄夫婦に頼って上京した妹，姉 (満19歳) を含めた4人の犯行であることが明らかになった。この当時，にせ札による詐欺犯罪は珍しい事件であり，世間の注目を引くものであった。さらに，犯行が少女を介しているために事件報道が大きく扱われたようである。

ここまでの少年犯罪報道のなかで共通する点をまとめると，① 不安的な要素が存在すること，② 希少性が高いこと，③ 事件の原因がこれまでの通説 (活動写真など) に沿っていることがあげられる[8]。次に当時の社会的背景を踏まえながら，これらの少年犯罪報道の共通点を考察する。

（3）大記事の少年事件報道とその背景

　これまでは，大記事を中心に当時の少年犯罪報道の特徴について明らかにした。さらにこの共通する特徴を新聞記事から検証してみたい。そこで，少年犯罪の要因にあげられる「活動写真」と，親の不安を煽る「児童の誘拐と誘惑」および「不良少女」問題を中心に分析する。また低年齢の少年犯罪として，「小学生」の犯罪報道についてみてみたい。

1）活動写真における不良原因（「ジゴマ」）批判と被害場所の変容

　東京少年審判所長鈴木賀一郎（1935）によれば，活動写真は，明治26（1893）年の春に東京市神田区の「錦輝館」で興行されたのが最初で，連日満員の集客数を得ていた。そして，この活動写真の流行が明治末期にジゴマ式の少年犯罪の増加に結び付いたと指摘する。ジゴマ式の不良行為とは，「金五百圓を正東寺の縁の下へ埋めて置け，置かぬと一家を焼き拂ふぞ」（鈴木 1935：51）などの脅迫をおこなうものであり，その模倣性や伝播性が当時の警察や検察などの統制機関から問題視されていた。また警察講習所教授郷津茂樹は，ジゴマ式の少年犯罪と新聞報道について，興味本位で模倣する者が続出していたことから，「当時の新聞紙に『ジゴマ』類似の犯罪の内容を記載することを，禁止せられたことが有つたやうに思ふ」（郷津 1922：140）と回顧している。

　この「ジゴマ」関連の活動写真が少年に悪影響を与えるということで，警視庁を中心としてさまざまな対策が講じられた。その対策は，「少年館」と「青年館」を設けて男女の観覧席を区別するもので，その規制は活動写真館の運営にまで広げられた（朝日 1917.5.18）。その後，警視庁内に活動写真の検閲室が設けられ，活動写真館は「十五歳以下入場を禁ず」と明記した立札の設置を所轄警察から言い渡されるなど，少年少女の不良化と活動写真の関係が規制を通じて当時の人びとの一般的な理解（常識）として浸透する。このような規制の結果，ジゴマ式の犯罪は減り，活動写真の内容に対する批判は落ち着いた（朝日 1919.2.18）。

　しかし，一方で活動写真問題は，活動写真館内の「悪風感染」として問題視されはじめる。当時の記事には，「彼等兒童はフイルム其のものから受ける感化よ

りも館内の猥雑な空氣から受ける感化の方が遥かに大である，此點は殊に注目を要する」（朝日　1918.5.11）として，不良化と映画館内の環境に注意を払うように呼びかけている。

表5-5は，活動写真の内容もしくは活動写真料金に起因する大正後期の主な少年犯罪をまとめたものである。

今日でもテレビやゲーム，ネットによる子どもへの悪影響が話題となり，少年犯罪が起こるたびに問題視されているが，当時も表5-5の見出しからわかるよう

表5-5　活動写真と少年犯罪報道

掲載年月日	見出し
大正9年7月7日	十三の生徒が釣錢詐取，二十一軒の白米商から，教育會の問題となる
大正10年3月24日夕刊	活動を見て放火狂になつた，帝大生宅の美人女中，佛國名女優にかぶれて
大正10年5月21日	活動好が生んだ罪，絵葉書蒐めから實行に，拳銃強盗の二職工
大正13年2月23日	通行の娘を襲ふ，活動カブレの悪少年白晝府下吾妻の路上で
大正13年8月9日夕刊	名門青年を中心に活動寫眞式の強盗團，萬引男から端なくも發覺す，川田芳子を襲つたのもこの一味，日比谷署大活動
大正13年10月4日	本泥棒捕はる，映畫見たさに悪事を働く
大正13年11月6日	放火した少年，防火宣傳が逆用された事例，幼い心をそゝる火事の活動寫眞
大正13年12月15日夕刊	窓から飛込んだ少年，映畫みたさに
大正14年1月23日	東海道下りした活動狂の少年，京都から自轉車で東京へ無錢飲食で捕はる
大正14年2月14日	活動寫眞の感化から六回も放火した少年，親父は怠け者で賭博好きの人，騒ぐを興がり夜學の歸り途に
大正15年2月16日	活動女優戀しさに大學を棄て，泥棒かせぎ，千圓貯めようとの念願から罪の淵に陥つた二人の青年，一人は無情な繼母にしひたげられて
大正15年3月2日夕刊	八百屋お七の映畫に動され少年放火，王子榎町の火事の犯人活動寫眞館で捕る
大正15年3月31日夕刊	騒ぎ面白さに又も少年の放火，活動館で日を送る少年捕縛，頻々たる川崎の放火
大正15年4月4日	銀座通りの屋上で怪少年刑事に斬付く，風呂敷で覆面し短刀逆手に寺内時計店に忍入らんとす，活動寫眞の悪感化
大正15年5月5日夕刊	小僧のために寝首をかゝる，親兄弟も故郷も知らない活動寫眞狂の不良少年，夢で思ひついた兇行

出典）東京朝日新聞の記事より作成

に活動写真による子どもへの悪影響は定説化されていたようである。

　一方，少年犯罪の被害場所は，これまでの活動写真館から行楽地へと移っていく。「植物園内の不良少年，花時に乗ずる悪手段暗號で集團的に行樂の人々を脅かす最近の傾向」（朝日 1921.3.26 夕刊）の記事では，「元來彼等の舞臺は公園，盛場，劇場，寄席などで以前は活動寫眞館も選ばれたが取締が厳重になつた爲，最近は小石川の植物園を唯一な活動舞臺とするやうになつた」と報道されている。

　警察の取締りによって少年犯罪は，少年少女が集まり，犯行が目立たず逃走が容易である植物園や博覧会などに移った。さらに，「不良男女が渦を巻いて毒牙を揮ふ植物園，誘惑や密會，連れ込みなどで毎日檢擧される大中學生，娘の一人遊びは危険だと富坂署長語る」（朝日 1921.5.27 夕刊）の見出しからもわかるように，親への不良少年少女に対する警戒は掲載され続けている。その後の不良少女問題では，被害場所である「カフェ（カフェー）」や「バー」も子どもの不良化を促す場所として紙面で注意を喚起している。

　この状況を受けて警察は，被害場所や犯罪手法の変化に対応するため，手始めに強盗や脅迫の犯行時に使われる短刀に着目した。警視庁は，「問題の短刀，ヒ首其他類似の戎器所持者」に対する規制を強め，「未成年者の所持者に對しては従來としても銃砲火薬類取締規則中に含まれてゐたが殆ど励行されてゐなかつたので，これを生かし違反者に對しては三月以上五十圓以内又は拘留科料に處する，これで不良少年兇行の取締も出來る」（朝日 1923.3.29 夕刊）と期待しており，暴力的な少年犯罪に一定の効果があらわれたらしい。

　ところが，暴力的な不良行為に対する厳罰化が進むなかで，短刀等を用いた暴力的な不良行為に対する規制が厳しくなると，一部の不良少年は，「去る四月一日から小刀短刀の携帯を禁止されたるより近來品川より大森穴守鶴見間を約一尺五寸位の十手を携へて婦女子を脅迫し歩く不良少年團ある」（朝日 1923.4.11 夕刊）など，規制の裏をかいて犯行をおこなう者が出てきた。しかし，全体的な傾向として，「警視廳が不良と認めて取調べた多くの男女の其大部分は，昨年中山や海の避暑先に始まつてゐたと云ふ恐るべき事實がある（中略）謂軟派と稱する不良の徒はこの避暑地先に入り込むためいろいろな方法で金を蓄へ，如何にも

良家の子弟の如く装つては贅澤三昧に浸りつつ好機を狙つてゐる」(朝日 1923.8.10夕刊)の記事からもわかるように，婦女子に対する詐欺を犯行の中心とした「軟派不良少年」が台頭してきた。

2)「児童の誘拐・誘惑」と不良少女問題

　ここまでみてきたように，少年犯罪報道における不良化の原因や被害場所は変容し続けていた。このような少年事件の記事を読む当時の保護者は，現在の親と同様に，自分の子どもが不良化せずに犯罪被害者にならないことを願っていたのかもしれない。特に不良少年による誘惑や誘拐は，当時の保護者には大きな不安であり関心事であった。「二少年の行方，一人は失踪してから二十三日目になる，夕刻のおもて遊びは危険」(朝日 1922.3.8夕刊)の記事には，少年(12歳)の母が「氣が弱く一人では湯にも參れない程です。不良少年にでも誘拐されたものか氣がゝりでなりません」と語っている。また，「渡米すると遺書して家出した三少年愛宕高等小學の一年生，その中の一人は不良少年で他の二名は誘惑されたらしい」(朝日 1923.3.9夕刊)や「不良少年に誘拐されたか，八百圓を携へて素封家の息子行方不明，王子署大活動」(朝日 1925.3.25)など，失踪の原因と不良少年を結びつける記事の見出しが多く認められる。この背景には，ジゴマ式の誘拐などの活動写真と少年犯罪の関係が一般的な常識として理解されていたと推知される。

　一方では，明治時代を中心に問題視されてきた「堕落女学生」は大正期に入り，「不良少女」として新たな社会問題として注目される。高等女学校の教育の正当化と安定化を進めていく過程で排除の対象となった「堕落女学生」は，良妻賢母主義の教育が否定的につくり出した表象として存在した(稲垣 2007：133)。特に，不良少女問題を理解するためには，都市部を中心とする大衆文化の浸透と良妻賢母主義的教育観に基づく少女観の抵触を前提としなければならない。活動写真館や「カフェ」などに女学生や少女が出入りすることは，不良少年や不良学生に狙われる被害者としての警戒とともに，不良少女への第一歩とみなされていた。

不良少女の実態については，後章で改めてみていく。ここでは不良少女にかか
わる主な事件のみを表5-6にまとめた。

　この不良少女事件はほんの一部であり，軽微な事件を加えればこの他に多く
の不良少女の事件記事がある。特に，大正10年以降はその数が増しており，「ブ
ラックリスト上の不良は約二千で内一割が不良少女だが，この内，六百人程は何
の力を以てしても救ふ事の出来ないものである，これ等の多くは軟派に属し，殺
伐な硬派不良は時代の反映か殆ど姿を消して，カフエーとか盛り場を根城とす

表5-6　不良少女の犯罪事件記事

掲載年月日	年　齢	見出し
大正4年8月20日	9	末恐ろしい少女，九歳で竊盗搔拂
大正7年6月27日	17	女強盗，遂に捕はる，十七歳の虚榮不良少女
大正7年8月25日	10	十歳の少女竊盗を働く，前神奈川縣立工業學校教諭の娘，遣ひ切れぬ金は便所の中に投棄，東京の親類にも盗癖ある息子がある
大正10年9月15日	16	斷髪の怪少女，常に女給や女學生を裝ふ不良少女，京都驛で逮捕さる
大正10年9月26日	18	不良少女割腹す，高女の優等卒業生，情夫の中學生と密會中
大正11年3月22日夕刊	13	萬引拐帶搔拂ひと，恐ろしい不良少女，まだ肩上の富豪の娘，親の金は勿論親戚や他人の家を荒し廻つて竊盗し，活動寫眞の女を誘惑
大正11年5月5日夕刊	10	小學生仲達の同級生を毆殺す，過つて足を踏んだが原因で肋骨を滅茶苦茶に
大正11年9月21日	13	恐ろしい少女，盗んだ金を不良少年に分配
大正11年11月25日	19	あれが泥棒，青山師範の音樂會で引致，流行の洋裝姿で驚かした不良少女
大正12年4月7日	17・17・18	七日を期して不良分子大檢擧，全市警察連絡の下に，殊に恐ろしい不良少女
大正13年6月22日夕刊	17	十七の女工が男二人を斬り，北品川血塗れ騒ぎ，被害者は重傷
大正13年10月25日	15	男裝の少女，各所に忍び竊盗，巧妙に便所口からもぐる
大正14年3月31日	16・18	自動車に乗つた二人の不良少女，四百圓を盗んで遊び廻る，中央工藝學校生
大正14年6月2日	15	泣きの涙で四十男から大金を盗取つた少女，まんまと田舎娘に化け込んだ僅か十五歳の不良少女團長
大正14年6月9日	15	財布の中は意外の大金，俄かにうれしくなり御馳走に舌づゝみ，木賃宿で七百圓盗つた小娘
大正14年6月29日夕刊	10	五人組の竊盗團に交る十九歳の不良少女，淺草のカフエーを本據にして数十件を荒し廻る
大正14年7月14日夕刊	13・14	小學校の女生徒が不良団を組んで橫行，「鈴蘭組」と稱して級友を脅迫，十四歳で情夫を持つ副團長，佐原小學校の怪事件
大正14年10月3日	17・17・17・17・18	不良少年少女數百名の檢擧，三田署が数日間に亘つて全員をあげての活動
大正15年8月1日夕刊	13・14・14・14・17	不良少女五人組，上野のガード下で相談
大正15年8月12日夕刊	13	百貨店の地下室に潜む小娘泥棒

出典）東京朝日新聞の記事より作成

るもののみの横行となつた，無論婦女子を追ひ廻すものの外に搔淺ひを專門の浮浪兒も多いのである，不良少女は女給タイピストに多く，交換手に少いのは仕事に忙しい關係もあらう，品川方面には不良少女約五十人が集まつた團體が夜毎に跳梁するさうだ」(朝日 1924.6.19) と報道されている。

　活動写真と同様に，「カフェ」や「バー」，「ダンスホール」などの新たな文化は，不良化要因と結びつきやすい。「カフエーから生れる近頃の學生犯罪，最も安價な酒と女の供給に今や全く不良團の巢」(朝日 1925.4.29夕刊) の記事には，老刑事の意見として，「いまではカフエーが不良のお産所であり，仕事場のやうになつて了つた，殊に震災後根城を失つた私娼等が何食はぬ顔でカフエーに現れ出し，相手の不良青少年等を引入れるやうになつたのが空氣を惡くした原因だ (中略) 又一つの傾向として不良性をおびた女學生が最近盛んにカフエーに出入するやうになり，善良な學生に近づき誘惑の手を延ばすものも出來て來ました」と掲載されている。やはり，この時代から新たな文化と不良化の原因を結びつけて解釈していたことがわかる。また，「嚴命を發してカフエーの取締，未成年飲酒者はどしどしと主人も共に處罰す」(朝日 1925.5.22夕刊) の記事では，警察が「未成年者飲酒禁止法」に基づき「カフェ」や「バー」を取締まることが報道されている。このような新たな文化に対する規制および禁止の対応が取られる点も現代と同様の傾向と解することができる。

　新聞メディアは，子どもの不良化と犯罪被害 (または被害場所) を少年犯罪報道と合わせながら報道した。そして，新たな文化と不良化の原因を結びつけることで，購読者 (保護者) に少年少女の不良化の新しい形態として報知していたことがわかる。

3)「小学生」事件の氾濫と教育環境

　当時の「尋常小学校」は，今日と同じ6年間の修学期間であった。その後，成績や授業料の関係から「中学校」(男性)，「高等女学校」(女性)，「高等小学校」(男女) などさまざまな進学コースが用意されていた。「小学生」(尋常・高等) の犯罪は，「中学生」の犯罪数とくらべれば，それ以上に凶悪な事件が多く認められる。

表5-7は，主な小学生の犯罪事件をまとめたものである。

　この表5-7から，殺人事件では「小学生」とナイフを使った刺殺事件が主に掲載されていることがわかる。しかし，ほとんどの「小学生」事件は，中記事もし

表5-7　「小学生」の犯罪事件記事

掲載年月日	見出し
大正3年5月5日	小學生の大罪，和泉小學校放火犯人
大正4年2月16日	小學生徒の刃傷，被害者重傷
大正4年5月5日	小學生徒の刃傷，學友を斬り付く
大正4年5月13日	小學生毆打騒ぎ，相手の兒童氣絶す
大正4年5月25日	小學生毒殺を謀る，筆一本が遺恨の原
大正4年9月15日	小學生の刃傷，九歳と十三歳
大正4年10月13日	小學生の刃傷，一方は重傷
大正5年4月17日	小學生友達を刺殺す，幻燈映畫紛失が因
大正5年4月18日	京橋高等小學生徒，他校の生徒を殺す，加害少年自殺を企つ
大正5年5月1日	又も埼玉縣に小學生の刃傷，粗暴なる落第生
大正6年1月8日	喧嘩が因で小學生の死，死體は大學で解剖
大正6年4月3日	小學生の刃傷，一人は右眼を失ふ
大正6年7月4日	四谷小學生の惡戲放火，三人の亂暴者，鉋屑を積んで
大正7年12月26日	小學生友達を刺殺す，校庭に於て爭論の結果
大正8年9月4日	小學生刃傷
大正9年11月19日	小學生共謀の竊盗，尋常以下ゆゑ全部不起訴か
大正11年3月19日夕刊	小學生十餘名の大賭博檢擧，胴元は前科者の老爺，『久しい以前からのことで申譯がない』と郡視學語る
大正11年5月2日夕刊	小學生仲違ひの同級生を毆殺す，過つて足を踏んだが原因で　肋骨を滅茶苦茶に
大正11年7月30日夕刊	小學生三名が職員室に忍込む，度々學校で泥棒する
大正11年12月7日	小學生の刃傷，鉛筆の貸借から教室で大騒團ナイフや棒で二名の重傷
大正12年4月17日	小學生徒が友を殺す，學校内で喧嘩して
大正12年10月25日	バットで毆られ小學生死亡
大正12年12月3日	小學生刺さる
大正13年3月10日夕刊	小學生學校へ放火，十一歳の菓子屋の小娘
大正14年1月23日夕刊	小學生，友を刺す
大正14年2月12日夕刊	小學生の泥棒團，活動寫眞を眞似た犯罪
大正14年3月22日夕刊	小學生が恨の放火，青森の火事
大正14年4月8日夕刊	小學生四人が共謀して鶏泥棒，行商して得た金で活動を見て廻る
大正14年6月22日	暴力團を組織し小學生の暴行，學友團の役員に下級生が當選したので夫等を虐む
大正14年9月26日夕刊	首席の小學生がかつ拂ひ常習，文房具買ひたさに重ねて來た驚くべき犯罪
大正14年10月24日夕刊	尋常六年生，友を殺す
大正15年7月1日夕刊	寺島の放火犯人は五人組の小學生，いづれも第二吾嬬小學校生徒，昨年末から廿餘ヶ所に放火し，寺島署に檢擧さる
大正15年12月15日	鮮人の子と罵られ刺す，小學生の傷害

出典）東京朝日新聞の記事より作成

くは小記事で報道されていた。この表のなかで唯一「大記事」として報道された「京橋小学生殺傷事件」(朝日 1916.4.18) では，模範生徒であった加害少年についての学校側の見解が寄せられている。その後の記事には，「京橋小学生殺傷事件」に対するさまざまな専門家の意見が掲載されている。そのなかで教育学者乙竹岩造は，「一體文明の教化が普及し一國が勃興する時は不良少年の續出するもので英國でも十九世紀の中頃盛んに不良少年が輩出した，これは一方企業冒險の風起り，他方には一攫千金を夢みる軽跳浮薄の風が多くなる爲である。今日の日本も國勢勃興の時だから不良少年が甚だ多い，経世家，教育家は其豫防法に就いて大いに研究せねばならぬ」(朝日 1916.4.22) と述べている。同様の見解は，東京少年審判所長鈴木賀一郎も「成金景氣は一面に浪費と不良行爲を傳播し，他面貧苦に喘ぎつつ成金者を羨む階級からは又別の不良を培養するという風で，爰に成金崇拜時代も亦いちじるしく不良少年を輩出したのである」(鈴木 1935：52) と回顧している。

　また警視庁警部坂口鎭雄は，「原因は新聞紙の煽動的記事と兇器携帯の風が少年間に流行した爲であつた，京橋小學校が小刀の携帯を禁じたのはいい事と思ふが放校の處置は賛成出來ぬ，寧ろかゝる兒童を教育するのが教育家の責任ではないか」(朝日 1916.4.23) と批評している。この記事からわかるように，当時の段階で新聞報道の影響力は強く，特に少年犯罪報道については一般少年に対する影響が懸念されていた。

　さらに，新聞に掲載された事件に対する専門家の意見は，加害小学生自身よりも教育や生活環境に注意が払われる。当時の学校について，「子供が可愛さに親達は能くないことは知りつゝ，贈賄する収賄した先生達は兒童の家庭に至つて追従する夫れが兒童の目に如何にも卑屈に見える先生の權威は次第になくなる (中略) 小學校で教師の權威を認めなかつた兒童は中學校でも同じく先生を尊敬することを知らない，其上近來の中學校教師は商賣氣が餘りにあり過て反對に生徒にお世辭を云ふ，教師の權威も何もあつたものではない，此の調子では何時まで押して行つても眞の教育の施される譯はない學校騒動の頻繁としてあるのも，良家の子弟が相率ゐて不良少年になるのも原因は皆此處にある」(朝日

1912.10.23）という記事が掲載されている。このような状況に対して，東京帝国小学校長西山恕治は，「父母が教師を馬鹿にするやうでは子供は學校や教師を信頼しなくなる，斯くて父兄は自ら子供の教育を困難ならしめるのである」（朝日1913.7.16）として，教員に対する保護者の姿勢を批判している。

　近年の小学校を中心に起こっている「学級崩壊」や「モンスターペアレント」などの学校問題と同様に，当時の「小学校」や「中学校」すべての傾向とはいえないが，子どもを溺愛し教師を見下す保護者と低下する教師の権威がおよぼす学校問題は，「小学生」の不良化の要因として戦前から存在していたことがわかる。しかし，当時の教員にも言い分があるようで，下谷のある小学校教師の意見として，「兒童に對し教員の權威が乏しいと云ふのは収賄云々の事實から来るのではなくて目下流行の軟教育法のお蔭だと思ふ，今日の教育には兒童に對し一切の體罰を禁じてある（中略）先生はまるで生徒の子守かなんぞして居る有様だ是れでは確實な教育は施されない」（朝日 1912.10.24）と訴えている。

　ここではこれ以上当時の学校問題には踏み込まないが，「小学生」事件から見出される凶悪な少年犯罪に対して，近年指摘されるような少年非行に対する「低年齢化」の記事は認められなかった[10]。つまり，当時の「小学生」事件報道は，「中学生」を含めた他の未成年者と同じあつかいで報道されている。その理由についてはさらなる分析が求められるが，本章の考察では「小学生」事件報道と他の未成年者の犯罪報道に共通する点として，保安的な警鐘を社会的使命とする新聞メディアの姿勢が認められた。新聞メディアは，近代化または都市化のなかで広まる享楽的な風潮の背景にあるアノミー状況の下，少年少女に与える有害性（保護者や学校の問題）について指摘しながら，一方で保安的な側面から未成年者の実名報道をおこなっている。つまり，有害環境の被害者でもあるが，不良化の結果から加害者として社会に強い影響を与える少年少女の存在が少年事件記事から読み取れる。

（4）少年法の成立と実名報道

　当時の新聞が伝える少年犯罪報道は，テレビやネットが存在する今日の新聞

報道よりも大きな影響力をもっていたことは想像にかたくない。この少年事件に関する新聞報道に対する批判が当時の記事から窺い知れる。

「対不良少年」（朝日　1921.6.15）と題した投書には，「此頃不良少年男女のことが新聞に掲載される度に，實際に聞き合せて見ると，事實無根，事實相違或は針小棒大な事が多い。そして，さも面白そうに畫立てる傾向があるかと思ふ。これが好奇心をそゝり，不良性を挑發し，これを實行にみちびく。特にその事件の成行きを詳細に記述しているのは，方法と場所とを暗示（否明示）するにすぎない。これによつて，不良少年男女は，殖えこそすれ，減る氣づかひは無いのである。又，某々學校某學年生某々などと明記するに至つては，學校の迷惑は申す迄もなく，少年自身に取つては，社會的に殺されたと同じことで，ヤケになつてしまはずにはゐられない」とある。特に後半部分では，実名報道により「社会的に殺されたと同じ」と指摘している点は，現代の少年犯罪報道に通じる問題である。

大正11年（1922）に少年法および矯正院法が制定され，少年審判所が東京と大阪に設置された。この少年法が施行（1923）されることで，新聞の少年報道には一つの制約が課せられることになる。それは「少年法」第74条に「少年審判所ノ審判ニ付セラレタル事項又ハ少年ニ對スル刑事事件ニ付豫審又ハ公判ニ付セラレタル事項ハ之ヲ新聞紙其ノ他ノ出版物ニ掲載スルコトヲ得ス」という規定と罰則の制定である。少年法の施行以後は，これまで公然と記載されていた不良少年少女の氏名が仮名表記となり，写真の掲載もなくなった。しかし，住所や父親の氏名などは記載されたままであり，この点について鮎川潤（1994）は，条文に定めている審判，予審，公判などを禁止する以前の段階にまでその規定が厳格に準用されていなかったと指摘している。

『東京朝日新聞』をみる限り実際に少年犯罪事案に関する仮名表現は，少年法の施行の1年後の大正13年1月7日の掲載から「名を祕す」として実施している。[11]しかし，その後の少年犯罪の記事に満18歳未満の実名は，事件の内容により公表されている。

ここで，実名報道と仮名報道が混在する期間の少年事件を取りあげて，その特徴について考察したい。本稿では，満20歳未満の少年事件を対象としているが，

表 5-8　大正 14 年の少年事件の実名報道

掲載年月日	年　齢	性別	見出し
大正14年1月15日	17・(18・19)	男	無銭飲食男大暴れ，女給重傷す
大正14年2月12日	17	男	渡米夢想の少年，旅行券を印刷屋で拵らへ，八十圓拐帯して逃ぐ
大正14年2月12日	17	男	少年賊，盗んで團長に貢ぐ
大正14年2月20日夕刊	17	男	正服正帽でたゞ乗り，少年の出來心
大正14年4月11日夕刊	13	女	歸國したさに十三の少女が放火
大正14年4月21日夕刊	16・17・(19・成人)	男	花の都にスリ横行，おびたゞしい被害
大正14年5月8日夕刊	17	男	少女を襲ひ，現金一圓強奪
大正14年5月19日夕刊	15・15・15・(19)	男	電車内にすり出没，皆さん御注意
大正14年6月22日	15(成人)	男	暴力團を組織し小學生の暴行，学友團の役員に下級生が当選したので夫等を虐む
大正14年7月23日	12(成人)	男	級友の爲に二生徒袋たゝき，全級引率を任された級長が平素の憤慨を晴す
大正14年7月25日夕刊	17・17	男	二名の怪少年，少年院を脱出し竊盗，一名は正成の子孫と云ふ少年強盗
大正14年8月23日	17	男	金庫から七百圓盗む，手長の小僧
大正14年9月2日	13(成人)	男	さい銭の泥棒三十六人捕はる，混在の被服廠で八十圓に上る被害
大正14年9月26日	16	男	巣鴨の強盗捕はる
大正14年10月20日夕刊	16・16	男	鮮人すり三人組，早慶戦の混雑を荒す
大正14年10月21日夕刊	17・(19)	女	二女給検挙

注）括弧内は，共犯の年齢等を示している。
出典）東京朝日新聞の記事より作成

　少年法では対象を満18歳未満としている。そのため，仮名報道がおこなわれた
大正13年以降の少年事件記事には，満18，19歳の少年事件は従来どおり実名報
道され，事件の内容によっては写真も掲載されていた。しかし，その後の掲載で
は，満18および19歳の少年事件に対しても仮名で報道されることが多くなった。[12]
　表5-8は，仮名報道が定着しつつあった大正14年の満18歳未満で実名報道さ
れた事件をまとめたものである。
　この表からわかることは，複数犯であるかまたは軽微な犯罪が多いことであ
る。単独であっても見出しには，「出来心」や「帰国したさ」など少年少女に対
する思い入れがみて取れる。大正15年に入ると，一部の複数犯の事件を除いて
満20歳未満の少年犯罪記事のほとんどが仮名報道になっている。
　地方紙である『福岡日日新聞』においても，6月および12月の報道をみる限り
同様の傾向が認められた。つまり，大正13年の少年事件報道までは，未成年者

第5章　少年犯罪に対する新聞報道の特徴と「不良少年」観の変遷　　203

表 5-9　仮名報道移行期の少年事件報道（『福岡日日新聞』）

掲載年月日	年齢	性別	見出し	実名の有無
大正14年6月3日夕刊	17	男	鎮西高簿生の刃傷沙汰，登校途上の喧嘩	仮名報道
大正14年6月11日夕刊	13・14	男	少年列車に投石	実名報道
大正14年6月30日	16	男	兄の急を救て殴る	実名報道
大正14年12月8日	17	男	中學生學友を斬る，柔道で投げられた遺恨から，學校内で大型匕首を揮ふ	仮名報道
大正14年12月21日	16	女	女中大金を盗む	実名報道
大正14年12月29日	10	男	直方北校の放火判る，成績不良の兒童の仕業，直方署苦心の結果	仮名報道
大正15年6月5日夕刊	12・13	男	五人組の悪少年が驚くべき卅ヶ所に亘る放火	仮名報道
大正15年6月5日夕刊	17	男	商學生の亂闘，一人は刺さる	実名報道
大正15年6月7日	16	男	怠け少年放火，家を燒たら遊べると	仮名報道
大正15年6月11日夕刊	7・10	男	線路に横臥，子供二人の危い悪戯	実名報道
大正15年12月6日	13	男	盗んだ金で活動へ	仮名報道
大正15年12月16日	7	男	小學一年生，小刀で刺す，同級生と口論して	仮名報道

出典）福岡日日新聞の記事より作成

のすべてが実名報道されていたが，14年から仮名報道がみられるようになる。

　表5-9は，大正14年および15年の『福岡日日新聞』（6月，12月）の少年事件報道である。前述した『東京朝日新聞』と同様に，18歳未満の事件においても実名報道の少年事件記事が掲載されている。『福岡日日新聞』に関しては，大正15年に入っても少年事件（18歳未満）の実名報道が認められることから，全国紙にくらべて少年法が求める仮名報道の定着は遅れていたようである。また実名報道および仮名報道の違いは，「小学生」が中心の鉄道にかかわる事件などが実名報道され，「悪戯」などの表現を用いていることから考えて，仮名報道の移行期において報道担当者の「不良少年」観が実名報道の基準となっているようである。つまり少年犯罪にかかわる実名報道について，当時のマス・メディア（新聞）は少年に対する保護的側面よりも保安的側面を意識していたのかもしれない。

（5）関東大震災以後の少年犯罪報道

　大正12（1923）年9月1日に神奈川県相模湾沖を震源とした大地震が起こった。後に「関東大震災」と呼ばれる震災は，東京を中心に10万人以上の死者・行方不明者，および避難人数190万人以上を出した。

東京少年審判所長鈴木賀一郎は，関東大震災後の少年犯罪の変化を「東京少年審判所管内では，この未曾有の珍事の爲に，不良少年にも著しき異狀を來した。一朝にして家も無く器物もなくなり，寸時にして父母を喪ひ，兄姉を失ひ天涯孤獨の漂浪兒となつて仕舞つた彼等の多くが，不良行爲に走るより外に途がなかつたことも又やむを得ない」（鈴木 1935：32）と回顧している。また，ルポライターであり作家でもある夢野久作は，「東京人の堕落時代」のなかで「震災前の東京の不良少年には，喧嘩，恐喝の傾向が漸次減少しかけて居た。(中略) それが震災直後には急に殺伐になつた」（夢野 1936：220）と述べている。

　この両者の意見は，震災以後の厳しい生活環境におかれた少年少女の不良化が，生きていくための必然的な行為であったような印象を受ける。日本が太平洋戦争終戦後に貧しさのなかで窃盗を繰り返す少年たちが増加したように，社会環境の変化が不良行為の直接的要因になっている状況が震災後に認められる。

　しかし，翌年になっても不良少年の増加は落ち着かず，「手が廻らず不良少年出放題，保護課は四苦八苦の態，教育家の奮起を望む」（朝日 1924.1.10夕刊）の記事には，「震災後東京の不良少年は激増した，また全國的にも教育の缺陥から生れる不良分子の數は増加する一方である (中略) 不良青少年の感化教養は國家の重大問題である，然し今の處大規模の保護事業を起す事は國庫の堪ふる處でないから，(中略) 特に家庭の父母は社會に對する責任者として不良少年を出さぬ様努力して貰はねば，是以上不良分子が激増しては現在の當局として到底救濟の手が廻りかぬ（ね）る」と掲載されている。ここからわかるように，国家の非常には，不良少年に対する司法福祉的な国家予算は後回しとされるため，保護者を含めたコミュニティの力が最終的な不良少年少女に対するセーフティーネットの役割として求めている。

　その後の記事には，「市内三千人からの不良少年は震災後散り散りになつて丸ビル，日比谷公園，大塚附近等を巣としてゐたが，淺草が復活してからは其處の方面に流れ込み始めたが日比谷公園には依然として跋扈してゐる」（朝日 1924.2.20夕刊）として，落ち着き始めた東京の都市機能とともに不良少年少女の活動が目立ち始めたようである。震災後は，「近來殊に生活苦から來る硬派不良

に属する詐欺，かつぱらい，脅迫等が増加してゐる」（朝日 1924.3.6夕刊）の報道からもわかるように，旧来の硬派的な不良行為が横行していたようである。しかし，硬派不良少年が中心として活動した団体数は，社会局の調査（朝日 1924.10.9）によれば震災後に激減した。また大正14年に入ると，「物騒な市と郊外へ警官一千名を増員す，太田總監から東京府知事へ八十萬圓請求させて」（朝日 1925.4.23夕刊）の記事によれば，震災後の自警団や憲兵隊の警備がなくなったために警察官の増員を必要とする内容が報じられている。

　しかし，少年事件は社会の鏡と称されるように，復興する東京とその文化は不良少年の活動からも読み取れる。そして，その文化に対して規制および禁止の対応がとられることも現代と大差ない。「嚴命を發してカフエーの取締，未成年飲酒者はどしどしと主人も共に處罰す」（朝日 1925.5.22夕刊）の記事には，「震災後東京市内にはカフエーやバーが非常に増加し，一般學生の風紀たい癈の一大原因をなしてゐることは本紙で既報の通りである（中略）警視廳保安部ではこれに鑑がみ今回斷然少年禁酒法に基き一齊に嚴重取締をなすべく市内各署に對し二十一日通達し，各署で今後一層嚴重に取締，未成年者の飲酒を發見次第營業者も共に處罰することになつた」として，警察による「カフェ」に対する取締りが行われる。

　その後の，「モボ」（モダンボーイ）や「モガ」（モダンガール）の登場も，不良化の要因として紙面上で警鐘され，震災復興による若者文化と不良要因を結び付けて対応しようとする警察機関の動きが当時の少年事件報道から知ることができる。

（6）全国紙（首都圏）と地方紙の少年事件報道の比較

　次に全国紙と地方紙において少年事件報道の特徴の差異について考察する。ここでは，全国紙である『東京朝日新聞』と地方紙である『福岡日日新聞』を対象とする。両紙面の比較においては，各年の6月および12月をそれぞれ抜き出し，各紙30カ月の少年事件報道を前述の基準を用いて抽出した。その結果，それぞれの件数は，『東京朝日新聞』138件，『福岡日日新聞』249件であった。件

数のうえでは，両紙の少年事件報道に大きな差が認められた。

　この社会的背景には福岡県に限れば，当時の福岡県警察の不良少年調査結果のなかで「概して市街地及市街に接近した郡部には少数なことは他の府縣と變りはないが唯福岡縣で郡部中炭坑地方に不良少年が多いことは異例である」(『福岡日日新聞』1921.6.16, 以後「福日」と略す) と報道されていることから，炭坑の存在が指摘される。つまり，福岡県下の炭坑地域の不良化は進んでおり，実際に本調査結果 (249件) をみても「田川郡」や「嘉穂郡」，「大牟田市」などの炭坑を抱える地域の少年事件報道は多かった。また新聞報道では指摘されていないが，「門司市」や「若松市」などの港湾地域の少年事件報道も多く，福岡県は不良少年事件の地域的特性があらわれていたことがわかる。そのために，福岡県は全国的に不良少年が多い県として早期の少年裁判所および矯正院の新設が求められている (福日　1926.6.24)。これらの状況を踏まえていくつかの分析枠組みを用いて両紙の少年事件報道を比較してみたい。

1）事件発生場所と新聞「見出し」の分析

　両紙の少年事件報道における事件発生場所に着目すると，『東京朝日新聞』では76.1%（105件）が東京（首都圏）内で発生し，23.9%（33）が他府県で発生した記事が掲載されている。それに対して，『福岡日日新聞』では2.4%（6件）が東京で発生し，97.6%（243件）がそのほかの県で発生した記事が掲載されている。その他の県のなかでも，福岡県内の発生事件数は249件中で182件であった。

　この結果から，少年事件報道は『東京朝日新聞』が首都圏を中心とした記事を取りあげ，『福岡日日新聞』は九州，特に福岡県を中心として記事が報じられている。『福岡日日新聞』をみる限り，一面の政治的または経済的な紙面内容は東

表 5-10　新聞の「見出し」による比較

	大記事	中記事	小記事
東京朝日	8.0%（11 件）	85.5%（118 件）	6.5%（9 件）
福岡日日	1.6%（ 4 件）	98.0%（244 件）	0.4%（1 件）

出典）東京朝日新聞および福岡日日新聞の記事より作成

京から発信される報道が中心だが，少年事件報道のレベルになると「十七の娘強盗－妾となつた姉の贅澤を見，虚榮に囚れた不良少女」（福日　1918.6.24）や「五人組の悪少年が驚くべき卅ヶ所に亘る放火，東京寺島方面に頻發する火因，威勢のよい消防の姿と活動寫眞の悪影響から」（福日　1926.6.5夕刊）など，一部の凶悪な少年犯罪以外は地元の少年事件記事が中心に報道されている。この傾向については，そのほかの東京隣県の地方紙分析を加えて再考しなければならないが，九州ブロック紙の少年事件報道は地元発生の少年事件に特化した報道がおこなわれていた。

　先述した矢島の「新聞報道率」を指標として少年事件記事の見出しを基準に，4倍以上の活字を使用しているものを大記事とし，2倍以上4倍未満を中記事，2倍未満の記事を小記事とする。この結果は表5-10の通りである。

　同表から両紙ともに少年事件報道は，中記事を中心に掲載されていることがわかる。中記事は，厳密に分析すれば見出しの大きさに幅があるため事件の情報量（文字数）に幅がある。しかし，小記事ではなく中記事で多くの少年事件が報道されていた状況を考えると，購読者の期待を満すだけの少年犯罪の情報が安定して報道されていたことがわかる。

　2）年齢，性別および共犯の有無

　両紙の少年事件報道を比較するために，該当少年少女の平均年齢，性別，共犯の有無を表5-11にまとめた。

　両紙ともに少年少女の平均年齢に関して，大きな差は認められない。また，性別に関しては，4％ほどの違いは認められるが，男性が少年事件報道全体の9割を占めている。これも先述した「黒表（ブラックリスト）」（朝日　1924.6.16）では，不

表5-11　年齢，性別および共犯の有無に関する比較

	平均年齢	性　別		共犯の有無　（件数）		
		男	女	共犯全体	少　年	成　人
東京朝日	16.35	93.1%（202名）	6.9%（15名）	29.7%（41件）	46.3%（19件）	53.7%（22件）
福岡日日	16.27	89.1%（285名）	10.9%（35名）	24.5%（61件）	55.7%（34件）	44.3%（27件）

出典）東京朝日新聞および福岡日日新聞の記事より作成

良少女が全体の1割を占めていた結果から『東京朝日新聞』に関して実際の少女事件数とその事件報道数に大差はなく，また首都圏と地方圏という地域差も認められなかった。共犯の有無については，両紙ともに2割から3割が共犯である。[15]その構成比を少年のみと成人を含めた共犯の事件にわけてみてみるとほぼ同じ割合であった。

　この両紙の比較の結果，少年事件報道の内容について大きな差は認められなかった。しかし，司法省法務局による「犯罪少年並不良少年の調査」(1915) の結果をみると，大正3年の「監獄」および「感化院 (公立私立を含む)」の収容人数は，当時の地方裁判所管内別で東京4,189名であり福岡は725名であった。このほかに当時の収容されていない不良少年数 (暗数) を考慮してもこの少年少女の収容数の差は，少年事件報道件数とは反比例する結果である。つまり首都圏 (大都市圏) の少年事件報道は，地方圏にくらべて頻発する少年事件に対して，ニュース価値の判断基準を含めて当時の報道担当者が選択して報道している傾向が強かったと推察される。

3）主な「小学生」の事件報道

　大正期の全国紙では，「小学生」(尋常・高等) の事件報道も散見された。表5-12は，地方紙 (各年6，12月) における主な「小学生」事件報道をまとめたものである。

　表5-12から，先に指摘した小学生の事件報道として線路上への置き石や列車に対する投石なども多く掲載されている。この状況に対して，「線路の悪戯を止むるため讀本に鐵道の項を挿む，驛長や車掌に警察權，今秋から來春にかけて實施」(福日 1924.6.20) の記事には，当時の鉄道省が「小學校讀本の中に鐵道の大切な事を載せて頂きたいと文部省へも泣き付いた」と掲載されている。増加する「小学生」の鉄道にかかわる犯罪や悪戯に，当時の鉄道省も苦慮していたことがわかる。

　また，『東京朝日新聞』の分析では，「小学生」とナイフを使った刺殺または傷害事件が主に掲載されていたが，『福岡日日新聞』においても同様にナイフによ

表 5-12　主な「小学生」の事件報道 (『福岡日日新聞』)

大正期	年　齢	性別	見出し
大正元年12月12日	11・12・13	男	絞殺犯人は小學兒童，直方絞殺事件判明
大正10年12月23日	12	男	小學生學友を刺す，雀の事から喧嘩，模範生遂に逝く
大正11年6月4日	13	男	芝居の眞似事から小學生徒の過失傷害
大正11年6月14日	13	男	小學生の刃傷，登校途上友を刺す
大正11年6月15日	11	男	小學生が列車に投石した，乗客一名負傷
大正11年6月17日	11	男	伯母の虐待を怒て放火，末恐ろしき十一の惡童，宗像郡宮司の火事原因判る
大正11年12月1日	12	男	小學生下級生を刺す，背部から小刀で一突き，大牟田第六尋常小學校の椿事
大正11年12月5日	15	男	小學生毆られて刺す，寺の小僧と宮茂大根の爭ひ，長崎瀬川小學校生徒の刃傷
大正12年6月14日	13	男	同級生を刺殺す，神戸の小學生
大正12年6月25日	13	女	主人を怨で子守放火，鎌で斬られた遺恨で一年振の仇討
大正13年12月1日	10・10・11・11・12	男	蜜柑盗みを告げたとて小學生を苛め殺す，五名の子供が簀巻にして死ぬまで口惜しい，と言續く，静岡在に起つた珍事
大正15年12月16日	7	男	小學一年生，小刀で刺す，同級生と口論して

出典) 福岡日日新聞の記事より作成

る「小学生」の事件報道が中心に掲載されている。「小学生」という低年齢の少年が刃物を凶器として殺傷する事件報道は，全国紙および地方紙 (九州ブロック紙) に大きな違いはなく報道されていた。つまり，近年の社会問題となっている低年齢化する少年事件は，戦前期において東京および地方 (九州) にも認められる状況であったことがわかる。

4）地方新聞報道にみる公的機関の「不良少年」観

これまでの首都圏の少年事件報道から，公的機関 (警察) の取り組みとして規制や取締りによる不良少年対策が強く打ち出されていることが明らかになった。戦前の警察研究で著名な松井茂は，「此の頃東京朝日新聞には少年警察の必要を論じて居るが，(中略) されば，時勢と共に益々之を擴張して，其の專門的智識を注入し，其の害毒を減ぜむ事に勉むべきは，時代の要求に合せる適當の主張なりと信ずる」(松井 1913：621-622) と述べている。この意見から不良少年に対する公的機関への新聞メディアの影響がわかる。また，当時の不良少年に対する警察機関の姿勢として，少年法の成立から保安警察活動に加えて司法警察活動も求

210

められるようになった。一方では，松井が「是れ畢竟教育制度に基く缺陷の然らしむる所で，警察官は將來益々市民の教育殊に兩親の兒童に對する態度に關する教育問題は勿論，少年其の者に對する感化教養に關し，甚大の注意を拂はねばならぬ」(松井 1924：4-5)と指摘するように，少年の不良化に対する教育的な警察活動も求められていた。

　さらに司法省の管轄下で新設された少年審判所や矯正院は，従来の内務省の管轄下にある感化院等の教育主義および保護主義的な傾向が強い施設にくらべて，審判手続きや自由の拘束などの強化からみても司法的な側面(刑事処分)が強められた。この少年法施行は，社会に対する不良少年の「不良化の抑止」という新たな目的を掲げて法制化されたといえる。[16]ここでは地方の新聞報道から地方圏(九州)における統制機関の不良少年政策の対応についてみてみたい。

　不良少年にかかわる公的機関の報道であるが，「九州感化院長會」(福日1914.6.3)などの記事から，不良少年に対する施設の情報は紙面を通じて報知されていたことがわかる。また，「少年監の教育」(福日 1920.6.6)など既存の施設における不良少年政策も紙面に掲載されている。さらに，「全國五ヶ所幼年裁判，司法省の新計畫，栗本判事部長の談」(福日 1918.12.5)では，幼年裁判の事務が開始され，当時の福岡地方裁判所が18歳未満の少年事件に対して「傍聴人の最も少い時期を選んで朝非常に早く遣つたり又は多人數合同審理の場合でも分離してやる等の方法を採つて幼年裁判をして効果をあらわしめて居る」と報じていることから不良少年に対する司法当局の配意が認められる。

　警察に関しては「行政警察の改善」(福日 1914.6.9)の記事から，警察官の職務執行と待遇の改善が地方長官会議および警察部長会議の諮問として報道されている。福岡県に限れば「福岡縣の巡査充實，増員と募集難，現在百三四十名の缺員」(福日 1919.12.18)の見出しからもわかるように，定員を満たす警察官の確保が困難であった。この背景には，警察官の給与問題(福日1925.12.9，福日1925.12.21)などがあげられる。さらに，大正期の後半になると警察の民主化が求められ，福岡署の新任署長の訓示として「警察署に出頭する民衆に對する應接は最も敏速に且つ叮嚀を主とし民衆と警察との親密を圖り(中略)若し此趣旨に反

したことをお氣付きの方は遠慮なく署長又は代理者へ御申出で下さい」(福日 1924.12.24) と掲載されている。

　そのような警察の変動期において, 不良少年政策の一つに「門司の不良少年収容所設置, 門司警察署の新計畫」(福日 1920.6.5) の記事が掲載されている。この記事は, 福岡県の門司警察署管内の不良少年の著しい増加に対して, その取り締りおよび救済策として海岸沿いの家屋を改装して少年の収容所を設置したという内容であった。収容所には監督者として家族を持つ巡査1名と雇人1名を常勤させ, 保護者のない浮浪的不良少年を収容する特別保護の認可を受けて, 少年を協力企業に雇ってもらう新計画が報道されている。その後,「福岡縣會の問題に上つた不良少年の改善案, 各警察に専門の係警官を置く, 刑事上の注意人物が二百四名, 黒瀬警察部長の取締方針」(福日 1920.12.11) には, 警察部長のコメントとして「不良少年の社會に及ぼす悪影響は實に大したものである (中略) 元來不良少年の取締は頗る重大問題であるに拘らず社會では此れを警察丈けの仕事に委して居るのは考へものである」と前置きし,「縣下各警察署にも今後不良少年専門の警察官を置いて學校家庭社會と相聯絡して充分の効果を収める方針である」と公表している。

　この門司署の不良少年対策はその後の報道をみても,「襟に菱印の紫子女團, 空巣狙や掻浚ひをやる, 門司署の不良少年狩」(福日 1922.6.15) の記事があり, 門司署が「不良少年男女狩」をおこなっていることがわかる。門司は本州と九州をつなぐ場所に位置し, 北九州の港湾として中心的な役割を担っていた。[17] 若松市 (現北九州市若松区) と同様に港湾地域も炭坑地域とならぶ不良少年事件が頻発し警察機関も注視していた。

　また, 飲酒喫煙などの少年事件報道も掲載されはじめる。「少年喫煙取締」(福日 1918.6.17) には, 19歳の2名の少年が告発された事件から「近頃未成年者の喫煙が盛になつた傾きがあるから今後其筋では嚴しく取締るそうである」と報道され, 佐賀県では「酒を飲せて處分さる, 佐賀縣で最初の禁酒違反」(福日 1922.6.7) として, 酒を提供した飲食店に未成年者飲酒禁止法第4条によって科料が課せられている。

212

地方紙からみた公的機関の不良少年対策は，首都圏と同様に進められていたことがわかる。特に警察の変動期（「民主的な警察」など）のなかで，警察機関の不良少年対策は，門司署の例からもわかるように保護的側面と保安的（司法的）側面が同時に展開されている。これは，取り締まる対象としての「不良少年」観がある一方で，保護し矯正する「不良少年」観が併存していたといえる。

(7) 大正期の新聞メディアと「不良少年」観
　これまでの考察から大正期における少年犯罪報道は，受け手である購読者に対していくつかの「不良少年」観を発信していた。特に不良少年と同年代の子どもをもつ保護者に対して，そのメッセージは不安や警戒心を促したと思われる。ここで，これまで明らかになった少年事件報道を踏まえて，大正期の人びと（購読者）に与えた新聞メディアの「不良少年」観についてまとめてみたい。
　大正期を対象として連続掲載された少年事件記事をみると，その多くが殺人や強盗などの凶悪事件であることがわかる。少年が引き起こす凶悪事件は，事実を報道するだけで人びとに不良少年の凶悪化を印象づける。さらに，その犯罪被害者の多くが同世代の少年少女であるため，保護者の不安を掻き立てるような「不良少年」観が形成されたのではないだろうか。つまり，人びとに凶悪化意識と不安を掻き立てさせる「不良少年」（被害を少年少女に与える不良少年と不良化により加害者となる少年少女）が少年事件報道に認められる。
　また本章の少年事件報道は，その中心が大都市圏である東京を対象としている。したがって，大都市圏に顕現する享楽的な社会環境とその影響下に晒された少年少女の不良化が，少年事件報道から人びとに認知されたと思われる。つまり，少年少女にとって享楽的な風潮が蔓延する社会そのものが有害なものとして新聞報道で問題視されている。
　当時の記事をみると，不良化の原因を警視庁山本捜査係長は，「第一に近年物質的進歩の發達が著るしく虚榮心をそゝる，第二に智育偏重で徳育が閑却されて居る爲め道徳的精神が甚だ衰へて居る，此二つの原因が不良少年を日に日に新しく作つて行く，社會の風儀の改まらぬ中，紳士富豪が素行を愼まぬ中は不良

少年の絶へる時は無い」(朝日 1914.1.28) と指摘している。このコメントからもわかるように，近代化に伴うアノミー的な社会状況が非行原因として問題視されている。そしてこのような社会環境への批判は，新たな文化にも向けられる。「関東大震災」(1923) 後の復興事業によってモダン都市へと変容する東京では，「モボ」(モダンボーイ) や「モガ」(モダンガール) が登場し，一部の知識人や教育界，警察機関が不良化の要因として注視している (稲垣 2002)。これらの新聞メディアの報道から，新たな文化や近代化 (アノミー状況) が不良少年をうみだす有害環境として捉えられていることがわかる。この近代化の影響は，『福岡日日新聞』の少年事件報道から知ることができる。大都市圏とは文化的な背景は異なるが，九州の北九州地区，特に工業化が進み人びとが集積しては移動する炭坑地区や港湾地区にも，アノミー状況が生じていたのではないだろうか。

　このように有害環境下におかれ不良化する少年少女は，本来であれば被害者または犠牲者ともいえる。しかし，少年事件の実名報道をみる限り不良化した少年少女は加害者として報道される。そこには，保安的な警鐘を社会的使命と標榜する新聞メディアの「不良少年」観 (加害者としての「不良少年」) があらわれている。少年法の施行により不良少年に対する要保護的な配慮 (加害少年の匿名報道) が認められるようになるが，マス・メディアという「ブラックボックス」で形成される「不良少年」観は，社会環境による原因を常に示しながら凶悪化する加害少年少女として人びとに発信されていたのである。

4．戦前昭和期の少年事件報道の特徴と「不良少年」観

(1) 両紙面の少年事件報道の特徴
　少年事件報道の特徴を『読売新聞』と『東京朝日新聞』のそれぞれの少年報道について，1年間 (昭和2年) を例にとって比較して考察したい。表5-13は，両紙に掲載された少年事件の平均年齢，性別および共犯の有無をまとめたものである。

　表5-13から，昭和2年の少年事件報道は『読売新聞』が102件であり，『東京

表 5-13　両紙の少年事件の平均年齢，性別，共犯の有無

	件　数	平均年齢	性　別	
			男	女
読売新聞	102	16.1	87.5%（126 名）	12.5%（18 名）
東京朝日新聞	126	16.7	81.9%（122 名）	18.1%（27 名）
	共犯の有無（件数）			
	共犯全体	少　年	成　人	
読売新聞	25.5%（26 件）	73.1%（19 件）	26.9%（ 7 件）	
東京朝日新聞	22.2%（28 件）	21.4%（ 6 件）	78.8%（22 件）	

出典）読売新聞および東京朝日新聞の記事より作成

　朝日新聞』は126件であり，『東京朝日新聞』が多くの少年事件を報道している。また事件報道に掲載されている年齢の平均をみると『読売新聞』が16.1歳，『東京朝日新聞』が16.7歳であり，両紙が掲載した少年事件報道の対象年齢については大きな違いは認められなかった。

　性別については，『読売新聞』が男性87.5%，女性12.5%であり，『東京朝日新聞』が男性81.9%，女性18.1%であった。性別に関しては，両紙ともに大きな差はなく，両紙ともに8割以上が男子少年であることがわかる。

　次に共犯の有無については，『読売新聞』が25.5%であり，『朝日新聞』が22.2%であった。性別と同様に両紙ともに約2割が共犯の少年事件報道であり，大きな違いは認められなかった。しかし，少年のみでおこなった共犯事件と成人が加わった共犯事件にわけてみたところ，『読売新聞』では少年のみの共犯事件が73.1%であり，『朝日新聞』は21.4%であった。さらに事件発生場所について分類したところ，『読売新聞』では東京（市内外）が86.3%，神奈川県が2.9%，その他が10.8%であった。一方『朝日新聞』では，東京が83.3%，次に神奈川県が8.7%，その他が8%であった。両紙ともに8割以上が東京を事件発生場所とする少年事件報道であることがわかる。

　さらに少年事件について，報道の違いを知るために同一の少年事件報道を表5-14に示した。

　両紙における同一の少年事件報道をみると，その件数は24件である。言い換

表 5-14　両紙の同一の少年事件報道

掲載日	年齢	性別	発生場所	読売新聞（上段）・東京朝日新聞（下段）
昭和2年1月8日	14	男	東京浅草区 浅草公園	父思ひの少年の盗み、前後五回に 間違つた孝心、がま口をねらふ、七草で賑ふ淺草でスリを働いた少年捕はる
昭和2年1月9日	16	男	東京小石川区竹早町	手當り次第に艶書バラ撒き、返事具れねば皆殺し、亂暴なる色男志願の少年 少女廿余名へ恐しい脅迫状、縁日活動寫眞館を根城に不良少年の犯行
昭和2年1月12日	15	女	東京四谷区 新宿駅	家庭が生んだ罪の子、スリを稼ぐ十五の少女 少女のスリ
昭和2年1月18日	19	男	奉天	滿鐵醫大教授の女中を斬殺、夫人も重傷す 支那ボーイ兇行、滿鐵久保田博士邸惨事
昭和2年1月24日	16	男	東京本郷区 湯島天神町	鼠小僧を眞似る少年、忍びこんで飯を食ふ 活動寫眞にかぶれた鼠小僧、苦學の目的で上京したが、使ひ果して賊となる
昭和2年2月4日	16	男	東京世田谷区世田谷町	豪農の家に豪商の息放火、火事場騒ぎを面白がる腦の變な十六の少年 低能兒の放火、世田ヶ谷の百姓家を半焼せしむ
昭和2年2月20日	5	男	東京荒川区 三河島町	五つの男の子、少女を毆殺す、遊戯のすえに喧嘩を始め、六つの娘を竹竿で 五つの男の子、女の子を殺す、女の子は六つ、幼し同士の小さい喧嘩の過ち
昭和2年2月24日	14・15・16・17・18	男・女	東京四谷区 新宿	血判の蛇の目團員一網打盡、不良少年少女廿四名の一團、銀座と新橋線で 不良蛇の目團十三人を檢擧す、白木綿のえり卷をつけ血判してかつ拂ひ
昭和2年3月27日	19	男	東京日比谷	貴族院籠抜け、犯人は元給仕、交換手と問題を起して流浪中金に困つての仕業と判明 貴族院のかご抜犯人捕縛、元貴院の給仕が金に困つての仕業と判明
昭和2年4月2日	17	男	東京芝区浜松町	番臺の女將を少年刺す、浴客を装ふ電氣屋の伜 湯屋で突刺す、不良少年兇行
昭和2年5月18日	16	男	東京世田谷区世田谷町	機轉、猿の様な十六の少年泥棒、感電して墜落したところを世田ヶ署員に縄 天井裏から聽える大いびき、夜中、夫婦を驚かす、さるの様に素早い少年賊
昭和2年5月23日	16	男	東京渋谷区 青山北町	盗んだ其場で小僧の放火、昨夕青山で大膽な男が犯跡を藪はんため 主人の家に放火、帰郷したさの小僧さん
昭和2年6月1日	18	男	東京淀橋区 角筈	淀橋のコック殺し…昨夕相州で捕る、流浪を續くる不良の相棒が金に詰つての兇行 コック殺し犯人捕る、小田原の宿で
昭和2年6月12日	17	男	東京荒川区 南千住	墓口を恨む少年の放火、きのう捕はる 放火犯人は元雇人、言語道斷なわからぬ男
昭和2年6月27日	19	男	東京瀧野川町	聖學院生徒、荒川で刺さる、喧嘩荒しだらうと散歩中三人の不良少年に 散歩に出た中學生不良少年に刺さる、飛んだ難題をふきかけられて、物騒な白晝の惨事
昭和2年7月24日	17	女	大分県東国東郡豊崎町	十七娘が強盗、兩刀を振翳して三圓あまり強奪 十七の小娘、男裝して強盗、活動もどきの強せりふ、自宅に潜伏中捕る
昭和2年8月3日	17	男	東京本所区番場町	小軀を幸にもぐつて盗む、學校の床下を巣にする…一寸法師の不良 床下もぐりの一寸法師泥棒、西瓜抱へて捕はる
昭和2年8月28日	14	男	東京杉並区 高円寺	奉公が辛く主家に放火、十四の小僧が三度 雇人の放火、奉公をきらい
昭和2年9月21日	17	女	東京神田区 神保町	湯屋五十ケ所を荒した少女、自宅を捜して見たら四十個の簿口を所持 子守が湯屋泥棒
昭和2年9月28日	17	男	東京浅草区 左衛門町	十七の少年小娘を斬る、娘は瀕死の重傷 淺草で娘斬り、犯人自殺を企つ、ゆうべ大工の兇行
昭和2年11月21日	18	男	東京大森町	少年拳銃で婦人を射殺、過失か故意か目下大森署で取調中 短銃いぢつて主婦を射殺、むつまじいまとるの中に降つてわいた惨事
昭和2年11月25日	18	男	東京淀橋区 落合町	十八の強盗、白晝卅ケ所で稼ぐ、奉公先の漬物屋を解雇され、宗旨を變へて荒仕事 晝強盗捕はる、昨日長崎町で二件を襲ひ、人相と服裝が判り
昭和2年12月12日	13	男	東京世田谷区世田谷町	繼母の無情を恨み十三の少年放火す、看護婦出の後妻に小僧にやられ、弟三人ともに虐待された悲憤に 繼母をうらんで放火した十三少年、自宅を燒つもりで隣家へ、世田ヶ谷町の怪り犯人捕はる
昭和2年12月14日	16	男	東京品川区 大井町	焼き拂ふぞと中學生脅す、三井物産調査課長に脅迫文を送つて遂に捕はる 中學二年生の大膽な犯行、二千圓出せと脅迫狀、忍んで來た所を捕縛さる

注）表 5-16 と同一の事件を含む。

えれば，本書で対象とした両紙については，24件を除く多くの少年事件報道（『読売新聞』102件中78件，『東京朝日新聞』126件中102件）が，各新聞社が独自に選択した少年事件であることがわかる。また表5-14から，購読者が注目する見出しを取りあげても，情報量に違いがあることがわかる。

　ここに先述したニュース価値を前提とする各報道担当者（編集者）の判断基準が，少年事件報道に関しても強く反映されていることがわかる。つまり，表5-14の両紙の少年事件報道の差異に関しては，ニュース価値を前提とした各報道担当者の判断基準が影響しているといえる。また表5-14をみると，各事件の共通点として購読者の興味を惹く事件内容の希少性が認められる。つまり，行為主体が少女であることや低年齢者であること，そして放火や殺人等の凶悪事件であることがあげられる。このような希少性の高い少年事件は，各新聞メディアにおいてニュース価値が高いと判断され，それらの少年事件が当時の購読者の「不良少年」観に影響していたと思われる。

（2）昭和恐慌と不良少年

　戦前昭和期において，日本社会とともに青少年たちの将来に対する期待と実生活に影響をおよぼした出来事は昭和恐慌であろう。ニューヨーク株式市場の株価の大暴落（1929）に端を発した世界恐慌は，日本経済に大きな影響を与えた。この昭和恐慌は，物価や株価の急速な下落や企業の操業短縮や倒産を引き起こし，合理化における人員整理や賃金の引き下げなどによる大量の失業者を生み出すことになる。

　当時の不良少年に対する新聞報道をみると，「時代と共に進む青少年の性的犯罪（計4回）」（読売 1928.7.31から）や「罪！不良！何が彼をそうしたか（計20回）」（読売1931.3.23から），「何が私を不良にしたか？（計20回）」（読売 1935.5.2から），「光を求めて（計8回）」（読売 1937.3.16から），「不良への道（計7回）」（読売 1940.4.20から）など，『読売新聞』の紙面だけを取りあげても，多くの不良少年少女にかかわる特集が組まれている。それほどの社会的な関心を惹く不良少年問題とはどのような社会現象であり，どのように報道されていたのであろうか。太平洋戦争

に至るまでの不良少年の動向とその報道について，ニュース価値を前提とした
希少性が高く購読者が興味を惹いたであろう少女の犯罪，低年齢の少年事件に
注目し，不良少年問題にかかわる徒弟制度や公的機関の動向についてみてみる。

1）奉公人としての少年事件

当時の少年少女は，尋常小学校を卒業後に進学する者が減り，労働少年が増加
しつつあった（読売 1930.5.12）。当時の記事をみると，「徒弟から不良の群れに入
る半数は工業徒弟，十時間から十二時間の激務に堪え得なくて逃げ出したうへ，
市の徒弟調査終る」（読売 1927.1.21）には，東京市社会局が約6万人の徒弟につい
て調査した結果が公表されている。

この記事のなかで社会局は，「一昔の徒弟制度は親方弟子といふ様に両互供に
暖かい温情が流れてゐたが，近頃は全くお話にならず散々に酷使して年期が明
ければ僅の金で突ツ放してしまひ」と報告しており，前近代からの小規模な製造
業における徒弟制度が揺らぐことで，そこに勤める少年少女の実生活や将来の
展望にも大きな影響があったことがわかる。小規模な商店や工場（こうば）では，
日々の仕事の辛さや望郷の念に駆られることで犯行に至る事件も起こっている。
当時の少年事件のなかで奉公人（小僧，店員，女給，子守など）が行為主体となっ
た主な事件（1930～40年）を表5-15にまとめた。

表5-15の奉公人の犯罪事件報道から，いくつかの特徴が見出される。はじめ
に罪種に注目すると，その事件の多くが放火や窃盗，業務上の横領である。窃盗
については，当時の不良少年の事件報道の大半を占めていることから特別な事
件とは言い難いが，放火や業務上の横領については少年少女が奉公人であるこ
とに起因する事件といえる。

また放火については，「二ヶ月の間に卅ヶ所放火，ポンプの好きな十二少年」
（読売 1933.5.30）や「ポンプ見たさに子供三人が放火」（読売 1934.7.7夕刊）など，
現代の非行少年にも通じる愉快犯的な放火事件が報道されている。しかし，その
多くは表5-15のように，「親許へ踊りたさに少年放火」（読売 1933.3.8夕刊）や「少
年店員が望郷の放火」（読売 1935.7.2夕刊）など，辛い境遇下に生活する少年少女

表 5-15　奉公人の犯罪事件記事

掲載日	性別	見出し	掲載日	性別	見出し
昭和5年1月25日	男	預金を拐帯して逃走、洋服店の雇人	昭和10年6月1日	男	主人を斬る
昭和5年2月12日	女	十三の少女がお目見得、五十六軒荒す	昭和10年7月2日(夕)	男	少年店員が望郷の放火
昭和5年5月2日	男	拐帯雇人、倉庫で自殺、兄の手紙が手掛りで發見	昭和10年8月2日(夕)	男	叱られて主家へ放火
昭和6年11月30日	男	行金持逃げ少年、京都で捕はる、四万六千圓の包みは殆ど手つかずの儘に	昭和10年8月6日	男	少年の刃傷
昭和6年12月19日	男	貧しき母の嘆きに集金の少年涙の罪、掏られたと申立てて	昭和10年9月15日	男	友の缺勤中月給退職金騙る、大膽な少年
昭和7年1月24日(夕)	男	拐帯の店員、二名捕はる	昭和10年9月30日	男	土産の「強盗」、不良仲間入りの手始めに繰り出した少年捕はる
昭和7年9月19日(夕)	男	拐帯少年御用	昭和10年10月12日(夕)	女	「失踪子守」の罪、申立てはみな嘘、主家の子を絞殺、けさ殺人、死體遺棄罪で送局
昭和7年10月14日	男	盗んだ金を墓地に隠す、鮮人少年返還	昭和10年11月8日(夕)	男	南洋を脱出した殺人犯捕る、歸國・川崎署に御用
昭和7年12月4日(夕)	女	今様八百屋お七娘戀の放火	昭和10年11月14日	男	誤つた「向學心」の罪、主家鷹懲、同僚毒殺、放火、十六歳の恐ろしい企て（未遂）
昭和8年1月16日(夕)	男	空社宅に巣食ふ流浪少年	昭和10年11月29日	男	末恐ろしい少年泥棒、懐中に三百圓
昭和8年2月19日	男	十七少年が二千圓横領、女給と豪奢な愛の巣	昭和11年3月19日	男	惡の華・拐帯少年、護送途中脱走・元の主家に侵入、預金を引出して逃走
昭和8年3月8日	男	親許へ歸りたさに少年放火	昭和11年4月18日(夕)	男	店の金を失敬して雇人七名家出スト、要求書を郵送、鬼怒川で大散財
昭和8年3月9日	男	メッセンヂャーボーイ、三人で剽盗を働く	昭和11年5月27日	女	誘拐された歸らぬ子守娘背中の赤ちゃん餓死の恐れ
昭和8年3月23日(夕)	女	十四少女の一念、十數回放火、辛い奉公が嫌さに	昭和11年5月27日	男	名古屋辯が嫌、少年持逃げ
昭和8年3月30日	男	髪結の明怨みの放火	昭和11年8月26日(夕)	男	警察官で一芝居、惡少年
昭和8年3月31日(夕)	男	母戀しさに少年、三度びの放火、石原市場の怪火判る	昭和11年9月15日	女	月刊三圓で生活戦線へ、追はれた少女の放火
昭和8年4月17日	男	「少年ホラ信」刑事きりきり舞ひ	昭和11年10月3日	男	百萬長者を脅迫の犯人は探偵小説狂、性癖りもなく怪電話、まんまと包囲され兜をぬぐ
昭和8年4月19日	男	女給に騙され拐帯小店員	昭和11年10月18日(号外)	男	十七歳の雇人、鉈で主人夫婦を半殺し、手癖が悪いとの噂を怒って、祭日の朝、大塚の兇刃
昭和8年5月15日	女	埼玉の火事は雇少女の放火	昭和11年12月3日	女	主家の子を公園の棒杭に縛って逃ぐ、チンドン屋志願の子守娘
昭和8年6月19日(夕)	男	母戀しさに少年の放火	昭和11年12月27日	男	金くれぬ主人へ出前持少年の復讐、器容までで賣飛ばしドライヴ行
昭和8年7月1日(夕)	女	主人を逆恨み、大井電気商の火事	昭和12年1月7日(夕)	男	粗忽者の嘆き、盗み金で十四少年ふて寝の夢
昭和8年9月1日	男	孝行八百屋の二少年が罪、欲しいリヤカーについに出来心	昭和12年2月6日	男	錐と金槌揮つて運轉手と格闘、少年給仕強盗を圖る
昭和8年9月2日(夕)	男	集金を拐帯、三少年出奔、満洲雄飛を夢みて	昭和12年2月24日(夕)	男	飢ゆ一家十一人、少年給仕スリの哀話
昭和8年9月3日	女	貧農の十五娘に誘ひの都會悲、雨襲を助けたさの希望も無情	昭和12年2月26日(夕)	男	法衣の陰に萬引書籍、茶房通ひの小僧の罪
昭和8年9月22日	女	武蔵野邸宅の火事は放火、十五娘が欝憤したさの一念	昭和12年3月2日	男	小僧君曉の夢！両警官に「こいつが強盗"おつ取り刀の署員らびっくり
昭和8年11月7日	男	家出少年が東海道を乘馬し主家の金を遣込んで叱られ	昭和12年5月21日(夕)	男	仕送りに窮し、少年の盗み
昭和8年12月11日	男	感化院志願	昭和12年5月26日(夕)	男	使込み少年服毒
昭和8年12月15日(夕)	男	教師に汚され悪に墮ちた娘、奉公の先々で盗み	昭和12年6月21日	男	十五少年が逆恨み、主家の三名を殺傷、早曉、静岡へ高飛び？
昭和9年1月19日(夕)	男	能筆少年の罪、『詐欺計畫豫定書』五百餘圓をかたる	昭和12年6月25日(夕)	男	札束三千圓抱へ、三年間主家の金をゴマ化し、飛出した十九少年
昭和9年4月28日(夕)	男	虐待を恨み、少年工放火、堀之内の火事	昭和12年6月26日	男	旅館強盗捕はる、東京驛頭で
昭和9年6月10日(夕)	男	異郷の父戀しく、少年の惡事、友人の名で「金送れ」の手紙	昭和12年9月17日	男	千圓引出し給仕拐帯か
昭和9年8月8日	男	海に憧れて小僧クンが拐帯、恐くなつて遣ひ殘し返金	昭和13年3月28日	男	幼女なぞの失踪、十三少年に連れられて
昭和9年8月12日	男	貧ゆえ歪んだ娘の孝心、賣上金を胡麻化す	昭和13年4月22日(夕)	男	拐帯少年捕る？吉原で心中未遂
昭和9年8月15日(夕)	男	主家に放火	昭和13年5月18日(夕)	男	十三少年、惡の股肱、仙臺から上京・宿屋荒し
昭和9年9月26日	男	千百圓を拐帯	昭和13年5月26日	男	千圓持逃げ
昭和9年11月20日	男	小僧行きの旅費稼ぎに剽盗	昭和13年7月11日(夕)	男	一家八人を薪割で亂打、今曉目黒で少年店員歪みの兇刃
昭和9年12月13日	男	ツイ踏込んだ古巣の淺草、少年が服毒するを	昭和14年1月28日(夕)	男	少年雇人の放火で無残少女燒死けさ淺草鳥越の火事
昭和10年4月5日	女	神も身捨て給ふ、物乞ひに子守、棄て子して金を拐帯	昭和14年10月10日	男	日本刀を拐帯
昭和10年4月16日(夕)	男	奉公が嫌やさに少年の放火	昭和15年3月14日(夕)	男	雇人の拐帯
昭和10年4月23日	男	愛に飢えて罪の花、代々木署で檢擧した六人が六人共	昭和15年3月21日	男	淺草の盡火事、小店員の放火
昭和10年5月26日	男	弟妹を喜ばしたさ、少年工・涙の罪、父は怠け者、母は病の床に			

注）表 5-16, 表 5-17 と同一の事件を含む。

出典）読売新聞の記事より作成

が短絡的に奉公先を放火することで奉公人という立場から逃れたいという共通した理由が認められる。また，「雇人の持逃げ，主人の金二千三百圓を」（読売 1928.10.20）や「十七少年が二千圓横領，女給と豪奢な愛の巣」（読売 1933.2.19）のように，売上金を目の前にして衝動的に拐帯する事例や銀行に使いへ行き，大金を手にすることで持ち逃げする事例がある。さらに，表にはないが「これこそ大きな社會問題，田舎の人には怖しい前借りの奉公！雇主の無理解と小遣錢欲しさに大てい不良になる」（読売 1932.3.9）とあり，奉公先への住み込みと地方出身者の関係が少年の不良原因として掲載されている。

　このような厳しい雇用環境の下で，自らの将来像を描けないまま半ば雇用主から使い捨てのように働かされる少年少女にとって，奉公先の大金を拐帯することが新たな人生の行路を切り開く機会を得られると考えていたのかもしれない。

　そのような少年少女の心性は，表5-15の新聞報道から犯罪動機を集約することができる。一つは，仕事が嫌になり望郷の念に駆られたことから放火や窃盗等の事件を起こした事例である。放火事件や「失踪子守の罪，申立てはみな嘘，主家の子は絞殺，けさ殺人，死體遺棄罪を送局」（読売 1935.10.12）などは，望郷の念と仕事に嫌気がさしたことが主な理由として報道されている。他方では，厳しい雇用環境に押しやる雇主への恨みから犯行に至る事例も見受けられる。「十七歳の雇人，鉈で主人夫婦を半殺し，手癖が悪いとの噂を怒つて祭日の朝，大塚の兇劇」（読売 1936.10.18）や「金くれぬ主人へ出前持少年の復讐，容器まで賣飛ばしドライヴ行」（読売 1936.12.27）などは，雇主に対する恨みが原因の犯行といえる。

　最後は，貧しさが原因と思われる事例である。「貧ゆゑ歪んだ少店員の孝心，賣上金を胡瘑化す」（読売 1934.8.12）や「飢ゆ一家十一人，少年給仕スリの哀話」（読売 1937.2.24夕刊）の事例は，主に実家が困窮しているために犯行におよんだものである。昭和期は，昭和恐慌という経済状況のもとで従来の徒弟制度を退廃させ，経営的な視点から少年少女を一人前に育てることよりも利益優先のために安価な労働力として雇い入れる考え方が広まりつつあった。「職業少年の補導につき雇主，家庭，當局に望む，徒弟を私有物視する舊式思想を捨てよ，第一，雇

主に對する希望」（読売 1929.4.5）の見出しからもわかるように，奉公人である少年少女に対する雇主の私物的な対応や指導を超えた虐待，そして地方出身者の奉公人が抱える望郷の念や都会という魅惑的な社会環境が少年少女を不良化へと促したといえる。

　2）不良少女への注視と低年齢の少年少女の犯罪報道
　少年事件報道における少女の犯罪および低年齢の少年犯罪は，ニュース価値の基準からみても希少性が高く感興をそそられる事件といえる。少女の不良化問題であるが，大正期から徐々に問題視されていた不良少女は，昭和期に入っても依然として問題視されていた。当時の新聞記事とみると，「少年少女の不良時代，二百名をゆすつた不良少女擧げられる」（読売 1927.2.14）として，少女を中心とした不良団組織が詐欺や恐喝を繰り返していたことがわかる。次に少女が単独でおこなった凶悪犯罪（殺人・放火・強盗等）のうち，主なものを表5-16にまとめた。
　同表からもわかるように，少女の凶悪事件では放火が多く認められる。放火が多い理由として，腕力や体力がなくてもすぐに相手に対する報復が可能であることや犯行の証拠隠滅などを遂げることがあげられる。
　表5-16の少女（17歳）の銀行強盗事件記事では，「何がこんな度胸と力とを出せたか？この空前ともいふべき強盗事件」（読売 1936.12.6）として少女がおこなった強盗事件の原因について大きく取りあげている。また，凶悪事件以外にも警視庁がおこなった調査結果では，「女の犯罪として詐欺，恐喝，賭博等の新しい傾向があることは見のがすことが出来ない」（朝日 1931.3.13）として，多様化する女性の犯罪について掲載されている。一方，近年の少年犯罪は，マス・メディアを中心に凶悪化とともに低年齢化が一つの特徴として報道されている。しかし，低年齢の少年犯罪は戦前昭和期にも認められる。戦前昭和期の少年事件報道のなかで，当時の「尋常小学校」（1941年から「國民學校初等科」）に在学している学齢（6歳から12歳まで）の少年少女の少年事件報道を表5-17として示した。
　表5-17から低年齢の少年少女の犯罪をみると，その多くは主に放火やスリな

表 5-16　単独犯の少女の凶悪事件

掲載日	年齢	見出し
昭和2年6月21日	10	級友に打たれ女生徒死す，級長と副級長の喧嘩
昭和2年7月24日	17	十七娘が強盗，両刀を振廻して三圓あまり強奪
昭和3年3月18日	19	日本橋で若妻が幼女を絞殺す，養子の夫と父の爭ひが因，きのふ白晝の兇行
昭和3年7月16日	11	喧嘩の恨みで子供の放火
昭和4年2月21日	13	虐待を恨んで少女の放火，繼母故に無給で働かされ，父の許に歸りたく
昭和4年4月14日	12	國へ歸りたさに女中の放火
昭和7年12月4日（夕）	18	今様八百屋お七娘戀の放火
昭和8年3月23日（夕）	14	十四少女の一念，十數回放火，辛い奉公が嫌さに
昭和8年3月30日	16	髪結の卵，怨みの放火
昭和8年5月15日	14	埼玉の火事は雇少女の放火
昭和8年7月1日（夕）	16	主人を逆恨み，大井電気商の火事
昭和8年9月22日	15	武蔵野學院の火事は放火，十五娘が歸郷したさの一念
昭和9年9月11日	12	赤ン坊喰ふ少女，變質魔，警戒中二度まで
昭和9年9月21日	11	放火犯人は意外，暗い十一娘，家を飛出して物乞ひ
昭和9年11月13日（夕）	18	狂女の放火
昭和10年4月30日	18	一度ならず二度…美少年を斬る，十八娘の若葉狂亂
昭和10年6月25日（夕）	18	早朝の戸を叩くは意外にも娘強盗，肉切庖丁で「金を出せ」
昭和10年10月12日（夕）	15	失踪子守の罪，申立てはみな嘘，主家の子は絞殺，けさ殺人，死體遺棄罪で送局
昭和11年7月28日	9	幼き世界の爭ひ！九ツの少女が放火，赤ンベをした虐めッ子
昭和11年9月15日	14	月三圓で生活戰線へ追はれた少女の放火
昭和11年12月6日	17	十七少女の銀行強盗，義理に猛き娘心，師走に喘ぐ義兄見兼ねて金策，居候・窮餘の荒稼ぎ
昭和12年2月15日	17	十七娘の子殺し，愛人に捨られ
昭和13年5月11日	16	三ヶ所に放火，頭が變な十六少女
昭和13年10月30日（夕）	12	低能少女の兇劇，幼女を殺す
昭和14年12月19日	13	少女の放火か
昭和15年7月26日（夕）	19	北砂町の少女殺し，意外，犯人は十九娘，物盗りが發覺，兇行

注）表5-14，表5-15，表5-17と同一の事件を含む。
出典）読売新聞の記事より作成

どである。これらの犯罪は，不良少女の犯罪と同様に比較的簡単におこなうことができる。また殺人や傷害に関しても，自分よりも力が勝っていない同級生や下級生を対象としている。特に放火は，「これ等の不良が次の時代を形成するとなれば，社會のためには大いに憂へざるを得ない。否，そればかりでなく，これら少年の犯罪には放火罪が比較的多いから我々はこれが防壓に一層頭を惱まさなければならぬ」（読売 1931.9.12）という記事からもわかるように，放火などは近隣に大きな被害をおよぼすため新聞メディアや購読者にとって大きな関心事であった。また低年齢の少年少女が放火事件に至る経緯を探ることで，子どもをも

表 5-17　12 歳以下の少年事件

掲載日	年齢	性別	見出し	掲載日	年齢	性別	見出し
昭和2年3月7日(夕)	12	男	少年の性的犯行が續出し警視廳惱む、人妻に戀文や其の他暴行投書に各警察へ取締り通牒	昭和8年12月5日	12	男	童心は蝕む「校長だつて…」と萬引をやめぬ少年、父親が警察へ涙の訴へ
昭和2年10月19日	12	男	劍劇狂の少年、少年を失明さす、阪妻もどきに脅し、木劍でめった打にし	昭和9年4月23日	12·12·12	男	活動見たさに少年スリ團
昭和3年2月16日	7·9	男	毆られるので二少年の泥棒、業平小學の二年生が「庄ちやん」に脅され	昭和9年5月3日(夕)	9	男	不良の九歳少年がスリ
昭和3年6月22日	9	男	九つの子供がスリを働く、昨夜押上の夜店で鮮人の袂から蟇口	昭和9年5月3日(夕)	9·11	男	學用品欲しさ、兄弟で掏摸、貧ゆゑに罪の淵へ
昭和3年6月24日	7	男	少女の背に流酸、七つの少年が喧嘩し	昭和9年5月22日	11	男	一日に一回活動、美少年スリ、空家に寝泊しては小遣稼ぎ
昭和3年7月16日	11	女	喧嘩の恨みで子供の放火	昭和9年6月8日	12·13	男	惡の魅惑に醉ふ心なき少年兄弟、廿數回スリを働く
昭和3年10月5日	9	男	子供の惡戲から三戸を燒く	昭和9年6月14日(夕)	12	男	ポンプ面白さ、少年の惡戲、火災報知機を十數回
昭和3年10月8日	12	男	子供と見れば川に突落す、日ごろ馬鹿にされた啞の少女が遺恨から	昭和9年7月7日(夕)	6·7·7	男	ポンプ見たさに子供三人が放火、「ナンダつまんないの」で發覺
昭和4年1月11日	10	女	幼な心に飢えの悲憤、少女卵を掻拂ふ、五人の子を抱へ妻に逃げられて、餓死せむる車夫一家	昭和9年9月11日	12	女	ホン坊喰ふ少女、變質魔、警戒中二度まで
昭和4年4月14日	12	女	國へ踊りたさに女中の放火	昭和9年9月21日	11	女	放火犯人は意外、暗い十一娘、家を飛出して物乞い
昭和4年8月6日	6	男	六ツの少年が鑿で一撃…、八ツの少年を	昭和9年10月19日	12	男	末恐ろしい猿小僧、軒並に荒す
昭和5年2月12日	11	男	掏つた刹那が面白いといふ少年	昭和9年11月2日	10	男	罪へ走る辻占賣り少年、自轉車泥棒
昭和5年5月10日	11	男	末恐しい少年、口留料から盜みが判る	昭和9年12月28日	10	男	お客に先廻りして買物と釣錢失敬、早業！十歳の少年
昭和5年11月3日(夕)	9	男	九歳の少年がスリ掻拂ひ、母は心配の餘り狂ふ	昭和10年1月5日	11	男	蝕む童心！賽錢盜み、悲しい自白、一家の糧に
昭和7年1月6日	11	男	街に掏り廻る放浪の孤兒、常習者にそゝのかされて惡事、環境から來た罪と係官同情	昭和10年3月14日	10·12	男	親の折檻・却つて仇、幼兄弟罪の淵へ、僅か十錢から三度放火
昭和7年3月26日	12	男	掻拂ひの孤兒	昭和10年11月23日	12	男	ビルの空間に毒人團、劍劇から盗みの十二少年
昭和7年7月18日	11	男	蒲團箱に逃げ込み哀れ少年窒息死？こっそり二階で映畫見物中に寺島の映畫館の椿事	昭和11年6月26日	11	女	幼き社交界の花形、兎のやうなスリ少女
昭和7年8月18日	9	男	哀れな飯櫃少年泥	昭和11年7月28日(夕)	9	女	幼き世界の爭ひ！九ツの少女が放火、赤ンベをした虐めッ子
昭和7年11月6日	11	女	石降らせの化物、意外・子守の小娘、少年紙芝居へ貢ぎの柿取り	昭和11年8月22日	10	男	シヤツ一枚の嘆き…小さい虚榮心・惡に墜ちた少年
昭和7年11月30日	12·12·12	男	月島夜のベンチに煙草吸ふ三少年、傳馬船に寢起して不敵の盜み、威喝・利用した古物商	昭和11年9月3日	12	男	曇る新學期、十二少女の賊、一家六人八月卅圓の命、希望の教科書買へず深夜二階から忍び込む
昭和8年5月6日(夕)	12	男	講談「仕立屋銀次」に心醉、小學生がスリの初練習「一回の初手柄に忽ちコラッ」	昭和11年11月4日	12	男	救つてみれば乗逃げ少年
昭和8年5月30日	12	男	二ヶ月の間に卅ヶ所放火、ポンプの好きな十二少年	昭和12年2月10日	7	男	唖の口惜しさ、七歳の少年友達を斬る
昭和8年6月8日(夕)	12	男	三十回放火、釋放されま放火、おそろしい異常神經	昭和12年12月16日(夕)	11	男	童心！火の誘惑、め組の喧嘩を見た少年放火
昭和8年6月17日(夕)	11	女	活動見たさに女性のスリ、「お父さんがお金をくれない」	昭和13年3月2日(夕)	10	男	夜に八ケ所放火、蒲田に "火の玉小僧"
昭和8年7月1日(夕)	11	男	收容兒の放火に武藏野學院燒く	昭和13年8月25日(夕)	12	男	芝に學童剽盜、叱られて俄かにルンペンの少年
昭和8年8月5日	12	男	繼母に虐められ少年家出し罪へ、晝は活動見物、夜は空家泊り	昭和13年10月30日	12	女	低能少女の兇劇、幼女を殺す
昭和8年9月22日(夕)	12	男	武藏野學院またも燒く、院兒の放火か	昭和14年3月14日	10	男	只乗り少年
昭和8年12月3日	12	男	愛なきところ、惡は芽生ゆ、空巣少年送局	昭和15年8月24日	9	男	無切符の小學生

注）表 5-15、表 5-16 と同一の事件を含む。
出典）読売新聞の記事より作成

つ保護者が注目する記事として掲載されている（朝日 1928.1.27，読売 1933.7.28）。
少女の犯罪と低年齢者の犯罪は，その希少性に加えて子どもを育てる保護者としての犯罪原因の関心とともに多大な被害をおよぼす放火に対する警戒としての注意喚起が新聞報道を通じて伝えられていたと思われる。

3）少年犯罪に対する公的機関の動向と脱走少年

先述したように1923（大正12）年に少年法が施行され，少年審判所が設立された。その後，1934（昭和9）年に「少年教護法」が施行され，感化院は「少年教護院」と改称された。少年法が14歳以上の少年を対象としたのに対して，少年教護法は14歳未満の少年を対象とした。そして，このような不良少年に対する法制度が軌道に乗り始めた矢先，1937（昭和12）年からの日中戦争が開戦する。厚生省児童課のコメントには，「不良少年の教護に一層の努力が必要な理由は，いふまでもなく人的資源の利用厚生にあります」（読売 1939.10.6）とあることから，少年個人の問題から戦局の人的資源の問題へと移行していることがわかる。しかし，少年法の下で不良少年に対する矯正施設が整備されることは，不良少年に対する矯正の機会が増えることを意味する。ところが新聞報道においては，矯正施設に収容された少年の脱走が少年事件の一つとして取りあげられるようになる。少年少女が警察および感化院（少年教護院）・少年院の矯正施設から脱走した主な記事を表5-18としてまとめた。

表5-18をみると，脱走者のほとんどが男性であった。また，多摩少年院や六踏園など特定の施設に脱走が多く報道されている。その状況に対して，「脱走既に五十餘名，多摩少年院へ警告」（読売 1930.6.23夕刊）の記事には，「最近だけで逃走院兒五十餘名に達し，何れも強窃盗を平氣で働く少年達の事とて社會不安が甚だしいといふのであるが，また一面この頃の少年院は兇暴な院兒が多くなつた上，建物の腐朽甚だしく逃げようと思へば直ぐにでも逃げられる現狀なので」と掲載されていることから，矯正施設の収容されている少年への凶悪化のイメージと脱走に対する不安を注視する内容が認められる。その後，「多摩少年院では過日來數回にわたり連發的に収容少年の脱走を見，社會問題としても憂慮

表 5-18　矯正施設からの脱走と少年事件

掲載年月日	年　齢	性別	見出し	施　設
昭和2年6月22日	14	男	鐵橋上に倒れた少年, 感化院逃走者	井之頭感化院
昭和2年9月23日	16・16・16・19	男	不良少年脱出	施無畏學院
昭和2年10月3日(夕)	15・19	男	不良の脱走	日本少年指導學會
昭和4年7月22日(夕)	19	男	少年刑務所を脱獄, 四日目に捕はる	少年刑務所
昭和4年8月5日	16	男	逃走少年捕はる	多摩少年院
昭和5年1月20日(夕)	17	男	集團の首領御用	井之頭感化院
昭和5年6月22日	18	男	また感化院を十名脱走す	多摩少年感化院
昭和5年7月9日	18	男	強盗囚の少年, 刑務船を脱走す	刑務船「武藏」
昭和5年7月18日	17	男	又不良兒脱走, 多摩少年院を	多摩少年院
昭和5年9月12日	17・18	男	不良二名脱走	日本少年指導會
昭和5年12月4日	16・17・18	男	不良兒の脱走	平井學院
昭和6年3月9日	16・16・17・17	男	脱走の二少年捕はる, 他の二名は横濱方向に逃走	多摩少年院
昭和6年7月28日	18・19	男・女	又も四少年脱走, 六踏園から	六踏園
昭和6年12月8日	14・17・17・18	男	不良兒脱走	六踏園
昭和6年12月27日	18・19	男	多摩少年院の二少年脱走	多摩少年院
昭和6年12月28日	15・17・17	男	六踏園兒脱走	六踏園
昭和7年3月20日	18	男	また不良兒三名脱走	多摩少年院
昭和7年8月24日(夕)	17・17	男	六踏園々兒又も脱走, 十二名・塀を乗越えて	六踏園
昭和8年2月4日(夕)	18・19	男	また二名脱走	多摩少年院
昭和8年4月13日(夕)	17・17・18・19	男	又四兒脱走	六踏園
昭和8年4月19日	17	男	脱走兒すぐ逮捕	六踏園
昭和8年4月30日	18	男	六踏園兒脱走	六踏園
昭和8年6月22日	17・18・18	男	六踏園からまた三人脱走	六踏園
昭和8年7月27日	16	男	小學校放火魔, 十六少年捕はる, 感化院脱走の不良兒	武藏野學院
昭和8年10月22日	14・15・16	男	感化院脱走の三少年捕る	武藏野學院
昭和8年10月30日(夕)	18	男	脱走の二少年捕はる	日本少年指導院
昭和8年12月11日	18	男	院兒また脱走	多摩少年院
昭和9年9月12日(夕)	19・19	男	教師の暴行から六踏園また不穏, 三名引致され六名は脱走	六踏園
昭和10年2月7日	18	男	嘘の涙で欺く脱走少年, お巡りさんから一喝	錦華學院
昭和10年2月26日	17	男	六踏園兒また脱走	六踏園
昭和11年3月19日	18・18	男	悪の華・拐帶少年, 護送途中脱走・元の主家に侵入, 貯金を引出して逃走	平井學園
昭和13年5月24日(夕)	18	男	絶食少年は脱走不良兒	感化院（新潟）
昭和13年11月3日(夕)	12・15・17	男	脱走兒三名	井之頭學校
昭和14年11月15日	15	男	校金千圓盗み院兒四名脱走	萩山實務學校
昭和15年4月12日	17・19	男	多摩少年院院兒二名脱走	多摩少年院
昭和15年4月23日	19	男	六踏園から十名脱走	六踏園
昭和15年4月24日(夕)	19	男	留置人脱走, 淀橋署から少年衛盗犯	淀橋署
昭和15年5月29日	17・19	男	不良兒二名脱走	感化院
昭和15年6月9日	18	男	留置場破り少年捕る	坂本署
昭和15年9月26日	19	男	留置場を脱走	横濱鶴見署
昭和15年11月21日	19	男	列車から飛降りて逃走, 護送中の不良	武藏野學園
昭和16年10月1日(夕)	16	女	家庭學園の六少女脱走	家庭學園
昭和17年2月10日(夕)	19	男	少年院から七名脱走	多摩少年院

出典) 読売新聞の記事より作成

すべき問題を生じてゐる」として，司法省から少年院改善策の通牒が出され，脱走の常習者は少年刑務所へ収容することが決定された（朝日 1930.6.27）。

　同様に「六踏園々兒又も脱走，十二名・塀を乗越えて」（読売 1932.8.24夕刊）の記事において施設側（八王子の感化院六踏園）のコメントに「已むを得ない」として，「何分多數の園兒を預つてゐるものですから多くの中には悪質のものもあるので逃走するのです」と掲載されている。このコメントからもわかるように，収容施設側において脱走は悪質な収容少年がおこなった仕方のない結果であるという認識が読み取れる。さらに六踏園を脱走した少年のなかには，そのままギャング団を組織して金品を強奪する事件も起こっている（読売 1932.8.30夕刊）。

　また大島にある六踏園では，脱走以外にも職員に対する不満が高まり，在院少年の代表6人が3人の職員を殴打し，在院少年の全員（90名）が施設の什器を破壊し，職員の住宅に放火する事件が起きている（読売 1931.10.8，読売 1931.12.5）[18]。さらに「學校荒し専門の怪少年遂に捕はる，毎夜市内外に出没，毒ガス事件とはまた別口」（朝日 1927.7.5）の事件が，後日の報道では，「少年達を配下に親分氣取りの舎監，盗ませては上前をはねてゐた驚くべき怪自白！」（朝日 1927.7.5夕刊）という見出しで，当時の舎監（23歳）が夜に少年たちを施設から抜け出させ，盗んできた贓品等から分け前を貰っていたことが判明した。

　矯正施設を含めた不良少年に対する公的機関の動向は，大正期の少年法の施行から戦前昭和期に大きく進展した。しかし，それは不良少年の収容施設という社会的認知を広めると同時に，その収容施設からの脱走が脅威や恐れといった印象を含意しながら新たな少年事件として報道される。さらに司法警察活動や警視庁の不良少年係の「不良狩り」などが継続的に報道されることで，社会に向けて新聞メディアを通じて不良少年に対する注意が喚起されたといえよう。

（3）太平洋戦争以降の少年犯罪報道

　1940（昭和15）年には内閣情報局が設置され，言論報道機関・出版物・映画・演劇などに対する検閲の強化のため言論の自由は大幅に制約される状況となった。また戦況が悪化していくにつれて，少年事件の報道よりも政治的な報道が中

心となり報道数は減少する。当時の記事には、「事變が本格化した昭和十三年を境に相當の増加を示している」(朝日 1941.2.1夕刊)として、「昔のやうに硬派、軟派の區別が判然としない、いはゆる第三階級の不良群が増加し、内容的に悪質化したのは、戦争の全面的発展に伴つて社會の非常時的様相が益々深刻となり、かつ刺戟的となり、はては世紀末的になつたことを物語るものであらう」として、戦争と少年の不良化傾向を報道している。

戦局が悪化することで、昭和20年の検挙人員は減少するが、昭和19年まで刑法犯少年の検挙総人員は増加している。当時の少年事件報道をみると、「最近の不良少年の犯罪傾向の一つとして、短刀等の兇器を使ひ金品を強要したり傷害沙汰に及んだりする者が増えてをります。(中略)彼等は大抵最初は他の不良少年から兇器で脅迫されたのが動機で、自分も短刀を持つやうになるもので、不良になりかけは、か弱い婦女子に先づ兇器の効能を試してみるのですから、若い女性はさういふ隙をみせないやうに注意しなければいけません」(読売 1941.3.5)と掲載されている。

不良少年がナイフ等の凶器を所持することは、明治期以降の少年犯罪記事をみても特異なことではない。しかし、「不良になりかけ」の少年に対する注意喚起は、これまでの少年事件記事を通じてもあまり認められない。このような少年の不良化問題に対して内務省を中心に、文部省、厚生省、司法省、商工省、陸海軍の関係者が集まり、新設された「青少年不良化防止懇談会」が開催されている(読売 1941.5.14)。この会において、各省が不良化対策として、「家庭」「学校」「工場」をあげて討議していることから、少年少女の不良化問題が各省庁の枠を越えて検討されていたことがわかる。

当時の少年事件記事をみると、1941年5月に日比谷公園で起こった不良少年たちの喧嘩(死亡1名、重傷3名)を発端に「繰返される不良青少年の跋扈から"戦争と不良"のテーマ究明に乗り出してゐる警視廳ではこの事件を機に龍野刑事部長指揮のもとに大掛りな市内の"不良"檢擧を開始し、三日間に百廿名の"時代の蟲"を逮捕した」(読売 1941.6.12夕刊)と報道している。この記事から、当時の警視庁が青少年の不良化に対して「戦局」を前提とした検挙をおこなっているこ

とがわかる。また厚生省は,「戰時下増産擴充の強化に伴つて農村出身の青少年工が都會地の悪風に感染して思想的にも肉體的にも憂慮すべき轉落ぶりを示してゐる實情にある」として各工場に対して「勞務管理令」を發して福利厚生や少年工の指導強化を図っている(読売 1942.1.29)。

太平洋戦争を目前にした昭和16年の時期には,「時局に蘇る"魂"不良青少年群が更生報國隊結成」(読売 1941.9.13)の記事から,不良青少年として警察の「ブラックリスト」に載っていた青少年が団体を組織して,産業戦士として働く内容が報道されている。その一方,昭和17年に入ると,産業少年の不良化について「從來の不良に比べての特異性は兇器所持者が著しく増加してゐること,有職者たとえば青少年工などの工場勞務者および少女がめざましく増加してゐること,このほか青少年少女の年齢がいづれも一二年低下し,かれらが所持してゐた兇器も巷に販賣されてゐるものより工場等で造つた自製のものが多かつたなどが目立つてゐる」(読売 1942.9.5)として,工場内における不良少年の凶悪化について報道している。[19]

その後,青少年の不良化防止として警視庁工場課の下で工場に父兄会を設置し,アパート生活者には父兄の代わりに保証人になるなど,積極的に少年少女の生活にかかわる政策がすすめられる(読売 1942.9.6夕刊,読売 1942.12.17,朝日 1941.9.9)。その一方で,「青少年少女の不良化については,府縣警察部の取締りをさらに一歩進めて會社,工場,學校等青少年の生活部面に働きかけ,父兄,監督者等との協力防止すべく申合せる。また一方會社,工場,學校等がその傳統にこだはり悪に染みた青少年のことをひた隠しにする傾向があつたのを改めるやう要望した」(読売 1942.9.8夕刊)との記事もあり,不良少年にかかわる組織の体面と不良行為の潜在化がこの記事から読み取れる。

昭和18年には,「勤労青少年補導対策要綱」を決定し,「少年工」を中心とした不良化の早期発見や特別補導がその目標として設定された。その取り組みのなかで,官民20名から構成された「産業青少年指導委員會」が月に2回ほど開かれ,各工場から1名ずつを選抜して工場地帯を始めとした盛り場に出動させて青少年に声をかける運動を展開している。この少年工の不良化については,第7章

で詳述する。

　また当時の少年犯罪の状況に対する「少年係刑事」の養成が以下の内容で掲載されている。記事の内容としては，「檢擧數は一番多い年でも五千人臺であつたのが十七年度には一躍四倍から五倍にはねあがつてゐる，しかしこの激増は當局が前年度以上に積極的に取締つたことにもより，刑法犯と不良行爲の二つを合せた統計のうち不良行爲が激増したゝめで犯罪件數としては二倍から三倍といふ状況である，犯罪別に見ると，依然最近の傾向として兇器携帯者が多く，去年は一躍して一昨年の七倍に増加してゐる，これにつゞいて窃盗，猥褻行爲も去年は過去三年間に比較して一倍半から二倍の増加を示してゐる。かうした少年犯罪が激増の傾向を見せてゐるとき將來戰力増強の第一線戰士となる少年の指導を專門に扱ふ『少年係刑事』が“心の慈父”として新登場し，さらに少年工指導者と當局との密接な連絡によつて“不良”を取締るといふより“性は善なり”の觀點から明るく逞しい産業戰士の育成が期待される」（読売 1943.3.18夕刊）と掲載されている。[20] その後の昭和19年以降の少年事件および青少年の不良化問題については，記事としてほとんど掲載されていない。新聞報道においては，先述した検閲等の報道規制が戦局の報道の増加に伴って少年事件報道の減少へと向かっていく。この新聞報道では伝えられなかった戦時下の不良少年については，第8章でその状況と「不良少年」観について考察したい。

5．小　括

　これまで新聞報道を通じて少年犯罪に対する新聞報道の特徴と「不良少年」観について明治期から戦前昭和期にわたり通観した。新聞メディアは，少年事件の内容をそのまま報道するだけではなく，収集した情報を選択し編集して活字として購読者に伝える。[21] つまり，新聞記事には，新聞メディアの考え方や見解も多分に含意され，新聞メディアの「不良少年」観として考察対象になると考えて分析を進めたわけである。結果として，明治期の少年報道は，社会的使命として少年事件の事実報道とともに特集記事を組むことによって実際の不良少年の検挙に

助力することを認識したうえで積極的な不良少年に関連する報道を展開した。特に明治期は少年事件に対するコメントが付されており，「末恐ろしい」や「憎むべし」など，事件に対する感情的な表現や批判等が認められる。

　大正期において活動写真やカフェによる不良化要因や小学生の事件報道がおこなわれるなか，少年法が成立し実名報道が禁止される。しかし，仮名報道の移行期において報道担当者によって実名報道がなされていることから少年に対する保護的側面よりも保安的（司法的）側面が意識される報道姿勢があらわれていた。この傾向は地方紙においても同様に認められ，取り締まりの対象としての「不良少年」観と保護矯正の対象である「不良少年」観が併存する傾向が認められた。

　戦前昭和期は，これまでの少年事件報道と同様に，購読者の興味を惹く少女や低年齢者の事件，また放火や殺人等の凶悪事件が各報道担当者の判断基準をもとに報道される。同時期の特徴として，昭和恐慌や太平洋戦争など実生活の変化に直結する社会的な出来事が起こったため，奉公人や少年工などの不良化も取りあげられ，矯正施設からの脱走など新たな不良少年に関する事件も報道される。その後，戦局が悪化すると実態として少年事件は増加しているが，戦局の報道が紙面の中心となり，少年事件報道や不良化に関連する内容についてほとんど掲載されない。つまり，戦争によって青少年の不良化や不良少年の増加に対する新聞メディアの社会的使命が衰退することを意味していたといえる。

〔注〕

1) 村上はこの犯罪ニュースの社会統御機能について，あくまでも社会の象徴的なモラル・オーダーの維持においてのみであるとし，「犯罪ニュースがその早期発見と摘発によって犯罪予防に効果を発揮しているというのは，近代ジャーナリズムが生みだした神話にほかならないのである」（村上 1999：224-225）と論じている。
2) 「本所古着屋殺の犯人縛に就く」（朝日 1913.9.6）の記事には，被疑者の男性が満25歳であるが「不良少年」と掲載されている。大正12年に施行された少年法では満18歳未満が対象年齢となっているが，その後の少年事件記事をみても満18および19歳の被疑者は「不良少年」または「不良学生」として掲載され

ている。この点について，桜井（1997）は，警視庁では満 20 歳未満を不良少年の限界としていたと指摘している。この満 20 歳について，取りあげた資料をみても，満 20 歳の強盗を「少年強盗」（朝日 1924.12.10 夕刊）と掲載し，翌朝の紙面では「青年強盗」として報道している。また，当時の新聞記事の年齢表記は数え年であり，現在の満年齢表記とは異なる。

3）　明治期の少年記事は，「少年」「少女」「小学生」「中学生」「不良」「小僧」「感化」「拐帯」のキーワードを用いて検索した（「見出しとキーワード」検索）。検索の結果，『東京朝日新聞』は 17.101 件，『読売新聞』は 7,434 件が抽出された。

4）　この堕落書生や不良学生の検挙について「学生檢擧の方針」（朝日 1906.9.15）という記事には，「警視廳及び憲兵本部に於ては先頃來不良學生の檢擧に從事し引續き之を勵行しつゝあり而して警視廳側にては主として素行の修まらざる不良學生を用捨なく狩立て以て將來の戒めとし彼の善良なる學生及び其父兄に安心を與ふると同時に一方學生界の風紀を改善せしめんとの目的にありたれども憲兵隊の方は少し少し之を精神を異にし努めて徴兵避忌者を檢擧するにあり之とても無二無三に狩り立てゝ一人も多く犯罪者を出さんとするにはあらず能う限り其檢擧の範囲を縮小し向來ただ徴兵忌避を目的として各學校に入るものゝ跡を絶たしめんとするにありといふ」と報じられており，警察の検挙とともに憲兵隊も検挙に参加していることがわかる。また，その検挙の目的が，保安警察的な警察の目的に対して，憲兵隊が「徴兵避忌」を目的として不良学生の検挙をおこなっている点は，「不良少年」観を考察するうえで注目すべき内容である。

5）　ここで抽出した少年犯罪および不良少年少女に関する記事は，自殺や家出，成人が構成している満 20 歳以上の「不良青年団」や「不良団」の記事を除いている。したがって，この少年事件記事は，不良少年少女にかかわる少年法や少年犯罪に対する評論，「不良少年らしい」犯罪事件および過失致死傷，失火などを含めた記事である。

6）　ここで抽出した「共犯」は，新聞記事において判明した件数を示しており，実際に複数でおこなわれた犯行であっても，新聞記事で単独の掲載がなされている場合には「共犯」に含まれていない。

7）　事件名については，新聞報道で掲載されていた名称を用い，その他具体的に表現されていない事件は，筆者が適宜，事件内容をわかりやすく示すために事件名を補った。また，この他に少年の犯行である「阿部政務局長暗殺事件」（1913）や「原首相暗殺事件」（1921）も当時大記事として連日報道されたが，本稿では犯罪事件ではなく政治記事と判断して含めていない。

8）　ここで示した「通説」は，「活動写真」を原因とする不良化や不良少年による誘惑などを指しているが，当時の河野通雄（1928）や鈴木賀一郎（1935）の不良少年調査や不良文化史の考察のほか，当時の不良少年研究書の中に「活動写真」や「不良少年からの誘惑」の項目があることから，不良少年の研究者のなかで

上記の不良原因が「通説」化していたと考えられる。

9) 「ジゴマ」とは，映画「怪盗ジゴマ」に由来し，この主人公（盗賊）を真似た犯行を「ジゴマ式」と総称していた。西川光二郎は，『悪人研究』(1913) のなかでこれらの不良少年問題を「ジゴマ教」として，「何にが故に兇悪，野蠻ジゴマの如きが近時而かく流行するには至りしぞ」（西川 1913：163）と注意喚起している。そして「其後ジゴマ活動寫眞は禁止され，ジゴマと云ふ語の流行が，少し下火になつたが，併しジゴマと同様，同性質のものが，矢張り淺草公園の活動や芝居では，勢力を占めて居る」（同書：167）と指摘している。また，東京地方裁判所判事横山鑛太郎は，「少年犯罪伝播の実例」(1916) のなかで「實際に於て新聞記事の爲めに動かされて，諸種の犯罪を遂行した青年少年の事犯と云ふものが，誠に少くないのであります（中略）新聞の悪感化を受けたと云ふものも多いと申してよいのであります」（横山 1916：3-4）と新聞報道と少年への影響に関して批判している。

10) 複数回報道された少年犯罪事件をみても「小学生」が主犯となる犯罪報道が認められない。したがって少年犯罪の「低年齢化」については，今後「小学生」事件に対するニュース価値（希少性）を基準として，当時のマス・メディアの「子ども観」（子どもに対する特別視など）を分析し，紙面スペースから生じる成人事件報道とのバランスの問題や少年法の施行 (1923) にかかわる少年事件報道のルールなどを含めて改めて考察する必要がある。

11) 少年の氏名について，当初の掲載は仮名の下に「名を祕す」とし，その後「偽名」，「變名」，「某」などのさまざまな表現を用いており，最終的には「假名」で落ち着いている。

12) 満 13 歳の少年が，店主の隙をうかがって店先の手提げ金庫から売上金 (3 円 50 銭) を掴み逃走した事件が掲載されている。その後，警察に捕まった少年は，警察で「おれは未成年者だから監獄にはやれないよ」（朝日 1925.9.1 夕刊）と言い放ち，東京府の社会局に引き渡された。当時の少年法では，満 14 歳未満には刑事責任を負わせないことになっており，犯行時に満 16 歳未満の場合は死刑および無期刑にはできなかった。この事例からも少年法の適用年齢区分が不良少年にも周知されていたことがわかる。

13) 不良行為の集団化については，「まだ警察権がよく行届かない時のやうに何々團と銘打つて一頭目の下に組織立つた悪事を働くものは近頃なくなつたが，極少人數，五人，七人のグループは數知れず警察の眼をのがれて横行闊歩してゐる，これ等は軟派，硬派と云つてやさしい色仕掛なのと粗暴で亂暴を働くだけでなく，時代の推移と共に彼等の種類も亦移り變りする」（朝日 1924.3.28 夕刊）の記事からわかるように，「掟」やリーダーの権力が絶対的な力を持っていた明治期以来の「硬派不良少年」の集団とは異なり，個人または少人数で活動する不良行為が中心であった。言い換えれば，不良少年にも個人主義的な傾向の表出が

認められ，実際には震災によって不良少年たちの縄張りすら崩れてしまった（朝日　1924.3.31 夕刊）。また，当時の警察官と震災後の復興については，松井茂の「帝都復興と警察問題」(1924) を参照のこと。

14)「春の銀座を荒すモボモガの群れ，無錢飲食，喧嘩，竊盗と取締に悩む所管署」(朝日　1928.3.30) では，未成年ではないが，「洋装斷髪のモガで銀座を荒す老紳士相手の不良少女」と報道されており，「春のモボ，モガ退治，日本橋ビル内のダンスホール手入れ，突如ダンサー三名檢擧さる，客も女もみな不良」(朝日　1929.3.21 夕刊) や「不良狩で暴露された當世職業婦人の内幕，軟派硬派の『惡』より恐しい盛り場を毒す現代女」(朝日　1929.8.7) など，「不良」とモボおよびモガを結びつけた報道が掲載されている。また浅野成俊の『不良少年と教育施設』(1929) においても「『モダンボーイ』『モダンガール』は現代に於ける性的不良少年少女の別名である。『カフエー』は現代都市に於ける不良少年少女の巣窟である。『カフエー』の舞臺にありて『ヂャズバンド』を聞き『カクテール』を呑みて舞踏するものは，所謂利那的享樂氣分を追求せるものであつて，總ては不良青少年少女となる前程である」(浅野　1929：3-4) と批評していることからも新たな文化と「不良」観の関連を窺い知ることができる。

15) ここで抽出した「共犯」は，注6と同様。

16) 服部 (1923) は，「十八歳に滿たざる少年は何れも少年法の支配を受けることになつて居るが，此の法の適用外のものにも不良性の種類や性質によつては，相當社會に害毒を流すものが澤山ある，是等のもの、豫防矯正の方策や，又保護處分を受けるやうな不良者を出さないやうに豫防すると云ふことは，社會一般のもの、國家に対する義務であつて，一面少年法の眞精神を透達する基礎の一部となるのである」(服部　1923：100) と指摘している。

17) 当時の門司市の状況については，緒方庸雄の「九州門戸に於ける社会問題（上・下）」(1921) を参照のこと。

18) 六踏園の騒擾事件は，その後の公判で職員の横領や収容少年をバットで段打したり，穴へ突落したりする虐待などが明らかになった（読売　1932.1.16，読売　1932.1.16 夕刊，読売　1932.1.19，読売　1932.2.11）。その後，同施設の厳罰主義的な指導に対して園児の暴行事件が起こった（読売　1933.10.24，読売　1933.9.12，読売　1936.1.8 夕刊）。また，当時の少年教護院職員の待遇等については，菅済治の「少年教護上の諸問題」(1936) を参照のこと。

19) 少年工の不良化は，大工場よりも小工場において顕著に認められる。「禁物・甘やかし過ぎ，小工場に多い"惡の華"」(読売　1942.9.29) の記事では，工場内で不良グループが形成され，匕首やメリケンサックなどを工具機械で作製し，工場が稼動しないところが出ていると掲載されている。

20) 東京少年審判官前田偉男は，少年たちの検挙に立ち会った際に「所謂不良狩には私どもは屡、立會つた。カフェー・喫茶店から引張られる者，遊廓・私娼

窟から連行される者など色々あるが，面白いのは通行中の青年を交番へ呼び入れる場合である。數限りなく通行してゐる中から，私服の刑事が『オイ』と聲をかけてひつぱると，呼ばれた男は，ぎくっとして驚く様であるが，おとなしくついて行く。後で調べるのをみると，犯罪をしてゐるとか，家出をしてゐるとか，何か事故のあるのが普通で，殆んどはづれてゐない。『流石は刑事だ。馴れたものだ』と感心してしまふ。これは第六感といふものゝ鋭さである」（前田 1943：165）と感想を述べている。当時の不良少年の取締まりの様子がわかる内容である。

21) 1925（大正 14）年に東京市政調査会が「東京市に對する我等の希望」という題目で市内各中学校生徒に論文を募集したところ 1,175 本の論文が集まり，この論文を分析した結果，不良少年についての投稿も多くみられた。その内容をみると「不良少年に關する論議は非常に多數であつた。尤も不良少年とは云つても，刑事上の罪を犯す者から，單に煙草を燻し頭髮を長くしてゐるだけの者迄，種々な者が，『いけない人』として一律に扱はれてゐるが，恐らくは，煙草や分髮などが，新聞に出る様な不良少年に一の徵候として不快に感ぜられるのであらう。此等不良少年を何とか始末して欲しいと云ふ希望は，女生の方に多かつた。當然の事と思はれる。（中略）此の問題を感化事業と結びつけて論じたのは意外に少い。恐らく，不良行爲を憎むに急して，之が善導を論ずる餘裕無かりしものと思はれる」（東京市政調査会編 1925：202-204）と述べており，新聞報道の不良少年に対するイメージの伝達や不良行為に対する当時の中学生の「不良少年」観の一端を窺い知ることができる。

第6章

実態調査からみた不良少年と
都市化による「不良」観の変容

　不良少年研究は，これまで確認してきたように不良少年が社会問題として顕在化し，社会の変容とともに保護や更生，そして教育を施す必要があると認められたときにめざましい発展を遂げた。特に，1900（明治33）年の感化法を始めとした政策や法制度の整備が，大正期に入り少年法などのかたちとなって顕現することになる。

　これまでは，不良少年研究における先天的な原因論と後天的な原因論を中心に「不良少年」観の分析を進めてきた。ここでは，不良少年研究のなかから，不良少年の実態を中心に分析を進めていく。不良少年研究は，明治期における宗教や教育論を中心とした研究手法から，実態に迫った観察を中心とする研究もみられるようになる。つまり，本章では，感化院や矯正院などの更生施設における不良少年の更生過程の状況ではなく，更生施設に収容される以前の不良少年の集団化や活動に着目して，当時の不良少年の実態について明らかにしたい。

1．不良少年の定義と「不良」基準の類別化

　不良少年に対して「実態」に即した定義や「不良」基準の類別を中心にみることにしたい。当時の不良少年の定義についてみてみると，現在の非行少年にも一般的に用いられる法的な定義をあげることができる。「少年法」（1923）が施行される以前には，1908（明治41）年に制定された「改正感化法」に不良少年の定義

が認められる。表6-1は，改正感化法および少年法の対象者をあげている。

　改正感化法が施行された理由として，1907（明治40）年に制定された新刑法が以前に制定された刑法（1880）とは異なり，刑事責任能力を14歳以上の者に認めたことに起因している。それは，1900（明治33）年の感化法第5条に，「地方長官に於テ満八歳以上十六歳未滿ノ者之ニ對スル適當ノ親權ヲ行フ者若ハ適當ノ後見人ナクシテ放蕩又ハ乞丐ヲ爲シ若ハ惡交アリト認メタル者」と制定されていたためである。また改正感化法では，はじめて条文に「不良行為」という言葉が用いられている。

　その後に制定された少年法では，不良少年の範囲として「ぐ犯」について審議がなされている。当時の少年法案審議の過程をみると，政府委員鈴木喜三郎は「刑罰法令ニ觸ルヽ行爲ヲナス虞アル者，又刑罰法令ニ觸レテ居リマセヌケレドモ觸ルヽ虞アル者（中略）此犯罪行爲ヲナスノ虞アル不良少年ト申シマスノハ，言葉ヲ約シテ申シマスレバ，準犯罪少年デアル，此準犯罪少年ト犯罪少年トノ區別ト云フモノハ，間髪ヲ容レザルモノデアリマス，一歩踏出セバ犯罪少年デアル（中略）斯ウ云フヤウナ少年ハ直チニ以テ學校教育ヲサセル，家庭教育ヲサセル，文部デ以テ，或ハ内務ノ方デ取締ヲヌルト云フコトモアルカモ知レマセヌケレドモ，一歩進メバ直グ警察事故トナッテ其處置ヲ受ケナケレバナラヌ，斯ウ云フヤウナモノデアリマスカラシテ，犯罪少年ト準犯罪少年トハ殆ド區別ノ付キ惡イモノデ，斯ノ如キ犯罪性カラ來ル所ノ不良性ヲ矯正シ，改善シト云フヤウナ趣意カ

表6-1　改正感化法および少年法の対象条文

１．感化法第5条
　一，満八歳以上十八歳未滿ノ者ニシテ不良行為ヲ為シ又ハ不良行為ヲ為ス虞アリ且適當ニ親權ヲ行フモノナク地方長官ニ於テ入院ヲ必要ト認メタル者
　二，十八歳未滿ノ者ニシテ親權者又ハ後見人ヨリ入院ヲ出願シ地方長官ニ於テ其ノ必要ヲ認メタル者
　三，裁判所ノ許可ヲ經テ懲戒場ニ入ルヘキ者

２．少年法第1条，第4条
　・本法ニ於テ少年ト稱スルハ十八歳ニ滿タサル者ヲ謂フ
　・刑罰法令ニ觸ルル行爲ヲ爲シ又ハ刑罰法令ニ觸ルル行爲ヲ爲ス虞アル少年（後略）

ラ致シマシテ，司法省所管トシテ審判所ヲ設ケル，斯ウ云フコトニナッテ居リマス」(第44回帝国議会貴族院少年法案外一件特別委員会議事速記録第1号)と述べている[1]。

現行の少年法でも「ぐ犯少年」については，法的な解釈上「ぐ犯性」の判断に客観性を与えるため「ぐ犯事由」を要件に加えている。しかし，現状の「ぐ犯」に関する法理論も複雑な様相を示している[2]。大正期の少年法の制定においても，この「虞れある不良少年」の解釈は困難であったことが窺える。

また，司法省法務局が感化院および監獄に収容された少年を調査した結果を「犯罪少年並不良少年調査書」としてまとめている。このなかで不良少年を「犯罪少年(第一種)」「堕落少年(第二種)」「放棄少年(第三種)」にわけ，それぞれをさらに部類している(表6-2)。

表6-2　法務省法務局不良少年3種8分類

	犯罪少年(第一種)	刑罰法令ニ觸ルル行爲ヲシタルコトアル者
第一種	甲	前ニ禁錮以上ノ刑ニ處セラレタルコトアル者
	乙	刑罰法令ニ觸ルル行爲ヲ爲シタル爲先ニ懲治場，懲戒場又ハ感化院ニ収容セラレタルコトアル者
	丙	公ノ手續ニ依リ犯行アルコトヲ確認シタルモ便宜上刑事處分(起訴猶豫微罪處分)又ハ感化處分ヲ猶豫中ノ者
	丁	未タ公ノ手續ヲ了セサルモ犯行ノ嫌疑十分ナル者
第二種	堕落少年(第二種)	未タ刑罰法令ニ觸ルル行爲ヲ爲シタル證跡ナキモ品性劣惡素行不良ニシテ父兄其他相當ノ監護者ノ有無ニ拘ラス居常犯罪ヲ爲ス虞アル者
	甲	旣ニ感化院ニ収容セラレタルコトアル者
	乙	其他ノ者
第三種	放棄少年(第三種)	
	甲 放浪少年	一定ノ住居竝監護者ナク諸方ヲ流浪徘徊スル者
	乙 遺棄少年	父兄其他法律上ノ監護義務者ニ遺棄セラレ而シテ他ニ保護者ナキ又ハ父兄其他法律上ノ監護義務者アルモ放擲シテ顧サル爲漸次堕落ニ陷ルノ虞アル者

出典)司法省法務局『犯罪少年並不良少年調査書第三』より作成

第6章　実態調査からみた不良少年と都市化による「不良」観の変容　　237

この法務省の分類をみると，今日の「犯罪少年」および「触法少年」にみられるような年齢の区分による分類ではなく，統制機関の認知した状況が重視されていることがわかる。つまり，「法律に抵触した状態」，「法律に抵触するおそれのある状態」，そして「保護者の目が行き届かない状態」である。またこの区分では，第三種の放浪少年も不良少年として検挙対象となっている。家庭環境など未成年の少年自身では力のおよばない状態が「不良」として取りあつかわれているのである。

　続いて同調査における各地方裁判所管内別の分類結果は表6-3である。同表から大都市において各不良少年の検挙数が多い傾向がわかる。特に東京は他の地域よりも桁違いに多い。また，神戸において堕落少年が84名，横浜における堕

表6-3　各地方裁判所管内別不良少年分類表

	犯罪少年	堕落少年	放棄少年		犯罪少年	堕落少年	放棄少年
東　京	179	159	110	奈　良	14	-	-
大　阪	83	48	29	福　島	13	1	2
千　葉	44	19	10	静　岡	13	-	1
広　島	43	4	3	宇都宮	13		
名古屋	39	2		富　山	13		
岡　山	38	10		宮　崎	13		
安濃津	38	2		浦　和	12	23	3
横　浜	34	80	54	仙　台	12		
松　江	31	2	1	徳　島	12		
金　沢	29	12	1	福　井	11		3
新　潟	27	-	-	函　館	11		
京　都	26	2	6	前　橋	9		
和歌山	24	3	2	鹿児島	7	2	
鳥　取	23	2	1	札　幌	6		
秋　田	23	-	-	高　知	5	19	15
長　野	21	2	1	盛　岡	4		
山　形	21		-	青　森	3		
長　崎	20		4	高　松	2	12	1
福　岡	19	8		松　山	2	10	
岐　阜	19	1	-	那　覇	2	-	
水　戸	17	6	-	大　分	1	19	
大　津	16	1	2	神　戸	-	84	5
熊　本	14		3	山　口		19	
甲　府	14	-	1				

出典）表6-2に同じ

238

落少年 (80 名) や放棄少年 (54 名) の多さなど，各所の特徴が同表から読み取れる。

　法的な不良少年の類別以外にも，当時の不良少年研究には不良少年の実態をもとにした「不良」基準や不良少年の類別を認めることができる。東京少年審判所審判官鈴木賀一郎の『不良少年の研究』(1923) には，「不良少年とは犯罪行爲を爲し又は犯罪行爲を爲さんとするの虞ある少年及不道德行爲を慣行し，又は不道德行爲を慣行せんとするの虞ある少年であると言つてよいかと思ひます」(鈴木 1923：19-20) として，不良少年に新たな「道德」という定義を用いている。鈴木の不良少年の類別は図6-1に示している。

　鈴木は，不良少年を「犯罪的少年」と「不道德的少年」に大別している。それぞれの内容をみると，「犯罪少年」は，「既に罪を犯した少年」であり，「準犯罪少年」は「将に罪を犯さんとする虞ある少年」と定義されている。そして，「不道德少年」は「既に不道德行爲を慣行しつつある少年」であり，「準不道德少年」は「将に不道德行爲を慣行せんとする虞ある少年」として類別している。つまり，この分類の基準は，「道德」および「ぐ犯」に注目していることがわかる。「準犯罪少年」については，「浮浪人」や「無断家出人」など具体的な少年の状態が示されており，さらに「準不道德少年」を含めることで広範に不良少年を括っている。

　また，鈴木が着目した「道德」という不良少年の基準は，当時の東京少年審判所がおこなった「学生被害調査」にも認められる。この調査は，公立および私立中等学校の学生を対象に学生自身の被害状況を無記名で集計したものである。この調査のなかで，表6-4は学生の「善悪行爲の意識」に関する設問の回答結果であり，「善いと思う行爲」および「悪いと思う行爲」という設問の回答をそれ

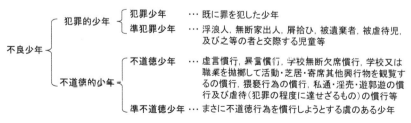

図6-1　鈴木賀一郎の「不良少年」類別 I
出典) 鈴木賀一郎『不良少年の研究』より作成

ぞれ上位15項目までをまとめたものである。この表からもわかるように，男女共に「善いと思う行為」には「親切」や「孝行」，「忠義」や「忠孝」など，道徳的

表6-4　中学生生徒に対する善悪行為の意識調査

（善いと思う行為）

男　　性	人数	女　　性	人数
親　切	1,348	親　切	2,929
孝　行	556	孝　行	805
忠　義	451	正　直	787
忠　孝	414	早　起	422
早　起	316	同　情	344
慈　善	298	家事手伝	266
勤　勉	268	忠　孝	262
人　情	266	慈　善	254
勉　強	250	忠　義	244
正　直	233	従　順	241
規則正しい	128	博　愛	226
博　愛	128	勤　勉	212
譲　席	124	捨我精進	179
車中譲席	123	快　活	162
清　潔	95	信　仰	153
運　動	95	正　義	122
忍　耐	84	清　潔	118
真面目	83	勉　強	113
公　益	82	規律正しい	76
家事手伝	80	祖先崇拝	75
助　力	78	譲　席	72
正義観念	77	真面目	65
倹　約	68	兄弟仲好	52
整　頓	65		
誠　実	62		
忠君愛国	62		
努　力	60		
従　順	58		
礼儀正しい	55		
時間を守る	51		

（悪いと思う行為）

男　　性	人数	女　　性	人数
窃　盗	542	短　気	687
短　気	563	嘘　言	628
喧　嘩	360	悪　口	507
不　忠	298	朝　寝	437
嘘　言	297	窃　盗	409
朝　寝	258	我　儘	406
怠　惰	238	不　孝	353
不正直	206	不親切	314
不　孝	197	不正直	303
不　正	177	虚　栄	300
不親切	164	怠　惰	211
悪　口	162	利己主義	210
悪　戯	159	喧　嘩	201
迷惑を掛けること	156	兄弟喧嘩	195
不忠孝	135	殺　人	189
カンニング	132	不　忠	179
乱　暴	123	不作法	174
不作法	102	口　答	158
嘘　偽	95	意志薄弱	149
殺　人	94	饒　舌	147
不規律	86	意地悪	106
活動見物	86	強　情	106
利己主義	82	嘘　偽	102
左　傾	81	不従順	90
喫　煙	80	迷　惑	90
間　食	80	嫉　妬	84
意志薄弱	67	不真面目	74
我　儘	66	夜　更	70
多　弁	65	高　慢	66
不勉強	60	陰　口	65
不真面目	58	偽　善	62
夜更し	54	粗　忽	50
不　潔	53	議会乱闘	50
乱　費	50		

注1）調査対象者は男子15校10,092名，女子19校9,814名（調査対象中「記入なき者」，「善いと思う行為」男1,961名，女1,322名，「悪いと思う行為」男2,073名，女1,335名）。
注2）「学生被害調査」は，1925（大正14）年および1931（昭和6）年におこなわれている。
出典）鈴木賀一郎『東京少年審判所十年』より作成

240

な行為が多く含まれている。一方,「悪いと思う行為」では,「窃盗」などの犯罪行為のほかに,「不忠」や「不孝」,「不正直」などの道徳に反する行為が含まれている。つまり,当時の少年少女自身にも鈴木が着目した道徳的な善悪の基準が意識されていたことがわかる。

さらに鈴木は,図6-2のように不良少年の行為や属性に注目して,「高等不良少年」,「中流不良少年」,「下層不良少年」に不良少年をそれぞれ類別している。この類別については,鈴木自身が「結局不良少年の発生に就ては,家庭の欠陥が,最も大なる原因であるといふことになるのであります」(鈴木:8)と指摘している

「不良少年」

・高等不良少年
学生たりし者 … 中途退学,または明らかに退学してはいないが,休学のようなかたちで,実際には通学する意思もなく,退学しているのと同じ状態である。
休学生 … 病気その他の理由で,学校を休み,毎日ブラブラと遊んでいる。
〔家庭〕… 学者・華族・富豪・実業家・医者・学生・技師・技手・属官などの知識階級。
〔行為〕… 3名から10名くらいまでの集団。万引き(書物,唐物,文具など)・恐喝(現金)・飲食・遊興。
〔場所〕… 書店,百貨店など。
〔特記〕… 巧みに盗むことを誇りとしている。

・中流不良少年 ― 官庁・会社・銀行等の雇員および給仕,商店の店員・弟子・小僧,牛乳配達,新聞配達,職工および職工見習,人夫,屑買,居残少年(父母とも労働するために日中家に残されている少年),家出者で木賃宿などを泊まり歩いて未だに無宿者とならない少年および不就学児童など。
〔行為〕… おもに単独行動。なかには「不良少年団」に加入している者もいる。
「雇人・給仕」…書籍や唐物などの万引きが中心。夜間学校などの苦学による原因など。
「商店の店員・弟子・小僧」…雇用主の商品または売り掛け代金の横領。活動写真・買い食い・寄席,芝居・遊興なの資金として。
「職工および職工見習い」…製造品の持ち出しにより,他者に売買する。遊興のための小遣い銭のため。
「人夫・屑買・居残児童・不就学児童」…かっぱらいが中心。
「木賃宿歩き無職者」…すり,かっぱらい,詐欺,恐喝など。特に「タカリ」が増加。

・下層不良少年 ― 無宿者
　(グレ)
〔行為〕… 20名から100名くらいの集団行動。首長(成人が多い)を中心とする。すりなどが中心。平素は屑拾いや飲食店の手伝いなどをして食べ物を貰っている。
〔特記〕… 自由に食べて,寝て,遊んで,楽しむという欲望が中心にある。

図6-2　鈴木賀一郎の「不良少年」類別Ⅱ

出典）図6-1に同じ

ことから，少年が属する家庭を重視し，その家庭が位置する社会的な階層から不良少年を考察することで実態に即した不良少年を明示する目的があったと思われる。この家庭を中心とした不良少年の基準は，鈴木が長年に勤めてきた東京区裁判所検事（少年係主任）や東京審判所審判官という経験から実際の不良少年に対峙して得た知見であろう。[3]

　鈴木と同様に長年にわたり少年事件にかかわってきた警察庁警部坂口鎮雄(1917) は，不良少年に対する「世間の見解」に注目して，いくつかの「不良」基準を提示している。

　その「不良」基準をみてみると，はじめに「土地に依る相違」として，地方と都心部の人びとの紐帯や許容度の差異をあげている。例えば，田舎などでの柿や桃などを盗んで食べるという行為は泥棒として扱われないが，東京などの都心部では同様の行為が窃盗犯として相当の処分を受けることなどである。また，祭事などにおいて風習として黙認される「卑猥行為」なども，「時に依る相違」としてあげている。次に阪口は，「人に依りて生ずる相違」として，不良行為の結果を隠蔽することで社会に対して公表されない者とみつかって公表される者の差異に注目する。この基準は，今日でいえば，実際の犯罪行為数と警察の認知件数の差として指摘される「暗数」問題に対する着目といえる。また，「不良行為の程度に依る相違」では，法的な犯罪の構成要件にも注目している。つまり，同じ窃盗であっても，父母の金銭を盗む者と他人の金銭を盗む者では，同じ窃盗行為ではあるが犯罪の構成要件に違いが出るという。

　そして，最後は不良少年の定義に大きくかかわる「年齢に依る相違」をあげており，当時の不良少年の年齢が雑多に用いられている状況を指摘している。不良少年の年齢について，阪口は20歳としているが，1917（大正6）年当時は，刑法上の責任能力者との兼ね合いから満14歳を不良少年と主張する説や普通教育である中学校卒業の17歳を主張する説，徴兵において国民義務に就く21歳説などがあり，なかには14歳までを「不良少年」，18歳までを「不良青年」，25歳までを「不良壮年」とする説まであった。[4]

　阪口の「不良」と判断される基準は，不良少年に対する衆目，つまり人びとが

242

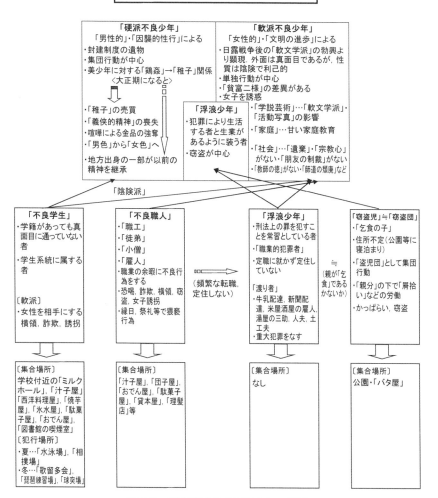

図 6-3　阪口鎮雄の「不良少年」類別

注)「学生系統」とは,「正規の學校に勉強することが出來ないもので諸官省銀行會社等の給仕や傭の様なもので, 其の勤務の餘暇に學問して居るものを學生系統として居る」(阪口 1917: 13)。
出典) 阪口鎮雄『不良少年之研究』より作成

意識する「不良少年」観を含意していることがわかる。なぜなら,地域や状況に応じて人びとの「不良」基準は変化し,不良少年の存在や許容度が変化すること

を指摘しているからである。

　さらに，坂口の「不良」基準に依拠しながら，当時の「不良少年」観を考えてみたい。ここで，坂口の不良少年の類別を図6-3にまとめてみた。

　阪口は，鈴木が示した家庭を中心とする類別とは異なり，不良少年自身の社会的な属性を中心にみていることがわかる。上段にある「硬派不良少年」と「軟派不良少年」，そして，「浮浪少年」の三つのタイプに対して，「不良学生」，「不良職人」，「浮浪少年」，「窃盗児」というそれぞれの属性がどのタイプに当たるのかを矢印をもって示してみた。

　大正期の不良少年は，その多くが「軟派不良少年」と「浮浪少年」のタイプにわけられ，「不良学生」の一部だけが「硬派不良少年」のタイプであった。さらに阪口は，不良少年を「因襲的性行」と「文明の進歩」に二分している。「因襲的性行」に基づく不良少年は，団体を組織し徒党を結ぶものであるとし，これを「硬派不良少年」とした。また，「文明の進歩」に従って発現する不良少年は，その多くが単独で行動することからこれを「軟派不良少年」と位置づけた。さらに，硬派および軟派の不良少年を混合した団体であり窃盗団としての「浮浪少年」をあげている。

　各少年の特徴をみていくと，阪口は「硬派不良少年」を「封建制度の遺物」と指摘している。この「硬派不良少年」は，昔ながらの義侠的精神を内包しており，どちらかといえば統制側からその行動は敵視されるが，世論からはそれほど敵視されていない集団であったという。そして，彼らの日常は，喧嘩があれば仲裁に入り，常に議論を交わすために学問の修得に励んでいた。しかし，時として議論が合わなければ腕力で解決するなど，警察などからは思想的な活動とともに問題視されていた。

　「硬派不良少年」の構成としては，「不良学生」が中心であり，女性を集団から排除して集団内において男性社会を形成していた。また，このなかで成立する性的対象は同性（男性）であり，この男性を自らの「稚子」として面倒をみていた。[5]付言すると，ここでいう「稚子」関係とは，義兄弟の契りを交わすことによって保護者から預かるかたちをとっていた。彼らは「士気は男色に依りて養育さるる

もの」として，織田信長と森蘭丸や豊臣秀吉と石田三成などの例を「朱道」として，これを「士道」（武士道）と同様に捉えていた。

千葉医学専門学校法医学教授高田杏湖は，「不良少年の変遷」のなかで阪口の研究に言及しつつ，「然り彼等は不良少年に相違なかつたが，しかし彼等は封建時代の或物から系統を引き，明治維新當時の志士を曲解して學んだものゝ如くにも見えた點がある。即ち當初に於ては女色を擯斥して卑しむべしとし，士氣を養ふは男色によるべしとし，求めて腕力に訴へて喧嘩をした形があつた」（高田 1921：237）と指摘している。

しかし，明治40年代に入るとこれらの義侠的精神を基本に活動する不良少年は地方出身の一部のみとなり，性対象に女性が含まれはじめ，自らの稚子を売買するなどその活動内容は変容していった。特に不良行為に金品の強奪が含まれるなど，不良行為の変化は大きかった。つまり，これまでの「硬派不良少年」とは異なり，「彼等は喧嘩をして勝を得ることは，恰も戦争に於て勝利を得るのと同じで，敵の金銭物品を押收するのは正當の行爲であると解したのである，それで喧嘩をして相手の品物を強奪するのは名譽ある行爲」（阪口 1917：150）であるとして，これを「パクリ」と称して彼らのなかで流行していたようである。この不良行為の変化をみると，不良少年と社会の変容（近代化や戦争など）は密接にかかわりを持っていることがわかる。

このように「硬派不良少年」の変容は，同時に「軟派不良少年」を顕在化させた。「軟派不良少年」の特徴としては，犯行対象を主に女性に絞り単独行動を好んでいた。「軟派不良少年」は，「不良学生」，「不良職人」，「浮浪少年」など経済的に富める者と貧しい者に大別され，その立場によって犯行形態も異なっていた。またその非行の内容は，女性を脅迫して金品を巻きあげるものから手紙や服装を巧みに使いわけ誘惑して金品を得たり，時には女性自身を売買したりする形態があった。[6]

阪口は，ここでいう「浮浪少年」が「不良職人」とは異なり，定職に就かず定住しない者としている。そして，特に「浮浪少年」は，「浮浪少年」が主張する「親が乞食であるかどうか」を二つめの類別基準として提示している。[7]しかし，阪

口が当時の状況として，「硬派不良少年」が実質的に減少し，「今日の不良少年中の七分は軟派不良少年である」(同書：118) と述べており，大正期の不良少年研究においてこの「硬派」と「軟派」という類別の有用性は徐々に失われつつあったと考えられる。

　社会事業研究で著名であった草間八十雄も「硬派」と「軟派」に関して，「昔は不良の主なる者は學生であり従つて硬派不良少年が幅を利かし徒黨團體を成して暴れ廻つたが，此頃の不良少年は硬派だの軟派だのとはつきり分けて觀ることが出來ない。加之昔の如く團體を組織して統合的の行動で悪事を働らく者も少ないので，不良少年少女の數は多くなつたがその行動は變化の傾向を見るのである」(草間 1936：15) と指摘している。また，新聞記者中原哲造も「不良少年と云ふとすぐ軟派と硬派と云ふ言葉が云ひ古されてゐる」(中原 1929：152) とし，「然るに近來は漸次之等硬派の少年は影を潜めて來た。(中略) これに反し所謂軟派の不良少年は著しく其數を増して來たやうである。これが不良少年の近代的傾向と云へよう。(中略) 之は確かに實質的な分け方には相違ないが偖て實際にどれ迄が軟派でどれ迄が硬派かと云ふことになると甚だ漠然たるものである」(同書：152) と述べていることから，昭和期には明確な「硬派」を主張する不良少年は影をひそめ，単独行動を主にする近代的な「軟派不良少年」が台頭する状況になっていたことがわかる。

　ここまでの不良少年の「不良」基準および類別から考察すると，不良少年に向けられる社会の眼差しは，「硬派不良少年」の衰微から「軟派不良少年」の台頭という変遷の過程で変容したのではないだろうか。封建的であり義侠的精神を重んじる「硬派不良少年」は，暴力を含意する不良という「負」の行為主体ではあるが，封建的な意識が残る当時の社会にうまく合致していたと思われる。しかし，大正期に入り都市化が進んでいくなかで顕在化してきた「軟派不良少年」は，昔ながらの集団規範を避けながら不良行為の対象を女性に向けるなど，不良行為の多様化や単独的な行為形態が目立っている。つまり，当時の人びとからすれば，捉え難くなる不良少年は，畏怖や処罰対象として意識されていたのかもしれない。

都市化する社会のなかで，人びとの「不良少年」観にも先述した「土地に依る相違」という警察の介入を必然とするような「不良」基準が浸透し，都市部を中心に不良少年と社会とのかかわりが乖離していく状況にあったと考えられる。次に，具体的に不良少年の実態から近代化する社会とともに変容する不良少年をみていきたい。

2．不良少年の集団化とその活動内容

　当時の不良少年の実態を把握するために，東京市と大阪府を中心とした不良少年調査を取りあげて考察する。この調査結果をもとに，特に不良少年の集団化とその活動内容について明らかにしたい。

（1）東京市を中心とした「不良少年団」とその変容

　「不良少年団」の推移について，表6-5を参照しながら東京市の「不良少年団」についてみてみたい。

　阪口（1917）によれば，東京の「不良少年団」の歴史は，立身出世を目指す学生の増加に起因するという。特に日清戦争後は，血の気の多い学生が地方から東京に集まり，口論やケンカが絶えずおこなわれていた。その結果，「同郷人同国人」の団結が盛んになり，個人的な衝突から集団的なものへと変容していった。さらに，この集団内においても，「不良分子が互に意気投合して組織した団体」が生まれ，その団体の特徴として「不良な者であつたのみならず乱暴者」も多く含まれていた。しかし，この時代は「封建時代気質」が残っており，窃盗や詐欺などが「破廉恥」な行為として団員内で意識され，「名誉を重んじ信義を守る」という「武士気質」が存在していた。

　また，この不良団体が初めて認められたのは神田区であり，1898（明治31）年6月の「東櫻倶楽部」（幹部10名，団員300名位）であった。この団体は，1901（明治34）年10月まで続いたが，警察の干渉が解散のきっかけとなり自然消滅した。しかし，この団員たちは，東京市中に散在したために他団体の主領となって活動

表6-5 東京市の「不良少年団」

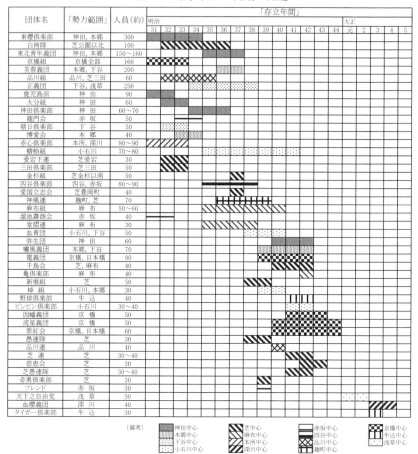

出典）図6-3に同じ。同書より作成

することになったという。

当時の新聞記事をみると「築地の大活劇，雷義團の主領狙撃さる，加害者は伊達男の令息」（朝日 1909.5.15）が掲載されており，伊達男爵の息子が美少年を巡って喧嘩となりピストルで不良学生を撃ったという内容であった。先の硬派不良少年の団体行動と男色の特徴を示す記事といえる。また「雷義團（いなずまぎだん）」の続報として，「雷義團の檢擧，二百の少年を弄ぶ，上流の子弟は見遁さる」（朝

248

日 1909.9.3）では，「小學生徒を誘惑して部下の美少年としつ、あるものにて團體總て五十餘名皆學籍を各中學校攻玉舍等に置くものにて其の犯罪手段方法極めて巧妙を極め警察官と雖も殆ど探知する能はず」とある[9]。表6-5をみると，警察が認知する東京の「不良少年団」の数は減少しているようである。

　鈴木によれば，「不良少年団」の特徴として，「不良少年団」にはかなり強力な権力を有している「団長」が存在し，その下には「副団長」が一名もしくは数名おかれ，それぞれが十数名の部下を従えていた。なかには副団長の下に組長をおく団体もみられたが，ほとんどが副団長のもとに「普通の部下」をおいていた。この部下たちは，不良少年のなかで「少年」と呼ばれ，他団体の「少年」が縁日などで顔を合わせる時には，互いに団長の名を冠として「誰々の少年である」というかたちで名乗りあっていた。また，団体によっては，団長や団員および団員の相互間の行動や会費の支出，不良行為によって得た「金品の分配方法」，「不良行為」，「集合解散」，「体力の養成」，「武力の錬磨」，「制裁」などに関して規定を設け，この規定に基づいて行動する団体も存在した。このほかにも，団長の「独断専行」によって行動する団体（「専制君主制」）や団員各自の協議に基づいて行動する団体（「共和制」）も存在した。

　また，団長はときどき「御用金」を団員に命令し，団員は命令によって割り当てられた金額を団長に納付した。この御用金は団長や幹部により大部分が搾取され，その他の団員に対しては，わずかな「糟粕」を与えるくらいであった。このような団員内の活動について，『現代社会問題研究第11巻－風俗問題』（1921）において，鷲尾浩は，「最近警視廳で檢擧した不良少年團紫團員の自白を見ると，團員は一日尠くとも二件以上の物品を，所屬の團體へ寄附せねばならぬことゝなつて居る。然うして十日間一日十件以上に亘つて寄附を續たものは，手腕家として幹部に推されると言ふのである。此悪い奨勵法は不良な少年の名譽心を騙つて，競争させる作用をなすのである」（鷲尾 1921：277）と述べている。つまり，ここからも当時の「不良少年団」が団長を中心に組織化され，上納金がノルマとして課されていたことがわかる。

　次に，表6-6には主な「規約」内容をあげた。この「規約」の内容は見方に

表 6-6 「不良少年団」の規約

| 1．本會を何々會と名づけ本部を何處に置く |
| 2．會員たらんとするものは會員二名以上の保證を以て詮議の上入會を許す |
| 3．會員の行動に就て他人に洩したるものは退會を命ず |
| 4．會員の行動に就ては會員以外のものには一切秘密とすべし |
| 5．會員の一人が他人に侮辱されたる時は連帯責任を以て復讐すべし |
| 6．會員にして卑怯の振舞あるか又は會員の名誉を汚損するものある時は制裁を加ふ |
| 7．會員は會費として毎月金拾錢を納むべし |

出典）図 6-3 に同じ

よって，「若者条目」の引き写しであるような条文も認められる[10]。当時の「硬派不良少年」は，地方出身者が中心となっていた状況を考慮すると，出身地の「若者条目」などの集団規約が「不良少年団」の「規約」に反映されていたのではないだろうか。さらに，各団体は「侠客」や「博徒」の縄張りのように独占的な地域を有しており，集合や徘徊する場所もこの地域の夜店や縁日などであった。

　東京における「不良少年団」は，団長を中心として他団体と「勇を競ひ，覇を争ひ」し，団員が接触すると「衝突闘争」を巻き起こすこともしばしばであった。そのような状況のなかで，「不良少年団」の「総団長」というものがあらわれる。

　ここで，鈴木の調査にある事例を取りあげてみたい。この事例の「不良少年団」には，K・M（25歳）とY・W（25歳）という総団長の2名があげられており，彼らは大学に籍をおいていた。彼らは共に各団体をまわるのだが，K・Mの方がY・Wよりも資金面において上回っていた。なぜなら，K・Mが各団長をまわると，数百円の金が「御用金」として得られたからである。このK・Mの生い立ちを調べると，K・Mは医師の長男として生まれるが，実家には戻らなかったようである。この事例からもわかることは，当時の「不良少年団」を束ねる団長のうえに総団長が存在し，彼らは年齢や学歴，社会的階層が比較的に高かったようである。また，大西春翠の『仮面を剥いだ憧憬の都』（1917）には，麹町の写真屋で書生を一人募集したところ，実直そうな17，8歳の少年がやってきたので雇い入れたが，留守番を頼んだところ写真機や手提げ金庫に入れた金が全部無くなっていたという事例があげられている。翌日，この少年から届いたはがきには，「昨

日は突然御厄介になつて有りがたうございました，お留守番無斷でお大切の寫眞機と當分のお小遣ひとを拝借して參りました，此の仕事のために私の團長からは非常なる賞讃の辭を賜はりまして，お蔭で位一級を進められて今日から幹部の一人となることが出來ました，お歸りになつてから嚊驚きのことでせう，然しそれも天命と諦めて，必ず其筋へは訴へぬ樣，それが貴家のお爲になることゝ存じます」（大西 1917：66-67）とあることから，当時の不良行為と団体内の地位について知ることができる。

　ここで外見に注目してみると，服装に関しては，図6-4および図6-5に示したように「硬派不良少年」と「軟派不良少年」にはっきりとした違いがあった。阪口によると，「硬派不良少年」の服装は，「服装の如きも所謂衣は肝に至り袖腕に至るで，弊衣弊帽を以て得意として居た，木綿の黒紋付きに袴をつけて朴歯の下駄を履き，大きな杖か，木劍，弓の折等を持つて大道を濶歩して居た」（阪口 1917：149）と回顧している。

それに対して「軟派不良少年」は，「着物を長く着るといふこと，帽子の徽章を高く附けるといふこと，羽織の紐をリボンか絹紐の小ないので結ぶこと，履物は絹天の麻裏であること，帯は紫であること等が重なるものである（中略）一見すれば貴公子然として弱々しい眞面目な無邪氣な坊ちやんと見へるのである」（同書：153）と説明している。

　鈴木によれば，大正期

図6-4 「硬派不良少年」の容姿

図6-5 「軟派不良少年」の容姿

出典）図6-4, 6-5ともに図6-3に同じ

の不良少年の多くが「鳥打帽子」を被っており，鳥打帽子のひさしを三角に折り，ピンでひさしの根本を留めて目立つように被っているという。そして，青色や赤色，黒色などのアンダーシャツを着ており，そのほか学生風の袴をはいてはいるが袴の後ろがだらしなく垂れ下がっているのが普通であるという。このように不良少年の服装も，「硬派不良少年」から「軟派不良少年」へと，一瞥してわかる変化があった。

　また「不良少年団」に入ると，はじめに団長から「隠語」が教えられた。そのなかには規模の大きな団体になると，この隠語を「謄写版」などに刷って渡す団体もあった。隠語の使用例としては，「いしをいしでたたんで仕舞へ」があげられており，これは「頭を石で殴つて仕舞へ」という意味である。このような「不良少年団」の隠語について，東京と大阪に大別して表6-7にまとめた。

　例えば，「歩く」という行為を取りあげると，「てく」（東京）と「ながす」（大阪）などいくつかの隠語は，東京と大阪で若干の違いが認められる。しかし，「よた」（不良少年）や「ずべ」（不良少女）などをはじめとした多くの隠語は，東京と大阪の両都市部で共通するものが多いことがわかる。また，樋口栄は『隠語構成の様式並其語集』(1935) の「不良青少年語」において，「此の語は隠語中最も複雑な多種の隠語を持つてゐる。普通不良少年を大別して軟派，硬派と呼んで居るが，軟派と云ふものは主として女色方面に關してのもの即ちエロ派とでも云ふべきものであり，硬派は掻拂ひ，脅迫，恐喝，等暴力的なるもの，所謂ぐれ即ちテロ派とでも云ふべきものである。此の二派の使用語は確然たる相違を有して居る。例へば硬派は，犯罪語に影響される事が非常に大であるが，軟派は寧ろ流行語，學生語等に影響される事が大である」(樋口 1935：48) と指摘しており，非行文化的な側面でみると硬派と軟派の両不良少年において使用語について違いがあったようである。

　「不良少年団」については，先述した中原哲造が総括的に昭和期に至る「不良少年団」の変遷について次のように考察している。中原は，「明治から大正の初期にかけての不良少年と云へば，直ぐ此種硬派の不良少年を連想した。彼等はそれぞれ徒黨を組んで何々組何々團と稱し，一種の俠客氣取りでゐた。現在の不良

表6-7 「不良少年団」における隠語

東 京		大 阪	
よた、よた公、ちんぴら	不良少年	よたもの、ばらけつ、ごんじ	不良少年
ずべ、ずべ公	不良少女、少女団長は「ぶいん」	ずべ	不良少女
軟派	女に関係すること	なんぱ	女を相手にする不良団
しゃん、はくい	美女、女は「たれ、なお、なおん」	しゃん、なごはくい	美女、美しい
でこしゃん	醜女	ぶすけ・えいせいびじん	極醜女、肥満した醜い女
あんた、はいんた	煙草	いんた、えんた、もく	煙草
ドス	短刀	どす、どとす	短刀
めりけん	目を拳にて突くこと	めりけん	目と目の間を握り手で突く
ばんど振り	革帯を振ること、夫人の帯の間は「げいまい」	*おろく、ぐる	*帯
しやり	飯、白米「ぎんりやり」、米「なましやり」	しやり	御飯
いし	頭	*えんこう、きくらげ、らつ	*手、耳、顔
のす、ごろ	喧嘩	のす、ごろ、ひんぷり	喧嘩
渡りをつける	喧嘩を吹き掛ける	わたりをつける	喧嘩をふきかける
もさ、もさる、ぎる	盗む	すり、もさ、ちぼ、むしる	掏摸
のびをやる	盗みに忍入ること	のびこます	忍び込む
てく	歩く	ながす	歩く
なま	御銭	ひん	銭
少年	不良少年団長に対する子分、美少年「よかちご」	ー	ー
たを、だりこ、きゃぶりけーす	馬鹿	たけ	馬鹿
どうかつ	活動写真	どうかつ	活動写真
どや	木賃宿	どや	木賃宿
せぶん、一六	買屋	いちろく、ろくいち、ななつや	買屋
なま、をま	現金	なま	現金
やりかん	十銭	*やり、ふり、かち、みず、おき、がけ（あぶない）	*一銭、二銭、三銭、六銭、七銭、九銭
ふりかん	二十銭		
かちかん	三十銭		
にぶ	五十銭	にぶ	五十銭
はいちやう、一枚	一円	*わりりよ	*二円
ずかりやう	十円	いっぽん、づかりよう	十円
ぼりぼり、ぼり、こうほう	巡査	ぼり、にんころ、こらこら、がちや	巡査
でかでか、でか、いたち	刑事	でか、じけ	刑事
ばんこ	交番	ばんこ	交番
りゆうこ、とや	拘留	りうこつ、かまる、とうじにゆく	拘留される
れんか	鮭	れんが	鮭
圓太郎	女が肉体関係を容易に応じること		
ばちんこ	ピストル		
うちこみ	名刺を密に婦人の袖に投げ込むこと		
じぐづけ	乞食、乞食不良「らり公」		
ばらす	売り払うこと		
じみ、ばた公	地上の落とし物を捜し歩く商売		
ほり	火葬場や普請場等で金物等を拾い歩く商売		
ねた	歌本		
えんか	歌っている	*えんかながし	*歌を流し歩く
ばり、はてん	良いということ	ばり	よい
きゃぶりけーす、せこ	悪いとか馬鹿とかいうこと	やく	悪い
やばい	悪事をなす刑事や巡査が来て危ないということ	*あみうつ	*非常警戒
ずらかり、ふける	逃げ出すこと	ずらかる、ごいする	逃走または帰る
そる	負けること	りる	負ける
よたる	遊びに出ること	*よだる	夜遊び
都合してくれ	金を借りること	おんりょう	銭を借りる
しけてる、おけら	飯も食わず金もないこと	*いんねし	*現金のない
はくひ	帽子などが巡査の目につきやすいこと	*ぴんつき	*警察の注意人物
きつばらい	無銭遊興		
かしかん、らじを、きうばらい	無銭飲食		
たてちよん	警察に捕まること、刑事に同行されたこと「そくられた」	ー	ー
やばー	あぶない		
ちよほー	そんなことはない		
たたむ、のす	殴る（殺す意味をも含む）、単に殴る場合は「はんべる」		
えんこ、いんこ、はえんこ	公園、浅草公園	えんこ	公園

注）＊は意味合いが近いものをあげている。

出典）鈴木賀一郎『不良少年の研究』，唐田碩圓「保護少年と隠語に関する研究」，中原哲造「最近不良少年少女物語」，石角春之助「乞食裏譚」，前田誠孝「罪の子となるまで」，刑事時報社編輯部編『防犯捜査刑事警察の研究』，村嶋歸之「ドン底の闇から」より作成。また対象資料は、大正期および戦前昭和期に発行されているため時間に幅があることを付記する。さらに、同表では「軟派不良少年」と「硬派不良少年」の用語も併せてまとめている。両者の違いは、樋口栄『隠語構成の様式並其語集』を参照のこと

少年等が性的享樂を樂しむやうに彼等は喧嘩其者を樂む（だ）のである。（中略）然るに近來は漸次之等硬派の少年は影を潜めて來た。今日でも血櫻團，インデイアン，白梅團，ホワイトジャックなどと云ふ名称は残つてゐるが，其團員の範圍も不明瞭になり，又昔のやうな團體的不良行爲は少なくなつて來た」（中原 1929：152）と評している。つまり，集団行動と集団の結束を中心とした「硬派不良少年」が形骸化し，脱集団化した「近代的傾向」と称される「軟派不良少年」が台頭するのである。

（2）最新文化の集積地としての浅草公園と不良少年

　浅草のなかでも特に浅草公園（現金竜山浅草寺境内）は，少年たちと新たな文化を結びつける東京屈指の名所であり，日本最初の「五公園」の一つとして明治6（1873）年に開設された。その後，公園の集圈を拡張して9万6千坪の敷地を6つの区域に分け，園内の池の周囲に一大遊園地が誕生した。活動写真や大道芸，水族館や花屋敷，そして演劇や洋食店などがひしめき合いさまざまな文化や最新の見世物が集積する場所として子どもから大人まで多くの人びとが訪れた。『台東区史』（1966）によると，特に「六区」は，見世物興行小屋や日本で初めての電気館（活動写真常設館），すぐ近くに凌雲閣（十二階）が開館することで園内でもひときわ活況を呈していた。その後「六区」は，映画興行街として最も早く欧米映画が観られる映画ファンの集う場所として注目される。

　当時の新聞記事から浅草公園をみてみると，「不良少年と不良少女（二）」という見出しの冒頭には「大東京市に於けるただ一つの平民的な歡樂境淺草公園－それはほんたうに平民階級の爲めの樂天地である」（読売 1921.5.3）と掲載されている。当時の公園は，「夏の各公園は郷里若しくは避暑地への遠征の出來ない學生や不良少年の好適な集會所となつていろいろな惡い謀ろみをする」（朝日 1914.7.26）ことから，不良少年が集まり活動する場所でもあった。

　なぜ浅草公園に少年たちは魅了され，不良化の要因として新聞メディアや社会から注視されるのか。警視庁警視前田誠孝は，家出少年の事例をあげて「彼の足は，不思議な力で淺草へと引きずられて行くのだつた。それは－不可抗力をも

つ淺草であつた。沸き立つやうな歓楽のどよめきは，しばらくも彼を凝乎とさせて置かなかつた」（前田 1927a：34-35）として，当時の浅草の「歓楽」が少年にとって「不可抗力」的な存在であったことを指摘している。この浅草公園内の不良少年にとって，浅草公園は不良行為の場でもあり，活動写真を含めた最新の文化に接する歓楽の場でもあった。

　浅草公園では，明治44（1911）年に初めて浅草公園の「六区」にある金竜館で後に爆発的な人気を得た探偵映画「ジゴマ」が上映された。先述したように「ジゴマ」は，さまざまな犯罪を繰り返し警察や探偵の手のすり抜けていくフランスの探偵小説が原作であり，当時の少年に大きな影響を与えた（朝日 1912.10.9）。また『東京朝日新聞』では，「ジゴマ」と題した特集記事を連載し，当時の警察の取り締まりや映画興行主に対する批判が掲載されている（朝日 1912.10.13）。一方でこの活動写真館という環境は，「絞殺された少年の身元判る，動坂の八百屋の息子，元日の昼活動寫眞を見物に行つて歸らず」（朝日 1920.1.4）や「夏の夜の危険－女の髪を切る悪漢若い娘を獨出すな」（読売 1915.7.3）の記事からわかるように，少年の不良化を促す一方で少年犯罪の被害の場でもあった。

　その後，大正12（1923）年9月1日に起こった関東大震災は，浅草公園にも大きな被害を及ぼした。花屋敷をはじめ，凌雲閣や「六区」の映画興行街を含めた娯楽街も全焼するなかで，浅草観音堂や五重塔は焼失を免れた。この災害を契機に，浅草公園は東京の復興計画からさらなる近代化された映画街や演劇街として発展していく。また当時の新聞記事をみると，「市内三千人からの不良少年は震災後散り散りになつて丸ビル，日比谷公園，大塚附近等を巣としてゐたが，浅草が復活してからは其處の方面に流れ込み始めたが日比谷公園には依然として跋扈してゐる」（朝日 1924.2.20夕刊）として，復興しはじめた浅草公園における不良少年の活動も目立ち始めたようである。この活動とは，「人の盛り場でもあり，極樂の天地だけに不良共の巣窟は淺草だ。数の上から云つても種類の上から云つても先づ一番多いだらう，（中略）不良共の間に流行してゐる『シヤン』と云つて良家の婦女子の跡をつけて，つけ文をつけたり忌はしい方法で誘惑する群（中略）震災前までは，昔の博徒のやうにチャンと縄張りが定められてゐて他区から

でも來ると一々大將株に渡りをつけたものださうな」(朝日 1924.3.31夕刊)や「五
人組の竊盜團に交る十九歳の不良少女，浅草のカフェーを本邊にして數十件を
荒し廻る」(朝日 1925.6.30夕刊) など，浅草公園では「軟派不良少年」や「不良少
女」の活動も目立ち始めている。

　自ら浅草に在住し，浅草を中心に調査した石角春之助は，「吾が淺草に不良少
年少女が，最も激しく往行し，社會に惡毒惡魔を恣に，流布してゐるのも蓋し淺
草が，民衆娛樂の中心地であり，日本的一大歡樂境なるが爲めで，當然なる結果
と言はぬばなりません」(石角 1929：146) と評している。そして浅草と銀座の不
良少年の違いについて，「即ち銀ぶらの不良少年は，銀座らしい華かさと，モダ
ン式なけばけばしさがあり，しかも彼等の犯罪は，主として現代人にふさわし
い，しかも，こせこせした蔭險な巧妙さがあります。處が淺草の不良少年は，銀
ぶら不良少年に比べて，ばんからであり，露骨であり，しかも，共の犯罪が，比
較的小さく，露骨に表示されております。これ等は其の土地の風習と，流行と，
勢力とに支配を受けるもので，彼等が其の地に住むと，自然とそうした傾向を帶
びて來るのです。(中略) 犯罪の手段，方法にしても銀座の不良少年と，淺草の不
良少年とは，其の趣きを異にしてゐます。結局，淺草の不良少年は，硬派に出る
場合が多く，例えばいきなり『金を貸せ』と言ふが如く，主として直接行動が多
い樣でようです」(同書：148-149) と説述していることから，東京においても浅草
と銀座では，その不良行為の内容に特徴があり，浅草の不良少年には昔ながらの
「硬派不良少年」の形態が残っていることがわかる。

　また浅草公園では無宿者の不良少年が問題化しており，先述した草間八十雄
は東京市の社会局の主任として浅草公園 (「エンコ」) の調査をしたところ，「昔も
今でも家出した少年少女は概ね一度はエンコに流れ込む行く，(中略) 今から二十
餘年の昔に筆者が，エンコのルンペン研究に懸り初めた頃から，昭和五，六年頃
を通して觀ると警察に押へられないで保護の手から漏れた，俗に云ふ新グレは，
少女であれば古顔のルンペンとポン引きとが共謀して闇い暗路に引いて行くか，
さもなければ密かに笑ひを賣る下等の賣淫婦に堕落させるか，何れにするも慘
ましい身空となる。又少年は之も古顔の不良ルンペンにそゝのかされ，賽錢泥棒

256

だの掻拂ひをするやうになる。其れから幾らか悪いほうに智恵の優れたものは掏摸になる。斯うして明治大正の時代を經て昭和五，六年頃までは，家を離れた少年少女で，エンコに流れ込むと悪化するものが少なくなかった（中略）處で，調査を進めて行くと不良少年の或る者と，更に兄哥分のルンペンと，此の賣笑の女の悉くではないが，五，六人の女とが，不良行爲をなす場合に連絡關係のある事が判つてきた」（草間 1937：140-145）と報告している。つまり，家出した少年少女を受け入れ不良化させる組織が浅草公園に形成されていたことがわかる[11]。

　一方，震災による浅草公園の被害は甚大であったが，厳しい状況下においても人びとの娯楽を求める気持ちが急速に浅草公園を復活させた。また「悪の根源地域である淺草は地方はもとより東京市の少年の大部が此處にあこがれてゐる，娯樂を得る適當な公園もなく公園があれば何等の施設もない現在の東京の少年が劣悪な活動寫眞や買食ひに走るのも，結局は設備が無いからです」（朝日 1925.7.3）の記事をみても，最新の娯楽施設の集積する浅草は少年たちの憧れの場としての復興を遂げたのである。

（3）大阪府における「不良少年団」と活動内容

　ここでは，大阪における「不良少年団」の調査を中心にみることにしたい。救世軍希望館助手北島孝人によると「元來大阪に於ける不良少年の團体分子は，大阪在來の者は殆んど皆無にして主に東京方面より退學處分を受けたる不良學生又は下宿喰倒等の無頼漢の類で夫れに神戸界隈より集まつて來た浪々者の落合で，彼等の多くは喧嘩爭闘を事とし暴行脅迫以て良家の子女を誘惑し，金品を捲き上げ常に美少年を愛し男色を好む風がある，彼等は不良少年中の硬派とも稱すべきものである」（北島 1917：10）と述べている。この内容からみると，東京や神戸から流入した不良少年が主に団体を組織したようである。また北島は，大阪における不良少年を「學籍に在るもの（現に學校に通學する者）」，「職業に従事するもの（職工または店員等を含む）」，「浮浪せるもの（中途退學者，放校處分を受けし者下宿暴し等の無職業なるもの）」，「悪事を常識とするもの（盜兒にして掏摸の類）」の４つに類別しており，「紫紅會」（不良学生集団）や「紅團」（不良女子のみ集団），

「錦城倶楽部」(職工と被服廠通いの女工による集団)などを紹介している。次に昭和期の状況を中心にみてきたい。

　東京にくらべて、1935 (昭和10) 年の大阪府警察部の「不良少年団」の検挙数をみてみると、その検挙団体は47団体であった。[12] つまり、大阪の「不良少年団」の検挙数から、大阪にも東京と同様に多数の「不良少年団」が存在しており、昭和期に入っても集団としての「不良少年団」がしっかりと存在していたことがわかる。

　記者である山田司海 (1920) は、大阪市立児童相談所鵜川氏の所述を参照しつつ「大阪の天王寺公園、新世界、千日前等の盛り場を中心にして、野犬の如き生活をしてゐる浮浪児が概算五百人はゐる。其の内六割は釜ヶ崎邊の木賃宿五十餘軒に宿泊してゐる勞働者の子供である。彼等は兩親が仕事先へ出る時、大抵五、六錢見當の小遣ひを貰ふ。それを何うするかと云ふに、金螺やベッタの勝負に費して、食物を買ふ事が出來なくなる場合、ツイ盗みを始める。これ等の少年は皆三人、五人づゝ一團となつて、巧妙な方法で雜貨店、煙草屋などから品物を盗み、それを又横着な車夫達が安く買取つてゐる。その浮浪児の三分の一位は、確かに中流以上の家庭の子供等であるが、それは除りに親達の仕向けが嚴格過ぎたり、又は可愛さに餘つて我儘の仕放題をさせたに基因してゐるやうである。(中略) 此種不良児の運命を改善することは、いまの場合最も必要な事の一つである」(山田　1920：138-139) と述べており、浮浪児が万引きなどの犯罪をおこなっていることや浮浪児を不良児と同一視していることがこの説明から読み取れる。

　また、浪速少年院の教官であった松岡真太郎 (1935) の調査結果では、「不良少年団」の集団化の要因を三つあげている。一つ目は「学生の不良化」である。学校の友人間における「釣つた魚が少ないので何處かの生簀へ行つて取つて來やう」(同書：19) などの冗談から端を発して、その窃盗行為が集団化して遂に一つの「不良少年団」が組織されたという。この構成員は、学生が主体であり刺青によって組の称号としていた。二つ目は、「類をもつて集る」というものであり、これは主義主張が合って集まるという精神的な「共鳴」ではなく、何かあるときに漸次仲間を呼んで飲食して歓楽を共にするような不良集団である。

258

三つ目は「共犯仲間の団結」である。これ は犯罪行為を繰り返すうちに，各自が得意と する犯罪の種類や役目によって集団化すると いうものである。その事例として松岡は，「彼 はトルコ人と，今一人の外人（國名不明）と三 人で徒黨を組んで，犯罪行爲を繰返してゐた。 甲が金子を持つてゐるやうな家を物色して， 乙が窃取した金品を運搬したり見張をする，Ｓ は金品を窃取する役を務めて三人が共犯であ つたが，彼等は兄弟分の盃を交した，それで も物足りないので三人兄弟の記號として腕に 刺青を施した」（同書：20）と述べている。つま

図6-6　「不良少年団」の記号例
出典）河野道雄『不良少年の實際』より

り，それぞれの犯罪行為における得意な役目を果たすことで集団化するというも のである。またこの事例では，不良少年が集団化する際に「外国人」を含んでい ることも注目すべき点である。つまり，この「共犯仲間の団結」に関しては，日 本人という属性よりも技能的な能力が重視される傾向にあったと思われる。

　このような過程を経て「不良少年団」になると，その内部では各集団で「服装， 身体，言葉」によって「団の象徴」を表した。詳述すると，「下駄，帯，バンド， 帽子，腕時計，爪の切り方，所持品，服装の整え方，マーク，金歯，刺青」など によって「不良少年団」を区別したのである。これらは，刺青などにおける記号 （図6-6）を目印とすることで，仲間意識を高める機能もあるが，一方では他の「不 良少年団」の団員と交渉する際に，一見してその所属集団が判別するという機能 を有していた。

　また，大阪の「不良少年団」にも東京の「不良少年団」と同様に集団の「規 約」が存在していた。しかし，松岡は「集團的行動の目的を遂行するために，團 の規約等が設けられるのであるが，その規約連判狀等の内容を逐次翫味すれば， 反社會的の内容を表示されたるもの多数を有し，結局規約等は型式的のものな ることに想到する」（同書：23）と説明している。やはり，「規約」に関しては，明

治期の「硬派不良少年」に認められた義侠的で封建的な内容とは異なり，大阪においても時代の流れと共に「規約」自体が形骸化していたと考えられる。しかし，他方では，「黙約」と呼ばれる「不良少年団」のルールが存在していた。

　そのルールの一つには「デンコ仲間の黙約」がある。「デンコ」とは，恐喝や喧嘩を主として「カフェ」や喫茶店などにおいて無銭飲食する不良少年である。彼らの間では，「悪かつた」という言葉が「降参しました」ということを意味しているため，仲間内では禁句とされていた。そのほかにも，「自分の都合のよい方へ味方」をしたり，「仲間の秘密を漏らす」行為を非常に嫌悪したり，仲間はずれにすることがあった。なかには，仲間はずれ以上に「彼等の悪事を警察へ密告するやうな事があれば（中略）夜中煉瓦等で家の戸や硝子戸を破壊し，途上襲撃する等」（同書：24）も「黙約」として彼らの間で定着していたようである。

　この規約の内容を考察すると「集団内の秘密の漏洩を中心としたもの」，「仲間同士の関係を中心としたもの」，「私生活に関すること」，「不良行為に関すること」に類別できる。

　ここで，図6-7を用いながら大阪府と東京市における規約を比較して共通点を探ってみたい[13]。ここで見出された共通項は「集団内に関する秘密の漏洩」である。やはり，不良少年の集団形態を維持するためには，警察から検挙や他の「不良少年団」による吸収からどのように守っていくのかが重視される。つまり，集団の情報漏洩は「不良少年団」を解散させないための重要事項であったことがこの共通項からわかる。

　そのほかにも，仲間同士の関係を中心とした内容が両都市部に認められたが，東京では「制裁」が明記されているのに対して，大阪では「助け合う」ことが中心に明記されている。「制裁」に関しては，大阪の「不良少年団」の多くが「黙約」として掲げていることが特徴してあげられる。

　大阪の「不良少年団」の構成人数をみてみると，小さな団体では7名くらいから大きな団体は300名くらいにまでおよぶものがあった。しかし，その継続期間は長くて2年，早ければ結団直後に検挙され解散する場合もあった。また，「不良少年団」の類別については，「硬派」や「軟派」などがあるが，注目するもの

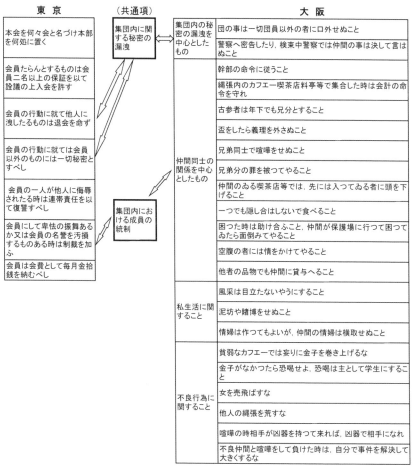

図6-7 「不良少年団」における規約の比較

注）矢印は，意味合いが近いものをあらわしている。
出典）阪口鎮雄『不良少年の研究』および松岡眞太郎「保護少年の集団的行動」より作成

として「硬派折衷派」があげられる。

　この「硬派折衷派」とは，「硬派と軟派とに屬し，應々にして女性の團長の場合がある」（同書：27）という。東京の不良少年が「軟派不良少年」に移行するなかで，大阪の不良少年は，従来の集団的な活動と共にその活動へ不良少女が加

第6章　実態調査からみた不良少年と都市化による「不良」観の変容　　261

わっていた。当時の不良少年の「恐喝」事例には，「わざわざ人に足を踏ませたり，突当つて言い掛りをつける」行為や「盛場」で通行人に向かい「顔へ何か着いているか」と恐喝行為，さらに女性団員に色仕掛けで良家の少年を誘惑して，それを理由に男性団員が恐喝する行為などがあった。そのなかでも「良家の子弟の密会を種に恐喝」という恐喝の手法は，良家の女性に道を尋ねている状況を撮影し，この写真を仲間が良家へ持参して不良少年と密会している写真を新聞に投書すると脅し，「御結婚のお邪魔にもなり，お家柄にもかかわります」といって，写真を口止め料として売りつける巧妙なものまであった。

　この事例からみても，「軟派不良少年」の不良行為の内容から，不良少女を含めて集団的におこなわれていたことがわかる。また，もう一つ重要な「不良少年団」の存在として，「破団を専門とする一味」があげられる。松岡によれば，この集団は「ある不良團體が生れるとそれを潰しに掛る團體が出来る，彼等はバラケツ（不良少年）から目醒めて更生の道に進まうと標榜するのであるが，彼等は不良團體に對して不良的行爲を警察に告げるといつて脅喝し，金子を捲き上げたり，喧嘩をして團の勢力を殺いだり，説教をして破團するのであるが，その場合團員の顔ぶれを見て對手になることを忘れない」（同書：27）という。つまり，「不良少年団」を相手とする「不良少年団」が存在したのである。この集団に関してはさらなる考察が必要であるが，当時の「不良少年団」の継続期間が短いことや不良少年が団体行動から単独行動へ転換していく状況を踏まえると，「不良少年団」に対する警察等の統制機関とは異なる集団の存在は，本研究のなかで一定の資料的価値があるものと考えられる。

　最後に「不良少年団」の「不良」行為について述べておきたい。その類別は，「争闘」，「恐喝」，「婦女暴行」，「賭博」，「空巣」，「忍込」，「掏摸」などが主な「不良」行為としてあげられている。ここでは，争闘と恐喝を取りあげて説明したい。争闘に関しては，「ドス」（短刀），「ダンビラ」（長刀），「ナガヅエ」（仕込み杖），「ハジキ」（短銃），「ゲソ」（下駄），「自転車のチェーン」，「匕首」，「メリケン」，「石灰」など，さまざまな凶器を用いて争うことが主となっている。

　ここまでは，東京と大阪の不良少年の集団化をみてきた。このような不良少年

の集団化とその変容は，東京と大阪という地域的または文化的な差異も影響していると思われる。そして，近代化の過程で都市化する社会とのかかわりが不良少年の変容には重要な要因であったことは確かであろう。その理由の一つには，次に取りあげる「不良少女」の出現がある。従来の「硬派」を中心とした不良少年間の規範（規約）に沿えば，女性である不良少女の団員は成立しえない。しかし，この不良少女が出現したということは，東京などの都市化と大衆化が進む大都市圏に，不良少年に対する人びとの多様な価値観を予期させる。では，不良少女がどのような経緯から出現したのかをその実態を含めて明らかにしたい。

3．不良少女の実態とその変容

　不良少年研究において不良少女は，不良少年とくらべて数のうえでも絶対的に少数であり，あまり問題対象として取りあげられてこなかった経緯がある[14]。しかし，不良少年の増加とともに，不良少女に対してその実態を把握するために研究が進められる。

　不良少女の問題は，その経緯を辿っていくと女学生の不良問題にその起源の一端を認めることができる。そこで，女学生の不良問題を詳しくみていくと，明治期では「女学生の堕落」という表現が用いられている。つまり，そこで展開される「堕落」とは，稲垣恭子（2002）が指摘するように，「女学校あるいは女学生全般にたいする反感，批判から，将来の良妻賢母を育てる女学校教育からの逸脱として，教育の観点からとらえられるようになっていく」（稲垣 2002：116）という状況を知ることができる。その後，一般的な女学生の批判から，知識人や警察関係者による発言が教育問題および社会問題として取りあげられた[15]。

　しかし，当時の女性に関する問題を理解するとき，「女学生」と呼ばれる女性が基本的には経済的に余裕のある家庭の「子女」であることに注目しなければならない。つまり，明治期を中心にして語られた「女学生の堕落」問題の対象は，女学生という限定された行為主体であり，そこには稲垣の指摘する「それまでの社会の規範を破る女学生の文化や行動のもつ新鮮さに期待する一方で，それを

押え込みたいというアンビヴァレントな欲望が生み出す表象」(同書:111) が存在
していたと思われる。

　1902 (明治35) 年の『中央公論』に掲載された「女学生腐敗の声」では,「男
生の腐敗堕落は正に根本的救治を要するの今日,重て又女生の腐敗堕落を聞く,
果して若しく世の稱するが如き事實あらば誠に悲しむ可きの至と云ふべし」(千
山 1902:4) とある。つまり,男性の「腐敗堕落」問題の対概念として女性の「腐
敗堕落」が問題視されていたと考えられる。しかし,投稿者である千山万岳 (仮
名) も「女子を抑塞し女子にのみ多くを責むるは東洋男尊國の悪風なり」(同書
1902:6) と断言しているように,日本における男性と女性の不良観には,「男尊
女卑」という概念が多分に影響していたことがわかる。さらに,同年の『中央公
論』には「女學生堕落の呼聲」と題した社説があり,そのなかで「女學生の堕落
は,その數少きだけそれだけ世人の目にも耳にも入り易く,且つ好奇心をも起さ
しめ易きがためなりしなるべし」(反省社編 1902:5) とある。つまり,男性の学生
にくらべて女学生の「堕落」は,少数であるだけに注目されたのである。その後,
女学生の「堕落」問題は「男女学生交際」に関する話題へと転じ,1906 (明治39)
年の『中央公論』では,学生の男女交際に関する特集まで組まれている。[16]

　明治期から大正期へ時代が移ると,不良少女をめぐって新しいタイプの「モダ
ンガール」が登場してくる。稲垣 (2002) によれば,この時代の「不良女学生」や
「不良モガ」は,「自ら不良化していく」という点が特徴であると指摘する。[17]この
モダンガールの服装や行動に注目すると,当時の多様化する価値観を象徴する
存在であったことがわかる。また当時の不良少女の実態について,長年にわたり
警視庁捜査係長として不良少年少女と接してきた山本清吉は,不良少女を五つ
に類別して説明している。

　はじめに,山本は不良少女として「不良女学生」をあげている。この少女は
「上下貴賤の別なく一定の家庭に育てられて兎も角學校教育を受けつゝある者で
あつて學生の身を持て淫らな行を爲し父兄の支給する學資は元より家財を持ち
出し或は他借を爲し若くは他人の物を横領し詐欺してまでも遊蕩に心を奪はれ
て不義の快樂を貪つて居る」(山本 1914:152) 者を指している。「不良女学生」に

264

対して山本は、「近頃少し位學問をした様な又學びつゝある様な女子達は殊に恭謹の心が無ひ，只上つ調子で其形ばかり飾つて身装を奇麗にする事や顔形を粉粧する事ばかりして其性を善くする事を知らぬ，家に在りて父母に仕へ家居の勤めをする事を嫌ひ人に對して禮儀を盡す事をせぬ，一禮が生意氣で只學校さへ卒業すれば直ぐに嫁入が出來てどんな事でも出來るものゝ様に考へて居るから女子として世に起つべき器量がない，從つて世の中に對する責任と云ふものを少しも考へん，夫れで自から行ひも亂れ氣も狂ふて只虛榮に憧がるゝ獸的人物と爲つて仕舞のである」(同書：154-155) と指摘している。

また「不良女学生」の集団化については，「己れ一人で堕落する計りでなく他の友を誘ふて同類と爲し，又其友を誘ふて同じ經路をたどらしむる様に爲つて夫れから夫と段々同類を増加して終には不良女子の團體をさへ作つて共に倶に不良行爲を行ふ様に爲るのである」(同書：157) と述べている。つまり，「不良女学生」に関しては，「硬派不良少年」に認められた上下関係の集団化というよりも，友人などの横の繋がりによって形成されていたことがわかる。また，「不良少女団」のなかには，「月に一度とか一週一度とか云ふ定日に集合して他の立派な家の御子息や學生等と合引して居つた」(同書：197) ことから，その活動が日々集団的におこなわれていなかったことがわかる。そして，その活動内容は，男性を対象とした詐欺もしくは「盗派」と呼ばれる万引き行為が中心であった。

次に「仮装女学生」とは，女学生でない者が女学生に「仮装」して，「男学生」や「金の有りさうな男」を誘引して「私娼行為」をおこなったり，「愛嬌」を利用して金品を搾取または横領し窃取したりする行為を中心とする不良少女である。この「仮装女学生」は，被害者が当初「支那朝鮮」からの留学生に多く，学生の身分で遊郭や「待合い」で遊ぶことができないため，下宿している下宿屋の女中や飲食店の女性を相手とすることから，後にこれが専門的な商売として成立するに至ったという経緯がある。しかし，世間体的には「女中とか下女」が「如何はしい」ものとされ，女学生に仮装することになったのである。つまり，女学生という社会的地位を利用することによって自分自身の社会的な価値を高める目的からこの「仮装女学生」が生まれたといえる。

三つ目は「遊芸女子」である。「芸妓」,「女優」,「その他の女芸人」であり,「私娼行為」をおこなう者を指す。しかし,実際の「遊芸女子」は,「相当な人格者」であり「不良な行い」をしない者が多かったために,特に不良行為をおこなう者を「不良遊芸女子」としてわけている。四つ目は,「不良有業女子」である。「有業女子」が不良少女であるというわけではなく,さまざまな職業に従事しながらその営業を利用して不良行為をおこなう者を指している。最後は,「無業不良女子」である。この不良少女の特徴は,「相当の家庭」に生まれて,「相当の教育ある者」や「一旦相当の家に嫁ついて不縁と為りたる女子」が,街を徘徊することがあげられる。「無業不良少女」の不良行為は,「私娼行為」が中心であるが,詐欺や横領,窃盗などの犯罪行為を同時におこなう者もいた。

　以上のような不良少女の類別によって,当時の不良少女の属性や不良行為の概要を提示できたと思われる。またこれら不良少女の共通する点を見出すとき,その多くが男性を対象とした不良行為であり,不良少女に至る経緯には男性が関与していたことがわかる。一概に不良少女と呼ばれてもその不良化の経緯を追っていくと,当初は「軟派不良少年」の被害者であったり,成人男性が組織する集団に誘惑されもしくは騙されて「不良少年団」に組み込まれたりする場合が多かった。

　鈴木賀一郎 (1936) も「不良少女の経路」として,「虚栄心」につけ込まれて不良少年からいろいろな誘惑を受けていると指摘する。そこでは,「軟派不良少年」による「話し」,「握り」,「送り」,「御尋ね」,「ベビー」などと呼ばれる「誘惑方法」により,令嬢などが騙されたという。また警視庁警視前田誠孝は,不良少女に関する個別の調査結果から,鈴木と同様にその不良化には不良少年とのかかわりが大きく関与していると指摘している。特に大正期に人気となる「カフェ」は,一方で不良少年のたまり場となり不良行為の場でもあった。前田は,「不良少年の根據地はカフェーであると云つても決して過言ではないのである。不良少年の根據地がカフェーであると云ふ事,即ち其出入することが多いと云ふことは何を意味するか。先に女給の大體が或一種の眞面目を缺いた者がかなりあると述べた如く,これと相關聯して女給の一部には不良少女がゐると云ふ結論と

なるのである」(前田 b 1927：129-130) という。その理由として，前田は「主人か
らの労働報酬なくして生活する爲には，彼等は先に述べた通り客からの心付の
みをあてにして生活していかねばならぬ」(同書：130) と指摘している。

　不良少女に関する考察は，さらに不良少女に向けられる不良観と女性に対す
る社会の認識との関係性を考慮した分析が必要であるが，ここでは実態を中心
とした考察から「不良少女」を明らかにした。

4．多様化する価値観と揺らぐ「不良少年」観

　不良少年や不良少女の実態を考察すると，日本の近代化が大きく影響してい
たことがわかる。不良少年の実態からみると，団結と縦社会を中心とした「硬派
不良少年」から，女性を外観や言葉により騙し単独行動を好む「軟派不良少年」
へと変容し，この変容は近代化していく社会に強く影響を受けていると考えられ
る。つまり，そこには，従来の不良少年像を取り巻く固定的な価値観からの離脱
が認められるのである。また都市化が進み，東京などの大都市圏では，不良少年
のなかに社会階層差も顕在化することで，学生から「乞食小僧」と呼ばれる下層
階層まで広く類別化していた。さらに東京と大阪の比較では，隠語などの多少の
文化的な違いは認められたが，「不良少年団」の活動や「軟派不良少年」の発現
などをみると共通する部分が多く，都市化の進んだ大都市部という環境が不良
少年の変遷に強いかかわりをもっていることがわかった。

　不良少女については，不良少年とくらべて絶対的に少数ではあるが，その存在
自体の顕在化が近代化の反映を強く受けている。すなわち，明治期以来の「良妻
賢母」など，家父長制のなかで示される厳格な女性像からの解放または逸脱が，
不良少年とは異なる女性の「不良」基準の抵触を意味していた。そして，都市部
を中心に価値観が多様化する過程にあっても，従来の貞操観念や厳格な女性像
は，少女たちの行為を縛り続けたのかもしれない。だからこそ，不良少女の問題
が男性とのかかわりのなかで顕在化し，社会の眼差しは常に「不良」基準に抵触
し続ける少数の少女たちの行為を注視したのではないだろうか。しかし，昭和期

に入ると，さらにその「不良」基準に対する価値観の多様化が強く影響を与える。

　先述した中原哲造 (1929) は，「軟派不良少年の純粋な者は性的享楽兒である。銀座新宿等を徘徊する所謂モボ，モガと稱する類には得て之等の者が多い。尤も所謂モガ，モボ連の全部が軟派不良少年であるかと云ふに決してさうではない。あのモボ，モガの正体は畫家，彫刻家，文士，活動俳優，文學青年，學生，ダンサー，モデル，女給，女學生等であるが，其他一寸した氣取屋で乙に濟ました服装をしたがる者，常に流行を追つてゐる者，何かエキゾティックな趣味に溺れてゐる者があり，之等全部が不良青少年でないことは勿論である」(中原 1929：157) と指摘している。

　この中原の意見から，モガまたはモボの外見的な特徴と「軟派」と称される不良少年少女の外見的な特徴が重なる部分も多く，その境界は一見して判断できないことがわかる。しかし問題なのは，モガやモボの行動形態そのものがこれまでの社会的な価値観に抵触することと「不良」基準の抵触が混在している点である。

　このように多様な不良少年の捉え方は，小説を通して不良少年を評した「小説家よりみたる不良少年」という短編小説にも認められる。この小説は，『不良少年問題の研究』(1918) に小説家田山花袋と中村星湖が寄稿したものである。その内容は，主人である小説家と客としての雑誌記者のやりとりが中心となっている短編の小説である。その一部には次のようなやりとりが出てくる。

　「〔主人〕世間でよくいふ不良少年てのは，例の何も彼もが一時に頭を擡げる春期發動期の少年の，際立つて盲目的に活動する奴を指すのでせう。(中略)〔記者〕一體，不良少年といふ言葉が随分漠然としたものではありませんか？〔主人〕さうです。不良の善良のと區別を付けたつて仕方がない。すべて自然に發して來る事だから (と打遣るやうに言ふ。)〔記者〕(直ぐには答へずに少し考へる。) 境遇遺伝－さういふ點から考へて來ても，所謂不良少年を直ちに非難するわけには行かない上に，私などの經驗から申しますと，不良少年といはれる少年の方がほんとの道を通つてゐて，模範少年，優良少年に案外卑怯な僞りの生活をするものが間々

あるやうに思ひます。勿論一般的には言はれませんが，考へてみなければならい點だと思ひます」（田山・中村 1918：49）とあり，その後に「（記者）私ひとりの經驗で凡てを律するわけには行きませんが，不良少年と一旦認められた爲に，何も悪い事をせぬ場合にまでも言ひがゝりを付けられて，言ひ解く事も出來ずに段々悪い方へ方へと追ひやられてしまふ少年も世間に少くないでせう」（同書：50）というやりとりが続けられる。

　この小説に取りあげられる不良少年は，一般的なネガティブな「不良少年」観に対して，「模範少年」や「優良少年」よりも自然な姿として描かれている。つまり，ポジティブな「不良少年」観を認めることができる。そして，不良少年に対する社会的反作用としての負の烙印を指摘している点も重要な視点といえる。

　このような大正期の多様な「不良少年」観は，当時東京帝国大学に属していた鵜澤忠の不良少年調査（1930）から知ることができる[20]。この調査研究は，これまでの不良少年研究において何かと引き合いに出されてきた司法統計に対してその暗数の問題性を指摘し，不良少年の状況をより詳しく把握するための手法として，実際の少年審判所の不良少年を対象としたモノグラフ法による調査である。

　その調査結果から，鵜澤は「或る行爲を『不良』と決定するものは『社會』であり，不良行爲は，悉く社會關係を通じて表現せられる事，及び，社會自身か不良少年發生の最も重要なる原因となつてゐる事を考慮の内に入れれば，最も重大なる不良化の原因は，社會的原因であると云へるのである」（鵜澤 1930：41）と主張している。そして，この不良行為と社会との関係は，鵜澤が「斯くして，不良少年は，社會的の産物であり，その特質は反社會的なる處にある。一般社會人は，不良少年の不良行爲即ち，反社會的行爲に異常なる興味を持つてゐる。一體人間は，非常に，他人の行爲に興味を有つものであるが，その他人の行爲か異常であればある程，強烈な興味を惹かれる。異常であるとは，社會的規準より逸脱してゐる事である」（同書：42）という指摘からも知ることができる。ここにあげられた「異常なる興味」とは，「社會結合力を薄弱ならしめる如き危険行爲」からの関心であり，また「社會意識の強き拘束」である社会的規準に対して「破る

勇気も無く大体同様の行為を毎日毎日反復している」人びと（「一般社会人」）が「自分自ら行ふ能はざるが如き異常行為」に対する興味を指している。

　この鵜澤の指摘は，当時のモダンガールを含めた多様な価値観に影響を受ける「不良少年」観をよくあらわしている。鵜澤は，不良少年が社会的に認知されることは，実際に社会に対して有害かどうかとは全く関係がなく「有害であると信じられている」ことが重要な視点であることを強調している。つまり，これまで取りあげてきた不良少年少女に対する「不良」基準には，法律的な基準のほかに「有害である」という人びとの意思が強く影響していることを鵜澤は呈したのである。したがって，近代化する社会のなかで，当時の人びとの興味をひく少年少女の行為が，時には不良行為と映り，他方では許容されたとも考えられる。これを鵜澤は，「危険行為」とともに社会的なしがらみにとらわれていない自由な行為，つまり「異常行為」に対する一般社会人からの憧憬的な投射を「異常なる興味」として捉え，この不良少年の「異常」行為に対して，「不良少年少女は，一般社會人に取りては，タブーである。禁断の菓を，自由に味はふ一群の人々である」（同書：43）と指摘している。

　近代化の過程で都市化が進み，束縛される日常生活を過ごす人びとにとって，集団化せずに規約にも縛られない「軟派不良少年」の行動は，批判の対象とともに憧憬の対象でもあったのである。

　本章の不良少年少女の「不良少年」観を通じて明らかになったことは，大正期から昭和期にかけて都市化と大衆化の進む都市圏のもとで，少年少女自身の価値観や行為が大きく変化し，その少年少女の向けられる社会の価値観との差異が，不良少女や多様な不良少年を生み出した点である。近代化のもとで多様化する人びとの価値観自体が，少年を「不良少年だ」とみなす「不良少年」観を変化させたことは重要である。つまり，個別の活動と多様な不良行為を特徴とし，時には憧憬の対象となる「軟派不良少年」への「不良少年」観は，従来の「硬派不良少年」にはなかった新たな「不良少年」観といえる。そして，そのような変容期であったからこそ，モダンガールやモダンボーイなどの新たな行為主体や外見に対する価値観といったものが「不良」基準に混同して取り込まれたのであ

る。しかし，一方でこの「不良少年」観の揺らぎこそが，不良少年に対するポジティブな価値観を形成した動因ともいえる。

〔注〕

1) 重松一義 (1976)『少年懲戒教育史』第一法規出版，pp.613-614 を元に原本引用．また，刑事時報社編輯部編の『防犯捜査刑事警察の研究』(1947) によれば，「少年法に於ては，十八歳に滿たない者を少年と稱しているのであるが，事實上の取扱は二十歳未滿の者えの行爲を視察對象としている府縣が多い」(刑事時報社編 1947：125) として，刑法犯に該當しない不良行爲を「一，兇器携帶者 (濫りに兇器戒器を携行し，犯罪行爲の虞あるもの)，二，喧嘩常習者 (鬪爭，喧嘩口調を爲す性癖あるもの)，三，暴行性癖者 (他人に對し暴行を爲す性癖あるもの)，四，浪費者 (常に待合，遊廓，銘酒屋，料理店，飲食店等に出入し金錢を浪費するもの)，五，耽遊者 (常に學業又は家業を怠り興行場等に出入し遊惰に耽る者)，六，家財持出者 (無斷で家財を搬出し入質又は賣却するもの)，七，不正借財者 (無斷で父兄の信用を利用して借金し，或は飲食店其の他の店舗で借財する者)，八，色情猥褻者 (人の群集する場所其他に於て猥褻行爲を爲し，或は下婢其他と醜關係を結ぶ者)，九，誘惑者 (少年少女の犯行を誘惑するもの)，十，惡戲者 (濫に樂書貼紙を爲し，又は常に惡戲を爲す者)，十一，團結者 (不良の團體を組織し又は之に加入し居る者)，十二，浮浪者 (無斷家出を爲し居る者，公園其の他を故なく徘徊し又は乞食を爲す者)，十三，粗暴過激者 (常に粗暴過激の言動に出る虞ある者)，十四，犯罪傾向者 (犯罪敢行の虞ある者)，十五，喫煙飲酒者 (煙草を喫し酒類を飲用する者)，十六，追隨者 (婦女に追隨し又は途中を要し附文等を爲す者)，十七，強談威迫者 (他人に對し金品を強要しまたは面會を強請し若は強談，威迫の所爲に出る者)，十八，密賣淫者 (密賣淫を爲し又はその媒合容止を爲す者)，十九，其の他不良行爲と認むるもの」(同書：126-127) をあげている。

2) ぐ犯概念の検討について，荒木 (1987) は「未だに犯罪を犯したのではない虞犯少年と非行少年に含めて少年裁判の対象としている点こそ，少年法の少年法らしさである。(中略) したがって，虞犯少年について論じることは，少年法の基本的性格について論じることである」(荒木 1987：12) と述べている。

3) 鈴木の審判風景については，『人道』(237 号) の「東京の社会施設少年審判所を見る — 愛と法律と」(1925) を参照のこと。審判風景を参観した「J・O 生」によれば「審判士の少年に對する審判態度はいろいろと審理を展開しつ，其間に少年の心に反省を與へ，自覺を促して行く方針であるやうに思つた。私は其の態度が感傷的でないところに敬意を表した。多年の經驗でもあらうが技巧としても實

に旨いところがあると思ふ。今これを細かに描寫することの出來ないのを遺憾とする」(同書：9)を評している。

4) 阪口鎮雄 (1917)『不良少年之研究』日本警察新聞社，p.11。また警視庁警視古市亨 (1920) は，「警察所上不良少年とは七歳以上二十六歳位迄の範圍に於ける不良學生を稱するので，是等不良少年中には硬派軟派の別がある」(古川 1920：90) という基準をあげている。

5) 卜部幾太郎 (1922) は，飲酒と不良少年との関係を事例で紹介している。この事例をみると「淺草の不良少年の巣窟の一室で，五人ばかりの少年が酒を飲んでをる。彼等は一升德利を二本も並べて，夫から冷酒を飲んでをる。彼等は所謂る酒三行にして二尺もあるやうな長劍を引抜き，思ひ々々に劍舞を演ずるかと思へば，其處に横臥してをる一人の少年を姦するのだ。辱しめを受くる少年は，手拭にて目隠しをされ，兩手兩足を繩にて固く縛られ，古新聞紙の上に倒されて居る。斯うして身體の自由を拘束された少年は，四人の少年の獸慾を遂げる器具となるのである」(卜部 1922：127-128) とあり，男性を性的対象としていたことがわかる。また，高田 (1921) は，「日清戰爭前後から，容貌の美しい幼少年を捕へて鶏姦した上，起請文を作つて義兄弟と稱する悪風が東京方面に盛になつた」(高田 1921：235) として起請文を次の通り紹介している。その内容は「今般義兄弟の契り相結び候に就ては，自今左の條々堅く相守り可申候事　一，兩人間は，國家の大事にあらざる限りは決して義絶致さざる事　一，兩人間は，互に隔意あるべからざる事　一，兩人間は，親兄弟に話さざる秘密と雖も互に相談じ，胸襟を開きて相助け生死を共にすべき事　一，互に文武兩道を相勵み，家にありては孝悌の人となり，忠君愛國の念一日も相忘れまじき事　右條々相背くに於ては，摩利支天，四代梵天，別して生國の鎮守，八幡大菩薩の神罰及び佛罰を可蒙者也」(同書：236) であり，「国家」や「文武両道」，そして「神罰」や「仏罰」など，特徴的な文化を認めることができる。

6) 警視庁不良少年係警部後藤四方吉は，「不良少年の行動」(1925) において「近頃の不良少年に至ては，殆どその全部が軟派となり，寧ろ異性との關係を結ぶことを誇りとするやうになつてゐる。そして彼等の多くも，如何にして婦女子を誘惑すべきか，その機會を得ることに苦心してゐる状態である」(後藤 1925：377) と述べている。また女性に対する性的行為として，「縁日，祭典，盛り場，活動寫眞，劇場等の人混みに入って婦女子に接近し，手淫をやつて，婦女子の袖や臀部などに精液を放射して快感を覺えてゐる者があり，女の髪の毛を剪へて快感を覺えるのもあり，ハンカチーフ，鼻紙等女の所持してゐる物を取つてこれを嗅ぎ，手淫をやるものもある。更に變つたのになると，女の臀部や太股を，刃物，針，錐等で切つたり刺したりして疼痛を與へて快感を覺えるもの，又は硫酸をかけて興味を感ずるもの等，随分變つたものがある」(同書：378) として，不良行為の変化をあげている (「臀肉斬の犯人は十六歳の少年，生つきの色情狂」(朝

日 1913.12.9)。

7) そのほかに，山本清吉の研究 (1914) では，阪口の分類と同様に「不良青年」を「硬派」，「軟派」，「盗児団」の三つに類別し，特に「不良手段」を中心に分析をおこなっている。山本は，「単独にて不良行為」，「徒党を組んで不良行為」，「団体を組織して不良行為」，「仮面を被る」，「仮装せる」，「乞食小僧」の六つを「不良手段」としてあげている。阪口と同様に山本も不良少年の類別を試みているが，「硬派不良少年」，「軟派不良少年」，「窃児団」の三つに類別しており，「窃児団」の類別までには至っていない。その後，昭和期に入り大阪少年裁判所長古谷新太郎は「浮浪少年と其取締」(1930) において，浮浪少年を「偶成的浮浪少年」「保護者喪失による浮浪少年」「習癖的浮浪少年」に分類して，それぞれの対応について言及している。

8) 元田作之進は『社会病理の研究』(1923) のなかで，不良少年が地方よりも都会に多い理由は，「然し都會に生れたものに不良少年多しと云ふ譯ではない，地方少年が都會に來つて不良の少年となるのである」(元田 1923：95) と指摘する。その原因として，商工業の発達や交通機関の整備，保護者の監督が行き届かない都会の暮らしなどをあげている。

9) 同記事 (朝日 1909.9.3) には，「警察の無能」という小見出しで「一被害少年は記者に語りて云ふ『先に彼等に辱められたる少年芝區内から十六名麹町署に呼出されて取調を受けしが其時刑事が私に誰が何と云ふても加害者の名前など云ふては成らぬ，若し口走ると警察に擧てある外に澤山雷義團の惡書生が居るから殺されるかも知れずと云はれしが，何故警察は澤山の惡書生のあるを知りつつ一部を檢擧しながら他を檢擧せぬにや』と被害少年としては道理至極の疑問を抱き居れり，但檢擧せられざる多くの惡書生は例の如く上流の子弟たるを記憶世ざる可らず」とあり，警察と上流階層との関係，それを指弾する新聞記者の報道姿勢が同記事より窺い知ることができる。

10) 大日本連合青年団編 (1936) 『若者制度の研究 ─ 若者條目を通じて見たる若者制度』大日本連合青年団。

11) 新堀哲岳は，『明暗の浅草と不良少年』(1936) のなかで，井之頭学校 (養育院感化部) の収容少年 113 名のなかで三分の一は「淺草の浮浪児」だと指摘している。また，当時の不良青少年の綽名として「メリケンの三郎，ドクロの竹，ダイヤの勝，夜の金猫，銀猫，夜の三毛猫，スペードの加藤，轟の三太，幻の半兵衛，小櫻の正，おけらの與吉，流星の寅，カルメンお君，紅バラのお千代，天神お玉等の如く綽名，異名が恐喝の道具にも應用され，綽名を一寸云ふ丈けで相手を畏怖させる事もある」(新堀 1936：156) と説明している。また児童文学者上澤謙二は，浅草公園を「人事と景象との混沌，錯綜，紛雜 ─ 恐らく淺草公園の如きは多くあるまい。そこは東京の名だたる殷賑街でもあれば，東京に名だたる悲惨場でもある。花の都へ來る者が先づ訪れる最初の場所でもあれば，花の都に

第6章　実態調査からみた不良少年と都市化による「不良」観の変容　　273

棄れられた者が零丁敗残を託する最後の場處でもある」（上澤 1934：70）と浅草
公園を評している。

12）ここにあげた不良少年は，教護法および少年法における「保護少年」を指し
ている。

13）ただし，大阪における「制約」内容の「黙約」は，さらに「デンコ仲間」と
の関係を考慮して再考する必要がある。集団内の秘密の漏えいについて岡部愕
堂（1916）は，「仲間の秘密は如何なる事でも漏す様なことはない，最も仲間の秘
密を漏らせば後日必ず如何なる災害壓迫を受けるか知れぬといふ恐怖心が，彼
等を堅く團結せしむる一大原因であるのみならず，其れが往々實現されるのであ
る」（岡部 1916：265）と指摘している。

14）大澤真吉（1922）によれば，1920（大正 9）年 10 月末の全国在監受刑者総員
48,923 名であり，そのうち 18 歳未満の男子は 1,437 名，女子は 98 名であった。

15）稲垣（2002）は，「女学生」の「不良化」の原因について「学校の中よりも学
校外の環境に求められる」（稲垣 2002：117）と指摘しており，その環境とはメ
ディアであり不良少年であったという。

16）『中央公論』（第 21 巻第 4 号）では，文学博士三宅雄次郎や東洋女学校長村上
専精，後の同志社大学総長海老名弾正や早稲田大学教授安倍磯雄，後に満州帝
国大学教授となる登張竹風やジャーナリストの青柳有美が同一の「男女学生交
際論」を題目として投稿しており，文部省普通学務局長沢柳政太郎（1906）も「所
謂学生堕落問題につきて」（1906）を『教育界』第 3 号において論説している。

17）稲垣，前掲書，p.126。また平山亜佐子（2009）は，日本の近代化に即して当時
の不良少女の集団化とその内容について新聞報道を中心に論じている。

18）鈴木賀一郎（1936）『子供の保護』刀江書院，p.114。その他にも中学教師であ
り著述家である澤田順次郎（1913）は，「誘惑の手段として，最も巧妙なのは，女
で女に對する者，謂はゆる女食ひと稱するものである。（中略）此の種の誘惑者に
は，教育もあれば，中流以上の家庭に生まれた者が，少なくない。これらは大い
に注目すべきところである。けれども女で，女を堕落せしむるといふのは，彼の
同性愛を外にしては，其の蔭に，不良男生（性）が隠れて居て，仕事をする者が
多い。即はち男生（性）は傀儡師で，女生（性）は手先きに使はれるのである」（澤
田 1913：278-279）として，不良少年と組んだ不良少女の誘惑をあげている。不
良少女の女性に対する具体的な不良行為の事例については，武内真澄の『実話
ビルディング ― 猟奇近代相』（1923）の 193-200 頁を参照のこと。

19）前田誠孝（1927b）は，例外として家庭問題や「醜女」という「不良」原因を
あげている。しかし，この例外も，父親からの暴力的な指示であり，また男性の
視線であるという点においては，少なくとも男性が不良化の一要因であることが
わかる。また，東京区裁判所検事石黒信彦も『少年犯罪に付いて』（1928）にお
いて「最近發展し來れるものはカフエー，喫茶店等の飲食店，撞球場，ダンス

ホール，活動寫眞館等の娯樂場である。種々なる方面に於て未だ十分なる發達
をなさず思慮亦定らざる少年の是等諸種なる機關の悪方向より受くる悪感化の
大なるは言ふを俟たないところである」(石黒 1929：54-55) と批判している。

20) 鵜澤 (1930) のモノグラフの詳細なデータは，当時の旧少年法 74 条 (少年の名
誉に関する規定) に抵触する恐れがあることから結果のみを公表している。その
研究のなかで不良化の原因として，「家庭欠陥」，「交友不良」，「社会意識」，「経
済関係」，「個人的 (生物学的) 欠陥」，「環境不良」，「自然的 (物理学的) 原因」を
あげている。そして，不良少年の原因を総括して「換言すれば，現代日本の資
本主義社會が，不良少年發生の最重要なる原因を爲してゐると云ふ事が出來や
う。斯く考ふれば不良少年は，現代社會の必然的産物であり，現代日本社會に，
年々不良少年を激増せしむべき丈の，社會的原因 (病弊) の年々の激増しつゝあ
る事を示唆するものと云ふべきであらう。卽ち現代日本の不良少年は，決して感
化院や刑務所の力で減少せしめ得べき性質のものでは無い。その原因は社會そ
のものに在る。不良少年發生防止には，刑罰刑務所感化院等は殆ど無力で消極
的効果しか結果しない。『不良少年は自然的個人的社會的原因より發生し，最も
重大なるものは社會的原因である』からである」(同書：51) と結論づけている。

第7章

戦時期における
少年工の不良化問題

　不良少年問題は，大正期に社会問題の一つとして学際的な研究の対象とされた。そして，この不良少年問題に対して少年法の施行や少年審判所の開設などの実務的な政策や制度が整備される。しかし，このような政策を尻目に不良少年の増加は止まることなく昭和期を迎える。明治期および大正期の不良少年たちは無職少年や学生が多くを占めており，その少年たちは，集団化して組織的に不良行為や犯罪行為をおこなう者や，生活のために恐喝や窃盗などを繰り返す者などが中心であった。しかし，昭和期に入り不良少年に新たな変化を認めることができる。それは，「少年工」の不良化問題である。

　本章では，この少年工がどのように不良化していくのかを，少年工が顕現する昭和期を中心に考察したい。なぜなら，そこには激しい就職競争や職業適性検査など，いくつかの選別機能が顕在化するからである。また，保護者と雇用者との利害のなかで働かざるを得ない少年の立場と生活環境，そして政策が少年工を含めた職業少年を不良化させていく経緯を考察したい。

1. 戦時期の日本の状況と不良少年政策の概観

　これまでみてきたように日本における不良少年問題は，社会問題として大きく取りあげられ学際的な研究が盛んにおこなわれてきた。1900（明治33）年には感化法が施行され，感化教育の名の下に，それまで成人と混同されがちであった更生の手続きが法律として明確に区分された。特にアメリカの子ども裁判運動に

触発されるかたちで，1923（大正12）年の少年法は，問題化する不良少年の対応策の一つとして賛否両論のなかで施行され，新たに少年審判所が東京と大阪に開設し矯正院も設置された。

　この少年審判所は，「保護処分」をおこなう官庁として位置づけられ，これまでの成人と同様の裁判所における手続きから，新たに保護の視点を取り入れた処遇が実施されるようになる。このように不良少年に対する法制度が整備されることは，不良少年に対して今まで以上に社会からの注目が傾けられることを意味し，不良少年が社会問題として社会的に位置づけられたとも言い換えられる。また戦前期（昭和）の感化教育は，「富国強兵政策」のもとにあった。つまり，当時の感化教育には，教育勅語の教化を目標とし，皇室・軍事賛美な側面も強調され，日常の生活訓練の方法に鍛錬主義がとられるようになった。[1]

　その後，1934（昭和9）年に「少年教護法」が施行され，感化院が「少年教護院」と改称された。少年法が14歳以上の少年を対象とするのに対して，少年教護法は14歳未満の少年を対象としていた。このような不良少年に対する法制度が軌道に乗りはじめた矢先，1937（昭和12）年に日中戦争が開戦したのである。

　その翌年（1938）に厚生省が新設され，社会事業に関する行政は，政治体制のもとで再編成され国民精神総動員運動に加わっていった。当時の少年に関する社会政策の状況について，龍谷大学教授海野幸徳は，「兒童に關する各種の事相を見るに乳兒の死亡率は依然として高く，貧困兒，不良兒，病弱兒，異常兒等は漸増の傾向を示すにさへ拘らず，之等兒童保護教養は普及徹底を欠き，或は單に私的事業に委ねらるゝ等遺憾の點尠くない」（海野 1931：210）と指摘している。しかし，海野自身も「困窮より福祉への進展」として，「乳兒院，託兒所，労働兒童教育，兒童健康及性能相談などは新しき社会事業に属し」と述べていることから，児童保護政策は昭和期に入り大きく進展したことがわかる。その後，1933（昭和8）年には「児童虐待防止法」が施行されている。

　また経済面では，1929（昭和4）年にニューヨーク株式市場の株価の大暴落に端を発し，世界の経済界を震撼させる世界恐慌が起こった。この恐慌の影響は，必然的に日本経済に大きな打撃を与え恐慌状態に陥った。この昭和恐慌は，物価

や株価の急速な下落や企業の操業短縮や倒産を引き起こし，合理化における人員整理や賃金の引き下げなどによる大量の失業者を生み出した[2]。このような経済問題は，生活の窮迫など不良少年問題とも密接にかかわってくる。このような少年にかかわる社会や経済の変動が，少年工の不良化問題の顕在化に大きく影響を与えたのである。

2．少年労働者の増加原因と社会事業

　近代化が進む明治期以降，日本では職業に従事する少年少女に関して「少年労働者」や「少年工」，「女工」，「就労青少年」など，子どもの就労に関する名称からもみてもその存在を確認することができる。ここでは当時の不良少年研究を通じて，少年少女労働者の増加とその背景について考察したい。

　日本における少年の労働をみると，明治期以前から農業とともに丁稚奉公などの商業に従事する少年が存在したことは周知の通りである。さらに明治期以降の近代化によって，少年少女に工場労働という新たな職種が生じてくる。しかし，工場などにおける少年少女を取り巻く環境は厳しかった。その後，政府はその対策の一つとして1911（明治44）年に「工場法」が制定し，実施準備期間5年間を経て1916（大正5）年に施行された[3]。

　1916（大正5）年に出版された「第一回工場監督年報」をみると，当時の工場の環境を知ることができる。そのなかの「風紀改善」には，「刑法の改正と共に，犯罪，就中，賭博の取締厳重となりたること」や「工場法に依る職工名簿の完成を機会とし，職工の採択を厳にし，身元調査をなし，前科者を淘汰すること」，「工場監督当局は地方警察官署，青年団体，同業組合等に協力して風紀矯正に努めたること」などの注意が認められる[4]。つまり当時は，「犯罪」や「賭博」，「前科者」などからわかるように，工場内での「少年労働者（幼少年労働者）」の生活環境は決して良い環境とはいいがたいものであった。

　また表7-1のように当時の14歳以下の「少年労働者」の総計をみても，男性よりも女性が高い比率を占めていることがわかる。この傾向は，繊維産業が日本産

表7-1　年齢別・産別職工数

		全工場		繊維工場		機械器具工場		化学工場		飲食物工場		雑工場		特別工場	
		計	14歳未満	計	14歳未満	計	14歳未満	計	14歳未満	計	14歳未満	計	14歳未満	計	14歳未満
1902 (明治35)年	男	498,891	65,433	269,156	26,454	34,962	901	82,298	30,714	30,153	1,481	32,308	4,237	50,614	1,686
	女	185,622	15,806	32,699	1,985	33,379	692	38,615	9,745	16,837	429	20,729	1,927	43,363	1,018
	計	313,269	49,627	236,457	24,469	983	209	43,683	20,969	13,316	1,052	11,579	2,310	7,251	618
1911 (明治44)年	男	793,885	61,013	475,385	44,389	71,088	2,118	69,573	6,719	47,124	1,156	57,954	5,875	72,761	756
	女	317,388	12,192	67,128	2,609	67,271	1,980	47,159	3,584	34,202	486	37,831	3,646	63,797	487
	計	476,497	48,821	408,257	41,780	3,817	138	22,414	3,135	12,923	670	20,123	2,829	8,964	267
1913 (大正2)年	男	916,252	68,957	540,273	50,989	93,239	2,226	80,170	6,908	43,130	953	73,208	7,051	86,432	830
	女	375,596	13,628	71,144	3,094	88,245	2,079	54,930	3,568	35,856	541	47,634	3,810	77,787	536
	計	540,656	55,329	468,929	47,895	4,994	147	25,240	3,340	7,274	412	25,574	3,241	8,645	294

出典）風早八十二『日本社会政策史』（農商務統計表明治35年，44年および大正2年）より作成

業内において圧倒的な比重を占めていたことによる。

　このような工場の環境の下，工場法の施行はこれまでの劣悪な少年労働者の生活環境に対して保護的な役割を果たすことが期待された。しかし，実際には刑事法学者風早八十二が指摘するように，「婦人，幼年勞働力が農村潜在的過剰人口により不斷に且つフンダンに創出されるゆゑに，法律－工場法－の作用を以てしては到底保護を全うしつくせない」（風早 1937：193-194）状況にあった。当時，貧困救済や労働運動の分野で著名であった賀川豊彦は，共著『日本道徳統計要覽』（1934）のなかで，これらの「少年労働者」に関して「産業革命の齎せる二つの社會的變動は徒弟制度の廢頽を來たし，勞働少年を増加した事であった」（賀川 1934：106）と指摘している。

　この徒弟制度の衰退に関しては，賀川の指摘以前にも社会政策を中心に活動していた芳賀栄造が「少年労働者」（1921）のなかで言及している。芳賀は，その原因が「少年労働者激増」の結果であって，「即ち從來は相當の年齢に達すると，親の膝下に置いては本人の爲に悪いと云ふので，全然収益を度外視し，手の職を習はせるため，商店，製造屋等に小僧に遣つたのであるが，近來はそれでは不生産的だとか，親が樂に喰へないからとて，義務教育でも終へると，直ぐ金の取れる給仕とか，幼年工とかに向はせ，當人も日給が取れるので，喜んで職に就きたがる」（芳賀 1921：180）ことに起因していると分析している。

　同様に，徒弟制度の衰退について当時の社会局も注視している。社会局の城本三男は，これまでの徒弟制度における指導教育，つまり管理と訓練の教育が衰退

するとともに、「近代産業方法の特殊化は少年の職業訓練方法に於ても専門化されて、其結果は最初より少年の性質能力に最も適当したる職業に就かしむることが自然必要となった」（城本 1926：8）と述べている。さらに城本は、徒弟制度が中心に担ってきた「児童の就職に関し職業の選択指導」のない状況から就職上の「行詰り」を感じ、転職を繰り返すことで「少年の徳性が破壊」され、「一般産業界の秩序を紊乱する」原因となっていると忠告している。[5]

　少年少女にとってこの徒弟制度の衰退は、これまでの厳格な職業と生活の両面における教育指導からの解放や距離化が図られるとともに、以前にくらべてさまざまな職場環境に身を置くことが可能になったことを意味する。これに対して、雇用者にとっても徒弟制度の衰微した状況で、素行の悪い少年や働きのよくない少年は、その行為を理由として解職しやすい労使関係にあったといえる。

　表7-2は、1933（昭和8）年の統計資料（東京府代用児童研究所取扱不良児童262名）における「転職度数と解職の理由」である。この結果をみても、不良少年と少年労働者の職業環境の変化に何らかの関係性があることがわかる。

　賀川はこの調査結果から、「不良少年と云ふよりも一般勞働少年に與へられてゐる我國の勞働條件は甚しく悪い状態にある、故に轉々として落着かず、殊に要保護少年は肉體的にも精神的にも一般少年より不利な立場にあるがために殊に甚しい」（賀川 1934：104）と分析している。そして賀川は、昭和期の少年労働者

表7-2　転職・解職理由

	人数（名）	全体比（%）
犯罪事故	245	35.40
主人、主婦或は同僚と喧嘩又は折合悪しく	61	8.85
他人より就職の勧誘を受けて	35	5.06
遊　惰	29	4.19
工場或は商店閉鎖のため	28	4.05
仕事辛く飽性或は勤労を厭いて	143	20.66
身体上の故障より	25	3.61
給金或は待遇上に対する不満	24	3.47
家事上の都合により（一家不幸のため）	20	2.89

出典）賀川豊彦・安藤政吉『日本道徳統計要覧』より作成

を取り巻く工場環境に関して「最近の如き過重なる労働は發育の障害を來たす事甚しきものがある。殊に工場設備の不衛生，若しくは危険なる作業や其弊害は一層甚だしい」（同書：106）と問題を提起している。

賀川によれば，1928（昭和3）年当時の少年労働者（16歳未満）は，「工場少年労働者」が180,671名，また「鉱山労働者」が1,427名であり，全体の「総工場労働者」の約11％を占めていたという（商業，農業，漁業従事者を除く）。ここで賀川は，当時の不況による失業傾向と少年労働者の増加について，「最近の雇傭主が能率の割合に賃銀の安い少年婦人労働者を使用せんがため」（同書：107）とし，さらに「これが爲成人男子労働者は次第に職場を失ふに至り，之れに加へて世界的經濟恐慌のために無産階級は生活不安が増大し，小學校の卒業を待ちて直ちに勞働につかしめ，甚しきは義務教育すらも待たずして九歳十歳の幼年者を奉公に出すと言つた狀態となるに至つてゐる」（同書：107）と考察している。

大正期の芳賀の分析から昭和期の賀川の分析に至るまでの間には，昭和恐慌が起こることで賃金的な側面が重視され，成人より賃金が安価な少年労働者が増加した。その増加の背景として，保護者側として少年の労働により家計に助力してもらおうとする利害と工場側の安価な労働力の獲得という利害が一致していたことがあげられる。この傾向は，「平均10時間位働く」という見出しで新聞紙面上でも批判されている。その記事では，「社會問題として注視されてゐる少年勞働に就き（中略）如何にこれらの少年勞働力が家計を補助してゐるかがわかり，いぢらしい氣がする」（朝日 1938.6.25）とある。ほかにも，「幼年工四十名を虐使する工場主」（朝日 1930.2.25）という記事も認められ，工場法施行後にあっても厳しい労働環境の下にある少年たちの状況を知ることができる。

このような少年労働者の増加の状況に対して，社会局は少年の職業紹介に注目した。早くも1925（大正14）年には，内務省と文部省との合議の上で社会局第二部長および文部省普通学務局長より地方長官宛に，小学校と職業紹介所との相互連絡をもち，提携協力して少年の職業選択指導に当たる旨の通牒を出している。そこには，職業指導において「精神作用並に能力性質を檢査識別」することが検討され，委員会を組織して地方に特別の施設を設置することが盛り込ま

れている。その委員の編成には，「小学教師」や「職業紹介所員」のほかに「小学校医」の存在を認めることができる。つまり，少年に適した職業を指導するために，少年自身の心身の検査により識別することが検討されていたのである。

　そのほかにも当時の大阪市では，農村から都会へ出てきた「求職少年」に対して，「都市の自衛」や「保護」の観点から市民館を利用した「無料宿泊施設」が開設されている。[7]

　この宿泊施設である「少年ホテル」を訪れた少年の事例をみてみると，「Ｎ少年（一六歳）は六月二十一日（日曜）の午後三時半頃曾根崎警察署の紹介状を持つて市民館に來た。當日の午後滋賀縣の某驛から乘車し大阪驛に下車すると直ぐに曾根崎署員の眼に留まつた。父親は火葬場の傭人である。實母は三年前に死亡したのでＮと弟とは父に連れられて或る寡婦の家に入り繼母の下に育てられることになつた。昨年五月Ｎと弟とは貧乏と父の職業に對する周圍の蔑視とに耐えかねて尾張一の宮の某靴店に奉公する事になつたが，此の店では食事の事をやかましく言はれるので二人共逃げ出し弟は別な所に奉公口を求めＮ丈けは昨年十二月郷里に歸つた。然しＮの存在は母の氣を焦らだたせ，Ｎの勞働は此の家の收入に何ものも加えなかつた。父はＮに苦しい（なかから）捨圓を渡して大阪に往く事を許したのである」（山田　1931：151-152）とある。この事例から，当時の少年をめぐる家庭環境や就職環境，さらに警察活動などの状況を知ることができる。このような貧困という家庭環境を背景とした少年労働者は増加し，過酷な労働と大人社会との接触のなかで，少年労働者の不良化は顕在化し問題視されたのである。

3．職業少年の不良化とその要因分析 ―「畏怖」と「開き直り」の選択―

　昭和恐慌を経て，成年労働者にかわって低賃金の少年労働者の需要が高まり，不良少年にも「学生」や「浮浪少年」だけでなく，新たに少年労働者が含まれるようになった。つまり，ここに至って不良少年の構成に新たに「職業少年」が加わるのである。

中央職業紹介事務局石原義治の「職業少年不良化の主因及動機に就いて」
(1932) によると、「警視廳不良少年係の談によると、近頃小店員の犯罪件數が加
速度的に激増し、これを數年前と比較するに約三倍の増加率を示してゐるとの
事である。以前は所謂硬派軟派を問はず不良は學生か生徒が七割以上の率を占
めてゐて小店員の不良事件は極く僅かな程度しか無かつたのに、最近では小店
員の事件が六割以上に及んで、誠に寒心すべき状態であると云はねばならない」
(石原 1932：29) と述べている。当時の紙面上にも「捨てて置けぬ小僧さん犯罪」
として、「東京少年審判所で取扱ふ少年犯罪の昨今の傾向に著るしい變化を認め
る、それはこゝへくる不良少年の半數以上が商店の小僧さんである事である」(朝
日 1929.6.24) という記事が掲載されている。つまり、「小店員」を中心とした職
業少年の不良化問題である。

　石原はこの状況を考察するうえで、少年労働者の分析と同様に「転職」に注目
している。石原は京都市社会課調査を例にあげ、一般の少年が「商工徒弟の内商
業徒弟に於ては八％、工業徒弟に於ては一四％」であるとし、これにくらべて不
良少年は「愛知学園収容少年一〇五名の内轉職せる者三二・五％に及び、浪速少
年院収容少年中四回以上轉職せるもの實に七三％の多きに達する」(同書：30) と
して、転職と不良少年との関係に注目している。さらに、石原は「轉職理由は正
常少年には然るべき理由があるが、不良少年には氣隨或は精神薄弱より来る勞
働嫌忌、能力缺乏等によるものが多い。浪速少年院の調査によれば、薄弱の度高
きもの程轉職回数多しと云ふ」(同書：30) と指摘している。

　ここで一つの「不良少年」観を見出すことができる。それは少年労働者や職業
少年の不良化が進むと、そこには「転職」という概念を介して、仕事に適さない
行為や言動という基準から「不良少年である」としてみなされるのである。この
ような見方に立てば、従来から不良少年の原因としてあげられていた「精神薄
弱」も、その諸動作から「労働嫌忌」や「能力欠乏」にあてはまり、不良少年に
組み込まれることになる。

　石原は、「職業少年の不良化」原因を「温情主義的」な「年期制度」が廃され
「給金制度」が採用されはじめたからだとみている。つまり、これまでも指摘さ

れた徒弟制度の衰微を原因としているといえよう。また雇用先の環境も「公園，盛場，娯樂地，遊廓地にあるものやその附近にあつたりしてそうした場所へ集金に行つたり通りかゝつたりなどがもとで不良化し易いものである」(同書：32)という状況にあった。

　このような職業少年の不良化の原因についてみてみると，これまで明らかにしてきた少年労働者の工場労働の「悪辣」な環境に対して，工場環境より広範な社会環境のなかに不良化の原因があることがわかる[8]。つまり，石原の指摘にもあるように少年を誘惑する娯楽地や盛り場などが少年の生活にかかわりやすい環境にあったといえる。石原の考察をまとめると，職業少年の不良化の原因は表7-3のようになる。

　ここでも，少年労働者と同様に，雇用先と保護者との利害関係が職業少年の不良化原因とされている。そして，石原の分析から職業少年が雇用先を飛び出した後には，少年の場合には「盛場に行つてスリを働く」し，少女の場合には「淫売」をおこない「バタヤ」になっていった状況を知ることができる。つまり職業少年は，浅草公園などで「浮浪少年」として生きざるを得ない状況へ追い込まれたと推察される。また，職を失った少年たちが警察によって検挙されて矯正院や感化

表7-3　職業失敗の原因

1．選識の不用意に依るため不適当な職業に従事
（1）就職する際に本人の個性，将来の見込等に何んの考慮もはらわない （2）職業の真意義を有せず徒らに都市の憧れ空想な成功を望む （3）目前の賃金や目前の利益のみに重を置く （4）農村の父兄が前借を望む
2．悪周旋屋の手にかかる 　農村地方の父兄が前借をする関係上悪ブローカーが，子供を売買同様に依つて不適当なる職業や不良なる求人先に就職さす
3．労働市場の関係 　労働市場の関係に依り本人の個性等に適当せざるものでも働らかないで居られない関係上就職する
4．雇用先の待遇や悪友に依る本人の不良化 　たとえ将来のある適職に就いたとしても雇先の待遇が悪いため職務に不忠実になるとか雇先の理解ある保護監督がないため悪友のため誘惑されて不良化する

出典）石原義治「職業少年不良化の主因及動機に就いて」より作成

院に入院し，その後更生して新たに職を紹介してもらっても，「その過去の事實が發見されると直ぐ馘になるか，馘にならない場合でも主人からいやに警戒され，朋輩からは冷たい眼で見られるため，とても，平気で働いてゐられない」(村川 1935：111) という少年 (19歳) の事例が，出院した少年の状況をよく物語っている[9]。「矯正院」(少年院) などを出院して就職を求める少年に対する社会からの視線，つまり社会的反作用には，今日にも通底する社会からの厳しい「不良少年」観をそこに認めることができる。

さらに，この出院した少年に対する社会からの厳しい視線を逆手にとった工場側の犯罪もあらわれてきた。当時の紙面には「保護団体の仮面で預る少年を酷使」との見出しで，少年審判所から矯正，保護が必要であるとされた不良少年を引き受ける民間の保護団体のなかで，劣悪な労働環境のもとで少年を酷使させ，工場取締規則違反として警視庁に検挙される工場の保護団体も認められる (朝日 1930.6.20)。その内容には，「五錢から三十錢以内の小遣錢を當てがはれてゐるといふ程度の報酬で訓育などは全く顧みられない，しかもこの少年等は今までだれにもこの境遇を訴へることも出來ず黙々として酷使されてゐたものである」とあることからも，当時の不良少年の社会復帰には社会からの厳しい視線を含めてさまざまな障害があったことがわかる。

ここで少年の転職を中心に考察したい。1935 (昭和10) 年に東京市養育院井ノ頭学校において，中央社会事業研究所委員兼明治学院高等部教授三好豊太郎が中心となって管見の限り，当時の日本で最初の「不良児」と職業に関する「生活史法」の基礎データをもとにした統計的な考察がおこなわれた[10]。

その調査結果である表7-4をみてみると，退職の回数が増すごとに不良行為の比率が高くなっていることがわかる。

表7-4　退職時の不良行為の有無

	第一次退職		第二次退職		第三次退職		第四次退職	
	実数(名)	比率(%)	実数(名)	比率(%)	実数(名)	比率(%)	実数(名)	比率(%)
不良行為ありしもの	19	38.8	15	48.4	10	76.9	2	66.7
不良行為なかりしもの	30	61.2	16	51.6	3	23.1	1	33.3
計	49	100.0	31	100.0	13	100.0	3	100.0

出典) 中央社会事業協会社会事業研究所編『不良児童と職業との関係』より作成

三好たちがおこなった分析結果には，三つの傾向が指摘されている。それは，「第一次就職の際は工業労働が多く第二次以後は商業其他の労働の多い」ということ，「就職期間は就職回数の増加すると共に，短かくなる傾向をもつている」こと，そして「退職理由中には雇主の虐待又は仕事の嫌悪が最も大部分を占めている」というものである。つまり，一回目の転職を契機に工場に勤務する多くの少年労働者が「小店員」などの職業少年へ異動し，さらに回数が増すことに就業期間も短くなっていることがわかる。さらに，不良行為の比率が高まることを勘案すれば，雇用主から向けられる不良少年という視線が，虐待や厳しい対応として顕在化していったと考えられる。また，特に低年齢の少年について同調査結果では，「不良児の發生に對して就業，特に早期就業（十四歳未満）は著しい關係を有してゐる。(中略) また十歳未満者の退職理由中に，特に仕事を嫌悪するもの，雇主の虐待によるものが割合に多いのは，此の時期に於いては，殊に業務に對して興味を持つことが出來ず，澁々仕事をして居る結果によるものであらう。加之彼等の勞働時間は，その年少の故に酌酌さるゝことは殆んど無い。彼等は，大工場では最低年齢法によって雇傭されないから，設備及び條件の劣悪な小商工業に從事し，概ね早朝から夜晩くまで勞働するのである。而して學修の時間が殆んどない。此等の事情から考察して智能指數高からず，病的家庭の兒童の早期就業は殆んどその全部が不良なる結果に陥る事を豫想することが出來るのである」(中央社会事業研究所 1936：103-104) と報告している。この指摘からもわかるように，特に低年齢の少年については，「工業労働者最低年齢法」(1923) において大工場への就職も閉ざされ，長時間労働を強いられる結果，就労意欲の減退や虐待などが不良化の要因としてあげられていることは注目に値する。

　このような雇用主からの軋轢は，不良化した職業少年だけに向けられたわけではない。当時の少年たちの葛藤を，少年保護司である礒鎌太郎の「就労少年の心」(1936) にみることができる。そこにあげた事例の内容には，「東上線下板橋驛附近をうろついてゐる少年を取調べると某所米屋雇人某 (捨參才) と言ひ，得意先から集金した四圓を落したので，主人への申譯の爲自殺せんとした事判明」(同書：44) や「麴町区某牛肉店雇人某『捨九才』はカルモチンを呑んで苦悶中家

人が發見，原因は晦日の集金の勘定が合はなかつたのを主人に叱られて」（同書：44）などがあげられている。また，實際に「十三歳の少年主家に放火す，家に歸りたい一念で」（朝日 1927.1.7）や「新米の店員が歸り度さの放火」（朝日新聞 1927.2.15），「奉公に出て兇行，農家の六人兄弟の次男，主人の妻を斬り捕る」（朝日 1927.3.13）などの犯罪に至る職業少年も少なくなかった。

礒は職業少年の事例について，「就勞少年の心は非常にビクビクしてゐる。之がビクつかなくなると手に負へない少年が出來上る。ビクビクしてゐる處に少年の純情さがあるのであらう。そして此のビクビクしてゐるのを利用して，かなり酷い取扱をする人が相當ある事は，日常新聞紙上に見かけられる處である」（礒 1936：45）と指摘している[11]。

礒の指摘するように，職業少年たちは雇用主と間にこれまでの徒弟制度にはない緊張感が強いられる状況があったようである。その結果，「畏怖」と「開き直り」という二者択一の選択をせざるを得ない状況がそこにあらわれる。この追いつめられた状況が，職業少年の不良化をすすめる上で大きな要因であることは確かであろう。1938（昭和13）年には，商店における使用人の法的保護がおよんでいないことから「商店法」が公布された。これは営業時間の制限や休日制など，商店の従業員の保護を図るもので，施行後に職業少年に関して間接的であれ影響があったのか，職業少年の不良化は数の上で減少した。しかし，この職業少年にかわり少年工の不良化が問題視されるようになる。

4．戦時下における少年工の不良化問題

1935（昭和10）年に社会局社会部長並に文部省社会教育局長の共同通牒「少年の職業紹介並に職業指導に関する件」が発せられた。その内容は，「就職後ノ補導ニ關シテハ教育機關，職業紹介機關，雇傭主團體其他關係諸機關協力シ一定ノ組織ヲ設ケテ之ヲ行フコト、シ業務並ニ技能ノ適否，心身ノ状態，雇傭條件等ノ調査，勤續者慰安表彰等ヲモ併セ之ヲ行フコト」であった。この通牒は，先述した1926（大正15）年の通牒の延長線上にあるものだが，さらに昭和恐慌などによ

る職業少年や少年労働者の急増対策の打開のために出されたものである。このなかで，改めて少年の能力と適職を調査することが明記されている。[12]

　その後，政府は次々と対策を講じる。1938（昭和13）年には，法律第61号により職業紹介所の国営移管が断行され，その後「国民職業能力申告令」（1939），「国民職業能力検査規則」（1940）が発せられている。また1935（昭和10）年には，「小學校卒業後直ニ社會ノ實務ニ從事スル男女大衆青年ニ對シテ普ク教育ノ機會ヲ与フル」ことを目的とした，青年学校制度が施行された。この制度の性格は，これまでの「実業補習学校」と「青年訓練所」の両教育機関の統合によって成り立っている青少年の指導訓練の場としての役割が期待された。[13]

　その後の日本は，1937（昭和12）年の盧溝橋事件を発端として日中戦争に突入する。この頃から，当時の不良少年研究では，少年労働者が「少年工」と呼ばれるようになる。この時期には，従来の軽工業から重工業へ，そして中小工場から大工場へと変化が求められる時代であった。これは，軽工業，特に紡績工業の少女中心の工業から，男子少年を中心とした重工業の移行を意味し，これに従事する少年工も相対的に増加したのである。[14]その後，1938（昭和13）年には「国家総動員法」が公布され，1941（昭和16）年の真珠湾攻撃によって太平洋戦争が開戦した。当時の犯罪傾向をみると，成人犯罪は減少する一方で少年犯罪は増加の一途を辿った。昭和14年4月の紙面にはこの状況を「殖える少年犯罪，大人の世界と逆比例」として取りあげている（朝日 1939.4.14）。

　礒鎌太郎の「町工場と少年工」（1940）には，当時の「町工場」に勤める少年工を「その大部分は大工場の採用試験に，振ひ落された少年か，家庭の事情でより多くの賃銀目當の家庭の子弟であらう。それ故に彼等の大部は大工場のそれと比較すれば低級な少年であるにちがいない。そして若し不良化が智能の低級に，或は貧困の家庭に比例するものとすれば，此等の少年工が最もその傾向が多い譯であらう」（礒 1940：90）と指摘しており，さらに小工場における少年工の不良化の原因として，大工場の娯楽教養や青年学校の指導機関などの環境が小工場には欠如していると述べている。[15]つまり，工場法などが整備され一定の保障や規制が大工場に適応されると，退職金や設備の整った大工場に就職希望者が集ま

り，その選考にもれた少年たちは相対的に「低級な少年」として小工場に流れる状況にあった。

　この大工場の希望者を反映してか，この時期になると少年の店員希望者が激減し工場勤務を希望する者が増えてきた（朝日 1938.1.18）。また，小工場でも雇用主と少年との関係が注目される。礒は「小工場主に取つて最も恐れられてゐる問題は彼等少年の移動轉出である。折角，費用をつかひ，大骨折つて雇入れた少年に逃げられたのでは，工場の経営が成立しない。従て彼等の浮腰を最も恐怖する。そこで彼等少年工に對する扱であるが，文字通り氣嫌を取り取り使用して居る状況は訪ふ者のすぐ直感する處であり，どちらが雇はれてゐるのか，全く主客顛倒の有様である。往古の親方徒弟の關係では一日たりとも，少年工を自己の工場に落着かせる事は不可能であらう」（同書：90-91）と言及している。

　さらに礒は，小工場主が「徒弟を仕込む」ことで他工場へ引き抜かれることにつながることを気にして，あえて技術を教えようとしない傾向を指摘している。小工場主に対して少年も「その日の賃銀目当」であるために，「やかましく仕込まれる事」を嫌い，「勝手な振る舞い」をするという関係にあった。したがって，「小工場主は作業に關係のない限り全く少年を野放にして置くと言ふ事が小工場経営の要締ともなる」（同書：91）という。

　このような状況が生まれたのは，当時の少年工の低賃金の労働市場が確立され，需要が高まった結果と考えられる。さらに少年工にとって，大工場と小工場における差異は賃金のみならず，設備や保障の多岐にわたって差別化が図られていた。そのなかで小工場主と少年工の関係をみると，既述の店主と職業少年との関係とくらべても不干渉という点で大きな違いを認めることができる。東京少年審判官前田偉男も「製品の納期關係で，下請をしてゐる三人乃至五六人の少年を雇備してゐる町工場などゞ，仮業を遅く迄してゐるのも多く，時間の不規則のも多い。保健衛生上相當注意を要すべきものがある。大工場にありては教養上の施設をもつてゐるのもあるが，小工場にありては全然放任せられてゐる」（前田1939：21）と指摘している。

　この少年工の労働力需要は，太平洋戦争を迎える頃になると成人男性の出兵

が増加することでさらに拍車がかかることになる。大阪職業紹介所の阿部光次は、「毎年のやうに四月の新規小學校卒業兒童は大都市の軍需工場へ，所謂東北地方やその他工場勞働力供給地方から，陸續と豆産業戰士列車などの特別仕立で殺到してゐる實情である」(阿部1940：65) と言及する。さらに農山村から都市への流入は，農山村勞働力の不足という問題を惹起し，都市の「小学校卒業兒童」に関しては，「殷賑産業方面の活況による収入増加のためか，上級學校への進學せしめる傾向が多くなつてゐる」(同書：66) のであり，他方，青年学校でも「農山村の青年學校では，青年學校入學該當者の減少を憂へてか直接間接に卒業兒童の他地方就職を等閑視するに至つてゐる」(同書：67) という状況にあった。

このような少年労働市場の地域差と一極集中の様相は，少年工の退職理由にもあらわれてくる。阿部は，次の表7-5に示したように，大阪市内の金属工業会社において少年工の退職理由調査(昭和13年4月から昭和14年4月まで)をおこなっている。ここで注目される点は，「退職者数の多きは大都市の小學校卒業兒童に特に顯著である。即ち永續性に乏しく心的動搖性が甚しいのである」(同書：74) という調査結果である。おそらく，その採用者数 (採用見習工) が854名であることから，この調査工場は大工場であることは確かであろう[16]。この結果から，大工

表7-5　採用見習工退職者調べ

支社工場 （県名）	大阪	岡山	滋賀	兵庫	徳島	三重	和歌山	鳥取	高知	奈良	石川	福井	島根	その他	合計(名)
採用者数 （名）	401	142	45	35	35	33	28	25	14	14	8	5	8	61	854
退職理由															
郷愁病					2	1			1						4
仕事が辛い又は嫌より退職	7	2	1						1						11
友達と折合悪く		1													1
意志弱く何となしに嫌ひなるもの		1		2						1					4
諭旨退職	1	2				1				1					5
家業を助くるため	3	3	1	1					1						9
養子に行く	1														1
賃金不足にて他工場へ転	2														2
全戸移転	1														1
結核性	3	12	1	1			1			1		1		1	21
其の他		1													1
陸海軍少年兵	5	4	1	2					1	1					14
夜間中等学校	2		1												3
実業学校	2					2		1							5
満州少年義勇軍				1									1		2
死　亡	1														1

出典）阿部光次「児童労働の補導問題」(某金属工業会社における昭和13年4月から昭和14年4月までの「採用見習工退職者調」)より作成

場においては都市圏の少年工の離職率が高く，進学する少年も多いことがわかる。また，大阪少年審判所の「保護青少年工に関する特別調査」(1940) では，昭和14年度に同審判所において保護処分を加えた保護少年のなかで重工業に従事した青少年工 (310名) を対象に調査したところ，「保護少年は一般に飽き性にて職業に永續性なきものが多いが青少年工に於ても亦同様であつて轉職者が多いのである。(中略) 是等轉職の原因には種々あるもその最も多きは賃金の高きを追ひ求め轉々するものであつて町工場に働く青少年工に此の例が多いのである。而して轉職度数の多きもの程その成績は芳しくない」(大阪少年審判所編 1940：18-19) と報告している

　都市圏の離職率の高さは，逆に地方圏の離職率の低さに注目することによって明らかになる。つまり，地方圏出身の少年は，常に家族の期待を一身に受けて工場労働に励まなければならない強い意識がある[17]。さらに，あきらめて困窮している実家に帰ることは，距離的にも精神的にも地方圏の少年にくらべて難しい状況にあったと思われる。しかし，大工場に従事する地方圏出身の少年は，高い採用基準を通過した有能な少年であった。実際に少年工に対する生活調査においても東北出身者が最も優秀であるという調査結果が公表されている (朝日1940.6.19朝刊)。ここからも，進学できる能力がありながらもそれを許さない地方圏出身少年の厳しい状況を知ることができる。

　厚生省は全国的な需要数の調整のために就職統制策の法制化を推進し，「青少年雇入制限令」(1940) を発した。翌年に国民労務手帳法が施行されると，労務手帳の保持と提出義務が課され，労働者の移動防止が図られた。しかし，礒の指摘するように実際には少年工の移動は可能であり，大きな成果をあげることはできなかった[18]。このような少年工をめぐる政策と現実問題とのいたちごっこは，ますます少年工のなかから「不良」を顕在化させていくことになる。

　1942 (昭和17) 年の少年工の状況を，先述した前田偉男は，「少年工は其の總数が著しく増加してゐるので少年工の犯罪が増加することは当然であるとの説もあるが，比率は別として数の多くなることは寒心すべきことである」(前田1942：6) と憂いている。さらに「最近実際の事件を通じてみた概況」として，「境

遇上より見ると約五七％は家庭からの通勤者である。その内，實父母を有する者が三六％ある」（同書：6）と報告している。この内容から，これまでの少年労働者や職業少年の不良化の原因とは異なり，その原因の多くが，この頃になると自宅から通う都会の少年工が不良化する傾向にあったことがわかる。つまり，先述したように都会の少年工の離職率の高さや地方出身の少年工の離職意識の差異もここに帰結するのではないだろうか。

　では，都会の少年にみられる不良化は，何を原因とするのであろうか。前田は，「家庭に於ける躾の欠陥」にあることは確かだが，「少年の収入が多過ぎて，親も子供が働いて呉れてゐるといふ遠慮心から，小遣錢を多くやり勝ちになり，子供も我儘になり易く，勝手に費消してしまふのも少なくない。『自分の働いて得た金は自分の金だ』といふ観念を去らしめる必要がある」（同書：6）と批判する。つまり，彼らは自宅通勤であり，農山村出身者にあるような貧窮した家計状況ではないからこそ起こりえる原因であったといえる。

　これに対して，前田は「工場住込及寄宿舎生活」をしている少年工の26％が罪を犯していると指摘する。この不良原因としては，「會社で工場の膨張に膨張を續けるのに對し，寄宿舍が間にあはないことが多く，工場と寄宿舍が遠く離れてゐ」（同書：7）ることや少年工の急増によって，「寄宿舍」の寮長や舎監が寄宿生の指導が困難であることなどをあげている。[19]

　戦時期には，これまでの都会と地方の少年工のほかに，「徴用工」という少年の存在が注目される。前田によれば，これらの少年は「徴用せられて上京する青少年」であり，「田舎では恰も軍人のお召と同様村民に送られて来た」のである。しかし，この徴用工のなかにも，「非常な期待をもつて工場へ行つてみると期待に反することが多く失望した」（同書：7）という少年もいたという。[20]また町工場などの小工場では，相変わらずの雇用主と少年との関係が続いており，さらに寄宿舎のない小工場の少年工は，下宿やアパートなどで監督のいない状態で，3人から5人で同居し悪い誘いを受けやすい環境にあった（朝日　1940.4.16）。さらに，当時の紙面には少年工の不良化に関して兄弟子の影響が指摘されている。その記事には，「不良青少年工の犯罪は殷賑産業による月收の増加といふ従來の通念を

破つて寧ろ月收四十円以下のものに多く，又轉々と職を變へるものに多く，厚生省の引抜き防止の網をくぐつて各工場が増給を餌に青少年工を釣る事が彼等の不良化を促進している」(朝日 1940.5.28) とある。この内容をみても，各工場の有能な少年工の引抜きと増給による不良化の要因を知ることができる。

　このような状況に対して，前田自身も少年審判所審判官の立場から川崎市に「少年工保導協会」を設立し，「少年審判所，警察署，工場などが一體となると各工場で不良化の度の輕い者が通告せられ，早期に保護に着手せられ，不良化せる者の錬成も設けられんとし，相當効果を擧げてゐる」(同書：8) などの運動を展開している[21]。政府も 1943 (昭和 18) 年には，「勤労青少年補導対策要綱」を決定し，少年工を中心とした不良化の早期発見や特別補導がその目標として設定された。そして，「不良化防止国民塾運動」，「錬成道場」，「工場青少年不良化防止会」，「産業戦士保護会」等が設立され実施される[22]。

　ここで，この時期の工場側の姿勢をみてみると，府立大阪青年塾堂長加治屋哲の「工場に於ける精神訓練」(1942) によれば，「聖戦完遂，大東亞建設達成の爲には食糧増産，戦時資材の確保，生産増加は絶對的」(加治屋 1942：22) として，当時の工場では「聖戦目的達成の爲に我が工場に與へられたる使命を果すべく，今日一日不祥事を起さぬやう，今日一日一つの不合格品を出さぬやう，そして最高度の能率をあげるやう」(同書：21) と声高に「不祥事」や「不合格品」を出さないために，大工場における精神訓練の必要性が問われていた。したがって，「軍隊は規律の最も正しき所，今や各工場に於て，青年學校生徒は勿論，總ての工務員に軍隊的規律訓練が施されつゝある」(同書：21) 状況もあらわれてきたことがわかる。

　このような「聖戦完遂」の目標のもと，大工場にはこれまでにはみられない新たな「不良」観が顯現することになる。造船所厚生課の近藤孝太郎によると，当時の大工場は「出勤率の悪い青年」と厳格な工場内において「規律に従はぬ青年」の二つの「不良工」が存在したという[23]。そして，「出勤率の悪い者，工場規律に従はぬもの，その位で『不良』だと云ふなら，その程度の者は，町には一杯ゐる (中略) 実際，大工場は現在その位眞剣であり，進歩してゐるのです」(近藤

1943：49）と，当時の大工場の規律の厳しくなりつつある環境と「不良少年」観を示している。

　この厳しい環境と不良化を，近藤は「仕事は神聖に考へられてゐる。かうしたモラールの中から，年よりませた風俗に流れやうといふ傾向に對して，是正が強く叫ばれる。そしてこんな事が『不良』と感ぜられる程，工場のモラールは進んで來てゐるのです」（同書：50）という。戦争という「聖戦」が，大工場における仕事の「神聖」と直結することで，新たな「工場のモラール」が顕在化し，その基準が新たな「不良」観を生じさせたといえる。しかし，近藤は不良化する少年工に対して，世論との見解の差異を指摘している。それは，「その現實を見てゐる我々は全く，先般のやうに一寸新聞紙上で不良狩りが報ぜられると直ちに，街の人や世間の人が，直ぐ工場の青少年に向つて不良視の目を向けられるのを見ると，本當に片腹痛い氣持ちがします」（同書：49）と意見するのである。

　不良少年と不良工は，世間の見解では同一視される傾向にあったようである。しかし，この両者を厳密にわけることは，当時の世論として困難であったのかもしれない。つまり，近藤のいう不良工は大工場の選抜された少年工であって，小工場の少年工は除外されている。前述したように，大工場と小工場における少年工の性格は大きく異なる。だが，世間では不良化する少年工を見分ける必要もないし，そのような余裕もない時局にあった。換言するなら，工具の服装をもって不良行為をすれば，その所属に関係なく少年工の不良行為なのである。

　また大工場における少年工については，心身的な側面で「健康」であることが求められている（朝日　1940.8.22夕刊）。つまり，「工場入職」の際に用いられた「体格検査」によって，「両耳著しき難聴又は聾なる者」などが「不採用」の基準とされ，その後「集団訓練に適せさる者の基準」には，「精神病及び高度の精神薄弱者」や「動作に異常なきも，精神的に集団生活を嫌忌する者」などもそのなかにあげられている。[24]これらの検査等は，中小工場に課せられていなかった点から考えると，この基準によりふるい落とされた少年工が，当然中小工場に移らざるを得なかった状況があったと推考される。

5. 少年工の不良化と選抜機能

　少年工の不良化は，巨視的にみると重工業化しつつある日本の産業構造の変容と密接にかかわりをもっている。しかし，この変容を微視的にみると，新たな不良少年の判断基準が確立したともいえる。まず，職業の「不適正」をみつけだすことが目的である職業紹介所の適性検査がある。そこで少年少女は，本人の希望よりも適正検査の結果が重視され，否応なしに職業の選別がなされてしまう。さらに，職業紹介所から大工場を紹介されたとしても，大工場の高い採用基準や解雇事由からみいだされるものは，「低級な少年」という基準である。この基準は，同時に当時の「不良少年」観としての社会意識のなかに組み込まれたと考えられる。

　そして，この新たな少年工の「不良化メカニズム」は，徒弟制度の荒廃や男子

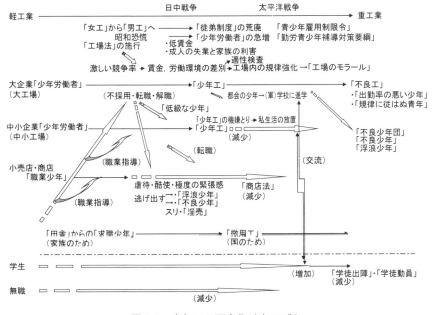

図 7-1　少年工の不良化メカニズム

出典）筆者作成

第 7 章　戦時期における少年工の不良化問題　　295

工具中心の重工業化などを基盤として，図7-1のような段階的な不良化の変容を経ていく。

大工場では，規律強化による「工場のモラール」が形成され，高い基準をもって不良工が顕現する。一方，大工場の競争に敗れた少年や環境に適さない少年は，「低級な少年」として小工場に身を置くことになる。この小工場の環境は，私生活の放置が前提とされ，同時にこれは無監督な環境下における不良化として社会の目に映ったものと推察される。また「転職」は，少年にとって新たな環境の機会を得る行為に違いはないが，多くの場合，「転職」を繰り返すことでますます厳しい環境に立たされ，結果的には不良少年として生きざるを得ない状況に追いやられたと考えられる。

少年工の不良化は，さらに学生の不良少年の増加と密接な関係をもつことになる。少年工との付き合いのなかで，学生は金銭的側面で不良行為に接する機会を得ることによって新たな不良化も認められる（朝日 1939.10.4夕刊）。

最後に，大工場の不良工の判断基準において「適性検査」が導入されていたことは注目に値する事実である。つまり，肉体的な側面のほかに精神的な側面において問題があるという検査結果が出た少年は，否応なしにこの時点で排除される。そして，これは同時に「低級な少年」にカテゴライズされたことを意味している。「低級な少年」には，精神医学的な裏づけをもつ「不良的な要素」が含まれるため，ここでは広範な「不良少年」概念が形成される。戦中期の少年教護院や矯正院に精神的な障害をもった少年が多くを占めていたことも，このような少年工の選抜機能が生みだしたという可能性も捨てきれない。[25] そして，少年工の不良化とともに，「無職」の不良少年が減少するなど，社会の混乱のなかで不良少年の変容が認められる。

〔注〕
1)　佐々木光郎・藤原正範（2000）『戦前感化・教護実践史』春風社，p.358。
2)　刑法学者風早八十二（1937）は，「大恐慌以後における社会政策の新たな動向」として，「大恐慌克服の日本的仕方を経済的部面について見るならば，對内的に

は合理化と生産費切下げであり，對外的には低爲替と輸出貿易の振興にあつた
ことは今日においては事實が證明してしまつた。（中略）此處で問題になるのは生
産部面に直接せる合理化政策である」（風早 1937：363）として，大恐慌後の合
理化政策に対する問題を提起している。

3) 風早は日本における工場法の施行理由として，「我國に於ても，工場法は日清，
日露兩戰争の勝利により，對岸アジア大陸の諸所にわたつて新たに擴大せしめら
れた市場に應ずるために促速された急速な生産擴張の必要，この必要を契機と
して急速力を以て促進せしめられつつあつた資本家相互の競爭に因り促がされ
た生産の機械化，工場工業の成立發展の事情と照應してゐた」（風早 1937：146-
147）とし，イギリスとの比較において，「大工場工業化」のなかで「零細生産及
び経営形態」が共存していることを指摘する。この要因は，「我國に於ては廣汎
な窮乏農村土壤の放出する勞働力によつて，この條件（低賃金，無期限勞働日）
が可能ならしめられてゐたといふ點である」（同書：147）として，「家内労働及至
十五人以下の小工場が工場法の適用を除外されている」ことが，さらに「零細
工場及至家内工業経営」を存續させることにつながると述べている。当然この両
者に少年少女が「労働者」として組み込まれていくのである。

4) 岩崎猛二は，当時の少年少女を送り出した農村からの視点から「紡績會社等
の工女募集員が悪辣なる手段を以て，農村の女子を誘ひ，彼等が工場に入つて
二,三年もして，都會の悪風に感染して歸つて來て悪空氣を傳播する事は，又實
に大なるものである」（岩崎 1914：37）として，農村が都会の工場に端を発した
「悪風」に感染する旨を指摘している。

5) 城本は「徒弟制度」の効用について，「往古の徒弟制度時代にありては，親方
と云ふものは七年の徒弟期間は其の所屬の徒弟に對して殆ど親權を實行し職業
上の汎ゆる知識を授けて將來充分自立することの出來る様に指導教育すること
を努めた。往古の制度組織を近世産業組織に應用することは困難なる事情もあ
るが其の管理及訓練の精神を保持せしむることの依然として必要なることは之
を認むることが出來る」（城本 1926：8）と述べている。その他，少年工の不良
化と「徒弟制度」に関しては，産業科学研究所長田崎仁の『勤労青少年の指導』
（1942）に「徒弟制度の研究」がある。さらに，当時の少年労働者全般の就業状
況については，東京地方職業紹介事務局編の『少年就労事情調査昭和 3 年 12 月』
（1923）を参照のこと。

6) 城本，同書，p.8。

7) 山田壯一郎（1931）「少年ホテル」『社会事業研究』第 19 巻第 10 号，大阪社
会事業連盟，p.151。「少年ホテル」の宿泊条件としては，「年齢一七歳以下の男
子たる事」，「求職の意志あるものなる事」，「労働能力あるものなる事」，「職業紹
介所又は他の社会施設或は官公署の紹介あるものなること」などがあげられて
いる。

8) 石原は職業少年の構成にも着目し，職業少年の多くが「田舎出の者」である
ことをあげている。石原は，「職業少年で犯罪行爲をなす少年少女の大部分は田
舎出の者であつて然かも都會の不良よりも質が悪いのは何を物語るものであるか
と云ふに都會の子弟は官廳，商店，工場等に勤める場合通勤を望む者が多いた
め田舎出の子弟は必ず住込まねばならないのである，又都會の雇主の方でも住
込の方が使ひよいのと都會の者よりも田舎の人の方が餘計に働くし世間づれと云
ふか，そうした方にはあまり關係してゐないし給料も少し位でも文句を云はない
と云つた様な種々の條件からして田舎出の者を歡迎するので，それに田舎の父
兄が子弟を働きに出す時には，唯前金欲しさが主で，子弟果して其の職を希
望し最も適當であり將來見込があるかないかに就いては無關心なものが多い様
である」（石原 1932：33）と説明している。この「職業少年」に関しても，雇用
主と保護者の利害が一致していることを示す資料といえる。また石原は，「地方
青少年の苦学希望と職業指導」(1934) や「不遇少年少女と自殺の現状」(1935)
などにおいて，地方出身者の就職状況やその生活の現状を分析している。

9) 村川敬蔵 (1935)「所謂不良求職者の問題に関連して」『社会事業研究』第 23
巻第 2 号，大阪社会事業連盟，p.111。掲載時の村川は大阪市立天六職業紹介所
に所属し，その立場から訪れる「不良求職者」の現状に言及している。

10) 中央社会事業協会社会事業研究所編 (1936)『不良児童と職業との関係』中央
社会事業協会社会事業研究所。三好は研究の方法として，ヒーリー（Healy, W.)
の研究に依拠しながらも，まず「生活史」法において観察し，さらに職業の変化
については簡易化した「職業状態」の一覧表を作成し，最後に質的な観察を考
究して，「量的に統計的」に観察する。この方法により，「不良兒童と職業との間
に如何なる關係があるか，その關係が何によつて起るものであるか，更に將來不
良兒童と職業指導については如何なる方面に注意すべきであるかについて充分
なる理解を得ることを目的としたのである」（中央社会事業協会社会事業研究所
1936：14）と述べている。

11) 礒鐐太郎 (1936)「就労少年の心」『社会事業研究』第 24 巻第 3 号，大阪社会
事業連盟，pp.39-46。礒（猿記善隣館嘱託）は，さらに雇用者の少年に対する態
度を「叱れば其の少年の心が治ると思つてゐる主人が可成りある。叱言ばかりで
なく，体刑までに及ぶ。叱られて撲られて氣持ちの良い人間はいない，つまらぬ
事に叱られいば，いつか其れに體し反抗心が起きて主人に對し」（礒 1936：46）
と，少年の心情を代弁している。

12) 宮田泰静 (1937)「就労青少年と其の補導に就て」『社会事業研究』第 25 巻第
6 号，大阪社会事業連盟，p.31。また，伊藤清の『児童保護事業』(1939) によれば，
当時の職業相談所（性能相談所）は，「心理學的方法に依る性能檢査（適正檢査と
も謂ふ）・個性調査並に醫學的診査等に依る適正不適正の相談に應じ，又，職業
相談並に指導に應ずる機關であつて，醫學者・心理學者其の他の專門家が指導

相談の任に當つてゐる」(伊藤 1939：239)とあり，さらにこの性能検査（適正検査）に就いては，「不適正の検出に努むるべきである」と述べている。

13）西崎惠（1936）「産業青年の教育」『社会事業研究』第24巻第5号，大阪社会事業連盟，p.102。また，大手電機製造会社労務課長大瀧四士夫は「新規徴用工，一般青少年工及び転業工員指導の実際」(1943)において「指導工員若しくは役付工員はいはば軍隊に於ける下士官に相當する階級である」(野田経済研究所編 1943：110)として少年工の指導と軍隊的な工場の組織的運営について言及している。しかし，「何處の工場でも工具資材の持出し事故が相當に多いのであつて，胴の廻りや足の脛に，銅板を巻き付けたり，工具をいはひつけるといふ風に，相當念の入つたやり方で持出すものもあるが，それも人夫とか少年工ならまだしも，指導的の地位にある中堅工員が持出すのであるから，全く呆然たるものがある。酷いのになると，一般工員は出門のときに，身體検査をやられる可能性もあるからと言つて，割合に身體検査を受けることの少ない青年學校の生徒に言ひ含めて持出させるものもある。中堅職工は自分でもかうして持出すのであるから，他の工具に文句を言へる譯もなく，下の工具のやることを吾關せずと言つた風に黙認してゐるといふことも隨分ある様に聞いてゐる」(同書：110)と直言していることからみても，当時の少年工の置かれた職場環境と指導の状況を窺い知ることができる。

14）阿部光次（1940）「児童労働の補導問題」『社会事業研究』第28巻第7号，大阪厚生事業協会，p.67。また当時の少年犯罪の増加は，京都帝国大学教授佐伯千仭が「戦時下の刑事政策の問題としては，なほ少年及び婦人犯罪の増加，就中少年の犯罪，不良化の増大を防止するといふ問題が殘つてゐる」(佐伯 1942：133)として刑事政策の側面からも注視している。

15）その他に礒は，「犯罪少年は小工場から多く出すとは最近の統計が語つてゐるそうである。ある人は此の現象を單に小工場主の貪欲に原因してゐると指摘してゐる。大工場に於ける如き少年工に對する娯楽教養の設備は勿論，青年學校の如き指導機關がない。少年は野放しであるが故に，不良化するんだと斷言してゐる権威がある」(礒 1940：89)として，当時の不良少年の小工場出身と小工場の環境について言及している。

16）阿部，前掲書，p.74。阿部も指摘するように採用数が854人中退職者は86人と，比較的少数であった。阿部は「調査工場は見習工養成については，一流の設備と徹底せる訓育を誇りつゝあるものなれば，志願者の殺到は著しく，從つて採用者は相當に厳選されてゐる關係上退職者数は，比較的に僅少である」(同書：74)と考察していることからも，当時の就職の選抜システムを知ることができる。

17）石原，前掲書，pp.33。司法省の梅田孝久は，『少年犯罪に対する刑事政策的研究』(1942)のなかで「農村出身の少年勞働者に付ても事情は同一である。元來我國農村は絶えず其の過剰人口を都市及び商工業に放出せざるを得ない状態

なのであつて，『彼等は小學校を終へて一人前に成長して農村に在つては働くに
仕事なく，獨立して一家を爲すあてもなく，徒食しては家族の困窮を增すばかり
であることを自覺』し，必然的に都市產業に進出せざるを得ないのである」（梅
田 1942：33）と考察している。さらに当時の不良化する少年工について「何故
亂暴者が多いのか，何故硬派に屬するものが多いのかと云ふことに付ては，工
場勞働青年に原始型の青年が多い事實に關聯を持つのであらう」（同書：62）と
して，硬派不良少年の形態を引き合いに出している。

18）礒（1936）によれば，「或は人は言ふかも知れぬ，勞働手帳があるから，そう
勝手に動けるものでないと。それは實際を知らぬ表面だけを見てゐる仁の言ひ草
だ。（中略）三ヶ月未滿で移動すれば登錄する必要はない。他工場へもぐり込ん
で，六ヶ月目に名乗り出れば立派に勞働手帳が通用する。少年工は今や花形で
ある」（前掲書：91）と指摘している。

19）前田（1942）は，寄宿舍の少年工について「寄宿舍にゐる少年は，多くは地方
から出て來た者であり，數十里，數百里の遠い所を海山を距てゝ出て來てゐるの
である」（同書：7）と言及していることから，地方出身者が多かったことが確認
できる。また「工場と寄宿舍の距離」については，復路における「映画館」や「街
路」の徘徊，そして「工場から歸る時に自分の工場の不良工員や他の工場の不
良工員にたかられたり，喧嘩を賣られたりする場合が少くない。其の被害者が加
害者になることが多い」（同書：7）と指摘している。さらに寄宿舍における監督
の困難な状況からは，「寄宿舍内での盜難」や「喫煙」をあげている。

20）当時の徵用工と寄宿舍の状況について，先述した大瀧によれば，「新規徵用工
は年齢層に非常に大きな差があり，年齢差が少なければ樂であるが，私の方に
徵用されて來てゐる者は十六歲から三十五歲までの者であつて，これを同一の寄
宿舍に收容することは指導上非常に拙いのである。十六，七歲の者は非常に眞面
目であるのに，二十五，六歲から三十歲前後の者は煙草も喫へば酒も飮むといふ
具合に，年齢差に應じて趣味嗜好や，物の見方は全然違ふのであるから，高年
輩者の若年者に對する惡影響は實に甚大であるが，さらばといつて酒も煙草も止
めさせる譯にも行かず，三十歲前後の者に十六，七歲の者と同じ樣に訓練するこ
とも出來ないし，又青少年と同じ樣にやれといふこと自體が無理なのである。さ
うかと言つて，同時に徵用せられたものを，年齢差に應じて一々寮を分離するこ
とも實際上困難である」（前掲書：130-131）と述べており，当時の徵用工として
働いていた少年の生活環境と不良化要因の一端を知ることができる。

21）東京少年審判所少年審判官の田村武敏は，錬成道場である「赤城少年道場」
の退所生を引き合いに出して，「我々は第一回の錬成により豫期以上の效果を擧
げ得たのであるが，錬成後，工場に於ける補導が最も重要であるから彼等のより
が戻らざる樣錬成により得たる强固なる心身を以つて，生產戰に挺身せしめ少年
補導の完璧を期して戴きたいと考へてゐる次第である」（田村 1943：151）と言

及していることから，工場に於ける指導に期待していることがわかる。

22）「勤労青少年補導緊急対策要綱」の第一「目標」には，「國力の基幹たる勤勞青少年の不良化傾向の増大に鑑み一般勤勞青年に對する補導を徹底して其の不良化を未然に防止すると共に不良化せる勤勞青少年に對する錬成強化を充實して之を健全なる勤勞青少年に指導養育するものとす」とある。また吉田久一（1960）は，「戦争は犯罪者を多く生む。14年法律第 42 号により司法保護法が成立し，再犯の防止をはかり，司法保護委員を置くことになった。不良少年は，11年に比し 15 年には約 1.5 倍の増加を示し，特に勤労少年の不良化が問題となった。18 年勤労青少年補導対策要綱が決定され，不良化した勤労青少年の早期発見や特別補導を目標とした。不良化防止国民塾運動，錬成道場，工場青少年不良化防止会，産業戦士保護会が実施または設立された。少年救護法施行令は改正され，教護理念は皇道精神や自営に必要な知識技能を授けることにあるとうたわれている」（吉田 1960：297）と戦時の不良少年について言及している。

23）近藤（1943）は，「『嚴格な工場規律に從はぬ者』を不良と云ひます。是は最大の能率を上げる上には工場規律と云ふものは最も大切です。殊に工場生活で長年鍛えた者には自然出來てゐるが，轉業して來た者，素人工，少年工などが多くなつた場合は，工場規律を確立する事は，何より大切です」（近藤 1943：50）と述べ，「少年工に最も起つて來る問題は，年より多く見られたがる傾向『大人らしく振舞ひたがる傾向』がある」（同書：50）という。しかし，当時の工場においては，少年の「一人前」にみられたがる行為が，「有害無益」であると映ることから「工場規律」に触れると指摘する。

24）藤井英男（1943）『勤労青少年の不良化とその対策』立命館出版部，pp.170-171。

25）星野周弘・増田周二（1975）「犯罪現象の社会史的研究」『犯罪と非行』第 24 号，青少年厚生福祉センター・矯正福祉会。星野周弘と増田周二による戦前期の新聞記事を中心とした犯罪者観の研究によれば，「この体制下にあっては，国民に対する社会的要請も一様であり，社会の要請に適合できないものが，犯罪者とされ，『非国民』として厳しく断罪された。つまり，社会的要請に適合できない人々の層が犯罪者層だとみなされる社会的基盤がここに形成されたのである」（星野・増田 1975：115-116）と述べている。さらに，「非行少年中の精薄児の割合」とする各少年院のデータには，戦前の全不良少年に対して知的障害児（精薄者）の割合は 30％を上回っていると指摘している。すなわち，戦前期の不良少年に対する精神医学化は，国家の支配的な文化統制を後ろ盾にして，適性検査により戦力とならない子どもたちを不良少年として施設に管理する一面があったことがわかる。

第8章

戦時期日本の「不良少年」観の集約と
国策への埋没

　不良少年研究は，大正期に社会問題として大きく取りあつかわれ，同時に学際的研究も盛んになった。そのなかでも特に感化教育，社会学，精神医学，教育学，心理学のそれぞれの研究視点から不良少年を考察することにより，精神医療化のなかで展開する不良少年と知的障害の関係についても明らかにしてきた。一方，不良少年の実態をみると，「少年工」が増加し，就職の際にも職業の適性検査が課せられることから，鑑別対象のなかで不良少年や知的障害者が顕在化することが認められた。

　本章では，日本における15年戦争以降の不良少年の状況に対する，統制機関や学校機関，そして精神医療化の展開のなかでみいだされる「不良少年」観と不良少年に対する社会的反作用を考察し，その「不良少年」観が集約し国策へと埋没していく過程について考察する。

1. 不良少年政策のアメとムチ ─ 保護処分と司法警察活動 ─

　昭和期の不良少年は，第7章でみたように少年工の不良化が社会問題となっていた。それ以前の大正期までは，集団行動と規律を重視した「硬派不良少年」や個人的な行動を好み主に女性にかかわる不良行為をおこなっていた「軟派不良少年」に大別されていた。大正期にみられたこれらの不良少年は，その行為形態が注目され類型化されてきた不良少年であり，行為よりも不良少年の属性（少年工や小僧）に注目されたのが昭和期の不良少年であった。ここでは，不良少年

をめぐる法制度や少年裁判所および警察などの統制機関の取り組みを中心に，そのなかで認められる「不良少年」観の変容を明らかにしたい。

（1）少年審判所の審判と保護処分

少年法については，これまで警察活動の関連を中心に考察してきた。ここでは，少年審判所と保護処分についてみてみたい。繰り返しになるが，少年法に関しては，法曹会や法学者，教育学者のなかで少年法の是非について賛否両論の意見が交わされた[1]。その意見の対立の根本には，少年犯罪を大人と同様にあつかおうとする司法省の「制裁」に照らした判断があげられる。つまり，少年に向けられる「訓育感化」の精神と「矯懲主義」の是非が問われる論点がそこにあったのである。こうした議論の末に成立した少年法は，当時「愛の法律」と称せられていた。その理由は，これまでには少年の法制度上にみることがなかった保護処分とそれを執行する少年審判所の創設にあった（少年法第15条）。

国立の感化院が内務省の管轄下にあったのに対して，少年審判所は司法省の管轄下にあり，判事や検事経験者等が審判官としてその責を担っていた。ただし，判事や検事経験者とはいってもその地位は裁判官ではなく，あくまで行政官であった。また当時，少年審判所と呼ばれる施設は東京と大阪の２カ所だけに開庁されていた。つまり，その多くは，従来通りに裁判所において審判され，少年審判所は「保護処分」に付されることを前提として送致していることなど，今日の少年審判とくらべていくつかの点で相違する（読売 1939.7.9）。特に今日の少年事件を家庭裁判所にすべて送致とする全件送致主義とは異なり，はじめに犯罪少年に対して検察官が裁判所に起訴するか否かを判断した後，起訴しない少年のなかから保護処分相当と認められるものを少年審判所に送致する検察官先議が主流となっていた。

当時の少年審判所について，大阪少年裁判所長古谷新太郎は，「大阪少年審判所回顧録」(1935) のなかで，「東京と大阪とに少年審判所が開設せられたと同時に，日本最初の少年審判官として大阪に赴任することを命ぜられた。勿論それは私の志願に因ることではあるが，實を云ふと其當時私には少年審判官としての

豫備智識が全く缺けて居た。少年保護事業は國家の刑事政策に基く社會事業であるから，一般の福利的社會事業とは大いに其趣を異にする。保護處分の目的は非行少年を懲罰するに非ずして，之を教育するにあると云ふこと位は聞きかじり若くは讀みかじりに據つて承知して居た」(古谷 1935：196) と回顧している[2]。

　この古谷の言葉からもわかるように，当時の少年審判の導入に際する少年審判所側の認識として，少年保護事業がはっきりと刑事政策に基づく社会事業であったことは明らかであり，また新たな少年審判というシステムの導入に対する審判官自身の困惑した内情を知ることができる。

　ここで，少年審判の導入に関してはさらなる問題が残されていた。それは，東京少年審判所長鈴木賀一郎が，「少年審判所開廳當時に於て第一に困難を感じたことは少年保護團體の缺乏であつた」(鈴木 1935：280) と述べていることからもわかるように，少年の保護処分後の委託先となる「保護団体」の不足であった[3]。この団体不足を解消するために，「所謂泥繩式に是から追々と團體を作つていかねばならぬ」(同書：280) という作業が少年審判所にとって急務となった。しかし，この急速な団体の増加は新たな問題を生み出すことになる。

　古谷は，当時の「保護団体」が「中には少年保護を看板にして政府より少年の食費を貰ひ，世間には社會事業家たる美名を誇り，而して自分の營業の爲に少年を無賃で働かせる事を計劃した者も少なくなかつた」(前掲書：199) と回顧し，また「少年保護司」についても，「我々首腦者に彼等を統御する手腕と智識とが缺けてゐた爲ででもあらうが，彼等の中には少年審判所へ喚出しても出頭しない者があり，少年の觀察を命じても一向之を實行しない者があつた。此樣な人物に限りて奉任待遇を鼻にかけて所在地の警察官と衝突したり，少年の觀察は配下の者に命じて置きながら，慰勞金だけは独占したり」(同書：201) などを指摘している。このような諸問題に対して，後年には「保護団体設立の準則」による許可制が導入され，1931 (昭和6) 年に「奏任待遇の栄誉」の基準が厳しくされたことなどの対策が講じられた。

　また，少年審判所の開設とともに少年保護教化のために少年保護司が規定された (少年法第23条)。少年保護司は，司法大臣から嘱託されるかたちで少年の保

護や教育経験のあるものが選ばれ，少年審判官の補佐（資料提供等）とともに観察事務を担うことになっていた[4]。しかし，1935（昭和10）年当時の小学校では，校長の多くが「嘱託少年保護司」，「少年保護委員」に任命され少年審判所と連絡をもっていたが，同時期の中等学校では小学校と同様の連携を認めることができなかった[5]。

　1939（昭和14）年になると，少年審判所も東京，大阪に続き，名古屋，福岡が開庁する。ところが家庭学校（教護院）の石井豊七郎は，「廣島，宮城，札幌の三控訴院管内には，今以て一個の少年審判所も，矯正院も有つて居ない現況にある。こんな事で，ドウして少年法の理想が達せられやうか」（石井 1939：3）と意見している。続けて石井は，「此等の少年審判所を有しない地方に在つては，準犯罪少年は，見す見す野放しになる。犯罪少年に在つては，便宜訓戒を與へて還してやるか，取調べの上普通の刑事手続で刑罰を科するのも感心しない，と萬承知しながら，普通裁判所に起訴することになる」（同書：3）とも言及している。この石井の指摘から，1923（大正12）年に施行された少年法による少年審判所の審判が，1939（昭和14）年に至っても全国均一に施行されず，実際には一部の都市圏にしか機能していなかった状況を知ることができる[6]。

　ここで当時の裁判所における「犯罪少年」の調査結果についてみてみたい。その一つとして，東京区裁判所少年刑事事件専任判事石田弘吉の「少年法実施後東京区裁判所に於ける犯罪少年に就ての調査」（1926）を取りあげる[7]。石田によると，「犯罪少年」の調査結果（312名），いくつかの特徴を明らかにしている。その特徴とは，「少年犯は男子に多く，十六歳以上十七歳未満の者大多數に上り」（男子95.8％，犯行年齢17歳35.6％），「少年犯は主として家庭にあらざる者，殊に浮浪者其過半數を超へ」（57.0％），「少年犯は實父母を缺く者大部分を占め」（65.7％），「少年犯は義務教育未了者半數以上に達し」（57.4％），「少年犯は生活貧困なる者に多く，大半は財欲に基因する習癖ある者なること」（生活貧困59.9％，財欲27.2％）であった。またこれらの調査内容から注目すべき点として，「少年犯の五分の四は前に何らかの處分を受けたるもの」（同書：62）であったこと，そして「不定期刑の執行にして中間完全釈放者一人も無き」（同書：62）ことがあげられる。

第8章　戦時期日本の「不良少年」観の集約と国策への埋没　　305

この結果から，当時の不良少年のなかでも「犯罪少年」の特徴としては，犯行年齢は17歳くらいの男性が中心であり，家庭や教育の欠如などが要因に含まれ，さらに再犯が多いことが認められる。

　また石田は，「少年犯罪に就ての調査」(1927) として，上記調査以降の「犯罪少年」(134人) の調査結果を発表している[8]。このなかで石田は，調査対象の少年が「不良少年中比較的悪性の程度の高い者で謂はは其代表的の者である」(石田1927：112) と述べている。これは，当時の東京区裁判所に起訴された「少年刑事被告人」を指しており，少年審判所に送致するよりも少年刑事被告人として起訴される不良化の進んだ少年の特徴について言及している。そして，新たに注目される調査結果として「智能の発育程度」があげられる。石田が「本表は少年自身に對する訊問親兄弟及其他友人等に就ての取調在籍學校への照會等に依り調査したのである」(同書：122) とあるように正確な調査とはいえないが，東京区裁判所の判定を「優等，五名」(3.7%)，「普通，五十名」(37.3%)，「劣等，七十九名」(59.0%) としている。さらに，「不定期刑の執行状況」(大正15年度分76名について) では，「短期と長期との間に於て仮釈放されたる者，三十四名」に続き，「低能者として八王子刑務支所に移送されたる者，二十五名」と報告している。

　このように，「犯罪少年」として立件された不良少年の裁判所の評価としては，知能面や精神面における分類処遇の意志は定着しているようである。換言するならば，それだけ少年司法の不良少年に対する「智能」や「低能」の判定が普及していることをあらわしているといえる[9]。

　次に，学生の不良少年についてみることにしたい。先述した古谷新太郎は，1931 (昭和6) 年の「少年審判所に見はれたる中等学校生徒」のなかで，当時の「中等学校生徒」の調査結果を紹介している[10]。この類別は，主に昭和3年から5年の3年間に保護処分を受けた「中等生徒」の調査である。これをみると総数559名中，「在学生」215名 (38.5%)，「退学生」344名 (61.5%) であった。内訳は，「中学」の退学生が159名 (28.4%) と最も多く，続いて「中学」の在学生が商業の退学生と同数の98名 (17.5%) となっていた。その後は，商業の在学生52名 (9.3%)，工業の在学生22名 (3.9%)，退学生28名 (5.0%) となっていた。主な犯罪は各類

別ともに窃盗が最も多く，続いて横領，詐欺であった。

　それでは，当時の不良少年はどのような状況にあったのだろうか。1941（昭和16）年の新聞記事には，当時の辻福岡少年審判所長のコメントが掲載されている。その記事には「世間では少年犯がふえたと言つてゐるが少年審判所にやつてくる少年の數は以前とほとんどかはらない，しかし質はぐつと悪くなつてゐる。そして改心せずに幾回もやつてくる者が多くなつた」（『福岡日日新聞』1941.1.17朝刊）と掲載している。つまり，不良少年に接する少年審判所長の意見から，当時の不良少年問題は悪質化と再犯が中心であったことがわかる。

　ここで辻の意見を検証するために，九州帝国大学教授不破武夫の「輓近の少年犯罪に就いて」（1941）を取りあげてみたい[11]。

　表8-1をみると，「犯罪少年」数は昭和9年を一つの頂点として減少傾向にある。すなわち，辻が指摘したように大きな不良少年数の増加は認められない。その理由として，不破によれば，「昭和九年には憂ふべき第二のピークを示した。併し爾來また漸減の一路を辿り，殊に昭和十二年七月支那事變勃發以來，全國的な全犯罪數の激減と共に，少年犯罪も著しき減少を示したのである」（不破 1941：62）と述べている。

　また表8-2の結果から，昭和12年の増加は「千葉縣及び埼玉縣が東京少年裁判所の管轄に編入せられた結果に基づく」（同書：63）とし，昭和14年の受理件数

表8-1　全国犯罪少年数累年比較

年	検挙数（名）
昭和6	41,742
昭和7	42,586
昭和8	47,691
昭和9	54,023
昭和10	51,253
昭和11	50,229
昭和12	46,979
昭和13	45,483
昭和14	42,275

表8-2　受理件数および保護事件数累年比較（東京少年審判所）

年	受理件数（名）	保護件数（名）	継続処分（名）
昭和10	9,918	2,834	843
昭和11	9,570	2,960	932
昭和12	10,165	3,898	1,263
昭和13	9,788	3,345	1,070
昭和14	8,522	3,638	1,087

出典）表8-1，8-2ともに不破武夫「輓近の少年犯罪について」より作成

が昭和10年の受理件数より下回り，さらに保護処分件数が増加している点から「全體として受理事件の悪質化を物語るもの，と謂はざるを得ないであらう」（同書：64）と指摘している。つまり，当時の調査からみると不良少年の増加という問題よりも不良行為の悪質化に注意が払われていたことがわかる。

表8-3は「全国保護事件職業別一覧（昭和12年）」，表8-4は「保護事件職業別累年比較（東京少年審判所）」の調査結果である。

表8-3および表8-4をみてみると，昭和12年においては，総数7,881名中「無職」少年の2,336名（29.6％）と並ぶほどに，「店員・小僧」（「職業少年」）の1,922名（24.4％）の割合も多いことがわかる。また，「職人・職工」（「少年工」）も1,556名

表8-3　全国保護事件職業別一覧（昭和12年）

	男	女	計
農　業	338	13	351
漁　業	82	－	82
船　乗	20	－	20
店員・小僧	1,922	3	1,925
飲食店出前持	155	1	156
自動車助手	239	2	241
書　生	4	－	4
事務員・給仕	130	12	142
配達夫	153	－	153
職人・職工	1,556	1	1,557
仲仕・人夫	165	－	165
雑労働	50	－	50
女　中	－	184	184
仲　居	－	3	3
女　給	－	101	101
芸　妓	－	43	43
女　工	－	103	103
看護婦	－	14	14
其の他	273	65	338
無　職	2,336	177	2,513
学　生	458	23	481
計	7,881	745	8,626

表8-4　保護事件職業別累年比較（東京少年審判所）

	昭和9年	昭和12年	昭和13年	昭和14年
農　業	43	181	175	117
漁　業	5	42	23	18
船　乗	3	9	6	5
店員・小僧	799	897	729	471
飲食店出前持	73	58	44	49
自動車助手	166	132	76	60
書　生	7	4	5	6
事務員・給仕	46	92	73	118
配達夫	71	90	94	99
職人・職工	393	705	703	978
仲仕・人夫	31	67	72	91
雑労働	66	15	14	13
女　中	75	100	74	79
仲　居	6	1	1	1
女　給	40	47	37	25
芸　妓	12	13	8	8
女　工	14	21	11	23
看護婦	3	7	－	5
其の他	22	172	103	163
無　職	788	1,018	844	866
学　生	220	227	253	443
計	2,883	3,898	3,345	3,638

出典）表8-3, 8-4ともに表8-1に同じ

（19.7%）と，「無職」少年や「店員・小僧」とともにかなりの割合を占めていることがわかる。また表8-4では，昭和14年には「店員・小僧」と「職人・職工」が逆転し，「無職」少年を超える増加を示している。さらに，ここで注目される点として「学生」数が急増していることがあげられる。

　不破もこの「職人・職工」と「学生」の増加に着目しており，「職人・職工」に関しては，「其の最も重大な原因はおそらく不良分子が景氣の好い職業に向つて移動集中し，且つ景氣の好いことが同時に彼等をして犯罪に赴かしむる縁由となるものと考へてよいであらう」（同書：73）と分析し，「学生」については，「彼等の無監督状態に放置せられる程度の大となつたこと，一部産業界の殷賑により従来にくらべて素質のよくない學生生徒が増加したこと，學校や教員の素質低下，従來殆んど交際のなかつた職工に誘はれて學生が不良化していく傾向のあること等に其の原因を求めるべきであらう」（同書：77）と述べている。この不破の指摘からもわかるように，当時の不良少年を取り巻く学校や教員，そして景気を含めた社会の変化が少年の不良化に影響していたと考えられる。

　このような少年の不良化に対応するための少年法ではあったが，実際には少年審判所の全国的な普及は遅れて各区の裁判所が代替的な役割をなしている状況が続き，その周辺機関である「少年保護司」や「保護団体」も不良少年の増加にくらべて充分に機能を有していたとはいい難いものであった。さらに，少年審判所開設の遅れは「準犯罪少年」の潜在化を招き，しかも「犯罪少年」においては保護処分に付すべき少年であっても刑事手続きによる裁判が執られていた。つまり，当時の不良少年への保護処分に関しては，少年審判所のある都市部と地方との地理的な不平等が，不良少年の処分段階においても生じていたといえる。しかし，少年法が規定する保護処分の内容に関して，不良少年にとってこれまでにない少年保護司の活動や矯正に向けた処遇内容が規定されていたことは大きな進展であった。「愛の法律」と呼ばれる少年法の施行は，不良少年の矯正と社会復帰への門戸が社会政策として開かれたのである。

（2）司法警察活動の拡充と暴力団構成員としての不良少年

　不良少年に対応してきた機関は少年審判所だけではない。少年の不良行為を直接取締まる警察も不良少年を考察するうえで重要な機関である。不良少年に対する警察の姿勢は少年法が立法化されることで，従来の「保安警察」に加えて「司法警察」としての側面も強くなっていた。なぜなら，大正期の少年法では福祉的な側面よりも刑事司法的な性格が強かったからである[12]。では，警察機関にとって不良少年とはどのような存在であったのだろうか。ここで，1928（昭和3）年におこなわれた浅草公園における「グレ」に対する警察の取締りについてみてみたい[13]。

　この「グレ」とは「浮浪人」を指しており，その内容としては，「御大典も近づいたので，不良分子を一掃し，公園内を綺麗に片づけることゝ，浮浪人を夫れ夫れに分類し，それ相應の方法で救濟」（宮城 1928：105）することが，公式な目的として掲げられていた。つまり，この取締りは不良少年だけではなく，「浮浪人」や成人の犯罪者を含めた公園内の一掃を図る検挙目的でおこなわれた。しかし，今回の取締りでは成人の取締りとは異なり不良少年の検挙自体は失敗に終わっている。その理由として，不良少年は「凡そ百人ほどゐるが，その夜の檢擧網には一人も引つかゝらなかつたといふ事實を見てもそれが解る。彼等は第六感を持つてゐる。實にちよつとした現象で，今夜は手が入るといふことを豫知する。そしてその夜署員の一隊が押し寄せた時には，影も形も見せなかつた」（同書：108）と述べている。警察の動きを常に監視し察知する不良少年とその不良少年の検挙に手を焼く警察との状況がよくわかる事例である。

　それでは，不良少年が単独で行動して各人が警察の動きを把握していたのだろうか。そこには，「與太者」と呼ばれる「不良団」の存在がある。新聞記者陸直次郎の「東京暴力団記」（1931）には，「與太者」という「不良団」の括りがあり，「與太者とは彼等仲間の合言葉として，下は馳け出しの不良少年から一ツ端世間に知られた暴力團にまで通用する，不良の總稱（中略）不良少女のことを與太ガールと呼び，馳け出しの不良のことを與太ツかぶれと稱する」（陸 1931：204）という。つまり，準拠集団としての「不良団」が形成されたことで，不良少

年と暴力団がつながっていたようである。この「與太者」の意識として，「博徒乃至掏摸窃盗のやうな，特定の縄張と常習的犯罪を有する輩は，決して此の『與太者』の仲間に呼び入れない。譬へば最近淺草公園で一網打盡にされたバタ公（乞食）上りの掏摸の一團のやうなのは，斷然彼等の仲間扱ひをしない。彼はバタ公でありモサ公であり，我は與太者たり，なのである」（同書：204）という。

　ここで，暴力団と不良少年の関係について確認しておきたい。陸は「却説，一口に不良少年と云つてもピンから切りまであるし，兄貴分の暴力團の方だつて上中下様々なるは云ふまでもない。從つて不良手段も千差萬別だが，大體に於て彼等の遣ることは，暴力行爲を背景とするたかり，もらひ，カツ（脅喝）の三手を出でないと言つて差閊へない」（同書：205）と述べている。当時の両者の関係をみると，「兄貴分の暴力団」という言葉からもわかるように，今日の暴力団と非行少年の関係と類似した関係性を有していたようである。さらに両者の関係を詳述すると，暴力団は不良少年を「さくら」にして因縁を遊郭の客につけたり，「何處かの用心棒，會社商店荒し，家屋の明け渡し，貸金の取立等々の手先」に使い，時として不良少年に対しても「先輩から搾られてやつと一人前になつた」として「たかり」行爲がおこなわれていたのである。

　不良少年が暴力団へ移行する原因を，陸は「その一は，需要關係の増加。その二は，不良少年並では近頃却々飯が喰へぬと云ふ事實。三は，不良少年級より暴力團級の方が比較的に××の拘束力を受けぬと云ふ便宜，大體この三つだが，此の中一と二とは密接な因果關係があり，不良少年問題として特に注目に價するわけで，兎も角少し氣の利いた奴は小さな縄張なんぞに固執せずに，ドシドシ浪人者を志すのである」（同書：208）と分析している。

　この陸の言及から，不良少年は兄貴分である暴力団の下で一定の期間を経て暴力団の構成員として組み込まれる過程がみえてくる。これまで「硬派不良少年」に認められた独自の「不良少年団」の成立とは異なり，昭和期に入ると大人が構成する暴力団との関係が顕在化したことは注目される事実である。

　暴力団よりも広義な「不良団」という組織的団体は，以前にも近いものが形成されていた。警察官僚である松井茂は「犯罪捜査上の悪風」として，警察当局者

の立場であった当時を回顧する。松井によると，明治期には「犯罪上の親分」という者がおり，刑務所を出所した者や犯罪に関与する者は，次の犯罪のための道具や資金の用立てを「親分」に頼ることによって「自然な悪因縁」が形成されていたという。このような関係を利用して，警察当局も「犯罪捜査に當る監督者は巧に是等の親分を利用して捜査の實を擧げてゐた」のである[14]。このような捜査手法は，明治40年頃までみられたが，時代が下るにつれて社会状況も変わり人権問題が意識されるようになってきた。したがって，「從來の如き捜査に依ると自然被疑者が非常に多く出ることヽなり，其の總ての者を警察に引致するとなれば人権侵害となる」（松井 1933：242）ことが自明視された。そして，警察は大正期の警視総監亀井英三郎の時代において，これらの「犯罪隠蔽団体」の親分を検挙することによって交渉を絶つことになったという[15]。

　昭和期に入り新聞紙面にも「いよいよ嚴重に暴力團の大檢擧」（『東京朝日新聞』1929.10.4夕刊，以後朝日と略す）との見出しが認められるほどに警察の暴力団への検挙は強化された[16]。したがって，表面的であれ捜査上における警察と「犯罪隠蔽団体」との関係が絶たれたことによって暴力団と警察ははっきりと対立する構図が生まれ，表立った警察当局による「不良団」の把握は難しくなったのである。こうした警察と暴力団との関係は，不良少年にとって暴力団を含めた「不良団」が，自らの身の隠し所としての機能を有する団体となったともいえる。しかし，この「不良団」に所属する不良少年は，大正期に認められた「不良少年団」とは異なり暴力団の下部組織としての団体を兼ねることが特徴であった。

　また警察機関自体が行政警察として，さらには「民衆の警察」としての役割を期待されていたために警察活動は広範にわたるものとなった[17]。しかも，1938（昭和13）年の「少年警察官」の志願案内をみても，「國家社會の進歩發達につれて警察界は益々多事多端となり，其の擴充には各府縣並びに殖民地共に大いに努力してゐる。人口が増加し世の中が複雑に且つ騒々しくなればなるほど，警官の必要と不足を叫ばれて來るのは當然で，内地はもとより外には各殖民地満州支那等にても，増員につぐ増員である」（箕輪編 1938：1）とあり，当時は警察官の人員不足の状況であったことがわかる[18]。

312

戦時期（昭和）の警察は，不良少年に対して保護すべき対象である以前に治安維持としての対応が展開され，司法警察の側面が強調される傾向にあった。さらに戦争が進むにつれて，人員不足から不良少年の検挙の前段階にある保護または教育的な警察活動にまで至らない状況にあったと思われる。一方，不良少年は警察と一定の距離を置くようになった暴力団が隠れ蓑となり，また憧れの対象としての暴力団組織に強く結びついていった。強まる警察の統制が間接的であれ不良少年を潜在化させ，暴力団という成人集団の組織と結びつくことにより悪質化していったといえよう。

2．不良少年に対する学校教育の行き詰まりと感化教育

　不良少年に本来最も大きくかかわる機関は学校であった。しかし，この学校（普通）教育機関に対しては，少年審判官や警察などからの批判的な指摘が散見される。ここからは，教育機関を中心に不良少年やその被害を考察しつつ，普通教育をおこなう学校と教護院（感化院）や矯正院（少年院）などの感化・矯正教育をおこなう教育機関を比較することにより，当時の不良少年に対する教育姿勢を考察する。

（1）関西の児童生徒の被害調査と校外環境

　ここで取りあげる調査は，1932（昭和7）年に大阪府学務課長（兼大阪府教護連盟理事長）島田牛稚が中心となり，大阪府下の中等学校，高等小学校，尋常小学校に対する調査および1931（昭和6）年に神戸補導連盟がおこなった小学児童調査の結果をまとめたものである[19]。当時の犯罪などに関する統計的資料の多くは，警察庁や少年審判所などの公的な統計に依拠せざるを得ない。しかし，本調査のような児童生徒に対する調査は，当時の事件として公式な統計では認知されていない犯罪事象を含む，資料的価値は高い調査結果といえる。

　はじめに，表8-5「生徒の被害調査（被害場所）」をみてみたい。

表8-5　生徒の被害調査（被害場所）

	男子中学生 (31,227名中)	女子中学生 (19,760名中)	男子高等小学生 (5,397名中)	女子高等小学生 (3,375名中)	男子尋常小学生 (16,543名中)	女子尋常小学生 (15,497名中)
路　上	829	1,363	144	248	697	1,235
駅停留所	247	337	13	15	61	66
電車内	104	745	3	8	19	25
汽車内	30	55	3	2	12	15
バス内	17	102	–	–	–	–
公　園	159	95	39	28	148	172
水泳場(海水浴場)	93	82	60	20	168	104
盛　場	65	93	97	83	259	271
百貨店	60	131	–	–	–	–
興業館内	35	97	56	92	97	108
家屋内	44	95	–	–	–	–
学校内	49	26	–	–	–	–
社寺境内	55	65	17	22	120	124
夜　店	15	43	–	–	–	–
裏　山	–	–	38	14	223	156
郊　外	–	–	12	9	51	58
カフェー	–	–	0	1	1	2
店　舗	–	–	5	10	47	40
其　他	24	11	48	50	144	146
不　明	–	35	–	–	–	–
合　計	1,826	3,375	535	602	2,047	2,522

出典）島田牛稚『児童生徒校外生活指導に関する研究』より作成

　「被害場所」からもわかるように，中学生よりも小学生の方が被害に遭いやすい傾向にある。性別では，およそ男性は1割弱（53,167名中4,408名），女性は2割弱（38,632名中6,498名）が被害に遭っていることがわかる。「被害場所」については，「百貨店」や「カフェ」など，近代化を象徴するような建物もあげられており，最も被害場所として多くあげられているのが「路上」である。その後に続く被害場所については，年齢の差異が顕著に出ている。男女ともに中学生では，「駅停留所」や「電車内」そして，「汽車内」や「バス内」などの通学に用いる交通機関における被害が多く，小学生は「公園」や「盛場」，「裏山」などの遊び場を中心に被害に遭っていることがわかる。

　次に表8-6は，加害者の種類をみたものである。

　表8-6をみてみると，中学生に関しては同世代の中学生からの被害が最も多いことがわかる。また，「女学生」や「女給」が加害者としてあがっていることが

表 8-6　生徒の被害調査 (加害者の種類)

	男子中学生 (31,227名中)	女子中学生 (19,760名中)	男子高等小学生 (5,397名中)	女子高等小学生 (3,375名中)	男子尋常小学生 (16,543名中)	女子尋常小学生 (15,497名中)
学生（専，大）	62	205	108	148	484	385
学生（中等）	515	1,102				
偽学生	124	161	－	－	－	－
不良青年	396	195	－	－	－	－
労働者	109	185	114	170	492	817
職人	80	132				
紳士	21	143	21	48	95	182
勤人	38	136				
商人（小僧）	69	188	81	64	260	257
車掌・運転手	27	197	4	3	17	67
鮮人・外国人	21	27	21	28	157	193
浮浪者	63	48	－	－	－	－
一般婦人	14	16	3	5	23	94
女学生	27	17	－	－	－	－
女給	7	－	－	－	－	－
偽教護員	14	－	－	－	－	－
男の人	－	386	－	－	－	－
酔漢	－	59	24	22	104	189
子供	－	30	－	－	－	－
不明	110	139	－	－	－	－
其他	129	9	159	113	415	338
合計	1,826	3,375	535	601	2,047	2,522

出典) 表8-5に同じ

認められる。

　小学生については，大学生や中学生からの被害や「労働者」および「職人」からの被害が多いことがわかる。特に尋常小学生に関しては，男女ともに「商人」（小僧）からの被害も多いことから，これまで言及してきた少年工の不良化の被害が児童生徒の被害としてこの調査結果からも窺い知ることができる。

　表8-7の「被害の種類」では，男性と女性で大きな違いが認められる。男性は全般的に「金品強要」や「暴行」，「窃盗」など暴力的な被害が中心であるが，女性は「追尾追跡」や「猥褻」など，性的な被害が数値的に多くあらわれる結果となった。特に女性に対する被害には，「誘惑」や「追尾追跡」，そして「握手」や「話かけ」など，「軟派不良少年」の特徴としてあげられる不良行為が顕著に数値として示されている。

表8-7　生徒の被害調査（被害の種類）

	男子中学生 (31,227名中)	女子中学生 (19,760名中)	男子高等小学生 (5,397名中)	女子高等小学生 (3,375名中)	男子尋常小学生 (16,543名中)	女子尋常小学生 (15,497名中)
金品強要	948	67	86	31	303	124
掏　摸	183	142	65	36	218	161
窃盗（盗難）	98	–	81	12	175	92
暴　行	193	58	97	19	402	179
喧　嘩	61	–	–	–	–	–
脅　迫	51	3	–	–	–	–
傷　害	16	42	10	6	67	37
誘　惑	53	188	29	61	194	429
追尾追跡	71	639	51	212	189	792
猥　褻	11	340	0	81	5	128
附　文	12	136	0	12	0	4
握　手	3	295	–	–	–	–
話かけ	49	571	–	–	–	–
悪　戯	28	401	–	–	–	–
揶　揄	5	406	9	72	31	152
侮　辱	27	13	–	–	–	–
抱　擁	–	48	–	–	–	–
強　奪	–	–	52	8	148	60
誘　拐	–	–	8	10	78	101
詐　欺	–	–	5	0	22	9
器物損壊	–	–	4	2	35	10
妨　害	–	–	31	30	155	203
其　他	17	16	7	9	25	39
不　明	–	10	–	–	–	–
合　計	1,826	3,375	535	601	2,047	2,520

出典）表8-5に同じ

　ここでは，児童生徒の被害を中心にみてきたが，その被害の傾向や「加害者の種類」から考察すると，当時の不良少年と学生被害とのかかわりが数値的なデータとして示されたといえる。

（2）校内事件からみる不良少年に対する学校教育の行き詰まり

　明治期の感化法から不良少年に対する国家の政策は，その不良化が問題とされる度に新たな対策が打ち出されてきた。特に大正期に施行された少年法は，これまでにはみられなかった少年審判所や保護司制度，保護処分など法制的および実務的な側面で大きな飛躍を遂げた。一部の教育学者からは批判の声もあがったが，実際の現場の教員や学校における不良少年に対する姿勢は，不良少年

への施策の整備が進められる過程においてどのような状況にあったのだろうか。

『学校事件の教育的法律的実際研究』(1933) を著した弁護士河野通保は，当時の学校の状況を「学校事件」を通じて明らかにしている。河野は教師について，「教育者の生活はあまりに現代と離れ過ぎてゐる。神の如き生徒相手の生活を数年やつてゐれば，變化の迅速な社會の事は判らなくなる。こゝに教育者の社會的無知識をねらふ悪魔が襲来する」(河野 1933：6) とし，一方では保護者に対しても「生徒の父兄や社會は平和な時には教師を神の如く尊敬するが，一朝事ある時は法律の武器を以て其責任を問ひ，損害の賠償をすら要求する。この傾向は日と共に強くなる」(同書：6) など，学校と保護者のそれぞれの欠点を指摘している。つまり，今日の学校環境と同様に社会から乖離した独自の世界観をもつ学校においていざ問題が発生すると，保護者はいままでの信頼する姿勢から一転して激しい学校側の責任追求へと向かっていくのである。そのような状況下において河野は，「繁忙な現代の活社會の大局から見れば些々たる少年少女の出來心と見逃す位の些事でも，教師から考へると天國の平和を破る大罪人の様な心地もしやう。多數の天使達も物珍らしい破誡事件に騒ぎ立つ。一本の鉛筆，一個の財布が原因で全級，全校の大騒ぎとなり，出來心の可憐な天使は小さな胸の苦悩を抱いて，常に變つた荒々しく物々しい教師の顔色を怖れるあまり，自殺迄する場合が少くない。勿論その盗みの兒童は良くない，併し，學校は天國ではない。兒童は天使のみとは限らない。學校は社會の縮圖であり，人の子の集合所である。社会にある事は，善悪共に學校でもあるのが普通である。教師は裁判官や刑の執行官ではない。静かに正道へかへして温かく育て上げる慈佛であつてほしい」(同書：266-267) として，校内における児童生徒の逸脱に対する教師の見方や対応，価値観に対して指摘している。

ここで，少年少女が起こした事件報道(『読売新聞』)のなかで，学校内における少年事件報道は16件であり，表8-8にまとめた。[20]

表8-8から，年齢についてあまり偏りは少ないが，性別に関しては男子が多くを占めていることがわかる。また新聞報道として，ニュース価値が高いと思われる殺人や放火等の記事が目立っている。

表 8-8　学校内における少年事件

掲載日	見出し	年　齢	性別
昭和2年4月15日	誤って同級生の心臓を刺す－活動の眞似から,昨日本所三中の校庭	14	男
昭和2年6月16日	高輪の二年生,學友を荒す	15	男
昭和2年6月21日	級友に打たれ女生徒死す－級長と副級長の喧嘩	10	女
昭和4年10月20日	悪戯から誤って同級生を刺殺す－攻玉舎生徒が校庭で	16	男
昭和5年1月26日	拳銃を弄び友を射つ－小田原商業學校で	15	男
昭和6年7月17日	鉛筆で突刺し,失明さす－小學生徒が口論して	15	男
昭和7年6月4日(夕)	鉛筆削ナイフで同級生を刺殺－けさ大井鮫濱小學校で	14	男
昭和8年3月23日	小學校の怪盗,意外や児童－鮮人の子七名を操て古物商が荒稼ぎ	12・12・13・13・14・16	男
昭和8年5月21日	表彰された孝行少女,貧ゆえの盗み－行商し乍ら學校荒し	13	女
昭和8年12月10日(夕)	不良中學生,校内で刃傷－實業生を刺す	17	男
昭和9年6月24日(夕)	貧しい三兄童が學校の備品を盗む罪を恐れ行方を晦す	10・14・14	男
昭和9年12月25日	悪戯が過ぎて少年,友を刺す－王子第二小學校で準教中	13	男
昭和10年9月14日(夕)	おとなしい…秀才の刃傷－中學校屋上で決闘,學課のことから海軍ナイフで府立第三中の珍事	17	男
昭和10年9月17日	級長になれぬ恨み少女,教室に放火－依怙ひいきだと…先生への復讐	12	女
昭和14年11月14日	十五少年の決闘－校舎屋上,瀕死の重傷	15	男
昭和17年11月11日	寄宿舎で學友殺し	17	男

出典）読売新聞の記事より作成

　このような学校の状況を踏まえて，不良少年に対する教師の責任について考えてみたい。河野によれば，「生徒が教育者の教育法が悪いために罪を犯した時は，教師は前掲の小學校令に定めた教育者の義務に違背し，職業を怠り又は誠實にその職務を盡さなかつたと，いひ得られるから當然引責辭職すべく又懲戒處分を受けることも止むを得ない。生徒の犯罪が學校内で行はれ，併も教師の監督不行届きがその原因を爲す場合は，正に之に相當しやう」(同書：281)と説述している。[21] しかし，河野も「生徒の犯罪が必ず教師の教育不當のみに原因するとは云ひ難く，多くは家庭や社會の悪影響によるものであるから，生徒の犯罪で教師が懲戒處分に會う事は先づ稀有と思はれる」(同書：281)と付言している。

　保護者を意識した教師や学校側の姿勢は，同書の学校内の不良少年の事例からも見出される。「学校，臭い物に蓋，警察当局憤慨す」(昭和7年6月29日)として，「府立中の亂闘事件につき學校當局は外部に漏れるを恐れ目撃の學生に全部口止めをなし，所轄板橋署にも何等報告をなさず内々でもみ消さんとしたが遂に板橋署の知るところとなり，二十八日午後四時同署から係官出張取調べを行つた，同署では事件を隠蔽せんとした學校當局の態度に憤慨し嚴重警告を與へることになつた」(同書：301)と事例を示している。この問題に対して，「父兄会」で

も学校側が乱闘の原因である「四年対五年の反目」を知りながら「何等取締り」をおこなわなかったのかを大会を開いて学校側に抗議している。さらに，この事件に対する板橋署長は，「學校内に惹起した事件について校長に監督權はあるが入院を必要とするような重傷者を出した事件を何等報告せずにゐることは實に不都合である，前途ある少年等のことであるから傷害罪で問題を大きくする意志は絶對にないがかゝる機會に學校内の腐敗が革正されるならよろしく事件を明瞭にして反省をうながしたい」という学校側に対する批判的なコメントを発表している。

　この事例からもわかるように，学校内における不祥事の隠蔽行為は，「父兄会」を意識し警察に露見することを恐れ，社会的な叱責を回避しようとする学校側の性格を明確にあらわしている。そのような学校側の責任回避と隠蔽体質が，本来なら少年の不良行為を発見し正していくという学校機関の機能を後退させ，不良少年の潜在化と悪質化を招く一つの要因であったことが指摘できる。

　ここで不良少年に対する当時の小学校教師の意見を取りあげてみる。尋常小学校教諭近藤堅三は，共著『体験に基づく不良児教育の研究』(1927) のなかで，当時の学校の状況として「冨者の子弟も細民の子弟も混同されて居りまするので，勢ひ環境による個性指導などは覺束のない有様であります。それ許りか最近は中等學校入學難で，教育者をして細民の子弟を度外視させ，一人でも多くの入學者を作ろうと夢中になつてゐます。或る地方では其の筋から入學希望者數と，入學者數とを報告せしめて入學率を出し，甲校と乙校と云ふやうに比較し，以て學校及び教師の優劣を判定し，果ては左遷とか増俸とかの貌になつて現はれて來ると申しますから，穴勝ち教師のみを攻める譯にはまいり兼ねます」(近藤1927：50) と述べている。

　学校問題の隠ぺい体質について，学校事故防止研究会理事長市川源三は「學校問題に至つては，學校當事者も局外者も全くこれを等閑に附して居る。これは抑々何に起因してゐるのであらうか。我々が見る處によれば，これには凡そ三つの原因があらうと思ふ。その一つは問題を惹起した當該者は人情の常として極力これを隠蔽しようとする，第三者も亦他人の失敗を發いて快哉を叫ぶものと思

はれるのも心苦しい所から，口を緘して語らないことになる。かくて事件は有耶無耶の裡に葬られて了ふのである。もう一つは，我が國民の弊風として，災禍が起ると何等の討究を俟たないで直ちに不可抗力である，災難であると諦めて了ふ。(中略) その三は『學校問題』に獨自の意味を認めないところから，もう一層教育的熱意をもち，もう一層愼重に教育を施すことにしたら，學校問題は起るものではあるまいと考へることである」(学校事故防止研究会編 1936：4) と3つの原因をあげている。

　新聞報道をみてみると，「亂暴なる教師，喧嘩の罰として生徒を鞭で毆る」(朝日 1917.2.15) では，校内において喧嘩していた生徒に対して教師がむちで殴り懲罰を課したことに母親が激怒し，校長に訴えたがとりなしてもらえず，校医に診断書をもらい警察署に被害届を出して発覚した事件である。結局，「同署にては昨朝關係者を召喚し事實聽取の上斯くの如き事件は教育上面白からずとて大鐘(被害者)に對し告訴を取下げさせたり」という結果となった。校長談として，「訓導は訓戒を加へる積り事實を訊いた所強情にも白狀しないから『何故白狀しないか』と鞭で教卓を叩いて詰る機に顔に触れたのです」と報道されている。「乱暴なる教師」という見出しからも，教師の指導には問題があったと新聞は批判しているが，実際には「教育上面白からず」という解決 (隠ぺい) がなされている。

　昭和初期においては，個性の尊重や個人指導が重視されていたが，近藤が「勿論一學級五十人も六十人も取扱ふ現時では，個人指導を一々要求いたしまするこ とは寧ろ困難でありませう」(前掲書：49) と意見していることから，個人指導が形骸化していたようである。また近藤は，現職の小学校教師の立場から「唯だ不良兒を切り捨てて，英斷した如く心得る教師では，現代のやうな複雑した社會生活を營む青少年を指導することは到底望まれません」(同書：18) や「性行不良兒の指導は云ふは易く行ふは難いもので，寧ろ指導の方法よりも指導者の人格にあります」(同書：183-184) と指摘しており，飽和した学級状況下の不良少年に対応する教師のあり方について言及している。この「教師の人格」は，教師の個性と同様に多様であり，不良少年の切り捨ても含めた教師の対応を窺い知ることができる。さらに，問題が新聞報道により顕在化した場合，教師が所属する学

校組織レベルの対応となれば，教師個人の意見がどれほど反映されるかは疑問である。

　また兵庫県立児童研究所主事前川誠一は，児童保護事業家という立場から学校との関係を中心に「中等學校ならば，要教護少年が生じた場合『退學』ですべてを解決したと思つたり，小學校ならば『何だ學校外の人がとやかく言つて來てウルサイ』等と考へる教師があれば，恐らく充分なる連絡は保たれないでありませう。生徒の校外に於ける生活に闇く，生徒の人間全体に目を注がず，智識教育を以て能事終れりとする教育家があれば，これ亦同様の結果となるのであります。『學童の事は學校内部で處置する，敢て校外の力を要しない』といふ事は，責任感の強い者にありそうな考へ方でありまして，其言や壯とするものでありますが，然し恐らく實際に於て不可能でありませう。子供は學校にゐる時間よりも，遙に多く社會に生活し，家庭に生活してゐるのでありまして，多くの感化を，實社會より受けるのであります」（前川 1938：17）として，教師の不良少年への対応とその意識について批判している[22]。

　昭和16年には，学生や生徒の犯罪数の増加に対する対策について「学生不良化防止懇談会」が開催され，懇談会には文部省の教育課長をはじめとして東京府立や市立の学校長，少年審判所長等が列席している。そのなかで東京少年審判所裁判官前田偉男は「審判所の方で學校の方へ事件をお知らせしますと，すぐその本人が退學處分になるのであります。（中略）それ程迄も行かない様なものさへあるので，審判所としては，どうもお知らせ出來ないといふ様な事になるのであります」（司法保護協会 1941：96）と語っており，当時の少年事件や不良少年に対する学校側の姿勢をみると，これらの問題を教育的に解決するというよりも退学（切り捨て）というかたちで問題を回避する傾向にあったことが窺われる。

　児童生徒の不良化に対する学校側の姿勢は，消極的で隠蔽する傾向があったことはこれらの事例でも明らかであり，警察や少年審判官の学校機関に対する批判からもその傾向を認めることができる。一部の教育界からは「校外生活指導」の必要性が高まり，連盟を創設する機運もみられたが，いざ学校において不良少年が顕在化すると学校の対応は弱腰であった[23]。このような児童生徒の不良

化に対する学校の行き詰まりとも思われる状況は，本来の不良少年に対する教育の放棄とともに，教護・感化教育機関への依存を増長させることになる。

（3）感化・矯正教育にみる不良少年と鑑別機能の導入

　感化教育は，これまでみてきたように1900（明治33）年の感化法を拠り所として感化院において展開された。日本の家族制度を含意する家庭学校の機能は，感化事業の最も適切な制度として多くの感化院で採用され，寄宿舎制度にもみられるようになった。さらに後年には，「国立感化院令」（1917）に「感化教育の調査研究の充実徹底」が掲げられており，収容した少年のデータを統計的に分析し「一般世人の注意を喚起せんが為」に随時研究結果を発表する方針が明記されていた。

　このような状況を受けて，感化教育上の鑑別施設として東京市幼少年保護所，東京児童研究所，京都府少年教育相談所のほか，兵庫や神戸，愛知，岡山にも相談所が設置され「不良児鑑別」がおこなわれることになった。この不良児鑑別の主な内容は，「不良児の知能的特色」，「不良児の道徳的判断力」，「少年不良化の経路」，「不良児の身体的特徴」の四つの点を中心におこなわれた。[24] つまり，感化教育においても不良少年に対する鑑別が重視されていたことがわかる。

　ここで，1931（昭和6）年の感化院と矯正院（少年院）の概況について表8-9を比較し，考察を加えたい。ここで取りあげる感化院および矯正院は，当時唯一の国立感化院である「武蔵野学院」（大正7年創立）と「多摩少年院」とともに矯正院法により設置された「浪速少年院」（大正12年創立）である。

　表8-9をみると，感化院の入院年齢が高いことからもわかるように，矯正院が当時全国で2カ所にしか設置されていなかったため，多くの面で不良少年の収容は感化院が担っていたことがわかる。ところが，少年審判所の感化院送致自体の数は少なく，内情として感化院も収容能力の限界と費用面から受け入れには難色を示していた。そのような状況下にあっても浪速少年院長中條伊勢吉によれば，少年審判所管内の感化院長のなかには「少年法が施行されてから十四才以上の不良少年は矯正院に行き，十四才以下でも特に不良程度の高いものは審判所

322

に送致の途が開けて入院生が統一され其の取扱も自然に合理化してよいと感謝の言葉さへ聞く位」(中條 1933：34) という意見もあった。つまり，感化院としては不良少年の受け入れの状況はあまり変わらないが，少年の受け入れ条件であ

表 8-9　感化・矯正教育比較

名　　称	武蔵野学院（大正 7 年開院）	浪速少年院（大正 12 年開院）
区　　分	感化院（国立）	矯正院（国立）
法　　令	改正感化院法（1908），国立感化院令（1917）	少年法（1922），矯正院法（1922）
所管省	内務省	司法省
収容条件	・満八歳以上十四歳未満ノ者ニシテ不良行為ヲ為シ又ハ不良行為ヲ為スノ虞アリ且適当ニ親権ヲ行フモノナク地方長官ニ於テ入院ヲ必要ト認メタル者 ・十八歳未満ノ者ニシテ親権者又ハ後見人ヨリ入院ヲ出願シ地方長官ニ於テ其ノ必要ヲ認メタル者 ・年齢十四歳以上ニシテ性状特ニ不良ナル者 ・内務大臣ニ於テ特ニ入院ノ必要アリト認メタル者	・少年審判所ヨリ送致シタル者及民法第八百八十二條ノ規定ニ依リ￥入院ノ許可アリタル者ヲ収容スル所トス（14 歳以上 18 歳以下） ・在院ハ二十三歳ヲ超ユルコトヲ得ス
設　　備	「家庭式設備」 (堀や柵，鉄格子，錠前がなく，散在的に多くの「小舎」を設けて，保護責任者と共に生活する)	「半閉鎖式装備」 (堀や柵はないが各院舎，各室には錠前がある。特別室を設け鉄格子や錠前を用いて自由を制限する)
過　　程	1 週間から 10 日間医務室に収容する（児童少年の心身に対する検査をおこなう) →生徒の個性に応じて 6 つの寮舎にいれる →普通教科の学習および各種実科の練習をする	入院して独居室において反省させる →心身の検査，性行境遇の調査，学力技能の検査などをおこなう →院長から個性に即した適切な悔告を受け集団寮（第一学寮）に移る →成績の向上（累進）を加味され第二または第四学寮に移る →成績が特に優秀な者は，職員官舎の一室（家族寮）に移る
検査結果	対象 94 名中(昭和 6 年 3 月調査) ─ 「正常者」21.28% 　　　　　　　　　　　　　 ─ 「精神薄弱者」47.87% 　　　　　　　　　　　　　 ─ 「変質者」23.40%	対象 354 名（大正 13 年から昭和 3 年の 5 年間) 「精神的著変を認めざるもの」22.3% ─ 「精神的欠陥を有するもの」77.7% (内訳)「異常性格者」28.5%，「精神薄弱者」67%，「精神病者」4.5% 〔備考〕多摩少年院 ─ 対象 110 名（昭和 6 年調査) ─ 「準尋常者」18.18%，「精神変質者」58.18%，「精神薄弱者」23.64%
教　　育	分類収容による，「寮舎教育」・「分類学級」・「実科教育」 「正常者」，「精神薄弱者」，「変質者」を区分して寮舎に収容する →「性状」を第一分類基準，「年齢」を第二分類基準として学級を編成 →「正常級」を第　級（年長者と少年者の混合)，「精神薄弱者」を甲乙二級，「変質者級」を甲乙二級とし合計五学級とする 「実科教育」 「農業科」(四ヶ月から六ヶ月間) →各ミシン科，木工科へ	「学科教育」 生徒の学力に合わせた指導と「職業に対する理解」の熟練 →学力に応じて五教室に大別する →「特殊学級」を設けて「精神薄弱者」に対しての教育をおこなう 「実科教育」 「性能検査」の結果から「園芸」，「印刷」，「縫工」，「木工」，「藤工」の五教科に属する →作品は「少年院展」に出品 「情操教育」 「基督降誕祭」，音楽鑑賞，雑誌の創刊，運動会遠足などの行事
出　　院	成績が良い者は「適当なる家庭」または「公私の施設」に教育を委託する〔在院期間は一年から三年間が多数〕	院長が生徒の行状や学科実科の成績を考慮して仮退院を許可する (収容後 6 ヶ月を経過した者に仮退院を許すことができる〔「矯正院法」§13〕) →保護者および少年保護司が引き受ける

出典) 菊池俊諦「武蔵野学院の教育状況」，小川恂蔵「浪速少年院に於ける教育の実際」，賀川豊彦・安藤政吉『日本道徳統計要覧』より作成

る年齢制限という指標が少年法の成立によって明確に示された点に「自然に合理化してよい」という言葉になったと解される[25]。

　一方，矯正院をみてみると，浪速少年院長小川恂藏は「大部分の少年は一ヶ所或は數ヶ所の保護團體或は感化院等を經ておくられるので本院へ來る頃には之を病氣に譬ふれば殆んど重症患者と云ふ程度の者が多いのは，はなはだ遺憾である」(小川 1932：84)) と批判していることから，感化院を経てから矯正院へという年齢区分による矯正の過程が成立していたことがわかる[26]。また，矯正院では特別学級における特殊教育の考究と実施がなされており，「情操教育」などの新しい取り組みも認めることができる。瀬戸少年院長久住栄一によれば，「矯正院の教育は卽少年院に於ける収容少年の教育といふことで，此の教育目的は矯正院法第九條に明示してある。在院者ニハ其ノ性格ヲ矯正スル爲嚴格ナル紀律ノ下ニ教養ヲ施シ其ノ生活ニ必要ナル實業ヲ練習セシムといふのであつて，私共は此の目的方針に從つて日々の教養に當つてゐる」(久住 1936：58) と言明している。つまり，「性格の矯正」をおこない「正道に導く」ことが矯正教育の目的であり，さらに「厳格なる紀律」の下で将来の生活に必要な職業訓練を指導するのである。そして，このような矯正院の教育方針を展開することによって，感化教育との差異化が図られていたと推察される[27]。他方では，感化院 (少年教護院) と矯正院にも共通する傾向が認められる。それは，収容少年に精神的な障害が多いことである。このような傾向は，精神的な障害と判断するために感化・教育機関においても知能検査等の精神医学的または心理学的な検査が取り入れられたためである。

　知能検査の状況と児童の鑑別について，北海道帝国大学教授留岡清男は「今日児童に關する研究と調査とは極めて幼稚である。個別調査について之を言へば，智能檢査の標準化が略々一段落をつげそれの適用が試みられてゐるに止まり，情意の檢査は漸く工夫の緒についたばかりである。(中略) 研究と調査との重點が社會の相に應じて發見された兒童の心身の特徴に置かれ，寧ろ兒童の心身に特徴に應じて發見された社會の相の問題に移されてゐない有様である」(留岡 1932：35) と指摘している[28]。この留岡の意見から当時の鑑別は「智能検査の標準化」がやっと確立した状況にあり，社会調査を含めた総合的な鑑別にまで達して

324

いなかったことがわかる。

しかし，ここで重要なことは，これらの鑑別結果が感化院や矯正院において絶対的な教育上の判断基準として解釈および採用され，この基準をもって院内における少年の分類や編成がなされていたことにある。[29] また所管がそれぞれ内務省と司法省であることも，感化教育もしくは矯正教育のなかにおける「不良少年」観に差異として発現する。一方，この矯正院が開庁したことで，前述した中條も「感化法で薫化の目的を達し得なかつた少年が少年院に収容され，少年院で矯正し得なかつた少年が少年刑務所へ這入つて居る」（前掲書：35）と指摘するように，大局的な不良少年の段階的処遇の流れがこの時点において認められる

感化法は，1934（昭和9）年の「少年教護法」施行とともに姿を消した。この少年教護法には，「國ハ必要ノ場所ニ少年教護院ヲ設置ス」（第2条）や「少年教護院内ニ鑑別機關ヲ設クルコトヲ得」（第4条）など，これまでの改正感化法や国立感化院令を多分に含意する内容をもって施行された。この少年教護法の附則には「本法施行ノ際道府縣立感化院ノ設置ナキ道府縣ハ本法施行ノ日ヨリ五年以内ニ少年教護院ヲ設置スルコトヲ要ス」との規定があり，5つの県（山梨，岐阜，島根，大分，沖縄）がその対象となった。つまり，この少年教護法において，公立少年教護院の全国的な設置が完了することになる。また，私立の少年教護院も申告書等により内務大臣の許認可を得て運営することになった。

「少年教護法施行令」第1条には「少年教護院ニ於ケル教護ハ在院者ニ對シ監護養育ヲ加ヘ道德教育及國民教育ノ基礎竝獨立自營ニ必要ナル知識技能ヲ授ケ其ノ資質ノ改善向上ヲ圖ルヲ以テ本旨トシ，特ニ在院者ノ性能ニ應シ其ノ日常生活ノ訓練指導ニ留意スベキモノトス」と明記されている。この条文からもわかるように，一般の学校にくらべて生徒の生活全般を常住的に保護し，「独立自営」の生活が営めるための「智能技能」を修得させることが主眼にあり，さらに生徒の資質の改善向上を図るのである。

また少年教護委員が都道府県の地方長官により，4年任期（再任在り）の無給の名誉職とし任命された。そして少年教護委員は，少年保護司と同様に少年の観察指導を中心とした再教育をおこない，学校長や市町村長，警察署長と同様に地方

長官に対する「教護の必要」と認める内容の具申もおこなうことになる。それとともに，少年教護院の在院期間に「教科を履習し性行改善したる者」に対しては，尋常小学校を修了したとみなすことなど，これまでの感化法にはなかった改善点が認められる。さらに少年教護法が施行されることで，基本的に対象は14歳未満の児童となり少年法との抵触も避けられるようになった。ここに長年くすぶっていた司法省と内務省の主張の対立が回避されたのである。

特に先述した少年教護法第4条には，少年教護院内に『少年鑑別機関ヲ設クルコトヲ得』と規定されている。ところが実際には，当時の状況からみるとすべての施設に鑑別機関を設けることは非常に難しい問題であった。それは費用面の問題もあるが，徳島県社会事業主事大畑忠一が指摘するように「最高學府や高級官廳の所在地は此點の心配はないが，斯の如き施設のない地方に於ては困難な鑑別の場合を豫想して權威者の委嘱をなし得る様平素から準備して置きたい」（大畑 1934：62）という状況であった。つまり，鑑別する人材の確保が地方においては難しい状況にあったのである[30]。しかし，少年教護法に認められる鑑別技術の導入の規定によって，医師や心理学者等の専門家による科学的な検査や指導が現場レベルにおいても重視されていった。

大阪府立修徳学院長（教護院）熊野隆治は，「今や教護の内容に就ては，従來の兒童研究の不足と教育一天張との過誤を指摘し，鑑別機關を完備し異常兒なるものゝ本質を明かにし，教育に配して治療の重要性を高潮力説するに至つた。爲めに三十五年間の感化教育は，一種の徒勞事業であつたと一笑に附せられて居るかの様にも見える感がする」（熊野 1935：418）と評しており，科学的な鑑別を中心とする専門家の参入と，それを受け入れる従来の徳育等が中心となる感化教育界の葛藤を知ることができる[31]。実際に少年教護院内の専門家の働きに関して，熊野は「心理學の専問（門）家を置いて色々督勵もして先づ異常兒なるものゝ分類から色々とやらして見るが情意方面の研究に至つては實に困難であり，兒童を知能検査による分類位は何でも無いが性格異常の分類に至つては至難極まる様に思はれる。又分類だけでは何もならぬ。醫學の方面も専任醫師をして絶えず身体の調査を行はし醫學先輩の研究をも聞かせて治療方面も色々やらせて居

るが，駆黴の如きは固より相当の効果を齎らして居り其他にも稗益する事も多少ないでは無いが何分にも醫學的治療の範囲は極めて特殊で狹少で之を以て少年教護の根本問題を解決せんとすることはとても出來る事ではなく，又永遠に至難の事であらうと考へられる」(同書：418) と批判している。

　熊野の批判は，科学的な鑑別技術の導入を図る少年保護政策の展開に対して，現場の少年教護院が不良少年の矯正効果を過度に期待し過ぎた結果から生じたものと思われる。精神医学などの特殊な領域からのアプローチは，明治後期に欧米から導入された「教育病理学」やその後の「治療教育学」に影響を受けている。特に不良少年に対する精神医療分野からのアプローチは，知能検査によって少年を類別して精神的な障害とみなされれば「治療」を施すことが前提となっている。まさに，少年教護法の施行を背景とする不良少年政策が，感化教育という不良少年の「教育」現場で精神医療化ともいえる「治療」概念の導入を支えていたのである。だからこそ，科学的に裏づけられた鑑別技術の信用と有効性が，不良少年にかかわる諸機関において一定の認知を得ていながらも，目にみえた効果が得られないもどかしさと感化教育の必要性を再認識した結果が熊野の批判にあらわれているといえよう[32]。

　一方，精神科医杉田直樹は「社會事業の缺點」(1937) のなかで教護院における「精神障害」観について，2人の女児を殺害した9歳の男児の事例をあげて言及している。この男児であるが，一回目の殺人において少年鑑別所および大学病院精神科において診察を受けていた矢先に，二回目の殺害を犯すことになる。そして，「然るに又々同様の事件を今回惹起し，家人は世間に申譯ないと云ふし，村民はその兒を村へおけないと云ひ，警察は何とか處置をせよと責める。縣刑事課の係官は，少年教護院へ入れやうと奔走したが教化不能といふ理由で斷られ，少年審判所へ移されてもやはり保護の對象に非ずとして審判を斥けられ，百策盡きて私に個人で預かれとのお話であった」(杉田 1937：73) という。そのなかで少年教護院が収容を拒絶した理由として，「少年教護院は教化可能のもののみを診査きめて収容する場所で，精神病的の者は絶對にとらない方針であるのみならず，今は不幸滿員で，一人たりとも餘分に入れる經費がないとの事である」

（同書：73）と述べている。ここで取りあげた事例をみても，精神医学が「治療」対象として率先して導入した知能検査などの鑑別技術が，正式な受け入れ拒否の理由として用いられていることがわかる。

　現場である少年教護院も国立武蔵野学院長菊池俊諦が指摘するように「感化教育の目的を成就とするに必要なる，あらゆる醫學的要務を意味する」（菊池1939b：406）として，「少年教護法の制定に及んで，鑑別機關の設立を認め，少年の調査，診斷，處置を以て，此の事業の根本的要求と爲すに到つた。是等の事例に徴するも，科學の進歩發展は，直接に，或は間接に，少年教護事業の上に，幾多の影響を及ぼしたことが明瞭に窺はれる」（同書：406）というような状況にあった。つまり，「今や少年教護事業は，過去に於けるが如く，單純なるものとして之を考察し，之を判斷することが許されなくなつた」（同書：406）のであり，「少年教護事業其のものが，形式的にも，内容的にも，擴充し來り，關聯する所頗る廣汎となり複雑多樣なる態勢を執るに至つた」（同書：406）というような変容が現場の指摘として認められる。

　また少年教護院のほかに，少年鑑別機関の一つとして児童相談所がある。兵庫県立児童研究所主事前川誠一の「児童相談所の過去と将来」（1935）によれば，児童相談所は「獨逸に於いては，一九一八年始めて治療教育相談所がハイデンベルヒ及びベルリンに設立された様で，此は此處に述べる児童相談所と其の内容相等しきものの如くである。（中略）アメリカに於ける児童相談所の發展は始め犯罪少年，或は異常少年より始まり，漸次一般児童へ及び，更に積極的豫防的色彩を濃厚にして幼兒の相談にまで擴大されたのである」（前川 1935：89-90）という。そして，日本における児童相談所は「東京府下下目黒に北垣守氏の援助に依り大正六年五月五日開所された。經營は主として文學博士久保良英氏と醫學博士三田谷啓氏が當られ，心理，醫學の両方面から研究及び相談指導がなされた。始め児童教養研究所と稱し，研究部が中心となり，児童相談所，児童樂園，児童圖書館を附設した」（同書：91）と説明しているように，医学と心理学を中心に展開された。この児童相談所は，少年教護院に入院するまで不良化が進んでいない児童に関しても，児童相談所は保護者の相談窓口としての機能を有していた。ここでお

328

こなわれる鑑別は，少年教護院送致の不良少年を対象とするだけではなく，より広範に一般的なさまざまな問題を抱える児童や少年を対象にすることを意味していた。したがって，鑑別が相談に対する解決策の一つとして児童や少年に実施されたのである[33]。

　鑑別技術の導入と精神医療化ともいえる少年教護院での処遇状況は，教護教育（感化教育）や矯正教育に大きな変容をもたらした。さらに児童相談所の鑑別技術の提供は，これまで意識されなかった「ぐ犯」レベルの少年に対する相談の門戸を開く契機であったということができる。しかし，これまで家族や地域内で対応できたであろうこれらの少年が，公の鑑別という技術によって判定されることで，個人レベルの知能を基準とした不良の序列化を押し進めていったといえよう。

3．15年戦争と「不良少年」観の変容

　先述した菊池俊諦は，「感化事業回顧三十年」(1930) のなかで児童観について論じている。菊池は，「兒童觀の變遷には三段ある。一は強制觀であり，二は溫情觀であり，三は社會觀若は兒童本質觀である。強制觀は即ち兒童少年に對して強壓を加へんとするもので，懲戒，懲治，應報強制，隔離，自由拘束，檢束，社會防衞などといふ思想を，其の根柢としてゐるものである。溫情觀は，慈愛，保護の觀念を以て，兒童に臨まんとするもので，保護，敎養溫情的救濟等の思想が，其の根柢を爲してゐる。社會觀若は兒童本質觀は，社會連帶の思想に據り兒童の本質に立脚して，兒童を遇せんとするもので，強制若くは溫情などいふ思想を超越してゐる」(菊池 1930：8) と述べている。この菊池の児童観は，不良少年に対する教護教育の児童観をよくあらわしている。当初の「強制観」を中心とする児童観に対する疑問は，教護教育が進められていく過程で徐々に「温情観」という教育方針をみいだし，最終的には「児童本質観」へと向かうはずであった。しかし，ここに日中戦争から太平洋戦争に至る15年戦争がこの教育観を分断することになる。

ここでは，戦時期における「不良少年」観を中心に分析し，そこに顕在化する
精神障害を原因とする一元的な原因論の再浮上やそれを容認する国策と研究動
向について明らかにする。

（1）戦時期における「保護少年」と兵力としての「不良少年」観

　日本は，1931（昭和6）年におこった満州事変の勃発以後，1933（昭和8）年の
国際連盟脱退や日中戦争（昭和12年）への突入など戦時体制へと移行した。本格
的に1938（昭和13）年に「国家総動員法」が制定されると，ますます戦時体制は
強化されていく。この戦争期とは，これまでにみられなかった戦力としての少年
の価値が顕在化してきた時期ともいえる。この戦時期の「保護少年」（要保護少年）
を取りあげて，そこに見出される「不良少年」観を考察したい[34]。そこで，当時の
不良少年の状況を知るために刑法犯として検挙された少年および成人刑法犯と
の比較を表8-10に示した。

　この表8-10をみてもわかるように，終戦の昭和20年を除いて検挙された少年
の数は増加している。これを成人との比較でみても昭和18年を除いて増加傾向
にあることがわかる。さらに，同時期の少年犯罪の類別について表8-11に示し
た。

表8-10　刑法犯総検挙人員中に占める青少年の年次別比較表

	刑法犯検挙総人員 （a）	刑法犯成人の検挙 総人員（a－b）	刑法犯少年の検挙 総人員（b）	全体に占める 少年の比率（b/a）
昭和11年	445,689	399,139	46,550	10
昭和12年	409,395	363,382	46,013	11
昭和13年	395,658	346,725	48,933	12
昭和14年	350,218	301,851	48,367	14
昭和15年	345,500	292,452	53,048	15
昭和16年	334,417	281,658	52,759	16
昭和17年	299,395	232,807	66,588	22
昭和18年	346,395	285,029	61,366	18
昭和19年	310,951	235,637	75,314	24
昭和20年	242,645	187,858	54,787	23

出典）「国家地方警察部刑事部防犯課調べ」より作成

表8-11から当時の少年犯罪の傾向をみていくと、「窃盗」や「賭博」、「わいせつ」が少年犯罪の増加に強くかかわっているようである。このデータからも当時、不良少年が増加していることがわかる。戦時期の紙面にも「殖える少年犯罪，大人の世界と逆比例」（朝日 1939.4.14）や「何と三千百五十四，網に掛かった不良總数」（朝日 1940.4.10）などの少年犯罪や不良少年の記事が認められる。

次に戦時期の保護少年の構成を表8-12に示した。表8-12をみると、店員（小僧）の数は減り、職工（少年工）や学生の増加が認められる。

しかし、一度「保護処分」に付された少年の就職は、この調査以前からかなり難しい状況にあった。浪速少年院（矯正院）の1934（昭和9）年の統計によれば、「出院の四五％は親許に、四一％は其の他の親族の許に、残り一四％は雇主を求

表8-11　青少年犯罪年次別・罪種別比較表

	殺人	強盗	放火	強姦	粗暴	窃盗	詐欺	横領	賭博	わいせつ	その他の刑法犯	計
昭和11年	153	311	266	197	2,555	29,570	3,297	3,491	1,425	76	5,209	46,550
昭和12年	155	310	272	172	2,631	29,783	3,006	3,236	1,307	79	5,062	46,013
昭和13年	161	302	279	211	2,596	32,503	2,973	3,207	1,355	88	5,258	48,933
昭和14年	123	310	291	217	3,073	31,409	2,787	2,801	1,639	87	5,630	48,367
昭和15年	146	475	263	230	2,901	35,999	2,361	2,485	2,072	188	5,928	53,048
昭和16年	107	486	256	255	2,997	36,954	2,028	2,111	2,188	180	5,197	52,759
昭和17年	126	406	213	328	3,106	47,267	2,184	4,028	2,121	361	6,448	66,588
昭和18年	94	377	204	335	2,998	45,113	1,552	1,358	2,941	439	5,955	61,366
昭和19年	177	442	215	294	2,968	54,852	1,767	1,148	5,765	417	7,269	75,314
昭和20年	149	455	92	218	1,746	42,818	1,044	630	2,637	308	4,690	54,787

出典）表8-10に同じ

表8-12　日中戦争以降の保護処分に付された少年の職業調べ

	昭和11年	昭和12年	昭和13年	昭和14年	昭和15年	昭和16年	昭和17年
職　　工	1,510	1,660	2,290	2,564	2,960	4,398	6,802
店　　員	1,968	1,925	1,720	1,264	1,080	1,043	1,132
農　　業	244	351	386	306	427	1,087	1,861
学生学徒	499	481	614	757	1,100	1,779	3,547
其他有職	1,608	2,696	1,931	1,953	2,670	3,880	1,536
無　　職	1,852	1,513	2,123	2,266	1,951	2,918	3,502
計	7,681	8,626	9,064	9,110	10,188	15,105	18,380

出典）「司法省保護局調べ」より作成

めて就職させたのである」(中條 1936：103) とある。そのような状況が続いてい
くなかで，保護少年たちは戦争という環境のもとに新たな人生の活路を見い出し
ていった。それは，戦争が生み出した志願兵への道であった。

　当時の保護少年の状況について，前述した法務教官中條伊勢吉は「近時少年
院から陸海軍に志願する生徒が多くなつて，其志願者が相當の成績を擧げて居
るが，是は誠に結構な事である」(同書：103) と述べている。また，法務教官有賀
敦義は「矯正院の教育と使命」(1940) において，「多摩丈でも日支事變に確か六十
余名のものが戰線に立ち，内若干は護國の英靈として靖國の御社に祀られたも
のもある。私共でも今年七月二十九日に壯丁檢査の際現役志願者十二名を出し
た處，甲種六名，第一乙三名，第二乙三名といふ成績であった。院では第一に国
を護る軍人，第二滿蒙開拓義勇軍，第三重工業方面の産業戰士に仕立てたい」(有
賀 1940：107) と記している。さらに東京少年審判所審判官前田偉男も「少年の
現役志願，滿州少年義勇軍志願の増加したこと，並に保護少年の軍人になつたも
の、非常に成績のよいことである。(中略) 少年審判所の保護少年にして，今回の
事變中現役志願として入營してゐるものが二百名近くに及び，適齡にて甲種合
格となつた者並に應召又は入營中の者はそれよりも多數を示してゐる」(前田
1939：24) と述べている。この中條や有賀，そして前田の意見からもわかるよう
に，当時の保護少年の志願兵の数は増加傾向にあった。

　当時の保護少年に対する社会の関心を徳島学園長 (教護院) 菅済治は，「教護精
神の適用は時局柄尤も必要にして，平素捨てられし鐵屑も非常時には最も有用
な材であり，ガソリン自動車の代用として木炭自動車が用ひられ，平素味ひよか
らずとしてきらはれた朝鮮米も，今年は拝んでも戴きたい時である。目下教護少
年と雖も各方面から引張り凧歡迎責めで，人的資源確得に狂奔する際に神は無
用の人を造らず，良匠は朽木を捨てずとの信念を実行して効果を治め，無用を轉
じて有用となす」(菅 1940：56-57) と評している。また『少年保護読本』(1938) に
は，「事變以來，保護中の少年は何をして居るか」のなかで，「少年達は出征する
軍人の見送りにも行つて居る。少年達の見送りは，一般の人達に非常な感銘を與
へたものである。或る東京に近い市の市役所では，其の市の近くに在る少年院に

332

對して，ブラスバンドを以て見送りをして呉れる様に依頼して來た程である」(日本少年保護協会編 1938：40) として，保護少年に対する社会の見方について言及している。つまり，戦時期という全てが不足する状況で，これまではまるで社会悪として排他的に扱われてきた不良少年が，社会から価値ある者として見い出されたのである。新聞報道をみても「時局に蘇る“魂”不良青少年群が更生報國隊結成」(読売 1941.9.13) の記事から，「不良青少年」として警察のブラックリストに載っていた青少年が団体を組織して，産業戦士として働く内容が報道されている。

　しかし，この時期は同時に「大和魂」の教育が少年教護院や矯正院に導入されはじめていた。[36) 菅は当時の状況を，「今より數年前，大阪の某名士は我校を視察せられ，大和魂顯現の教育に於ては立派な人が出るぞとの事であつた。私は其の言葉に名狀すべからざる頭の混亂を感じた半信半疑確信を持てなかつた，事實晴雲常なきは少年教護院の天候であるので，善い事ばかり豫想する事は最も謹まねばならぬ。唯大和魂の顯現につとめ大宇宙の大生命に調和する行の生活により，教育勅語を服膺する至誠一貫によつて神靈の御加護を受け，或は意外の結果を齎す事がないとも云へないのであります」(前掲書：50) と記している。戦時期という大きな時代のうねりが，これまでに少年の更生を中心とした教護教育に対して，強力な政府主導の「大和魂」を中心とする教育への移行を促した結果，少年教護院の現場では不良少年の更生と戦時要員の育成の間に立たされていたことがわかる。[37)

　また家庭学校長今井新太郎は，「時局下青少年の悪化眞に憂慮すべし」(1940) として，「新東亞建設に，國内新體制に，国民組織に，新たなる歩みを續けつゝある際に，次世を背負ふて起つべき青少年の犯罪激增の傾向は，誠に寒心に堪へない」(今井 1940：1) と意見している。愛とキリスト教の教えを基調に感化教育 (教護教育) をおこなってきた家庭学校でさえ，その教育の目的には国策である「大東亜の建設」が掲げられたのである。つまり，家庭学校のように半官半民の経営ではない私設の少年教護院もこのような時局のもとでは，これまでおこなってきた教護教育の転換を迫られたといえる。さらに堀内文吉は『警察心理学』

(1927) のなかで,「近頃學校・軍隊・工場などに於て, メンタル・テスト(精神檢査) といふことが行はれて居るが, その原則は人間の精神力の相違に基いて, それにふさはしい活動を爲さしめ, 出來得る限り多大な能率を收めようとする企圖に外ならない」(堀内 1927:193) と述べている。この言及から, これまでみてきた学校や工場のほかに軍隊においても「精神検査」などの試験が課されていたことがわかる。この検査にパスできなければ, 少年教護院や矯正院に在院している少年は, 志願兵としての夢を断たれるばかりではなく, 精神的な側面からも国家のために役に立たないものとして位置づけられたと推知される。言い換えれば, 国家政策上の「不要」観が「不良」観とともに, 検査に落ちた不良少年に付与されることを意味していると解される。[38]

　当時は, 不良少年でも戦力を支える人的資源として戦地や工場に送り込まれたが, 各組織に入るための知能検査をはじめとする試験は, 精神障害などの問題を抱える少年を否応なく選別したと考えられる。先述した菅済治も「大政翼賛事業」の傘下となった保護事業に賛同しながらも,「私は愚鈍, 不肖ながら人間最高の價値を發現したいと念願し, 要保護少年は白痴でも又時には精神分裂症状の者迄教護のために一旦は引受けます」(菅 1941:26) と述べ,「然して其難物は他に行く場所もなく社會の憂患をなしてゐる, 夫れぞれ分類して各適當の施設があつて適材適所に分配収容する事に異議を狹むものではないが, 行くべき所を造らずして之を受入れぬと云ふ事は, 部分に捉はれて大局を誤る感がある。持つて行く所のないものは, 一切社會事業網にかけねばならぬ」(同書:26) とその理由をあげている。[39]

　さらに当時の少年教護院は, 戦時という状況において二つの選択を迫られていた。兵庫県立児童研究所技師遠藤汪吉は,「最近の教護院内教護の行き方は二つに岐れて論ぜられてゐるやうである。即ち一は従來通り學科と作業との併用であり, 多くは教護院側の主張である。他は作業重視であつて, 外部から多く主張されてゐる。是等二樣の意見は以前からあつたのであるが, 最近は時局的な要請で行はれるに到つた」(遠藤 1943:36) と述べている。[40] 加えて,「教護少年をして食糧増産の一翼たらしめ, 院内教護の完成後直ちに少年工として産業に従事

334

せしめ得る如き教護を行ひ、そのために院内に工場を置きこれを習熟せしめると
か、集團的に外部に勞力奉仕をなすべき等の提案があり」(同書：36)とあること
からも、兵士以外に産業の労力を提供させる教護指導を求められていたことが
わかる。

　保護少年として矯正院および少年教護院で教育を授けられる少年は、戦争と
いう時局において、役立つ者として再評価される一方、他方では知能検査などに
より科学的根拠をもって類別され、「錬成」の名の下に労働力を提供することが
求められていたのである。そして、その類別により先天的な遺伝と判断された少
年は、精神医学が推進していた断種政策の対象として位置づけられたと考えら
れる。その後、1943（昭和18）年に「少年保護法施行令」が改正されると、教護
理念は皇道精神がさらに強調され、自営に必要な知識技能を授けることにあると
謳われた。つまり、矯正機関においても、類別により知識技能が修得できないと
判断された少年に対して、国策上の「不要」観がますます付与されていたと考え
られる。[41)]

（2）精神障害と「不良少年」観の混在化

　ここまでは、戦時下における人的資源の必要性から不良少年に対しても新た
な社会的需要が顕現する状況を明らかにしてきた。しかし、このような不良少年
に対する社会的需要は、すべての不良少年に向けられたわけではなく、知能検査
というふるいにかけることにより戦局に役立つ不良少年のみに向けられたもの
だった。さらに太平洋戦争に至る戦時下において、「精神薄弱」や「精神病」の
なかでも比較的作業に耐えうる少年は、「適材適所」の環境下におけば「低能率
者」であっても役立つものとしてさらに「選別評定」されることが求められた。[42)]
　ここでは、昭和初期の精神障害を抱える少年と「不良少年」観について明らか
にしたい。龍谷大学教授海野幸徳は、「不良児童保護」について「不良児童保護
に關しては曩に調査會に於て審議決定せる感化法改正案要綱に依り現行感化法
を改正するの外、感化事業の普及充實を圖ること」(海野 1931：213)と提言し、
「異常児童保護」は、「不具児童の保護教養に付ては盲聾唖教育の外、未だ之が施

設の見る可ものなきを以て公私施設に對し，適當なる獎勵助成の方法を講じ之れが發達を圖る要がある。精神薄弱兒童の保護に關しては，不良少年及犯罪者の發生豫防，人種改良等より考察し之が制度を樹立すること極めて必要なるも，この問題は一般精神障礙者保護と併せ考究すること」（同書：213）と説明している。

　この海野の解説からもわかるように，「精神薄弱児童」は「不良少年及犯罪者の発生予防」と結びつき，これを「異常児童」として括っている。つまり，昭和期に入っても従来同様に「精神薄弱」は，「不良」要因の一つとして研究者レベルで受け入れられていた。また学校教育をみると，「精神薄弱児童」は「教育可能なもの」と「不可能なもの」にわけることで普通教育から排除された。[43]

　昭和期に入り，知的障害児施設が増加したものの，多くの施設が慈善団体であり財政的な基盤は脆弱な状況にあった。そして，1934（昭和9）年に「日本精神薄弱児愛護協会」が結成され，「精神薄弱児保護法制定運動」が展開されたが法律の制定に帰結することはなかった。1941（昭和16）年に小学校が国民学校と改められ，皇国民の育成・訓練を目的とする国家主義的教育がすすめられる。そして，この「国民学校令」(1941)の下位規程において養護学校および養護学級が規定され，その後の「中等学校令」(1943)では養護学級が法制化された。しかし，戦争が激化する状況下の学校は疎開を余儀なくされ，このような学校や学級は縮小や閉鎖に追い込まれたのである。[44]

　このような知的障害児の状況を，兵庫県立山学園（少年教護院）園長池田千年は，次のように説明している。池田は，「小學校令の第三十三條『學齡兒童瘋癲白痴又ハ不具癈疾ノ爲就學スルコト能ハスト認メタルトキハ市町村長ハ府縣知事ノ認可ヲ受ケ學齡兒童保護者ノ義務ヲ免除スルコトヲ得』とあり，この場合小學校で義務教育を免除せられたが家庭で教師を雇ふて教育する事も出來ず病院や白痴院に入院せしむる程でもないが其の儘に放任するに於ては少年救護法第一條（中略）不良行爲ヲナシ又ハ不良行爲ヲ爲ス虞アル者（中略）として少年教護法の適用を受ける場合は有り得べき事である。又小學校令第三十三條第三項市町村長ニ於テ學齡兒童保護者貧窮ノ爲其ノ兒童ヲ就學セシムルコト能ハスト認メタルトキ（中略）前記せし如く少年教護法第一條の適用を受ける場合もあら

う」(池田 1940：23)と述べている[45)]。これは，学校において排除され，さらに病院や特殊教育にも該当しない少年を，少年教護法の適応によって少年教護院のもとにおくことを提案したものである。つまり，池田のなかにも知的障害児を「放任する」ことによって「不良行為ヲナシ又ハ不良行為ヲ為ス虞アル者」と理解していることを示唆する説明といえよう。

　また家庭学校長今井新太郎も，「社會を脅かす犯罪兒たり不良兒たる素質を有する精神薄弱兒がかくも多數居るに對して如何なる社會的對策が施されてあるかを反省して，その施設の不備なるに驚かざるを得ないのである」(今井 1940：2)と述べているように，知的障害児と不良少年との関係性が強調されている。今井は，名古屋大学教授(精神科医)杉田直樹の「不良兒童の七割は精神病的遺傳の関係がある」という見解に依拠して，家庭学校での知能調査をおこなっている。その結果，社名淵分校(247名)と東京本校(79名)に対するビネー－シモン氏法を用いた検査によると，その約5割が「精神薄弱者」という結果を得た。この調査結果から今井は，「之を要するに先天的遺傳によつて不良兒が發生し，大腦の發育を阻礙されて，精神薄弱や精神異常兒を發生し，不良兒童發生の原因素質を作るとせば，先天的悪質遺傳の除去の方途を講ぜねばならぬ。こゝに禁酒運動の社會的意義があり，又性病撲滅運動，國民優生法の實施の原生的意義がある」(今井 1942：2)と主張するのである。そして，「此の種の不良行爲者は，教護困難な兒童で，統計に現はれた教護失敗者の多數は，悪質遺傳の不良行爲者である。どちらかと言ふと吾等教護院の教護の對象ではなく，臨床治療の對象で，又特別指導保護を要するものである」(今井 1944：1)と指摘している。この今井の見解からも明らかなように，明治期に留岡幸助が創設した最も長い感化教育・教護教育の伝統を有する家庭学校においても，科学的な知能検査という指標を用いることで後天的な原因よりも先天的な原因が力説される状況にあったことがわかる。つまり，不良少年に対する実践面でも精神医療化は着実に進んでいたといえよう。

　その一方で大阪北区少年教護委員会常務幹事である柳政一は，座談会のなかで「全體から見ると，子供は學校へ任せきりで親は子供を學校へやれば子供のこ

とは學校が見るべきものだといふ觀念をもつてゐるものが多いやうであります」
（大阪府厚生事業協会編 1942：29）と概評しながら，「私共は，この子は自分の子供
だが又一面より見ますれば，陛下の赤子である，自分は國家のために預つた子供
を大きくしてゐるのだといふ觀念を親達に抱かすやうに，しむけて行くべくお互
ひ努力することが必要だと思ひます。これがまた不良化を減少さす根本ではな
いかと考へます」（同書：29）と所見を述べている。この柳の意見からもわかるように，戦争期における日本の子ども観は，「陛下の赤子」や「少国民」としての
位置づけが求められ，実際に教育現場でも確固たるものとなっていた。このような子ども観は，両親の教養書として著された『両親の教養・時局と子供』（1943）
にも認められる。その巻頭には，「子供の教養訓育の重要性と，教育者としての
兩親，特に母親の使命の重大さとに對する，認識及び評價の高められたること今
日の如きはない。國民學校教育の主たる目的が，皇道に則る小國民の錬成にあり
とされることと，大東亞戰爭遂行の要請とが，特に家庭教育の充實向上を求めて
歇まないからである」（日本両親再生教育協会 1943：1）と言明している。

　当時の「少年」観は，これまでみてきた教護院における志願兵や産業労働者としての役割を担う子どもたちの状況，そして教護施設等の方針からも明らかなように，当時の「大東亜戦争」を遂行するための「少国民」，つまり戦時下の人的
資源とする認識枠組みが不良少年に関しても浸透していたと推察される。そして，このような「少年」観から能力に適した労働力確保のための類別が進められ，その科学的な判断基準や理論の枠組みを提示したのが精神医学だったといえる。

（3）戦時下における精神医学の台頭と「不良少年」観

　これまでは，精神医学の隆盛が不良少年研究に大きな影響をおよぼした経緯をみてきた。不良少年に対する精神医学は，教育や禁酒運動そして優生学へとその影響力を強めていった。ここでは，特に不良少年研究にかかわった精神科医の研究を中心に，15年戦争期の精神医療の動向と断種論のなかで展開される「不良少年」観について明らかにしたい。

昭和6年に注目される不良少年に関する記事が掲載された。その記事の見出しには，「審判所で保護中の一少年を去勢す，その性的狂暴性矯正のために思ひ切つた保護處置」（朝日　1931.8.2夕刊）とある。記事をみていくと，少年の更生を目的に組織された東京少年審判所において18歳の不良少年が性的犯罪性と判断され，同審判所の承認により去勢手術が施されたとある。そして，当時の少年審判所長鈴木賀一郎は，親たちの処置（去勢の許可）を黙認しただけとして，「醫師は去勢すれば少年の悪性を治療できるといつたそうで，こちらとしてはそれはいかんと止める根據はもたぬ，ドイツの憲法には國民は人間たる價値を奪はる〻事なしとあるが，他面社會を害毒から保護するためには大のためには小は殺さねばならぬ，もしもやつてよいといふ法の明文があればむしろ去勢處分もよいとさえ思ふ」と述べている。少年法（1923）が施行されて以降，不良少年に対する保護主義の代表的な国家機関である少年審判所が行った処置は，「去勢」という精神医学的な判断基準への順応的な審判決定であった。

　その背景には，1941（昭和16）年に施行された「国民優生法」へ通じる優生思想の広がりが少年司法にも認められる。つまり，少年司法では精神医学的な知見の強い影響を受けていたことがわかる。[47]法医学者であった同志社大学教授土井十二の『国民優生法』（1941）をみると，「斷種學的目的」として「これは其人が出産すれば恐らく不良兒が生まれるであろうと云う懸念をもとに行ふ斷種で，つまり人種衛生的又は優生學的問題から遺傳素質を有する者に對して遺傳病的子孫を防止するために行はれる」（土井　1941：9）という。そして，刑事政策的目的には「これは，刑事政策の立場から將來性的犯行を犯すことの危険を防止せんがために一種の保安處分として爲されるべき斷種である」（同書：9）と意見している。つまり，「遺伝病的子孫の防止」と「將來性的犯行を犯す」の両方の目的に重なる部分が不良少年に当てはまっていたといえる。

　この断種法の是非が問われていた1936（昭和11）に，大阪社会事業連盟の実施したアンケートに対して，先述した浪速少年院長中條伊勢吉が次のように所感を寄せている。[48]その内容は，「私は斷種に關し専門に學びませんので，今斷言は出來兼ねますが，唯三十年間に三千六百餘名の保護少年を取調べ，保護強化した

第8章　戦時期日本の「不良少年」観の集約と国策への埋没　　339

體驗から感じを申すならば，不良程度の低い少年は遺傳關係が薄く其恐ろしさを感じなかつたが，不良程度の高い少年を取扱ふ様になつて，其遺傳的負因の濃厚で顯著なるに驚き，之が教護矯正に手を盡くしても遲々として其成績擧らず，而して其原由遺傳關係にありと判明したる場合，天を仰いで人間の微力を嘆き，遺傳に付ては到底人力の如何ともすべからざるを悟り，相すまぬ事ながら『斯かる少年生まれざりせば』と斷種法に便る外致し方無いと考へました」（中條1936：49）と記している。この中條の意見から，不良少年に対する先天的な遺伝という原因論と知能検査などの鑑別が強調されることで矯正施設においても不良少年が類別され，その判別にもれた少年には可塑性を否定する断種という最終的な処遇策が取り入れられようとしていたことがわかる。

　第3章において不良少年研究における日本の精神医学の動向について述べてきたが，昭和期は精神疾患の遺伝研究が断種論として盛んに議論されるようになった。そのなかで断種法案である「民族優生保護法案」(1934) が提出され「民族衛生学会」(1930) が設立された。その学会には，東京帝国大学精神科教授三宅鉱一が学会の幹部として名を連ね，戦後に犯罪精神医学を牽引した精神科医吉益脩夫も三宅とともに「国民優生法」の起草に寄与しており，当時多くの精神科医はこうした精神医学界の動向に賛同したのである[49]。

　ここで，当時の精神医学における精神障害と犯罪の関係についてみてみたい。吉益は，市ヶ谷刑務所における青少年受刑者 (383名) の調査を「少年に関する身体的環境的犯罪原因に就て」(1929) という論文にまとめている。そのなかでは，「精神病者と犯罪者とは常に全然相容れない別個の概念ではない。即ち犯罪者に精神病あり，精神病者に犯罪者あるからである。殊に伊太利學派の犯罪人類學的犯罪者型なるものが認められない現在においては殊に然りである」（吉益 1929：94）と説明している。この吉益の言及からもわかるように，昭和期はこれまでのロンブローゾを中心とするイタリア学派が主張してきた犯罪者類型，つまり異なる形態学的特徴を持ち外形的に識別できるという見解が衰微していた時期にあり，「精神病」などの精神医学的なアプローチが隆盛していたと推察される[50]。

　また吉益は，同調査のなかで知能検査をおこなっており，その結果「即ち犯罪

者の智能は，中産階級の常人と比べると劣つてゐるけれども無産階級のそれと比較して左程劣つてゐるとは思はれない。即ち全體から見て犯罪の主要原因を智能の缺陥に求める説は誤りである」(吉益 1930b：37) と指摘している。この吉益の見解は，知能がおよぼす犯罪への影響について知能検査を用いて否定することになる。しかし，一方では「精神病学的診査」の結果として，「犯罪者中に精神異常者の多いことが直ちに分る」(同書：44) と述べており，「精神異常と犯罪の種類との關係を見れば（中略）放火殺人など重罪犯人中には精神異常者の率が多いことが分る」(同書：45) と分析している。つまり吉益は，「知的障害」と犯罪との関係は否定するものの，「精神病」などの精神障害と犯罪の関係については肯定しているのである。

　吉益の分析は，当時一般的であった知能と犯罪の強い結びつきを肯定する傾向に対する新たな犯罪精神医学的視点として評価される。だが一方では，「精神異常者」が「重罪犯人」との関係から見出されることで，医学的な専門性を有する精神科医でなければ判断できない精神病学的診査から導きだされる原因論が確立したともいえる。しかし，吉益のように知能と犯罪の関係を否定する見解に対して，「治療教育学」を提唱していた名古屋医科大学教授杉田直樹の見解は異なっている[51]。

　杉田は，「低能兒の特殊學級に在る兒童については改めて云ふ迄もないが，其れ以外にも素行が修まらず盗癖・放浪癖などの爲め，感化院 (少年教護院) や少年院に收容せられてゐる所謂不良少年少女に就いて精神病學的診査を行つて見ると，殆んどその大部分のものが單純な性格異常のみで犯行するのではなくて，それ等は智能の程度も低く，魯鈍者又は癡愚者に屬することを知るのである。(中略) 高度の白癡や癡愚は，素人眼にもその缺陥者たることが認められて警戒もせられるし，又能力がないから職業にも就けず社會生活に入り得ず，始めから親なり官憲なりに保護監督せられてゐるから，却て社會的危険性はないのであるが，魯鈍者は下級な勞働や小賣・行商等が出来るので，社會生活に伍して來る故，寧ろ其の犯罪等による社會的危険性は大であると云はねばならない。普通の都會の小學校では大體全級生徒數の一割五分乃至二割はビネー・シモン氏智能査定

法による智能指數が九〇以下であり，つまり魯鈍或るはそれ以下の智能缺陷を有するものである。之等は教育上特殊の注意を要するのみならず社會政策の上からも放任しておくことの出來ないものである」(杉田 1935：41-42) と考察している。この杉田の見地に立てば，一見して (「素人眼」) はわからない「不良少年」(「魯鈍」「智能欠陥」) は，精神病学的検査を用いることで発見することが求められ，これらの少年を放置すると「社会的危険性」が高まることを懸念しているといえよう。

　両者とも当時の精神医学界を代表する研究者であるが，同様に科学的な知能検査を取り入れながら精神医学的検査をおこなった結果が，知能と犯罪の関係において大きく相異している。そこには，精神医学が抱える問題が指摘される。つまり，今日でも批評されるが，精神医療は「精神障害」と判断する際に，「社会性」や「社会的適応」という指標が深く関与しているにもかかわらず，医学の全体に共通する「生物学的モデル」に対応していない点があげられる。したがって，いくら科学的な知能検査を用いたとしても，精神科医の主観的な判断が少しでも介在する限りにおいて，上記のように異なる結果が生じるのである。

　さらに当時の精神医学と「不良少年」観についてみてみたい。杉田によれば，序論において「大正十年の頃，教育界では一時異常兒童の特殊教育法について注目するやうになり當時私もあちこち講演などに引き出されたが，關東大震災と共に其の氣勢も頓挫し，其の後は官民共に兒童の體育奨勵榮養増進などの方向に熱中するやうになり，精神的の異常兒童の問題は再び教育界の注意の焦點から逸して了つた。最近になつて少年審判所矯正院の増設，少年教護法の發布などにより少年犯罪や少年保護の問題が大方の話題に上るやうになり，それにつれて又々異常兒童教育の重要性が再び認識せられるに至り，一方各家庭に於ても兒童の教養上の過誤から幾多の事件が頻發し，兩親再教育の必要が痛切に叫ばれるやうになつて來た。私共が幼少年の精神異常の傾向に就いて兩親や教員の方々から相談を受ける機會も繁くなり，殊に異常兒童が教育界のみならず社會や家庭の重大な問題として論議せられることも著しく多くなつて來た」(同書：1)と記している。

342

不良少年に対する司法制度の進展が，再び異常児童教育を喚起させた。その背景には，不良少年問題と「異常児童」を同様に捉えている世論の「不良少年」観がみいだされる。つまり，この杉田の意見から精神異常が不良行為につながるという精神医療的な解釈が世間に広がっていく精神医療化の様相を読み取ることができる。

　この不良少年への社会の関心を，当時警察庁技師であった精神科医金子準二が分析している[52]。金子は，「世人が不良少年に關心を有するのは，犯罪の他の不良少年は一般と變つた點がある事，即ち好奇心が手傳ふ，もう一つは同情心である，もう一つは反感である，もう一つは不良少年があると不安になる。即ち自分の子供がなりはしまいかと考へて關心を持つ，もう一つは之を良くし他の人には傳染せぬ様に豫防せねばならぬと云ふ考へとである」（金子 1935：73）という。この見解からもわかるように，杉田と同様に当時の世論の「不良少年」観が不安という親の感情を通して，精神医学的な解釈と結びついていたと思われる。すなわち世論の不良少年に対する「不良少年」観には，好奇心や同情心とともに不安や危険視という複雑な感情が混在していたと考えられる。

　このような戦時下の状況で，不良少年に対する精神医学の臨床的側面の影響と教師や保護者の不安と依存が相補完的に「不良少年」観を変容させた。次にあげる金子の意見は，当時の精神医学と不良少年の関係性を端的にあらわしている。金子は，「何れにしても，不良少年と云ふのは，元來社會が製造した定義で，決して精神病學的の病名ではない。從つて，不良少年の診斷は，本來は精神病學的の仕事ではない。しかし，精神病學が發達して以來，不良行爲であつた少年を精神病學的に研究した結果，その少年が社會生活に適應して行くことが出來なかつた原因が，精神能力の缺陷にあることを發見したのみではない，最近の精神病學は，まだ不良行爲がない少年を鑑定して，不良化の危險性の程度を豫言することが出來るに至つたので，不良少年問題と精神病學との關係は深まつた。ことに不良少年の原因，豫後，處置の方針を決定するには，不良少年の精神病學的鑑定が，至極重大の役割を持つに至つた」（金子 1941：207-208）と考察している。ここからも，当時の不良少年研究や臨床に対する精神医学の隆盛とその自信を認

第8章　戦時期日本の「不良少年」観の集約と国策への埋没　　343

めることができる。[53]

　さらに不良少年研究にみられる精神医学の台頭は，教育可能性を重視する教護・矯正機関でさえも断種法促進論が大勢となり，当時多く精神科医は断種に対して理論的に牽引する立場をとっていた。そして，精神医学と優生学が結びつくことで，「不良少年」観に精神医学的な根拠に基づく「異常」が加えられたと考えられる。先述した杉田は，『社会病理学』(1936) のなかで，「第一は，近時世の注目を惹くに至りました優生學的對策のことであります。(中略) 不良少年中の大部分が精神薄弱者及び性格異常者即ち變質者であり，さうした精神變質といふ特質は濃厚なる遺傳因子となり得るものでありまして，不良少年の大多數が，精神變質的の父又は母を持つといふことは，多くの統計的研究によって證せられたことであります」(杉田 1936：281) と言明し，「又悪い遺傳因子の源泉は，單に現存する精神病者・精神變質者を全部斷種し得たとしましても，尚飲酒・黴毒等によつて，後から後から新しくさういふ悪い遺傳因子を作り出すこともありませう」(同書：282) と指摘している。つまり，杉田は不良少年の原因に遺傳を介して飲酒や梅毒などの後天的な原因を加えることで，精神医学的な解釈を広範に展開するのである。

　また東京帝国大学医学部附属脳研究室主任 (元東京帝国大学精神科教授) 三宅鉱一は，「私の考へでは，その原因には境遇的關係が必要であつても，またその人格異常なる點も確に爭はれぬものがある。殊に或種の犯罪となるやうな行爲を惹起するには直接，境遇が重大なる關係を持ちましても，其の境遇から容易にこの犯行，即ち反社會的行爲に陷らしめらると云う事には，少くも，累犯者に於ては，其の人格が普通人とは異なる所があるからであるといふことに疑ひを挿む餘地がないのであると考へられる點であります。實に境遇によつて人格が出來るには違ひないが，其の生來の變質，又は，病的人格と云う點も決して等閑に附すべきものではないと思はれます」(三宅 1936：238) と意見している。つまり，この時期には，不良少年に対する精神医学の原因論は一元的な先天的原因論が影響力を有していたと考えられる。[54]

　内務省衛生局に在職し，三宅の後進にあたる精神科医青木延春は，「要保護少

年に就て」(1934) において，「感化院收容兒童の約四分の一が變質兒であるから不良少年の四分の一が變質兒であると言つても大した誤はないであろう」(青木1934：35) と述べ，その対応について「豫防は原因論に述べた遺傳及び環境に對する一般的方策であつて，之を確實に實施出來れば要保護少年の減少は期して待つ可きである。遺傳を防止するには，惡性遺傳質を有する者の生殖を阻止すれば良いのであるが，之はかく口で言ふ如く容易なものでないが，最も根本的な方策であるから個々の場合に遺傳を判定することが出來れば大いに合目的的であり，一日も早くその實施が望ましいものである」(同書：39) として，少年教護院や矯正院を「之等の施設は，不良少年として前記せる如き多種多様な少年を一様なる矯正，感化方針の下に取扱つてゐると云ふ極めて不合理な施設に過ぎない」(同書：40) と批判している。

　不良少年を中心とした戦前の精神医療化は，遺伝を媒介とすることで他の領域にまで拡大し，当時の政策にまで影響をおよぼすようになった。先述した杉田は，最終的にこれまで両親の精神障害が「不良」原因であるとする精神医学の影響は，断種政策という実践の場を得ることによって，「勿論いつでも推奨し得る方法ではありませんが」と前置きしながらも，「醫師の診察によって生殖腺の内分泌亢進のある場合には，此の方面からの神經症狀を除くことも考慮すべき一方法には相違ありません」(杉田 1936：282) として，先述した「審判所で保護中の一少年を去勢す」(朝日 1931.8.2) のように将来の不良少年を生み出すおそれのある不良少年自身に対しても断種をおこなう兆しがあったのである。

　昭和期にみられる優生学と精神医学の接近は，東京帝国大学生理学教室教授永井潜の『優生学概論』(1936) をみても，先天的な原因に関して環境が無力であると定義するまでに至る。つまり，精神医学と優生学との結びつきが強まることにより，これまで率先して治療対象とした知的障害児を優生学の排除対象とする不良少年と同列に並ばせ，遺伝を媒介とする多くの不良少年が知能分析技術の進歩の名の下に知的障害を有するものとして扱われ，排除の対象となったと考えられる。

　このような状況下でも，少数ではあるが反対論が唱えられた。先述した金子準

二の反論や精神神経学会の慎重論などである。また実際問題として，日本におい
て精神障害者等を対象とした断種政策は，ドイツのナチスが実行した極端な抹
殺の思想にまで濫用されることはなかった。特に日本の子どもに対する断種政策
は，太平洋戦争下における軍事要員確保としての「産めよ増やせよ」といった政
府側の意図と距離感があったことも濫用されなかった理由の一つとしてあげら
れる。

　しかし，不良少年に対する精神医学の台頭と一元論的な先天的原因論が臨床
的な断種政策と結びつくとき，そこに認められる不良少年に可塑性は望まれな
い。なぜなら，精神医療化の下で浸透した知能検査によって類別され，国策のも
とで人的資源として除かれた不良少年は，戦時下という特殊な環境において「不
要」観が付与されたからである。

4．日本の終戦と「不良少年」観

　1943（昭和18）年に「学徒戦時動員体制確立要綱」が制定され，中等学校以上
の学校に在籍する生徒は，国土防衛または生産業務の任務に動員する体制が始
動した。さらに同年には「教育ニ関スル戦時非常措置方策」が決定し，理工系の
一部の学生を除いて，一般の学生の徴兵猶予措置が停止されることとなる。また
この時期には，少年工の不良化に対する対策が「勤労青少年補導緊急対策要綱」
（1943）に閣議決定され，青少年に対する不良化の防止と指導が施策として明文
化される。1944（昭和19）年には，「緊急学徒動員方策要綱」，「決戦非常時措置
要綱」を相次いで決定し，学校全体で工場等に動員できる体制を整えた。

　1944（昭和19）年における家庭学校の「新年度教育指導原理」をみてみると，
「皇國民の錬成を目的として，教育勅語を基本とし，宗教的信念の雰圍氣の中に，
愛と訓練と治療教育を爲し，時局下，奉公の赤誠に燃ゆる青少年を，軍及び，工
場に，はた學園に送り出さんことを念願するものである」（今井　1944：3）とある。
これまでに本格的に取り入れられなかったと思われる治療教育の文字がここに
見受けられるということは，当時の教護・矯正機関にも精神医療化と思われる傾

向が認められる。また「残留學童の對策はよいか，忌むべき不良化，寺子屋開設，焦眉の急」（読売 1945.5.8）として，疎開ができなかった少年少女の実態調査が紹介された記事が掲載されている。その記事には，「これらの學童は學校は閉鎖されてゐるし，遊ぶ友達はゐない，親たちも忙しさにまぎれて對手にもならず面倒すらみれないでゐる。いきほひいまやこれら學童は不良少年化する傾向にあり，また低學年の學童は戰災地跡で危いいたづらをしたり，防空壕を覆したり，ひどいのは盗みを平氣でやる者すらでてゐる」（読売 1945.5.8）と当時の集団疎開にもれた少年少女が，学校制度から置き去りにされることで不良化していく状況が認められる。

教護教育の現場においても精神医療を基盤とする治療教育の導入が進められていくなかで，1945（昭和20）年の「決戦教育措置要綱」により国民学校初等科を除く学校の授業が停止されることになった。さらに，「戦時教育令」の公布により国民学校から盲聾学校等を含むすべての学校が学徒隊を組織し，産業や軍事に従事することになるが，同年8月に終戦を迎えることになる。

敗戦後の日本は，アメリカ合衆国の指導（GHQ）のもとで「少年法」（1949）を施行され，家庭裁判所への全件送致主義を標榜した。これにより，戦前にみられた検察による前置主義（先議権）は，家裁の判断後の検察への送致，つまり「逆送致」となることで，家庭裁判所による少年審判の中立性と保護主義が全面的に展開されることになる。そして，家庭裁判所の審判における重要な資料として，少年鑑別所における鑑別が全都道府県においておこなわれることとなり，非行少年に対して「パレンス・パトリエ（国親思想）」の理念を強化した少年司法システムとして今日に至っている。

戦中期の不良少年研究をみると，戦時期という混乱のなかで不良少年への教護や矯正を二の次に追いやってしまう特異な社会環境が大きく影響していたのかもしれない。当時，子どもが戦地や軍需工場へ向かうなかで，教護・矯正機関では，不良少年をどのように矯正感化していくのかというよりも，国策における人的資源のためにどのラインまでの少年を施設から社会に送り出すのかが重視されていたといえる。しかし，知能検査によって選別された少年は，戦局のもと

で国策上「不要な存在」としてみなされていたと思われる。つまり，不良に対する疎外視に「不要」が加えられたのである。

さらに，精神医療化によって知能面では「少年工」にもなれず，また周囲の影響を受けやすく「不良」行為をすることでしか生きていくことができない，まさに行き場を失った少年に残された空間が，教護・矯正機関であったと推察される。しかし，その少年に対して，精神医療化の波は断種政策として向けられたのである。そこには，従来の感化教育にあった教育可能性を基調とする少年観をみいだすことは難しい。そして，不良少年に対する精神医療化は，不良少年に対する一元論的な先天的原因論を主張することで，社会に向けて治療すら困難な「不良少年」観を提示し断種政策の推進を図っていった。つまり，精神医療化において選別された「不良少年」観はさらなる「不要」観を付与されつつ，戦時期の国策のなかに埋没していくことになったのである。

〔注〕

1) 牧野英一（1922）「少年法の成立」『法学志林』第 24 巻第 6 号，有斐閣，pp.99-107。また，大阪少年裁判所長古谷新太郎は，「世間の有識者は犯罪少年を罰せずに保護善導する事は洵に結構な事であると云ふて我々の少年保護事業に賛成して呉れたが，或一部の教育家からは『可憐なる少年を恐ろしい裁判官によりて處分することは絶對的反對である』と云ふ聲が可成り強く鳴らされたのには驚いた」（古谷 1935：196）と回顧している。その後，1939（昭和 14）年に「司法保護事業法」が施行される。少年保護に関しては，少年保護団体の設立や寄付金などについて司法大臣や地方長官の許可が必要になったことがあげられる。また，これまで少年審判所がない地方においては少年教護院が代行していたが，司法保護事業法が施行されて司法保護委員または少年保護団体の手によることになった。つまり，起訴猶予処分や刑の執行猶予，仮釈放を許され，若しくは満期釈放された少年は，関係省庁が現住地および帰住地の司法保護委員会に通知し少年審判所で保護処分を加えた少年についても，少年審判所長が必要があると認めた場合は司法保護委員会に通知して少年の保護を求めることになった。これにより，少年審判所の管轄内に起きた審判を要する少年事件が，少年の転居等によって審判開始が難しくなった場合の保護手段が法制的に整ったことになる（斎藤渉（1940）「司法保護事業法と少年保護事業」『社会事業研究』第 28 巻第 1 号大阪府社会事業連，p.48-55）。

2) 古谷新太郎 (1935)「大阪少年審判所回顧禄」『社会事業研究』創立十周年記念号，大阪社会事業連盟，p.195。

3) 鈴木賀一郎 (1935)『東京少年審判所十年史』日本少年保護協会東京支部，p.280。同書には，少年保護団体以外にも，個人委託や少年保護団体に対する民間の協力，そして学校の了解など様々な問題が山積していたことがわかる。

4) 「少年保護司執務心得」(大正12年1月1日司法省訓令保第5号) には，「少年保護司ノ観察」の内容が細かく提示されている。

5) 古谷，前掲書，p.202。嘱託少年保護司については，「司法大臣は少年の保護又は教育に經驗ある者其の他適當なる者に對し，保護司の事務を嘱託することが出來る。之を嘱託少年保護司と稱し官吏たる少年保護司と區別してゐる。主として少年の觀察保護に從ひ宗教家，教育家，少年保護事業關係者，官公吏其の他の篤志家を網羅してゐる。嘱託保護司の數は數百名の多數あることを要し其の一部は奏任官を以て待遇せられてゐる」(日本少年保護協会編 1933：6) との説明がある。

6) 石井豊七郎 (1939)「裁判と保護」『人道』第69号，家庭学校，p.2。また保護処分に該当しない刑事続きによる少年の仮釈放についても，保護者や少年保護司の不在について苦慮していることがわかる。

7) 石田弘吉 (1926)「少年法実施後東京区裁判所に於ける犯罪少年に就ての調査」『法曹会雑誌』第4巻9号，pp.61-72。この調査は，東京区裁判所少年刑事事件専任判事石田弘吉が，大正12年1月少年法実施以来3年間に審理した犯罪少年 (「現実各三百餘人」) に対する調査結果である。

8) 石田弘吉 (1927)「少年犯罪に就ての調査」『法曹会雑誌』第5巻7号，pp.112-128。対象者は，大正15年1月上旬より昭和元年12月下旬まで東京区裁判所で取りあつかった少年である。

9) 審判に付される前の不良少年の状況について押さえておきたい。史資料として1927 (昭和2) 年に警視庁刑事部不良係で取りあつかった主な1,077名の「犯罪別，年齢，職業，嗜好，身分，家庭等の統計的調査」を用いる。男女の内訳としては，男性512名，女性56名であり，「説論放還者」は男性243名，女性26名である。「拘置処分」では，男性55名，女性26名である。この調査結果から，警察の不良少年に対する判断として，約3割は警察の説論や放還，拘置により処分がドされていることがわかる。また年齢は18歳が最も多く，男性208名，女性26名であった。職業については，「商店員」100名が最も多く，「見習奉公」，「職工」がこれに続き，「学生」81名，「女学生」2名であった。この時代は，職業少年の不良化を認めることができるが，職業に就いていない学生の数も「職業少年」に均衡していることがわかる。つまり，当時の不良少年の構成としては，大多数が無職で学生ではない少年少女であり，残りの二，三割が就職および学生の身分である者で占められていることがわかる (教育思潮研究会編 (1928)「不

良少年少女の調査」『教育思潮研究』第 2 巻第 1 輯，目黒書店，pp.640-641)。

10) 古谷新太郎は，昭和 9 年までの 12 年間，大阪少年裁判所に審判官として勤務し，そのうち 8 年間は同審判所長であった。古谷は，当時の少年審判所に対する世間の理解を当時の少年審判所に対する理解として，「相當知識階級の人でも少年審判所を以て少年を懲罰する官衛となし，保護處分とは輕き程度の拘留か懲役である様に諒解して居る者が決して尠くは無い」(古谷 1931：81) と吐露している。

11) 不破は，「輓近に於ける少年犯罪の統計上の逓減が，直ちに少年犯罪そのものの減少を示すかどうかは，必ずしも一概に謂ふことは出來ない」(不破 1941：64) として，「統計上の少年犯罪の減少が眞實に合せざるものと疑ふ側からは，何よりも事變後に於ける警察力の手薄と檢舉能率の低下が考へられる。眞實に合するものと考へる側からは，本文に示すが如き事變の重大性を自覺した年少者の緊張・關係當局者の努力・産業界の好景氣による失業少年の減少等々を舉げ得るであろう。諸般の事情を綜合して，私は，大體に於ける統計の傾向は眞實に合するものであつて輓近の少年犯罪は實際上も増加しては居ないことを信ずるものである」(同書：64) と主張している。また，中央社会事業協会編『日本社会事業年鑑昭和十・十五年版』(1941) の「犯罪少年及虞犯少年府縣別一覧表 (司法省保護課調)」によれば，昭和 12 年は 176,641 人，昭和 13 年は 177,384 人，昭和 14 年は 194,078 人と増加していることから，ぐ犯を含めた不良少年の増減も加味して理解することが必要である。

12) 澤登俊雄他 (1968)『展望少年法』敬文堂，p.150。また，戦後に全国的に広がった「少年警察」の沿革をみても「従来，青少年の補導取締は，一般の成人事件の取締と同様，刑事警察が担当し，或は，その一部門を担当していたのに過ぎなかつた」(澤登 1968：150) として，警察の不良少年に対する司法的な活動が中心であったことがわかる (長尾清成 (1950)『少年警察の研究』警察時報社，p.12)。また，当時の警察の高等試験に対応したテキストである『警察法総覧』(1927) によれば，「保安警察ハソレ自體獨立セル行政作用ニシテ公安に對スル障害ヲ除去スルノ目的ヲ以テ人ノ自由ヲ制限スルモノタリ。之ヲ分ツテ通常保安警察及非常保安警察ノニトス」(松華堂編輯部編 1929：42) とし，この「通常保安警察」の「特殊ノ人ニ關スル警察」に「浮浪人及乞丐」と「不良少年」をあげている。この区分は，平田清次の『民衆警察』(1926) および高橋雄豺の『改訂警察法大綱』(1935) においても認められる。

13) 宮城護夫 (1928)「浅草公園深夜のグレ狩り」『中央公論』第 491 号，中央公論社，pp.105-112。なぜ，浅草公園にこれらの少年が集まるのかは，上澤によれば「彼等は浅草へ行けば不断の混雑に紛れて気易く暮せるし，飲食店の豊富な残物ヅケに託して，容易に生きて行けるということをよくよく会得してゐる」(上澤 1934：97) と指摘している。

14) 松井茂（1933）『警察読本』日本評論社，p.242。また，岩井弘融の『病理集団の構造』（1963）の pp.122-124 を参照のこと。

15) 杉村幹の『警察物語』（1942）では，18 代警視総監の亀井について「法學士を以て警察總監に任ぜられたのは龜井をその嚆矢とする。元來は法制局育ちの龜井のことだ。從來の警視總監型と違ひ，薄書堆裏に眼を光らせて，容易に立案の通過を許さなかつたのも當然のことだ。警視廳は開設以來，博徒を壓迫すると同時に，一面には彼等を庇護し，彼等を利用して犯罪捜査の機關とした。イヤイヤ博徒どころか，掏摸の親分をすら，その手先に使つてゐたと云ふ。龜井が仕立屋銀次の一黨を，根こそぎに檢擧して，封建時代の因襲を打破し，スツパリ是等の連中と手を切つて，科學的捜査による新刑事政策を樹立したのは，警視廳をして九鼎大呂の重きに置かせたものだと言つてゝゝ。龜井の名は後に傳ふ可きである」（杉村 1942：231-232）と記している。

16) 警察関係者と暴力団との関係は，マスコミによっても暴露された。「前警視廳の首腦者と暴力團との怪事暴露」（朝日 1929.11.13）として紙面に大きく取りあげられて以降，紙面をみる限り暴力団への検挙が加速したことを知ることができる。

17) 大日方純夫（1993）『警察の社会史』岩波書店，pp.121-162。しかし，実態は別として完全に警察が不良少年少女に対する教育的な配慮の考え方がなくなったわけではなく，警察の説諭が社会教育の職能を有しており，教護教育であるとの姿勢も認められる（警察教材研究会編（1942）『説諭の栞』松華堂，p.28）。

18) 箕輪香村編（1938）『少年巡査志願受験案内』文憲堂書店，p.1。同書において，警察官の任務は「國家社會を安きに置く事を念願としてゐる。一方には又一般人の幸福補導の任に当り，國利民福の増進役を承つてゐる」（同書：2）と述べている。

19) 島田牛稚（1933）『児童生徒校外生活指導に関する研究』寶文館。さらに校外の教護事業に関しては，島田牛稚の『校外教護事業に関する研究』（1934）を参照のこと。調査時期や調査場所の違いなど，統計的に指摘される結果ともいえるが，関西圏の同時期の 2 カ所の調査結果として本章では資料として採用した。また学生と「不良少年」の接近については，久保良英の『児童の精神構造と指導』（1937）の pp.119-120 を参照のこと。

20) 対象とした新聞報道は『読売新聞』とし，対象期間は 1926 年 12 月 25 日から 1945 年 8 月 15 日までとした。また検索に関しては，「ヨミダス歴史館」を用いたが，事件の内容によっては検索ワードで該当しない記事もあるために手引きによって再度確認した。また学校内における少年事件報道は，同一内容の記事が複数回あった場合も 1 件として数えている。さらに，学校内に限定しているため感化院等の矯正施設内や登下校中の事件報道は分析対象として除いている。本調査結果から，1,037 件中 16 件の校内における少年事件報道が認められた。

21) ここで示した「前掲の小學校令に定めた教育者の義務」とは，「小学校令第四十八条」であり，「市町村立小學校長及教員職務上ノ義務ニ違背シ若ハ職務ヲ怠リタルトキ又ハ職務ノ内外ヲ問ハス體面ヲ汚辱スルノ所爲アリタルトキハ府縣知事ニ於テ懲戒處分ヲ行フ其ノ處分ハ譴責減俸及免職トス。私立小學校長及教員ニシテ前項ニシテ前項ニ準スヘキ所爲アリタルトキハ府縣知事ハ其ノ業務ヲ停止ス」と定められている。

22) 同様に学校の対応について，兵庫県立農工学校（教護院）校長池田千年は「要教護児童の早期発見」(1935) において「或時私の學校に來訪された某中等學校の先生がありました。私に問はれるのに，自分の學校に料理店に上つて酒食する者があるらしいが分らない。分る方法があるならば教へ貰ひ度いと，私は反問しました。それが分れば如何なさるつもりですかと，すると分れば退學處分にする考へだとの事です。そこで私は云ひました，私は少年を教護するのが仕事で，此の仕事には兒童のよい方面を發見する事は必要ですが悪い事を發見する事は知りませんけれども，今の貴君の場合は發見せぬ方が良いでせう。發見さるれば其の兒童の不幸でせう。發見せずして解消せしむる方法を御取り下さい。と種々私の意見を御話しいたしましたが其の先生には私の考へは餘程迂愚な様に思はれたらしく共鳴せられませんでした」(池田 1935：74) と回顧しており，学校の規定に準じて対応する教師を批判している

23) 『学校事件の教育的法律的實際研究』(1933) の事例をみると，「授業中の教室で，悪戯が過ぎ友を刺す」(昭和 8 年 2 月 22 日) では，赤坂区の小学校で担任教諭が他の教室に授業視察のため不在中に五年生の生徒同士が「鉛筆削り用ナイフで」腕に斬りつけたとの内容である。これに対して「原因はふざけ過ぎたためであると學校ではいつてゐが同校では市立小學校でも一流の模範學校で加害者の百澤（仮名）は成績よくかつて級長をしたこともある位なので學校では狼狽し秘密にしてゐたものである」とある。特に優良校であるという社会からの視線は，学校側の不祥事を隠蔽させる大きな要因の一つであることが窺い知れる。

24) 内務省社会局編 (1930)『感化事業回顧三十年』内務省社会局，p.71。

25) 中條伊勢吉 (1933)「少年法と少年教護法との概観」『社会事業研究』第 21 巻第 12 号，大阪社会事業連，p.34。このほかにも，中條は多摩少年院教官の立場から，「多くの浮浪犯罪少年中には親兄弟も判らない本籍なども一向明でない唯本人が十五だと思ふから警察で十五才と云ひましたと云ふ，警察では限りある日限内には本籍を發見するに至らず本人供述の自稱十五才として檢事局に送る事もあり，檢事も十五才として審判所送致の場合もあろう」(同書：33) と述べており，当時の本籍が曖昧な「浮浪少年」の年齢区分の難しさがこの時代にあったことを知ることができる。また家庭学校（感化院）校長牧野虎次は，少年法の成立に係る内務省と司法省の対立をあげて，この 14 歳の年齢区分によって両者の協調を図ったと分析する。そして「感化院は地方長官に属する行政融分を行ふ

處であるが，矯正院は裁判所々屬の司法處分を司る處である。即ち，前者は親に代つて薫育するのが目的であるが，後者は國家に代つて戒護するのが目的である」(牧野 1934：46) と兩者の違いを指摘している。

26) 小川は，「英國では社會の理解があり重症患者にならないうちに矯正院にを(お)くるし又矯正院の教育を受けた者ならばと信頼して雇つてくれるが，日本に於ては不幸にして社會に理解がなく退院者は稍もすれば前科者の如く取扱はれるのでせつかく良くなつてゐても，又よりがもどつてしまふのである」(同書：84) と批評している。また多摩少年院長太田秀穂は，「不良少年の發生及救治策」(1926) のなかで，「我社會は一旦不良行爲に陷りたるものはたとへ相應に悔悟するも之を毛嫌する風あるのみならず本人も亦段々僻見邪推の念に驅らるるが如し。兎角一方には自分のみを善人視し他を不良視する傾向あると共に不良者は自己の過失を覺らず己を寬うし其他を責めんとする氣分强きものあり。不良者自身の考を改むべきは勿論なれども一般社會に於ても差別觀念を少くし成るべく信任を表し虛心平氣に同情を以て誘導するときは嘗て不良行爲ありしものも氣分を新にし一層努力するが如き實例乏しからず」(大田 1926：46-47) と考察している。ここで示めされた社会の少年院や不良少年の見方は，今日の少年矯正においても共通する「非行少年」観といえよう。

27) 久住 (1936) は，少年教護院との協調は重視しており「少年教護院は少年院と比べると準據する法律を異にし主管省を別にしてはゐるが，少年の生活陶冶の大目的を一にしてゐる上からは相互に連絡協調を保持し，夫々の立場はあつても大目的窮極の目的を一にしてゐるところに固く握手すべきである」(久住 1936：61) と言及している。また多摩少年院教官長尾寬玄は，「矯正教育の本質」(1934) のなかで矯正院法案理由書を引き合いに「矯正院は，不良性强き少年を收容して，その逃走を防ぎ，少年の改善の爲の教養を施す所であるとすれば，吾々は自由の拘束と教育との妥協點を持つ教育理論に據ることになり，それは感化院の教育の理論とは異なることになる」(長尾 1934：15) と考えを示している。

28) 留岡清男 (1932)「我邦の感化事業」『教育』第 6 号，岩波書店，p.35。留岡は，鑑別の水準について批判しているが，不良少年研究に関する科学化には肯定的な見解を「社會並に教育の眞の科學化は，社會的施設並に制度として具體化せねばならぬ。これまで不良少年の發生原因について誰もが心身の異常若しくは缺陷と環境の良否とを數へたのであるが，然しこれが實際に治療し擽㪼せんとする社會的機能は兒童研究所と兒童保護委員との確立にまたねばならぬ」(同書：34) と示している。また，同書では武蔵野学院感化資料をもとに「彼等のうちには精神薄弱者が多く精神變質者が多數である。もつとも精神薄弱兒の存在する精(正)確な割合は測定の方向と仕方によつて多少異なるであらうが，精神薄弱者と精神變質者が豫想外に多いといふことは何人も認めなければならない」(同書：36) と分析している。

29) 松岡眞太郎（1933b）「精神薄弱者の本質とその教育（二）」『社会事業研究』第21巻第11号，大阪社会事業連盟，p.22。松岡によれば，職業教育に際しては知能指数によって「筋肉的職業」（農夫，畜産夫，林業夫，車夫，荷物運搬夫，土工夫，石工夫等），「半技術的職業」（園芸夫，駁者，馬丁，馬蹄工，理容師等），「技術的職業」（大工，船大工，家具製作工，左官，裁縫工，工場の職工，機械工，ペンキ塗，運転手等）にわけられるという。また「京都，大阪，兵庫の二府一縣下（に）於ける犯罪少年數は毎年約一萬人を算し（中略）この少年中精神薄弱者の比率は全數の二分の一なるが故に精神薄弱者のため京阪神の蒙りつゝある損害は毎年七萬圓餘となる」（松岡 1933a：24）と指摘している。またこの職業と鑑別については，当時の警察幹部であった双川喜一の『警察ノ根本観念』（1925）に，「吾人ハ今ノ感化制度ニ對シ根本的ニ其ノ改善ヲ要求シテ止マサルモノナリ。其ノ然ル所以ハ吾人ハ人カ人ヲ感化セシムトスル由來ノ方針ハ少クモ社會ノ實狀ニ適合セス。又不良性アル者ニシテ其ノ不良性タルヤ先天的本質ニシテ病ノ傾向ヲ有シ絶對ニ感化ス可ヘカラサル者アリ。斯ル病的不良者ハ治療又ハ隔離ノ方法ニヨリ宜シク別種ノ手段方法ニ委スヘク，啻感化ノ光明アル者ノミヲ選ミテ國家的若クハ少クモ府縣聯合ノ一大感化院ヲ設置シ，以テ善ク不良性其ノモノヲ調査種別シテ各之ニ適當ナル職業ヲ與ヘ職業的ニ種別シ職業的ニ感化スルヲ可ナリト信ス」（双川 1925：133）と提案していることから，警察監部の意見ではあるが警察機関においても先天的な原因論とその類別の必要性を認めることができる。

30) 大畑忠一（1934）「少年教護法実施の具体的検討」『社会事業研究』第22巻第7号，大阪社会事業連盟，p.62。また当時の地方における少年教護については，山口県社会課長杉田三朗の『少年教護法大要』（1937）を参照のこと。

31) 熊野隆治（1935）「少年教護上徳育方法の重要性」『社会事業研究』創立十周年記念号，大阪社会事業連盟。また少年教護法の実施における少年鑑別に対する意見として，兵庫県立土山学園（教護院）園長池田千年は，「少年鑑別と云ふことは單に數箇の心理學器械を具へ僅かに講習等の智識などによつて鑑別しても殆ど効果がない許りか，場合に依つては反つて惡結果を見ないとも限らぬ」（池田 1934：57）と指摘しつつ，「少年鑑別機關が出來れば少年教護院の教育に適しないものは少年教護院に入院せしめない結果となり，之等少年の内少年精神病者，嗜眠性脳炎後貽症，脳膜炎後貽症，非教育性の痴愚白痴等は収容する所がない。無論十四歳以下刑事責任のないものを刑務所にやる譯にも行かず矯正院にも適しないから之等児童の爲に児童精神病院が是非必要である」（同書：61）と鑑別によってもれた少年に対する公立の児童精神病院の設立を訴えている。

32) 少年教護に関して鑑別の位置づけはさまざまである。岡山県立成徳学校（教護院）長の管済治は，「少年鑑別所に於ては少年の鑑別をなし，教育上の參考資料を與へ，教育相談に應じて以て早期發見をなし，不良防止に大いに貢献せねば

ならぬ」（管 1937：85）と意見している。また元大阪府立修徳学院（教護院）の
唐田碩圓は，「然し今日の醫學にしても心理學にしても勿論教育學者に於いても，
之等病的變質徴候者の治癒と云ふ事の方法は確立されていないのであるが，然
し乍ら先天梅毒等に依る脳中樞の細胞障碍等は驅梅毒法等により精神障碍の進
行を中絶し，治療する事は出來るのである。そうして教護院に於いても醫學的，
心理學的の綜合的教育に依り變質的性格異常者の教護啓發をはかり，各人の性
能長所を發見し，それに適應する教育が樹立されつゝある」（唐田 1940：45）と
説明している。現場における医学や心理学等の少年鑑別技術は，「不良防止」や
「梅毒」などの側面に焦点が移っただけで，鑑別の有効性や期待度は大きな比重
を占めている。

33）前川誠一（1936）「児童相談所の積極的活動」『社会事業研究』第 26 巻第 6 号，
大阪社会事業連盟。当時の児童相談所を訪れる家庭状況を，前川による 1934（昭
和 9）年から 3 年間（計 2,234 名）のデータ分析からみてみると，その来訪者は
「会社員」の家庭が最も多く，「商工業」がそれに続いていた。この結果につい
て，前川は「農業少數なる事は主として，地理的關係に依るものと思はれるから
暫く論外としておかねばならないとしても，かかる社會層の或る部分が多く利用
し，他の部分が余り利用しないのは何が爲であるか」（前川 1936：46）とデータ
の結果から疑問を呈している。この疑問に対して，前川の見解は，「彼等所謂中
流乃至それ以上の階級は，生活の安定と，兩親の教育程度が高く，子女の教養
に關心と熱意を有する爲に進んでかゝる施設を利用するに反し，所謂勞働者，小
商工業者は逆に生活の餘裕を欠き，教育程度低く，子弟の教養に關心と熱意を
缺くため，児童相談に來所する者が少いと解釋せねばなるまいと思ふのである」
（同書：46）と考察している。そして前川は，家庭の職業別に家族構成人数（「同
胞數」）とその死亡率，児童の知能検査の結果から，「當兒童研究所を余り利用し
ない様な職業に於ては，出生兒童數多く，彼等は大體に於て智能低く，且性格
異常者も他に比して多數に見受けられ，兩親の不健全なる疾病其他の悪性遺傳
或は育兒智識の低級の爲めか，死亡率は甚だしく高率であるといふのが彼等の
實情である」（同書：48）と分析している。

34）当時の文献をみると「要保護少年」を「保護少年」として表記することが散
見されるため，当時の「保護少年」を本書では用いたい。例えば，浪速少年院
教官松岡眞太郎の『保護少年の心理的特徴』（1936）では，收容少年に対する
心理的な調査結果をまとめており，当時の新聞記事をみると「贈物をかざし萬
歳々々，きのふ七百廿人の保護少年へ配給」（朝日 1928.12.29）や「これは意外！
村の模範青年と保護少年は隣り合せ」（朝日 1932.11.1），「保護少年の座談會」
（朝日 1939.12.22）など，「保護少年」が一般的に使われ理解されていたことがわ
かる。また兵庫県立土山学園（感化院）園長早崎春香は，「兒童に對する呼び名
も，懲治兒童や不良少年などでは非教育的なので，保護兒童と名づけた」（早崎

1922：37）として教育的配慮から「保護少年」と呼んだと回顧している。

35) 北海少年院長の徳永憲淳は，「矯正の使命」(1943) において，「數多い少年た
ちの中には，環境の激變其の他の事情によりまして不良傾向を生じ，又は不良化
したる者が出來ます事は自然の趨勢でありまするで，其れ等の少年を速かに改善
せしめて戰爭目的に御奉公せしむる事は緊要な事であります」(徳永 1943：31)
として，矯正院の目的を掲げている。また，育成園長（教護院）松島正儀によれば，
「我々兒童保護一般に關係してゐるものは今の時機に，今迄の考へ方を變へなけ
ればならぬと云ふことは事實であらう」(家庭學校編 1940：2) として，「少年保
護に於ける人的資源の適正」について言及している。松島は，「新體制では，我々
私設を經營してゐるものは今迄のことをやめて考へると云ふのではなく，今迄の
長所を國のために生かすと云ふ事が問題である。人的資源と云ふ言葉は今度の
社會事業大會にも取り上げられ，大東亞の新建設に不可欠のものになつてゐる。
そこで無駄なく完全に仕上げねばならぬ」(同書：2) と，先述した菅と同樣に教
護教育に關する心中複雜な心情を知ることができる.

36) 佐々木光郎・藤原正範 (2000)『戰前感化院・教護院實踐史』春風社，p.529。
広島少年院の指導内容をみると「指導精神」には「皇國民たる性格の錬成」や「時
局認識」(第二国民たる自覺喚起) 等が掲げられており，入院時の「誓詞」にも「我
等は皇國に生を享けたる光榮と誇りに感激し國家の良民たらんことを誓ふ」(広
島少年院 1941：38) が認められる。

37) 大阪少年審判所少年保護司斎藤渉は，「大政翼賛会の出現に伴ひ，非常時局
に対處すべき新體制において」として，「尚指導原理の樹立に付ては，日本魂の
體得を第一義とし，技術才能の修得は，第二義的條件とすべきである」(斎藤
1941：28) と言及している。また，この「大和魂」に關して，「要保護少年の指
導に付ても，漫然と學を授け職を習はしめて，能事終れりと爲すが如きことがあ
つてはならぬ。智識があり，體力の勝れながら，魂のない人間ほど，厄介な存在
はない」(同書：29) とも言明している。つまり，斎藤の意見から戰時下の教護教
育においては，「大和魂」の体得が至上の課題であったことを知ることができる。

38 ここで，限定された資料であるが，陸軍の「不良少年」観についてふれてお
きたい。陸軍少将石川潔太は，「私の茲に稱する不良少年は唯悖德犯罪的のみの
者でなく，人生の本分たる社會國家の發展進歩の建設に，何等貢獻することの
出來ない低能者，精神病者，羸弱者，不具者等を總括するのである。是等不良
少年は何故に出來るか，能く其根本を研究して，之を未然に根治するは最も賢明
なる處置であつて國家の爲に最も緊要である」(石川 1925：16) として，不良少
年問題を表している。さらに石川は，「古往今來，世界の人種は生存競爭優勝劣
敗を繰り返して居る。斯る激烈なる競爭場裡に尚辛辣なる人種的排斥あり，搗て
加へて世界の大勢は今や將に太平洋に集中せんとす，此多難多事の時に當つて
我帝國の隆盛を期せんには，必ず正義人道を標榜して，世界最高の文明と競爭

して之を凌駕せねばならない。苟も此大活動に参與せんには，我國民全體に最
も雄大剛健なる身心を要求するのである，然るに我國民の身心は全く之を裏切つ
て矮小羸弱短命であつて又不良少年が甚だ多いのである」（同書：19）とも指摘
している。石川の不良少年に対する意見が，当時の陸軍を代表する見解である
とは言い難いが，後段の「大東亜共栄圏」を前提とする「不良少年」観は，多
くの陸軍の見解に通底するという意味において有効であろう。このような「大東
亜共栄圏」を前提とする「不良少年」観は，戦局における新たな教育観の変容
として注目される。これまでに社会治安や犯罪の元凶とされた「不良少年」観は，
戦時期において大東亜建設下で国民新体制を揺るがすものとしての元凶が付加
されるとともに，一方では人員増強が叫ばれる戦時下という特異な環境が新たな
兵力としての価値を付与するのである。

39）菅済治（1941）「少年教護の体験を語る」『社会事業研究』第 29 巻第 12 号，
大阪府社会事業研究協会，p.26。このなかで，「微力と雖も天道に順應せんと志
し忠道に専念し，兒童が悪い事をせぬ様になつた位では駄目ぞ，必ず時局に順
應して第一線忠節の士を出そうではないかと，態度を回轉して茲に數年」（同書：
26）と述べている。さらに菅は「時局即応の少年教護院の経営」（1942）において
より具体的に「岡山縣成德學校が矯正的消極的の教護態度をかなぐり捨て、漸く
國策に順應し，躍進的積極的態度を採用するに至りましたのは，昭和十二年の春
頃よりでありました。縣下小學校に率先して最も生徒數の少い本校から最も多數
の滿州開拓少年義勇軍を出し，引續き昨年も本年も縣下の學童と共に豫備訓練
を受け，義勇軍としての進出の種は絶えないのであります」（菅 1942：28）と言
明していることから，戦時期における教護教育の転換を示すものと読み取れる。

40）遠藤汪吉（1943）「少年教護の所感」『厚生事業研究』第 31 巻第 8 号，大阪厚
生事業協会，p.36。遠藤は，教護教育における指導者として「かゝる教育の根本
的な方針は勇氣ある少年を作る事にあるのであるが，その具體的な方法に就い
ては，既に餘白もないので他日の機會に讓り度いが，時局の要請によつて院内教
護が再檢討されねばならぬ時期に在る時，吾々教護擔當者は，明瞭な根本方針
に肚に据えて，改善すべきものは斷然實施すべき事が痛感される」（同書：37）と
述べている。

41）先述した法務教官の有賀は 「退院した者は相當あるが，約六割から八割は善
良の人として社會に立つてゐる。私が多摩少年院にいた頃には，外國では不良
兒の一割が立派に成ればよいと聞いてゐた。然るに我國の成績はズット良いのは
結構で，不良の二割三割は先天的の病氣の爲，強度悪質の爲め，或は廢物に成
つて了つたものと考へられる」（前掲書：107）と分析しており，矯正教育にもれ
た少年の状況を「廃物」と言及していることからも戦時下における「不要」観を
窺い知ることができる。また大阪社会事業連盟編の「浪速少年院参観記」（1934）
のなかでも「研究資料を瞥見するに及んで，如何に教化の困難なるかを想到す

る事が出來た。調査人員五百九十二名の調査結果によると，少年の精神狀態は
八二・六〇％迄が病的變質者か精神薄弱者である。又飲酒犯罪，精神病，病的
變質等の遺傳關係を負荷されて居る者が六〇・八一％に及んで居る」（大阪社会
事業連盟編 1934：149）と報告されていることから，在院している少年への精神
医学的な診断が浸透していることがわかる。

42）斎藤玉男（1943）「低能率者の戦時下厚生」『厚生事業研究』第 31 巻第 5 号，
大阪府厚生事業協会，pp.24-25。斎藤は，「教護院特殊児童収容所等々の施設」
における「錬成作業」において，これまでの「授産の意味の手工芸教育」では
なく「分に応じ天賦相当の生産」への意義や慣行の切り換えを求めている。

43）精神薄弱問題史研究会編（1980）『人物でつづる精神薄弱教育史』日本文化科
学社，p.106。また文部省体育課大西永次郎は，「促進學級乃至補助學校に編入
せらるべき兒童の選定には，學校衛生上特別の檢査を必要とし，一般には醫學
的・心理學的・教育學的の方法に依り愼重なる檢査を経て決しなくてはならな
い。特に心理學に於ける近年の進歩で，精神檢査（mental test）の方法が相當確
實となり，知能發達の量的測定が可能となるに及んで，精神發達の正常兒童と
劣等兒または低能兒との類別判定に非常なる進歩を来し，輕症な精神薄弱兒童
も，かゝる精神檢査に依り其の程度が數量的に容易に選定し得らるるに至つた
のである」（大西 1940：291）と説明していることから，学校における精神検査の
普及が窺い知れる。

44）平田勝政（2003）「戦前における障害児教育の成立・展開と変質」中村満紀男・
荒川智編著『障害児教育の歴史』，p.128。平田は，第 8 回全国社会事業大会継
続委員会第三委員会や第 4 回全国児童保護大会における「精神薄弱児特別教育
令」「精神薄弱児保護法」の制定を建議等の要求運動の成果が，教育審議会答申
や 1941（昭和 16）年 3 月公布の国民学校令に反映されたとする。また戦時下の
障害者は，1940（昭和 15）年制定の「国民優生法」と第二次近衛内閣の「人口
政策確立要綱」（1941）による優生主義的人口施策の下で遺伝性を過度に強調さ
れ，大東亜共栄圏を支配する日本民族の質を「逆淘汰」現象によって低下させ
る元凶とみなされ，約 30 万人が断種の対象として算定された。実際の適応者は
少なかったが，国民の障害者観に極めて否定的な影響を与えたと考察している。

45）山崎由可里（2011）は，池田の保護教育論について「第一に，池田の保護教育
論は，精神科医としての専門性をベースとし，感化教育を『保護教育』としてと
らえなおし，遺伝によるあるいは社会環境による不利益が不良・非行行為を引き
起こすという立場から，保護児童の教育保障を社会全体の課題と位置づけるも
のであったこと，第二に，少年教護法制定前後より，法律に関する言及が目立ち，
そこには保護教育（感化・教護教育）を『不良防止，感化のため』という『手段
としての教育』ととらえるのではなく，保護児童たちに教育を保障すること自体
に意義と価値を見出す立場」（山崎 2011：115）であったことを明らかにしている。

46) 大阪府厚生事業協会編（1942）「（座談会）国民学校と少年教護事業」『社会事業研究』第30巻第6号，大阪府厚生事業協会，p.29。また，後に東京学芸大教授となる教育心理学者阪本一郎（1943）は，「少国民観」として「兒童を『兒童から』觀る立場は非常に根づよくごく最近まではびこつてゐた。（中略）子供だけはのんびりと溫室の中で育てねばならぬとする主張が一時大向の喝采を博してゐたこともある。世界はすでに大きな轉廻をなしつつあつた。ユダヤ思想の陰謀は，昭和八年わが國が國際聯盟を脱退したのをきつかけに崩壊し去り，國家主義の立場はすべての思潮を一點に統合した」（阪本 1943：56）として，「兒童は次代の戰士である。この命題は，國家主義の立場から確認せらるべきであつた。文部省では昭和七年國民精神文化研究所を設置して，國體明徵に乘り出し，昭和十年には學校單位の少年團の組織を提唱して帝國少年團協會が發會した。昭和十二年にはかしこくも上諭を拜して内閣に教育審議會が設置せられ，愼重審議を重ねることまる一年，つひに劃期的な國民學校に關する答申をなしたのであるが，ここにはじめて，新しい兒童觀が確立せられたのである。（中略）兒童は單なる兒童でなくて少國民である。次代の皇國を負荷すべき重大なる責務に振ひ立てる頼もしき若き生命である。もちろん，この考へ方は，兒童を以て國民の縮圖とする未分化な兒童觀に戻るものではない。少國民は少國民としての獨自の世界をもち，その自然の生活原理をもつものである。しかし，それを以て放任せられる個人主義的自由原理は根抵から拂拭し，皇國の道に則つた國民の基礎錬成の原理を以て統一せらるべきである」（同書：57-58）と提唱しており，ここから当時の少国民への児童観の変遷を知ることができる。

47) 元東京少年審判所少年保護司であった北海少年院長德永憲淳は，「全體主義國家では共同の利害である幼少年の不良化は國家の損失であるから，どしどし虞犯少年の保護を通告すべきである。不良化は心の病であるから，その病氣を治す病院に委ねなければならぬ。少年審判所こそ理想的な最も安心される心の病院なのだ」（德永 1942：295-296）と意見している。また司法大臣岩村通世は，「病氣になれば直ぐお醫者さんと云ふことになるけれども，精神上のさう云ふ犯罪と云ふことになつて來ると，成るべく面倒臭いから匿して置かうと云ふことで塞いで仕舞ふ。その間に病氣は段々悪化する。（中略）ところが一寸病名が分からぬ，こぢれゝば大變だと云ふ場合にはお醫者を呼ぶと同じ様に，少し家庭では難かしい，環境が悪い，いろいろな事情で斯う云ふふうになつたのだ，之れを治すには矢張り國家の機關たる審判所に連れて行つて治して貰つた方がいゝと云ふ場合には，國民としてこの機關を活用しなければいけないと思ひます」（岩村 1942：20-21）と評している。この内容からみても，少年司法における精神医学の強い影響を知ることができる。

48) 大阪社会事業連盟の実施した「断種法制定に対する可否」（社会事業連盟編（1936）『社会事業研究』第24巻第10号，大阪社会事業連盟，p.46）の回答をみ

ても，多くの著名な医師が同法に賛成する回答を寄せている。医師の他にも同志社大学教授難波紋吉や家庭学校長牧野虎次，衆議院議員杉山元治郎の名も認められる。しかし，「醫學的視覺だけでは片づかない」と指摘する評論家戸坂潤や「涙をのんで斷種法の實施を待つ」と述べる聖ヨハネ学園長古田誠一郎，「断種法不可なし」としつつも種族衛生学の全般に賛成するものでないという社会学者の東北帝国大学教授新明正道など，断種法に一定の距離をもって対する有識者がいたことを付言する。

49）吉益脩夫について紹介しておきたい。吉益は1899（明治32）年に岐阜県大垣市に生まれる。1924（大正13）年に東京帝国大学医学部を卒業後，三宅鉱一のもとで大学および松沢病院で勤務する。1931（昭和6）年には，東京帝国大学文学部大学院を卒業し，1936（昭和11）に三宅の創設した東京帝国大学脳研究所の講師に就いている。1945（昭和20）に東京大学精神医学教室助教授，1956（昭和31）に東京医科歯科大学犯罪心理学教室教授と，まさに犯罪精神医学を牽引した人物である。この状況下の吉益に対して小俣和一郎（2002）は，「吉益は，あくまでも学者の立場から，専門家の関与しない一方的な強制断種には反対し，断種の適応を科学的かつ厳密に定めるべきとし，断種決定を審査する公的機関の必要性を説いた」（小俣 2002：168）と指摘している。つまり，この吉益の断種に関する考えは別の視点からみれば，科学的で公的審査を必要とする強制断種には専門的知識を有する精神医学が重要であることを述べており，決して断種政策自体に反対していないことがわかる。しかし，岡田靖雄（2001）は，「精神医学者で断種の必要性をとくに先頭にたった人としては，脳研究室の長でもあった三宅，青木延春，吉益の三人がいる。(中略) この三人のなかでは，吉益がもっとも理論的であった。民族衛生協会による断種法案準備に吉益がはたした役割はちいさくないようである。戦後にも，吉益の断種推進の理念はかわっていない（もっとも，国民優生法はてぬるいというのが，大勢であった）」（岡田 2001：414-415）と分析している。精神医学後に紹介する精神科医金子準二は，「国民優生法」（新聞報道では成立以前は「断種法」と表記）に反対の姿勢を示している（「時代の要望『斷種法』を猛爆撃，精神病學の權威金子博士が近く委員會で反對聲明」読売 1938.5.13 夕刊）。ただし，「国民優生法」に係る精神病の家系調査では三宅や内村他 148 名の調査委員に名を連ねていることから賛成派と完全な対立関係にあったとは言い難い（「斷種法へ豪華布陣，反對論者も加へて權威者ずらり精神病家系調査員決る」（読売 1939.6.4）。

50）吉益の見解に対し，精神科医金子準二の「身體的特徴は犯罪者問題に於いて顧慮する程の價値がないと斷言すべきではない」（金子 1928：43）との批判もあるが，当時のロンブローゾの犯罪人類学は影響力を失っていた（金子準二（1928）「犯罪者の身体的特徴」『中央公論』第 481 号，中央公論社）。

51）杉田直樹の略歴については次の通りである。東京府西肩に生まれ，1912（大

正元）年に東京医科大学医学科を卒業している。その後，副手として同大学で研究を続け，1915（大正4）年から3年間のアメリカ留学を終え，1918（大正7）年に東京帝国大学助教授に就任する。1931（昭和6）年に名古屋医科大学教授となり，同大学に知的障害児の児童相談所である「児童治療教育相談所」（1936）を開設している。また杉田は，「不良少年少女の問題」（1938）のなかで，「不良少年少女は，謂はゞ異常性格者が社會的刺激に反應して發したる一時的の疾病現象と見做すべきものなのであつて，之を矯治せんとするものは亦病院醫師の心持と態度とで之に對せねばならないのである。(中略) 豫防法治療法を合理的に討究する兒童精神病學（教育病理學）が一日も早く近代科學の基礎の上に樹立建設せられんことを私共は期待して已まない」（杉田 1938：130-131）と示しており，教育病理学を児童精神医学に読み替えて持論を展開している。

52) 金子準二は，1890（明治23）年に岐阜県可児市に生まれる。1917（大正6）年に東京帝国大学医科大学を卒業後，同大学精神病学教室に入り犯罪精神病学を研究する。1919（大正8）年の東京府立松沢病院の開設（巣鴨病院の移転）で，医局員として勤務する。その後医長を務めるものの2年後に辞職して，1923（大正12）年に警視庁衛生部技師に転任する。1924（大正13）年以降，東洋大学教授，慶應義塾大学医学部講師，東京都内務部医務課技師などを歴任している。戦後は，日本精神病院協会（1949）を創立している。当時の金子の人柄は，「精神科の先生，金子さんのことども」（朝日 1937.7.7）においてその一端を知ることができる。

53) 金子準二 (1941)『文化と犯罪の性格』畝傍書房，pp.207-208。当時の金子の新聞紙面の「婦人ページ」（「春は不良のはびこるとき，なにをさせても辛抱の足りない子や虚榮心の強い子，かうしたお子さんをお持ちの方はよほど注意なさいませ」（読売 1932.4.14）をみると，金子の不良少年における発言は，子を持つ親に対してもある程度影響をおよぼしていたと察知される。

54) 三宅は同書において「醫學の素養のない人，殊に其の道の教育者などの言う所によりますと，不良少年の原因に，境遇又は家庭等の關係に重きをおき過ぎ，病的個性，乃至人格異常に餘り重きを措いて居らぬ，即ち，其等の少年を普通人と何等異なる處がないやうに考へて居る人が多いのであります。併し，是は誤りであつて　私の考へでは，その原因には境遇的關係が必要であつても，またその人格異常なる點も確に爭はれぬものがある」（同書：238）と評し，さらに「不良少年といふ者の中には，普通でないものが數多あり，而もそれ等のものを精神病學的見地より見れば，色々と種類の異なつたものである。此の色々な混つたものを，同一の方法で感化しよう，同一の方法で教育しようとするのは，良き結果を得ないのが當然と思はれるに至つた」（同書：252）と考察している。この内容からも三宅の不良少年に対する精神医学的アプローチの自信を窺い知ることができる。

55) 金子は,「精神病者の優生学的断種に就いて」(1939) のなかで,28 の項目にわ
けて精神病者に対する優生学的断種法の制定に対して反対の理由を述べている。

56) 「勤労青少年補導緊急対策要綱」にかかわる政策の一連の動向については,鳥
居和代の『青少年の逸脱をめぐる教育史 ―「処罰」と「教育」の関係』(2006)
を参照のこと。また,当時の衆議院決算委員会において岩村司法大臣は,「戦争
と不良少年,殊に青少年工の不良化防止は,人的資源および生産力増強の点か
ら極めて重大であるが,(中略) 少年法の對象となるのは十一歳以上十八歳未滿
の少年に限定されているため,十八歳以上の不良青少年工には適用出來ない憾
みがある。然しこれに就ては厚生省と打合せた上,現在實際には二十歳前後の
青少年工をも收容,錬成の實をあげてをり,大體統一的な錬成方法をとつてゐ
るので,現行少年法を改正して年齢を二十歳位に引上げることも目下考慮してゐ
る」(渡邊編 1923:192-193) とあり,当時の問題視されていた少年法の対象年
齢の問題とその対応を知ることができる。

57) 杉田直樹 (1941) は,当時の少年保護事業における「精神障害」を抱える少年
の教育に関しても,教育が本人の潜在的な心身の特質を認め,引き出すもので
あることが本義であるとし,「始めから素質に具はつてゐない能力や性質を引張
り出すことは,如何に堪能な教育家といへども到底出來ないことである」(杉田
1941:22) とし,「保護團體内に教室を設け圖書を備へ,一定の學科教育を課し
てゐるといふだけで保護少年の改化遷善に重大な効果があると信じてゐるのは
つまり外形の施設に堕して實際の成績を顧みない非本質的なやりかたと云はざる
を得ない」(同書:22) と批判している。この指摘からもわかるように,少年保護
団体における精神医学的な知見の徹底した導入が必要であること訴えている。

58) 金子準二 (1940) は,当時の「不良少年」原因のいくつかをあげているが,「誘
惑の増加」として,「戰時の都會には性格異常,精神薄弱等の精神狀態の缺陷者
で,平時では,到底社會生活に適應が出來ぬ,從つて自分は生産者となること
が出來ず,他人の生産した物資を濫費して,社會に寄生して生活する大人も急
に動員されて,多數の産業部門に登場するが,この種の社會的寄生者は,とかく
少年少女犯罪の誘惑者として危險である。こゝに戰時に少年犯罪者が増加する
禍源の一がある」(金子 1940:6) と指摘している。都心において取り残された
少年少女に対して,精神的な疾患を抱えた大人を「誘惑者」として注視してい
る点をみても,戦時期の不良少年および不良化に対する精神医療化といえる解
釈が読み取れる。

第9章

結　　論

　本研究課題である戦前日本の不良少年の変容過程と社会的反作用に関して，大きく二つの分析枠組みをもって考察してきた。その一つは，各学問領域や実践領域における不良少年研究の動向であり，もう一つは日本の近代化の過程における不良少年研究や報道等から得られた「不良少年」観または「不良」観の変容である。

　本研究は，序章に示したとおり不良少年研究を中心に当時の不良少年を明らかにしてきた。つまり，不良少年研究の動向から不良少年に向けられる各研究者や実践家の私的レベルの社会的反作用を読み取り「不良少年」観として捉えてきたわけである。当然，不良少年に向けられる社会的反作用は私的レベルにとどまらず，学校機関，感化・矯正機関，統制機関，報道機関などの公的レベルの社会的反作用についても言及してきた。しかし，その公的レベルの「不良少年」観にも，私的レベルにあたる研究者や実践家の「不良少年」観が多分に影響していたのである。

　特に「不良少年」観に関しては，近代的な「少年」（子ども）観の根幹をなす「教育可能性」や「要保護性」に注目し，その「少年」観が各研究者や実践家，そして各機関（新聞，学校，警察，矯正等）の立場からどのように捉えられ，またどのような変容をみせたのかを中心に考察してきた。そのなかで，特に教育可能性を指標とすることで，不良少年研究における後天的な原因論と先天的な原因論では大きな差異が認められた。つまり，この二つの原因論における「不良少年」観をそれぞれ考察していくことにより，後天的な原因論では感化教育のもとで教育可能性が自明視され，一方の先天的な原因論では遺伝を媒介としての治療観が

363

みいだされたのである。

　「感化法」(1900) が施行される明治期には，不良少年が社会問題化し感化院が設置される。この感化施設では，家庭的な生活環境を人工的につくりだすことで，後天的な原因 (社会や家庭環境等) を断ち切り，不良少年に内在する教育可能性を引きだすことが主眼となる。だからこそ，留岡幸助の感化施設には「家庭学校」という名が冠されたのである。また留岡とともに政策面で尽力した小河滋次郎の「不良少年」観にも同様の「少年」観をみいだすことができる。両者には不良少年に対して性善説的な視角と性悪説的な視角の相異はあったが，少なくとも生まれた後の教育可能性を否定していなかった。

　このように不良少年の教育可能性を配意した傾向は，警察機関の分析における保安警察のなかにもみいだすことができた。特に保安警察の「不良少年」観には，警察権力による「不良」観の付与に注意が払われており，家庭内の指導を優先することが主張されていた。つまり，感化法が施行される明治期の不良少年の状況として，不良少年と対峙する統制機関や感化院の「不良少年」観に教育可能性を基調とした近代的な「少年」観を認めることができた。一方，精神医学を中心に展開された先天的な原因論は，精神医学の学際的な確立を待つことになる。つまり，精神医学が「憑きもの」観を排除し，科学的な西洋医学としての地位を確保する過程で教育病理学などの学際的な展開を促進したのである。そして，この段階になると不良少年研究に対する先天的な原因論が精神科医によって主張されはじめる。

　その後，大正期に至ると不良少年はより一層社会問題として大きく取りあげられ，「不良少年」観も大きく変容することになる。社会的背景としてこの時期は，第一次大戦における景気や米騒動，近代化にともなう都市化やジャーナリズムの発達がみられ，民主主義的傾向として大正デモクラシーが隆盛を極める時期にあたる。新聞報道をみても，明治期に散見された少年の不良化を問題視するコメントや実名報道は控えられるようになる。しかし，学校教育では不良少年を感化教育への丸投げする行き詰まりの状況や不良少年の教育に関する内務省と司法省との意見の相違が顕在化し，不良少年に対する政策の違いとして顕現する

時期でもあった。

このような不良少年を取り巻く環境の変化は，不良少年に対する研究を促し，明治期にみられないほどの研究書籍が公刊される。その不良少年研究をみていくと，これまで一元論的な原因論から多元論的な原因論への変容が認められる。この変容は，当時の不良少年研究者の多くが学者であるとともに実践家であったことが起因しているものと考えられる。なぜなら，これらの不良少年研究には，近代的な犯罪学の導入の痕跡が認められるからである。すなわち，実践的な学問である犯罪学が当時多元論的な原因論を主張していたことから類推すると，この犯罪学の多元論的な原因論は，不良少年と接する現場の研究者や実践家に受け入れられやすかったものと解される。このような不良少年研究の学問的な原因論の変容は，精神医学においてこれまで知的障害児研究の一分野にあった不良少年研究を大きく進展させた。

不良少年への学問的変容とともに，法制度としては，「国立感化院令」(1917) や「未成年者飲酒禁止法」(1922)，そして「少年法 (旧少年法)」(1923) および「矯正院法」(1923) が矢継ぎ早に施行される。この法律に依拠して，不良少年に対応するための少年審判所や矯正院などの施設が開設され，「少年教護法」(1934) には鑑別機関の設置が条文として組み込まれるなど，不良少年に対する知能や精神状態が類別される。また法整備と統制機関の動向は，保護処分などを含めて次の段階にある感化・矯正機関における円滑な処遇に大きな貢献をなしたといえる。しかし，実際問題として少年審判所や矯正院の数は，それぞれ2カ所にしか開設されず，不良少年の増加する状況に対して従来通り裁判所と感化院が受け入れていたのである。こうした問題は，結果的に鑑別機能のひとり歩きを助長させたのかもしれない。つまり，今日のように鑑別結果から第三種少年院 (医療少年院) 等への入院が可能であれば，鑑別は少年司法システムにおいて有効に機能していたであろう。しかし，鑑別によって「低能」と類別された少年がこれまでと同様に他の少年と十把一絡に処遇される状況下においては，「低能」という周囲の認知がその少年に対する「不良少年」観に組み込まれるだけの結果に至ったと思われる。

不良少年の実態調査の結果をみても，厳格な規律のなかで集団行動していた「硬派不良少年」（「不良学生」）も，大正期に入り「軟派不良少年」が大勢を占めてくる。まさに規律のない個人行動が中心の「軟派不良少年」の登場は，大正期の多様な価値観の浸透に起因する現象であったといえよう。同様に「不良少女」も顕現し，不良少年（不良少女）に対する評価も外見や行動など多様な価値判断のもとで規定されていたのである。

　しかし，これらの不良少年問題に対する法制度の整備は「不良少年」観にとって新たな変容を促した。統制機関をみると，少年審判所が新設されたことで警察機関は保安警察から司法警察の立場が求められ，検挙対象としての「不良少年」観が強調される。そして，矯正院という施設は，これまでの感化院（内務省の管理）とは異なり司法省の管理のもとで「不良化の進んだ（凶悪な）」不良少年という新たな「不良少年」観を生みだしたのである。また普通教育の現場では，感化教育と普通教育の学問的な分化でも指摘したように，不良少年への学校側の対応は弱腰であった。つまり教育現場では，児童生徒の事件が表面化した場合に隠蔽するか，もしくは感化・矯正機関に委ねるという対応が認められるのである。まさに今日の教育現場にもみられるような「臭いものには蓋」をする非行少年への対応が，当時の新聞報道からも窺い知れる。

　このような不良少年に対する「不良少年」観は，大正期から戦時期へ時代が移ると学際的にも実務的にも画一化される傾向へ進んでいく。不良少年研究をみていくと，多元的であった不良少年の原因論が一元的な先天的原因論に画一化されていく傾向が認められた。これまで知的障害児研究やアルコール中毒研究などの一部であつかわれていた不良少年は，精神医学の学際的な展開とその台頭を契機に実践的な国策としての断種政策と結びつくことになる。この精神医療化の過程で不良少年に臨床的な治療観を適用し，治療対象を選別する知能検査を用いて鑑別したものが，結果的にその類別にもれた少年に対して優生学的な立場から「断種」対象として摘出し排除するような「不良少年」観を顕現させることになった。この「不良少年」観の顕現は，危険視が過度に強調され，これまでの近代的な「少年」観を含意した「不良少年」観は廃頽することになる。

このような傾向は，更生の最後の砦ともいえる教護・矯正教育機関においても認められた。知能検査が導入され，現場で専門職である医師の必要性が自明視されていた当時において，当然，精神医学による鑑別機能は重視されていた。また治療教育学をはじめとした「治療」的な教育が，教護・矯正機関において強調されるようになる。その背景には，精神医療化とともに当時の戦時体制という時局的な社会環境が大きく関与しており，戦力人員の養成と選別が国策という名のもとで平然と遂行される状況にあったことが指摘される。そのなかで，知的障害を含めた精神障害が「不良」観のなかに大きく意識化され，このような類別が不良少年に向けられることになったのである。

一方，重工業化する産業形態の変化は，そこに従事する「少年工」の不良問題を顕在化させた。その問題の背景には，知能検査という選別過程における排除と徒弟制度の崩壊が影響していた。特に戦前昭和期に入ると，少年の就職採用には知能検査が取り入れられ，それぞれの適職に振りわけられることになった。しかし，知能検査等によって排除された少年には，働く場もなく周囲の環境に影響を受けやすいことから「不良」行為をおこない，その後，統制機関において検挙され鑑別されて，教護・矯正機関に収容されることになる。このような経緯をこれらの少年たちが辿ったとすれば，本書でも紹介した当時の教護・矯正機関の収容少年調査にみられる知的障害の高い比率も納得できる結果である。そして，教護・矯正機関において，戦争に貢献する人員として類別されなかった少年は，危険視とともに「不要」観が付与されたと考えられる。またこのような不良少年は，精神医学のもとで断種対象に組み込まれていくことになる。不良少年に関しては，まさに戦時期という社会環境のもとで，一元論的な先天的原因論を展開する精神医療化と「断種」政策という国策が，類別化された不良少年へ「不要」観を付与し，社会的反作用としての「断種」を押し進めようとしたといえる。

最後に，戦前日本の「不良少年」観と社会的反作用について今後の研究課題を含めつつ述べておきたい。明治期の日本における近代化は，「不良少年」という存在が社会的に認知された時期でもあった。そこには，前近代とは異なる近代的な「少年」観がみいだされた。このような不良少年には正と負の相反する「不良

少年」観が認められる。負の側面は，江戸期までにも認められた「言うことをきかない」や「規律を破る」，「罪を犯す」など反社会的行為に対する批判的な側面である。しかし，正の側面として，守られるべき少年であり立ち直らせるべき少年という要保護性や教育可能性を基調とする側面が認められ，この正と負の両面が反作用として少年に向けられることで，戦前日本の「不良少年」が誕生したといっても過言ではない。

　特に「不良少年」観を中心にみてみると，ここで精神医療化として指摘した精神医学の展開についても，少年を医療対象として治療するという点では，「少年」観と抵触しないアプローチであるといえる。また，パーソンズ (Parsons, T) の指摘した「病人役割」(sick role) 概念を用いるならば，不良少年を治療対象とすることで，「不良」行為に対する社会的な免責を不良少年に与えたとも考えられる。しかし，今日でも共通する点ではあり，前章でも指摘したが，戦前期の精神医学は医学の全体に共通する「生物学的モデル」が成立していないため，患者を精神障害と判断する際に「社会性」や「社会的適応」という指標が深く関与している[1]。つまり，最終的な精神科医の判断には，「社会」が深くかかわっているためにその診断結果が医師によってわかれてしまう。その判断を支える一つの基準が「遺伝」という「不良」原因論の主張であり，臨床的な医療の場における治療の可否の判断につながっていたことを本書で明らかにした。結果として，知能検査による数値的な類別と精神医学的な診断によって治療が困難であるとみなされた不良少年には，教育可能性が否定され危険視が付与されることになる。

　このような「不良少年」観の変容は，不良少年自身の「社会の鏡」という特異な性格が反映していることも大きな要因であろう。今日の非行少年に向けられる社会的反作用も戦前期の不良少年から通底する「社会の鏡」という理解しがたい性格に大きく依拠している。不良少年に対する社会は，近代化のなかで科学的な根拠を求め，そのなかで展開される解釈を信用して受け入れることによって，フェスティンガー (Festinger, L) が指摘する「認知的不協和」の状況を回避することに努めたのではないだろうか。この認知できないことから生じる不安を解消するための解釈装置を希求する社会は，近代的な精神医学からの解釈による「不

良」観をますます受け入れる状況にあるといえる。戦前日本の不良少年研究を通じて，今日の非行少年に向けられる社会的反作用と「不良少年」観を改めて問い直して，複眼的な視点から少年非行を再解釈する時期にきているのではないだろうか。

本研究のアプローチである不良少年にかかわるミクロな社会的相互作用の蓄積が，マクロな近代化という社会変容に直結することが明らかにできれば幸いである。冒頭にも述べたように本研究の対象である少年非行現象は，戦前戦後という政治的な区分で本来解釈されるべきではないと考えている。近代化という大きな転換が少年非行に対して「少年」観を含意したかたちで展開してきたという視座に依拠すれば，戦前期を含めた通史としての少年非行現象の分析と理解が必要である。リスク管理や個人化（自己中心的な意識），さらに監視という現代社会の特徴的な傾向が少年非行現象に向けられる時，個人化による排他的な傾向や厳罰化，そして監視の強化など，「少年」観を含意した「非行少年」観に依拠する対応とは異なる方向へと進む可能性があることは否定できない。

本研究でおこなった少年非行現象を大局的に捉える歴史社会学的な考究は，現状分析の助力となり，現状分析の盲点ともなる一過性の少年非行現象の判断にも役立つことが期待できる。今後，近代化以降の各国の「少年非行」観を比較分析することで本来の日本における少年非行現象の特徴とその理解が深まるとともに，少年非行という逸脱領域から新たな近代化の特徴が解明されることも期待される。そのようにダイナミックな少年非行現象の理解に本研究が微力ながら何か貢献ができれば幸いである。

〔注〕

1）精神医療化については，作田誠一郎（2016）「医療の社会学 ── 『医療化』の概念等に沿った医療社会学概論」を参照のこと。

あとがき

　本書では，戦前期の不良少年研究を通じて，当時の不良少年に向けられた「不良少年」観の変容過程と社会的反作用に注目して研究を進めた。しかし，ここに著した不良少年に対する研究は，書物でいえば開巻部分の段階であり，今後さまざまな分析視角をもって考究され解明されることが望まれる研究対象である。なぜなら，そこには紛然とした現状の非行少年を理解する手がかりが多分に残されているからである。また本来であれば，悉皆的な資史料の収集のうえで資史料を精査してより深い論理的な構成を要するべきであったが，時代的な流れが前後したり，内容的に重複する部分もあり，さらに資史料の内容の提示を重視するあまり読みづらい点も多々あったかと思われる。しかし，少年非行研究における歴史的な分野を一度整理してまとめることが，今後の少年非行研究をより進展させるためのたたき台として必要であると思い著述するに至った。

　ところで本研究の端緒は，今日の非行少年に対して画一化しつつある精神医学的または心理学的アプローチに対する疑問から始まった。これまで，私が社会学的な分析視角をもって非行少年を考察してきたという立場からみると，今日の非行少年へ向けられる「異常」という解釈が誇張されることは，懐疑の念を抱かざるを得ない。なぜなら，「異常」を判断する指標は精神医学でも心理学でもなく社会そのものであり，「異常」という言葉でそのすべてを非行少年の解釈に還元するべきではないと考えたからである。

　そこで，戦中期の少年教護院および矯正院に収容された不良少年の資史料をみてみると，精神障害として診断された不良少年が多いことに気づいた。それは，当時の診断レベルの問題としても捉えられるが，この状況は戦争という社会環境が多分に影響していたのではないかと着意したのである。そのように考えると「不良少年とは何か」，つまり不良少年を捉える社会の「不良少年」観を考察することで，この疑問を解決する端緒を得ようと考えたのである。ここでは，不良少年を取り巻く実践家や研究者の見解，そして新聞報道を手がかりに「不良少

年」観をみてきたわけであるが，そこには紛れもなく変容する社会の価値観や反社会的行為に対する疎外感や危険視への変容が認められた。

このように「不良少年」観をみていくと，戦時期の日本において国家が情報を管理し，人びとを一定の方向へ導いていくなかで，社会から不良少年は排斥され「不良少年」観が画一化の方向へ進んだことが読み取れた。つまり，そこには戦時体制下における人員の適否を知能検査に求め，そこでもれた不良少年には画一化された「不要」観が社会的反作用として付与されたのである。

このような「不良少年」観の動向は，今日の「非行少年」観に通底するところが多分にある。戦時期とは逆に情報が氾濫しているからこそわかりにくく，非行少年と距離があるからこそ理解しがたい状況は，非行少年への危険視を増幅させる。なぜなら，理解しがたい非行行為には，恐怖感さえ覚えるからである。しかし，現代社会においては，非行少年を理解するための指標となる社会自体がみえにくいため，納得のいく答えは示されない。それに対して，個別のケースを提示して解説し，医療的な類別を用いてそれぞれの状態を説明してくれる専門家の解釈は，人びとから共感をもって受け入れられているのである。しかし，この解釈もそれぞれの学問的な知見に依拠した画一的な見方という域をこえることは難しい。

リスク社会や管理社会と評される現代において，社会の吹きだまりに追いやられた非行少年に対して，人びとはいかに遠ざけて危険を回避しようと考える傾向にある。実は，非行少年にとってその更生を阻む最も大きな壁が，画一化された人びとの「非行少年」観であるのかもしれない。特に「異常」が強調される「非行少年」観には，可塑性すら認められないのである。非行少年に対して断続的に付与される精神的な「非行少年」観に対して，一歩立ち止まり改めて捉え直してみることは重要である。なぜなら「異常」とは，社会が規定するものだからである。今後，少年非行現象に対して「不良少年（非行少年）」観という分析枠組みから戦後の日本社会や諸外国の比較を通じて明らかにすることで，大局的な非行少年への理解と対応を考究していくことが流動化の激しい現代社会において至要であることを銘記して本書を閉じたい。

あとがき　371

本書のもとになった概刊の論文は，山口大学大学院東アジア研究科に提出した学位請求論文「戦前日本の『不良少年』観の変容過程と社会的反作用に関する研究」，「戦前期の日本における『不良少年』研究 ─ 『非社会的要因』分析を通じて」『やまぐち地域社会研究』第2号，pp.75-91，「戦時下における不良少年問題と『不良少年』観の変容 ─ 矯正教育と精神医療化を中心として」『やまぐち地域社会研究』第4号，pp.65-78，「戦前期（昭和）日本の不良少年問題と不良少年政策」『社会分析』第34号，pp.167-187，「戦前期（昭和）における『少年工』の不良化問題の一考察」『東アジア研究』第6号，pp.19-36，「精神医学的解釈と非行少年という存在」『社会分析』第35号，pp.101-123，「都市化による不良観の変容と少年少女の不良化」『東アジア研究』第7号，pp.1-22，「メディア報道と少年犯罪 ─ 大正期の少年事件と新聞報道」『現代の社会病理』第24号，pp.135-152，「少年非行史の研究 ─ マス・メディアと公的機関をめぐって」『季刊社会安全』第77号，pp.9-16，「少年事件を通じた不良少年観の変容 ─ 戦前昭和期の新聞報道と公的機関の対策を中心として」日工組社会安全財団2010年度若手研究助成最終報告書，「新聞報道と非行の社会史 ─ 大正期の浅草公園の不良少年たち」『青少年問題』第642号，pp.30-35をもとに加筆・修正を加えたものである。また，本書出版にあたり佛協大学学術図書出版助成を受けた。

　本研究が一つのかたちとなったのは，ひとえに公私ともに根気よく御指導していただいた指導教官である辻正二先生の存在なくしてありえない。法学部出身である私に，社会学とともに逸脱行動論を基礎から教授していただいたことは幸運であった。今後研究を続けるにあたり，先生の学恩に感謝しつつより一層の自己の研鑽に努めていきたい。ここに深く感謝する次第である。また副指導教官である小谷典子先生，纐纈厚先生には，論文作成にあたり適切な御指導，助言をいただいた。さらに，前任校である山梨学院短期大学の先生方，現在の本務校である佛教大学社会学部の先生方，そして，出版に際して快諾していただいた学文社の田中千津子社長に合わせて感謝申しあげたい。

　　　2018年1月

作田　誠一郎

【参考・引用文献】

〔A〕

安倍磯雄（1906）「男女学生交際論」『中央公論』第 21 巻第 2 号，反省社

阿部光次（1940）「児童労働の補導問題」『社会事業研究』第 28 巻第 7 号，大阪府厚生事業協会

阿部眞之助（1920）『犯罪問題 ― 現代社会問題研究第九巻』冬夏社

安達憲忠（1895）『乞児悪化の状況附収養法』安達憲忠

赤川学（1999）『セクシュアリティの歴史社会学』勁草書房

赤川学（2002）「言説の歴史社会学における権力問題」『年報社会学論集』第 15 号，関東社会学会

赤塚行雄他編（1982・1983）『青少年非行・犯罪史資料』刊々堂出版社

秋元律郎（1979）『日本社会学史 ― 形成過程と思想構造』早稲田大学出版部

天野郁夫（1992）『学歴の社会史 ― 教育と日本の近代』新潮社

Anderson,B.（1983）"Imagined Communities" Verso：London.（＝白井隆・白石さや訳（1987）『想像の共同体』リブロポート）

安斎保（1932）「少年犯罪の発生原因及び犯罪取扱の実際」『法律学研究』第 29 巻第 12 号，日本法政学会

青木延春（1934）「要保護少年に就て」『公衆衛生』第 52 巻第 8 号，日本衛生会

青木誠四郎（1928）「犯罪少年と活動写真」『人道』第 271 号，人道社

青柳有美（1918）「不良少年から会計課長」『新世の中』弘学館

荒木善次（1936）『保護少年少女観察の実際』文川堂書房

荒木伸怡（1987）「虞犯の概念とその機能」『犯罪社会学研究』第 12 号，日本犯罪社会学会

Aries,P.（1960）"L'enfant et la vie familiale sous l'Ancien régime" Plon.（＝杉山光信・杉山恵美子他訳（1980）『〈子供〉の誕生』みすず書房）

有松英義（1909）「警察行政と感化事業」『感化救済事業講演集』内務省地方局

有賀敦義（1940）「矯正院の教育と使命」『社会事業研究』第 28 巻第 12 号，大阪社会事業協会

有地亨（1976）「近代日本における民衆の家族観 ― 明治初年から日清戦争頃まで」『家族 ― 7 近代日本の家族観』東京大学出版会

浅田一（1915）『犯罪鑑定余談』武侠社

浅野成俊（1929）『不良少年と教育施設』日本学術普及会

浅野成俊（1933）『感化教育の重要性』日本学術普及会

鮎川潤（1994）『少年非行の社会学』世界思想社

鮎川潤（2001）『少年犯罪』平凡社

〔B〕

馬場久成（1918）「不良少年少女の問題」『児童と家庭』警醒社

Bauman,Z.（2000）"Liquid Modernity" Polity Press.（＝森田典正訳（2001）『リキッド・モダニティ ― 液状化する社会』大月書店）

Beck,U.（1986）"Risikogesellschaft：Auf dem Weg in eine andere Moderne" Suhrkamp Verlag.（＝東廉・伊藤美登里訳（1998）『危険社会 ― 新しい近代への道』法政大学出版会）

Becker,H.（1963）"Outsiders：Studies in the Sociology of Deviance"Free Press.（＝村上直之訳（1978）『アウトサイダーズ ― ラベリング理論とはなにか』新泉社）

Blumer, H.G.（1969）"Symbolic Interactionism：Perspective and Method" Prentice - Hall,（＝後藤将之訳（1991）『シンボリック相互作用論 ― パースペクティヴと方法』勁草書房）

Burke, P.（1980）"Sociology and History"George Allen and Unwind,ltd.London.（＝森岡敬一郎訳（1986）『社会学と歴史学』慶應通信）

勿来関人（1922）『横目で見た東京』星成社

〔C〕

中條伊勢吉（1933）「少年法と少年教護法との概観」『社会事業研究』第 21 巻第 12 号，大阪社会事業連盟

中條伊勢吉（1936）「保護少年の就職問題に就て」『社会事業研究』第 24 巻第 3 号，大阪社会事業連盟

中央社会事業協会社会事業研究所編（1936）『不良児童と職業との関係』中央社会事業協会社会事業研究所

中央社会事業協会社会事業研究所編（1937）『少年と社会関係の異常性』中央社会事業協会社会事業研究所

〔D〕

大日本連合青年団編（1936）『若者制度の研究』大日本連合青年団

土井十二（1941）『国民優生法』教育図書

土井隆義（2003）『非行少年の消滅 ― 個性神話と少年犯罪』信山社

土井洋一・遠藤興編（1980）『小河滋次郎集』鳳書院

Durkheim, É.（1893）"De la Division du Travail Social Étude sur L'Organisation des Sociétés Supérieures" Paris,P.U.F.（＝田原音和訳（1971）『社会分業論』青木書店）

〔E〕

海老名弾正（1906）「男女学生交際論」『中央公論』第 21 巻第 1 号，反省社

江原素六（1907）「国家と不良少年」『人道』第 31 号，人道社

遠藤汪吉（1943）「少年教護の所感」『厚生事業研究』第 31 巻第 8 号，大阪府厚生
事業協会

榎本法令館編輯部編（1928）『彼は如何にして今の地位を得たのか』榎本書店

〔F〕

Ferri, E. (1884) "Sociologia Criminale" Turin,Italy：UTET.（= 山田吉彦訳（1923）『犯
罪社会学（上・下）』而立社）

Festinger, L.（［1954］1957）"A Theory of Cognitive Dissonance" California：
Stanford University Press.（＝末永俊郎監訳（1965）『認知的不協和の理論 ― 社会
心理学序説』誠信書房）

Foucault, M.（1972）"Histoire de la Folie a L'age Classique" Éditions Gallimard.（＝
田村俶訳（1975）『狂気の歴史 ― 古典主義時代における』新潮社）

Foucault, M.（1975）"Surveiller et Punir Naissance de la Prison" Gallimard.（＝田村
俶訳（1977）『監獄の誕生 ― 監視と処罰』新潮社）

藤井英男（1943）『勤労青少年の不良化とその対策』立命館出版部

藤井常文（1992）『留岡幸助の生涯 ― 福祉の国を創った男』法政出版

「富士川游先生」編纂委員編（1954）『富士川游先生』「富士川先生」刊行会

富士川游（1904）『日本医学史』裳華房

富士川游（1912）『日本疾病史』吐鳳堂

富士川游（1920）「不良少年の教育病理学的研究」『中央公論』第 399 号，中央公
論社

富士川游（1927）「異常児保護」『社会政策大系』第 8 巻，大東出版

富士川游・呉秀三・三宅鉱一（1908）『教育病理学』同文館

藤原暁三（1940）『日本禁酒史』日本国民禁酒同盟

福沢諭吉（1881）『時事小言』丸善商社

堀内文吉（1927）『警察心理学』至文堂

古市亨（1920）『訓授の中より』法制時報社

古谷新太郎（1929）『十字路に立つ少年』教学相長社

古谷新太郎（1930）「浮浪少年と其取締」『社会事業研究』第 18 巻第 8 号，大阪社
会事業連盟

古谷新太郎（1931）「少年審判所に見はれたる中等学校生徒」『社会事業研究』第
19 巻第 7 号，大阪社会事業連盟

古谷新太郎（1935）「大阪少年審判所回顧録」『社会事業研究』創立 10 周年記念号，
大阪社会事業連盟

双川喜一（1925）『警察ノ根本観念』松華堂書店

不破武夫（1941）「輓近の少年犯罪に就いて」『法制研究』第 11 巻第 2 号，九州帝

国大学法政学会

〔G〕

学校事故防止研究会編（1936）『学校事故実話・実例・対策集』学校事故防止出版部

Galton, F.(1892)"Hereditary Genius" London Macillan and Co.(＝甘粕石介訳（1935）『天才と遺伝』岩波書店）

Glaser, G. & Strauss, L.（1967）"The Discovery of Grounded Theory：Strategies for Qualitative Research" Aldine Publishing Company.（＝後藤隆・大出春江・水野節夫訳（1996）『データ対話型理論の発見』新曜社）

後藤四方吉（1925）「不良少年の行動」『変態心理』第 15 巻第 4 号，日本精神医学会

郷津茂樹（1922）『不良少年になるまで』巌松堂書店

〔H〕

芳賀栄造（1921）「少年労働者」『社会政策新報』第 8 号 4 月号，有斐閣

花井卓蔵（1912）『刑法俗論』博文館

反省社（1902）「女子教育の隆盛」『中央公論』第 17 巻第 12 号，反省社

反省社（1906）「男女交際に就いて」『中央公論』第 21 巻第 4 号，反省社

原田道寛（1902）『乞食』大学館

原胤昭（1909）『母と子 ― 何うしたら子供をよく躾けられるか前編』博文館

長谷川如是閑（1923）「暴力の流行と社会病理」『中央公論』第 38 巻第 9 号，中央公論社

橋本熊太郎（1922）「木賃宿止宿児童の保護教化に就て」『社会と教化』第 2 巻第 7 号，大日本図書

橋本勝太郎（1936）『少年の性格と環境』同文館

橋本陽子（2004）「犯罪防止と児童保護 ― 明治期における『孤児・棄児』『不良少年』『慣習犯』の関係性の構築」『ソシオロジ』第 49 巻第 2 号，社会学研究会

畠山勝美・檜山四郎（1976）『戦後少年犯罪史』酒井書店

服部北溟（1917）『悪太郎は如何にして矯正すべきか』南北社

服部北溟（1919）『遺伝から見た子供の性質』隆文館図書

服部北溟（1923）『愛と法律と少年審判法』二松堂書店

速水寅一（1940）「精神分離症にかかつた少年の犯罪」『社会事業研究』第 28 巻第 11 号，大阪社会事業連盟

早崎春香（1922）「児童保護教育の過去，現在及未来」『救済研究』第 3 巻第 11 号，文京出版

日高武六（1917）「不良少年救済策」『救済研究』第 5 巻第 2 号，文京出版

桧垣直右（1909）「青年男女学生の矯正に就き所感を茗渓同窓の知友に寄す」『教育会』第 8 巻第 10 号，金港堂書籍

樋口栄 (1931)「不良少年の情緒」『社会事業研究』第 19 巻第 11 号，大阪社会事業連盟

樋口栄 (1935)『隠語構成の様式並其語集』警察協会大阪支部

樋口幸吉 (1963)『少年非行』紀伊國屋書店

平田勝政 (2003)「戦前における障害児教育の成立・展開と変質」中村満紀男・荒川智編『障害児教育の歴史』明石書店

平田清次 (1926)『民衆警察』太平書院

平山亜佐子 (2009)『明治大正昭和不良少女傳 — 莫連女と少女ギャング団』河出書房新社

廣井亮一 (2001)『非行少年 — 家裁調査官のケースファイル』筑摩書房

広中佐兵衛 (1902)「幼者ノ知覚精神ヲ論ス」『警察協会雑誌』第 29 号，警察協会

広島少年院編 (1941)『矯正院とは何をする所か — 附廣島少年院の教養』広島少年院

広田照幸 (1996)「教育言説研究の課題と方法 — 歴史的アプローチを通して」『アカデミア．人文・社会科学編』第 63 号，南山大学

広田照幸 (2001)『教育言説の歴史社会学』名古屋大学出版会

久井英輔 (2001)「明治期における少年犯罪と官庁統計 — 統計的『実態』とその解釈をめぐって」『東京大学大学院教育学研究科紀要』第 41 巻，東京大学大学院教育学研究科

久住栄一 (1936)「矯正教育の外的條件」『社会事業研究』第 24 巻第 12 号，大阪社会事業連盟

檜山四郎 (1988)『戦後少年犯罪史』酒井書店

本間俊平 (1919)「不良少年の感化教育」『労働と信仰』隆文館図書

堀見宝泉編 (1924)「子供の悪癖を治した実験」『育児上の注意 — 家庭必備』黒田正次

堀内文吉 (1927)『警察心理学』至文堂

星野周弘・増田周二 (1975)「犯罪現象の社会史的研究 — 社会関係としての犯罪定義の試み」『犯罪と非行』第 24 号，青少年厚生福祉センター・矯正福祉会

星野周弘・税所篤郎 (1982)「非行類型と少年保護論」平野龍一編『講座「少年保護」— 少年非行と少年保護』大成出版社

星野周弘　米川茂信・荒木伸怡・澤登俊雄・西村春夫編 (1995)『犯罪・非行事典』大成出版社

保城広至 (2015)『歴史から理論を創造する方法 — 社会科学と歴史学を統合する』勁草書房

法曹会編 (1915)「犯罪少年並不良少年ノ調査ノ概要」『法曹記事』第 25 巻第 4 号，法曹会

報徳会 (1909)「現時の家庭と不良少年」『斯民』第 3 編第 14 号，有斐閣

兵頭晶子 (2008)『精神病の日本近代 — 憑く心身から病む心身へ』青弓社

〔I〕

岩内誠一（1907）「劣等児童につきての調査」『児童研究』第 10 巻第 1 号，児童研究会

池田千年（1934）「少年教護法の実施を前にして」『社会事業研究』第 22 巻第 3 号，大阪厚生事業連盟

池田千年（1935）「要教護児童の早期発見」『社会事業研究』第 23 巻第 5 号，大阪厚生事業連盟

池田千年（1940）「少年教護法と国民学校令」『社会事業研究』第 28 巻第 11 号，大阪府厚生事業協会

池田林儀（1926）『通俗応用優生学講話』冨山房

池口尚夫（1935）「環境と犯罪少年」『社会事業研究』第 23 巻第 2 号，大阪社会事業連盟

今井新太郎（1940a）「時局下青少年の悪化真に憂慮すべし」『人道』第 88 号，家庭学校

今井新太郎（1940b）「新体制下の要保護児童の問題と其教護教育」『人道』第 89 号，家庭学校

今井新太郎（1942a）「人口増強問題と要保護少年の問題」『人道』第 110 号，家庭学校

今井新太郎（1942b）「要保護児童問題の将来（一）」『人道』第 114 号，家庭学校

今井新太郎（1942c）「要保護児童問題の将来（二）」『人道』第 115 号，家庭学校

今井新太郎（1944a）「家庭学校教護の実際（教護委員大会に於ける講演）」『人道』第 134 号，家庭学校

今井新太郎（1944b）「新年度教育指導原理」『人道』第 130 号，家庭学校

今村正一（1934）『最新家庭教育 — 精神衛生より観たる』三省堂

稲垣恭子（2002）「不良・良妻賢母・女学生文化」稲垣恭子・竹内洋編『不良・ヒーロー・左傾 — 教育と逸脱の社会学』人文書院

稲垣恭子（2007）『女学校と女学生』中央公論新社

井上哲次郎（1907）「男女交際論」『中央公論』第 21 号第 4 号，反省社

石田博英（1942）『忘れられた子供たち』新紀元社

石田弘吉（1926）「少年法実施後東京区裁判所に於ける犯罪少年に就ての調査」『法曹会雑誌』第 4 巻 9 号，法曹会

石田弘吉（1927）「少年犯罪に就ての調査」『法曹会雑誌』第 5 巻第 7 号，法曹会

石戸谷哲夫（1967）『日本教師史研究』講談社

石原義治（1932）「職業少年不良化の主因及動機に就いて」『社会事業研究』第 20 巻第 8 号，大阪社会事業連盟

石原義治（1933）「保護少年と家庭問題（一）」『社会事業研究』第 21 巻第 11 号，

大阪社会事業連盟

石原義治（1934）「地方青少年の苦学希望と職業指導」『社会事業研究』第 22 巻第
　9 号，大阪社会事業連盟

石原義治（1935）「不遇少年少女と自殺の現状」『社会事業研究』第 23 巻第 8 号，
　大阪社会事業連盟

石井良助（1952）『刑罰の歴史』日本評論社

石井亮一（1904）『白痴児，其研究及教育』丸善

石井豊七郎（1939）「裁判と保護」『人道』第 69 号，家庭学校

石角春之助（1929）『乞食裏譚』文人社出版部

石川謙（1949）『我が国における児童観の発達』古堂書店

石川松太郎（1977）「近世の子どもたち」石川松太郎・直江広治編『日本子どもの
　歴史』3 巻，第一法規出版

石川潔太（1925）「不良少年は如何に出来るか其根治策」『禁酒の日本』第 69 号，
　日本国民禁酒同盟

石黒信彦（1928）『不良少年に就て』司法省調査課

礒鐐太郎（1936）「就労少年の心」『社会事業研究』第 24 巻第 3 号，大阪府社会事
　業連盟

礒鐐太郎（1940）「町工場と少年工」『社会事業研究』第 28 巻第 6 号，大阪府厚生
　事業協会

伊藤清（1939）『児童保護事業』常磐書房

伊東思恭（1903）『欧米不良少年感化法』文明堂

岩崎佐一（1915）「感化教育の難点」『救済研究』第 3 巻第 4 号，文京出版

岩井尊文（1915）「幼年犯人ノ心理ニ就イテ」『京都法学雑誌』第 10 巻第 3 号，京
　都法学会

岩井弘融（1963）『病理集団の構造』誠信書房

岩井弘融（1964）『犯罪社会学』弘文堂

岩井弘融（1973）「序論・正常と異常」岩井弘融編『社会学講座第 16 巻・社会病理学』
　東京大学出版会

岩村通世（1942）「犯罪防止と婦人の使命」刑務所教誨司保護司事業研究所編『戦
　時下の少年犯罪とその防止』大道書房

岩崎猛二（1914）「農村青年の堕落と其の救済策」『斯民』第 9 編第 5 号，中央報
　徳会

〔J〕

人道社編（1907a）「女子感化院設立の急務」『人道』第 30 号，人道社

人道社編（1907b）「都市の発達と不良少年」『人道』第 30 号，人道社

人道社編（1920）「都市生活と不良児の発生（上）」『人道』第 184 号，人道社

人道社編（1927）「不良少年の跋扈と感化教育（上）」『人道』第 262 号，人道社

〔K〕

賀川豊彦（1915）『貧民心理の研究』警醒社

賀川豊彦（1920）「不良少年の科学的研究」『人間苦と人間建築』警醒社

賀川豊彦・安藤政吉（1934）『日本道徳統計要覧』改造社

籠谷真智子（1977）「乱世の子どもの日々」結城陸郎編『日本子どもの歴史』第 2 巻，第一法規出版

加治屋哲（1942）「工場に於ける精神訓練」『社会事業研究』第 30 巻第 10 号，大阪厚生事業協会

金子準二（1926）『現代犯罪の精神病学的研究』白揚社

金子準二（1927）「精神衛生」『社会政策大系』第 7 巻，大東出版

金子準二（1928）「犯罪者の身体的特徴」『中央公論』第 481 号，中央公論社

金子準二（1929）『犯罪と精神異常』光文社

金子準二（1930）『犯罪者の心理』武侠社

金子準二（1935）「不良少年と家庭」『公衆衛生』第 53 巻第 2 号，日本衛生会

金子準二（1937a）『精神病の境界』南光社

金子準二（1937b）「アルコールと犯罪」『社会事業研究』第 25 巻第 6 号，大阪府厚生事業協会

金子準二（1937c）「アルコールと犯罪（続）」『社会事業研究』第 25 巻第 7 号，大阪府厚生事業協会

金子準二（1939）「精神病者の優生学的断種に就いて」『昭和医学会雑誌』第 1 巻第 2 号，昭和大学医学会

金子準二（1940）「戦争と少年犯罪」『社会事業研究』第 28 巻第 10 号，大阪府厚生事業協会

金子準二（1941）『文化と犯罪の性格』畝傍書房

金子近次（1935）『家庭に於ける中学生の父母』精文館

金澤来蔵（1923）『古今禁酒大観』帝国教育会

菅野幸恵（2007）「明治・大正期の日本における西洋の心理学の受容と展開」『青山学院女子短期大学総合文化研究所年報』第 15 号，青山学院女子短期大学

唐澤富三郎（1955）『教師の歴史』創文社

唐田碩圓（1940）「保護少年と隠語に関する研究」『社会事業研究』第 25 巻第 7 号，大阪府厚生事業協会

唐田碩圓（1941）「社会問題として教護少年に観る遺伝梅毒と其の影響」『社会事業研究』第 29 巻第 3 号，大阪府厚生事業協会

笠原道夫（1912）『教育病理学』京都府教育会

笠井貞康（1920）「少年保護警察の徹底を望み併せて感化教育の実際に及ぶ」『救

済研究』第 8 巻第 2 号，文京出版

樫田忠美（1931）『犯罪捜査論』警眼社

柏倉一徳他（1890）『貧民教育策』内田弥兵衛

片桐芳雄・木村元編著（2008）『教育から見る日本の社会と歴史』八千代出版

家庭学校編（1909）『人道 ― 家庭学校回顧十年』人道社

家庭学校編（1940）「新体制下に於ける児童保護問題に就いての座談会」『人道』第 91 号，家庭学校

加藤末吉（1935）『異常青少年と其の指導』日本少年保護協会神奈川支部

加藤久雄（1980）「わが国における精神障害者法制の歴史的考察 ― 主に明治維新以降における法制を中心にして」大谷実・中山宏太郎編『精神医療と法』弘文堂

加藤成俊（1915）『感化教育之研究』日本学術普及会

加藤咄堂・八木白村（1913）『国民修養坐談』明誠館

勝水淳行（1921）『生活と犯罪付録婦人の犯罪』大日本図書

勝本勘三郎（1909）「チエザーレ，ロンブロソー教授を追想ス」『京都法学会雑誌』第 4 巻第 12 号，京都法学会

葛岡敏（1935）「少年鑑別所機関と精神薄弱児の処置に就て」『社会事業研究』第 23 巻第 9 号，大阪社会事業連盟

河邊久雄（1925）『司法警察職務規範提要』清水書店

川邊喜三郎（1922）「少年犯罪の社会学的考察」『社会と教化』第 2 巻第 8 号，大日本図書

河合壽三郎（1926）『劣等児・低能児の心理と其の教育の実際』南海書院

川村邦光編著（2007）『憑依の近代とポリティクス』青弓社

河村望（1975）『日本社会学史研究（上・下）』人間の科学社

河崎松葉（1910）『地方青年団体之指導』水野書店

川田貞治郎（1941）「見誤り易き不良少年」『人道』第 98 号，家庭学校

風早八十二（1929）「エンリコ・フェーリと犯罪社会学 ― フェーリ教授の訃を悼む」『中央公論』第 44 巻第 6 号，中央公論社

風早八十二（1930）「プチ・ブルジョアの犯罪理論」『中央公論』第 45 巻第 1 号，中央公論社

風早八十二（1937）『日本社会政策史』日本評論社

刑事時報社編輯部編（1947）『防犯捜査刑事警察の研究』刑事時報社

警察教材研究会編（1942）『説諭の栞』松華堂

城戸幡太郎（1938）「貧困児童の教育問題」『社会事業研究』第 26 巻第 12 号，大阪社会事業連盟

城戸幡太郎（1940）『民生教育の立場から』西村書店

菊池甚一（1916）「精神病院に収容したる一少女」『人道』第 138 号，人道社

菊池甚一（1936）『罪無罪 ― 随筆』サイレン社

菊池俊諦（1927）「感化教育」『社会政策大系』第 8 巻，大東出版

菊池俊諦（1930）「感化事業回顧三十年（下ノ一）」『人道』第 294 号，人道社

菊池俊諦（1934a）「少年教護法の具体的活用を論ず」『社会事業研究』第 22 巻第 7 号，大阪社会事業連盟

菊池俊諦（1934b）『感化教育に於ける諸問題 ― 第一輯』菊池俊諦

菊池俊諦（1939a）「社会病理的現象に就いて（続）」『社会事業研究』第 27 巻第 2 号，大阪社会事業連盟

菊池俊諦（1939b）「少年教護に関する諸問題」『教育思潮研究』第 13 巻第 1 輯，教育思潮研究会

鬼面居士（1913）『おきやく論 ― 名当世紳士論』楽天社

木村亀二（1942）『刑事政策の基礎理論』岩波書店

近畿少年審判所（1940）『保護青少年工に関する特別調査』近畿少年保護協会

北島孝人（1917）「大阪に於ける不良少年及少女」『人道』第 147 号，人道社

北沢清司（1980）「啓蒙と開拓」精神薄弱問題史研究会編『人物でつづる精神薄弱教育史』日本文化社

小島弥三（1926）「児童と飲酒」『禁酒の日本』第 81 号，日本国民禁酒同盟

小林佐源治（1914）『劣等児教育の実際的研究』目黒書店

近藤堅三・椎名龍徳（1927）『体験に基づく不良児教育の研究』帝国教育会出版部

近藤孝太郎（1943）「青少年工の生活」『文藝春秋』第 21 巻第 8 号，文藝春秋社

近藤修博（1940）『少年と悪の研究』人文閣

小酒井不木（1925）『近代犯罪研究』春陽堂

小関三平（1989）「社会病理学成立の時代背景」日本社会病理学会編『現代の社会病理Ⅳ』垣内出版

子供の家主人（1914）『子供の家』児童少年愛護会

幸田露伴（1905）「小説と学生の堕落」『中央公論』第 20 年第 10 号，反省社

河野通雄（1928）『不良少年の実際』育成館

河野通保（1933）『学校事件の教育的法律的實際研究（上）』文化書房

河野通保（1934）『学校事件の教育的法律的實際研究（下）』文化書房

久保良英（1922）「不良少年の精神分析」『精神分析法』中央館書店

久保良英（1937）『児童の精神構造と指導』中文館書店

陸直次郎（1931）「東京暴力団記」『中央公論』第 46 巻第 9 号，中央公論社

熊野隆治（1935）「少年教護上徳育方法の重要性」『社会事業研究』創立十周年記念号，大阪社会事業連盟

倉橋惣三（1927）「社会的児童保護概論」『社会政策大系』第 8 巻，大東出版

呉秀三（1887）『精神病学要略』吐鳳堂書店

呉秀三（1913）「心理学と神経学」『元良博士と現代の心理学』弘道館

呉秀三（1914）「少年犯罪と精神病」『人道』第 107 号，人道社

呉秀三・樫田五郎（1918）『精神病者私宅監置ノ実況』内務省

栗原清一（1933）『古文献に拠る日本に於ける精神病の特質及標型の樹立』金原商店

黒田源太郎（1919）『犯罪少年の告白と個性調査』廣文堂書店

黒田源太郎（1933）『炉辺夜話』黒田源太郎

黒田重雄（1963）『日本警察史の研究』令文社

草間八十雄（1936）『不良児』玄林社

草間八十雄（1937）『闇の実話』玄林社

楠瀬正澄（1941）『少年犯罪 ― 隣組防犯講座第 3 輯』人文閣

教育研究会編（1901）「教育病理学の必要」『児童研究』第 4 巻第 8 号，日本児童研究会

教育思潮研究会編（1928）「不良少年少女の調査」『教育思潮研究』第 2 巻第 1 輯，目黒書店

教材研究会編（1929）『趣味の教育統計と実際的学校学級の施設 ― 附・優良学校名』教育出版会

〔L〕

Lemeat., E.H.（1974）"Beyond Mead" Social Problems, vol.21. Lombroso, C.（1976）. "On Criminal man" Milan, Italy : Hoeple.

〔M〕

前田晶子（2013）「富士川游と治療教育学 ― 教育病理学における"治療"と"教育"の架橋」『日本の教育史学』56 号，教育史学会紀要編集委員会

前田偉男（1939a）「事変下の少年犯罪に就いて」『社会事業研究』第 27 巻第 2 号，大阪社会事業連盟

前田偉男（1939b）「最近の少年問題」『社会事業研究』第 27 巻第 11 号，大阪社会事業連盟

前田偉男（1942）「少年工員と保護に就て」『社会事業研究』第 30 巻第 7 号，大阪府厚生事業協会

前田偉男（1943）『青少年の教護と錬成』教育科学社

前田誠孝（1927a）『罪の子となるまで』南海書院

前田誠孝（1927b）『性的誘惑の種々相とその対策』帝国教育出版部

前川誠一（1935）「児童相談所の過去と将来」『社会事業研究』第 23 巻第 9 号，大阪社会事業連盟

前川誠一（1936）「児童相談所の積極的活動」『社会事業研究』第 26 巻第 6 号，大阪社会事業連盟

前川誠一（1938）「少年教護に於ける二三の問題」『社会事業研究』第 26 巻第 12 号，大阪社会事業連盟

牧野英一（1922a）「少年法の成立」『法学志林』第 24 巻第 6 号，法政大学

牧野英一（1922b）「文学士寺田精一君逝く」『法学志林』第 24 巻第 10 号，法政大学

牧野英一（1934）「ガロファロ氏の永逝」『法学志林』第 36 巻第 9 号，法政大学

牧野虎次（1922）「未成年者禁酒法の実施に際して」『人道』第 200 号，人道社

牧野虎次（1934）「少年教護法の実施に就て」『社会事業研究』第 22 巻第 7 号，大阪社会事業連盟

間庭充幸（1997）『若者犯罪の社会文化史』有斐閣

正木亮（1932）「行刑教育学の梗概」『教育』第 6 号，岩波書店

増田抱村（1925）『児童の社会問題』同文館

松井茂（1901）『日本警察要論』警眼社

松井茂（1913）『自治と警察（全）』警眼社

松井茂（1924a）『警察の根本問題』警察講習所学友会

松井茂（1924b）「帝都復興と警察問題」『変態心理』第 13 巻第 1 号，日本精神医学会

松井茂（1933）『警察読本』日本評論社

松本亦太郎（1925）『智能心理学』改造社

松本亦太郎・楢崎浅太郎（1915）『教育的心理学参考書』日本学術普及会

松岡眞太郎（1933a）「精神薄弱者の本質とその教育（一）」『社会事業研究』第 21 巻第 10 号，大阪社会事業連盟

松岡眞太郎（1933b）「精神薄弱者の本質とその教育（二）」『社会事業研究』第 21 巻第 11 号，大阪社会事業連盟

松岡眞太郎（1935）「保護少年の集団的行動」『社会事業研究』第 23 巻第 7 号，大阪社会事業連盟

松岡眞太郎（1936）『保護少年の心理的特徴』朝日新聞社会事業団

松岡眞太郎（1941）「無籍の少年」『社会事業研究』第 29 巻第 4 号，大阪社会事業連盟

McLuhan, M.（1962）"The Gutenberg Galaxy" University of Toronto Press.（＝森常治訳（1986）『グーテンベルクの銀河系』みすず書房）

McLuhan, M.（1964）"Understanding Media" McGraw Hill.（＝後藤和彦・高儀進訳（1967）『人間拡張の原理』竹内書店新社）

Mead, G.（1934）"Mind, Self, and Society, ed. C.W. Morris" University of Chicago.（＝稲葉三千男・滝沢正樹・中野収訳（1973）『精神・自我・社会』青木書店）

Merton, R.（1949）"Social Theory and Social Structure: Toward the Codification of Theory and Research" Free Press.（＝森東吾・森好夫・金沢実・中島竜太郎訳（1961）『社会理論と社会構造』みすず書房）

三宅鉱一・池田隆徳（1909）「不良少年調査報告」『児童研究』第 12 巻第 9 号，日本児童研究会

三宅鉱一 (1910)『通俗病的児童心理講話』敬文館

三宅鉱一 (1912)『精神病学纂録』南江書店

三宅鉱一 (1914)『日本小児科叢書第十篇白痴及低能児』吐鳳堂

三宅鉱一 (1925)「不良少年の精神病学的観察」『人道』第 241 号，人道社

三宅鉱一 (1936)「不良少年と医学」『精神衛生』帝国大学新聞社出版部

三宅雄次郎 (1905)「男女学生交際論」『中央公論』第 20 巻 10 号，反省社

箕輪香村編 (1938)『少年巡査志願受験案内』文憲堂書店

三谷此治 (1933)「社会病理の諸問題」『社会事業研究』第 21 巻第 11 号，大阪社会事業連盟

三浦栄五郎 (1912)『警察学』明治大学出版部

宮城長五郎 (1928)「少年保護の根本精神」宮城長五郎・植田粂三郎・長島毅・大原昇・木村尚達・鈴木賀一郎『少年保護の法理と実際』刀江書院

宮城護夫 (1928)「浅草公園深夜のグレ狩り」『中央公論』第 491 号，中央公論社

宮田泰静 (1937)「就労青少年と其の補導に就て」『社会事業研究』第 25 巻第 6 号，大阪社会事業連盟

三好豊太郎 (1923)「不良少年と社会診断」『社会と教化』第 3 巻第 6 号，大日本図書

三好豊太郎 (1924)「教育と不良少年（上）」『人道』第 224 号，人道社

三好豊太郎 (1925)「不良少年の社会的考察」『社会学雑誌』日本社会学会

水野錬太郎 (1902)「警察俗話」『警察協会雑誌』第 26 号，警察協会

文部省普通学務局編 (1925)『特殊教育参考資料 — 社会教育叢書第 11 輯』文部省普通学務局

文部省教育調査部編 (1938)『師範教育関係法令の沿革』文部省

森田明 (1997)「大正少年法の施行と『司法保護』の観念 — 宮城長五郎の場合」『犯罪社会学研究』第 22 号，日本犯罪学会

Morrison, W. (1897) "Juvenile offenders" Appleton. (＝小塩高恒訳 (1912)『不良少年』警醒社)

元田作之進 (1923)『社会病理の研究』警醒社書店

元森絵里子 (2014)『語られない「子ども」の近代 — 年少者保護制度の歴史社会学』勁草書房

元良勇次郎 (1897)『心理学十回講義』冨山房

元良勇次郎 (1909)『論文集』弘道館

向井章 (1919)「西宮の殺人少年」『変態心理』第 4 巻第 1 号，日本精神医学会

村上直之 (1986)「社会病理学の過去と現在」仲村祥一編『社会病理学を学ぶ』世界思想社

村上直之 (1999)「マス・メディアと逸脱」宝月誠編『講座社会学 10 逸脱』東京大学出版会

村上専精 (1905)「男女学生交際論」『中央公論』第 20 巻第 12 号，反省社

村川敬蔵（1935）「所謂不良求職者の問題に関連して」『社会事業研究』第 23 巻第 2 号，大阪社会事業連盟

村島歸之（1926）『どん底の闇から』サンデー・ニュース社

村島歸之（1927）『翼を失くした天使 — 不良少年の研究』日曜世界社

村島歸之（1933a）「少年ギヤング（上）— ギヤング結束の『型』」『社会事業研究』第 21 巻第 7 号，大阪社会事業連盟

村島歸之（1933b）「少年ギヤング（下）— ギヤングの幾階程」『社会事業研究』第 21 巻第 8 号，大阪社会事業連盟

村島歸之（1938）「小河滋次郎博士 — 社会事業界の先覚 4」『社会事業研究』第 26 巻 3 号，大阪社会事業連盟

室田保夫（1998）『留岡幸助の研究』不二出版

〔N〕

永井潜（1936）『優生学概論』雄山閣

長尾寛玄（1934）「矯正教育の本質」『社会事業研究』第 23 巻第 11 号，大阪社会事業連盟

長尾清成（1950）『少年警察の研究』警察時報社

内務省地方局編（1909）『感化救済事業講演集』（上・下）内務省社会局

内務省地方局編（1910）『感化救済小鑑』内務省地方局

内務省社会局編（1925）『欧米各国児童保護ニ関スル法規』内務省社会局

内務省社会局編（1930）『感化事業回顧三十年』内務省社会局

中原哲造（1929）「最近不良少年少女物語」『中央公論』第 44 巻第 8 号，中央公論社

中島泰蔵（1915）「不良少年と普通少年との比較」『個性心理及比較心理』冨山房

中村古峡（1919）『変態心理の研究』大同館書店

中村古峡（1921）『変態心理学講義』日本変態心理学会

中村古峡（1925）「変態心理現象の解説」『中央公論』第 40 巻第 9 号，中央公論社

中村満紀男・荒川智編著（2003）『障害児教育の歴史』明石書店

仲小路廉（1901）「少年犯罪附（プロベーション・システム）」『警察協会雑誌』第 12 号，日本警察協会

仲田進編（1922）『中学校女学校入学受験準備精神検査問題練習書』実業之日本社

中山眞多良（1937）「犯罪都市シカゴと不良児」『社会事業研究』第 25 巻第 1 号，大阪社会事業連盟

中澤忠太郎（1910）「不良少年の訓化」『本邦児童訓練に関する理論と実際』開発社

生江孝之（1923）『児童と社会』児童保護研究会

浪速少年院編（1929）『浪速少年院の教養第 1 輯』浪速少年院

浪速少年院編（1932）『浪速少年院生活風景昭和 7 年版』浪速少年院

浪速少年院編（1937）『浪速少年院十五年史』浪速少年院

南波杢三郎（1922）『最新犯罪捜査法続編』松華堂

難波義男（1917）「感化教育と職業居育との関係」『人道』第 147 号，人道社

成田勝郎（1925）「不良少年の精神病学的一観察」『変態心理』第 15 巻第 4 号，日本精神医学会

成田勝郎（1944）「教育治療に就いて」『人道』第 134 号，家庭学校

成瀬仁蔵（1907）「男女間の交際に就て」『中央公論』第 21 巻第 4 号，反省社

根本正（1901）『第 15 回帝国議会報告書』

日本学童会編（1916）『悪童研究』南北社

日本両親再教育協会編（1943）『新子供研究講座』第一公論社

日本社会学会編（1914）「犯罪問題関係文献年表」『社会学雑誌』第 46 号，日本社会学会

日本社会学院調査部編（1921）『現代社会問題研究』第 8 巻，冬夏社

日本少年保護協会編（1938）『少年保護読本』日本少年保護協会

日本精神医学会編（1918）『変態心理』不良少年研究号，日本精神医学会

日本社会事業協会編（1941）『日本社会事業年鑑昭和十・十五年版』中央社会事業協会

日本少年保護協会編（1933）『少年審判所及矯正院の概要』日本少年保護協会

二井仁美（2010）『留岡幸助と家庭学校 ― 近代日本感化教育史序説』不二出版

西川光次郎（1913）「不良少年論」『悪人研究続編』洛陽堂

西丸四方（1989）『精神医学の古典を読む』みすず書房

西宮藤朝（1919）『子供の感情教育』実業之日本社

西日本新聞社編（1997）『宇宙発九州西日本新聞百二十年史』西日本新聞社

西山庸平（1931）『西山庸平著作集 ― 心理学史』雄文閣

西山哲治（1918）「不良少年にしてもらわざる権利」『子供の権利 ― 教育問題』南光社

西崎恵（1936）「産業青年の教育」『社会事業研究』第 24 巻第 5 号，大阪社会事業連盟

野上元・小林多寿子編著（2015）『歴史と向きあう社会学 ― 資料・表象・経験』ミネルヴァ書房

野上俊夫（1919）『青年心理学講話』弘文堂書房

野島忠太郎（1935）『日本心理学序説』章華社

〔O〕

小田晋（1980）『日本の狂気誌』思索社

緒方庸雄（1921a）「九州門戸に於ける社会問題（上）」『人道』第 193 号，人道社

緒方庸雄（1921b）「九州門戸に於ける社会問題（下）」『人道』第 195 号，人道社

小川正行（1938）『現下の教育問題』目黒書店

小川恂藏（1931）「少年不良化に就いての一考察」『社会事業研究』第 19 巻第 5 号，

大阪社会事業連盟

小川恂藏（1932）「少年院の教養」日本少年保護協会大阪支部編『少年保護講演会演集 ― 少年法公布十周年記念』日本少年保護協会大阪支部

小河滋次郎（1890）『日本監獄法講義』磯村兌貞

小河滋次郎（1894）『監獄学』警察監獄学会東京支会

小河滋次郎（1900）「序」留岡幸助『不良少年感化事業』警醒社

小河滋次郎（1901）『獄事談』東京書院

小河滋次郎（1903a）「犯罪について」『警察協会雑誌』第 36 号，日本警察協会

小河滋次郎（1903b）『未成年者ニ対スル刑事制度ノ改良二就テ』（＝（1989）『小河滋次郎監獄学集成第 3 巻』五山堂書店）

小河滋次郎（1903c）「未成年犯罪者ノ処遇」磯村政高

小河滋次郎（1906）「犯罪減少の捷径」『人道』第 1 巻 12 号，人道社

小河滋次郎（1907a）『丁未課筆 ― 春之巻』岐阜監獄（＝（1989）『小河滋次郎監獄学集成第 5 巻』五山堂書店）

小河滋次郎（1907b）「幼年裁判所に就て」『人道』第 26 号，人道社

小河滋次郎（1911a）『監獄夢物語』厳松堂書店

小河滋次郎（1911b）「児童保護と社会政策」『人道』第 71 号，人道社

小河滋次郎（1914a）「感化院の逃走事故」『救済研究』第 2 巻第 1 号，文京出版

小河滋次郎（1914b）「犯罪と人権蹂躙」『中央公論』第 29 年秋期大付録号，中央公論社

小河滋次郎（1915）「少年裁判に反対」『人道』第 119 号，人道社

小河滋次郎（1917）「何をか感化教育と謂ふ」『救済研究』第 5 巻第 3 号，文京出版

小河滋次郎（1918）「犯罪の調節」『救済研究』第 6 巻第 6 号，文京出版

小河滋次郎（1920）『非少年法案論』小河滋次郎

小河滋次郎（1923）「少年保護問題に就きて」『社会事業研究』第 11 巻第 6 号，中央社会事業協会

岡部惶堂（1916）『損害予防だまされぬ策』楽山堂

岡田靖雄（2001）「吉益脩夫 ― 断種法をめぐる人びと（その四）」『日本医学史雑誌』第 47 巻第 2 号，日本医史学会

岡田靖雄（2002）『日本精神科医療史』医学書院

岡野薫子（2000）『太平洋戦争下の学校生活』平凡社

小俣和一郎（1998）『精神病院の起源』太田出版

小俣和一郎（2000）『精神病院の起源近代篇』太田出版

小俣和一郎（2002）『近代精神医学の成立 ―「鎮解放」からナチズムへ』人文書院

小野修三（2012）『監獄行政官僚と明治日本 ― 小河滋次郎研究』慶應義塾大学出版会

大場寛治（1920）「社会病理学に就いて」大日本学術協会偏『最近社会学の進歩』大日本学術協会

大日方純夫（1987）『天皇制警察と民衆』日本評論社

大日方純夫（1993）『警察の社会史』岩波書店

大日方純夫（2000）『近代日本の警察と地域社会』筑摩書房

大賀哲（2006）「国際関係論と歴史社会学 — ポスト国際関係史を求めて」『社会科學研究』第 57 巻第 3・4 合併号，東京大学

大畑忠一（1934）「少年教護法実施の具体的検討」『社会事業研究』第 22 巻第 7 号，大阪社会事業連盟

大岡嵩枝（1905）「戦争の児童に及ぼせる影響」『児童研究』第 8 巻第 8 号，児童研究会

大村仁太郎（1900）『児童矯弊論』精華書院

大村英昭（1980）『非行の社会学』世界思想社

大西永次郎（1940）『学校体育と学校衛生』龍吟社

大西春翠（1917）『仮面を剥いだ憧憬の都』玉文社出版部

大阪府庁社会課編（1930）「不良少年少女の教護」『社会事業研究』創立十周年記念号，大阪社会事業連盟

大阪府厚生事業協会編（1942）「（座談会）国民学校と少年教護事業」『社会事業研究』第 30 巻第 6 号，大阪府厚生事業協会

大阪少年審判所編（1930）『事業報告第 3 回（自大正 12 年至昭和 4 年）』大阪少年審判所

大阪社会事業連盟編（1934）「浪速少年院参観記」『社会事業研究』第 22 巻第 5 号，大阪社会事業連盟

大澤謙二（1909）「青年の飲酒について」『教育界』第 8 巻第 4 号，金港堂

大澤謙二（1910）『通俗酒害新説』銀座会館

大澤真吉（1922）『少年犯罪論』法律新聞社

太田秀穂（1926）「不良少年の発生及救治策」『丁酉倫理会講演集』第 280 輯，大日本図書

大瀧四士夫（1943）「新規徴用工、一般青少年工及び転業工具指導の実際」野田経済研究所編『新勤労管理の実際』野田経済研究所

大槻快尊（1913）「日本の心理学」故元良博士追悼学術講演会編『元良博士と現代の心理学』弘道館

小塩高恒（静堂）（1906）「不良少年の種類（上）」『人道』第 12 号，人道社

小塩高恒（静堂）（1917）「収容せられたる不良少年」『人道』第 145 号，人道社

乙竹岩造（1908）『低能児教育法』目黒書店

乙竹岩造（1910）『不良児教育法』目黒書店

乙竹岩造（1912）『穎才教育』目黒書店

乙竹岩造（1913）「不良少年問題」『児童研究』第 17 巻第 1 号，児童研究会

乙竹岩造（1915）『教育者の新修養』教育新潮研究会

〔P〕

Parsons, T.（1951）*The Social System*, New York：Free Press.（＝佐藤勉訳（1974）『社会体系論』青木書店）

Popper, K.（1959）*The Logic of Scientific Discovery*, Hutchson.（＝大内義一・森博訳（1971-1972）『科学的発見の論理』（上・下）恒星社厚生閣）

〔S〕

佐伯千仭（1942）「戦時下に於ける我刑政の発展 ― 戦時刑事特別法の制定を中心として」『法学論叢』第 46 巻第 4 号，京都帝国大学法学会

斎藤渉（1940）「司法保護事業法と少年保護事業」『社会事業研究』第 28 巻第 1 号，大阪府厚生事業協会

斎藤渉（1941）「少年保護に就ての一考察」『社会事業研究』第 29 巻第 12 号，大阪府厚生事業協会

斎藤玉男（1943）「低能率者の戦時下厚生」『厚生事業研究』第 31 巻第 5 号，大阪厚生事業協会

阪口鎮雄（1917）『不良少年の研究』日本警察新聞社

酒井真人（1930）『東京盛り場風景』誠文堂

榊保三郎（1903）「小児と『アルコール』問題」『児童研究』第 6 巻第 1 号，児童研究会

榊保三郎（1912）『変り者』実業之日本社

榊保三郎（1922）『学齢ヨリ丁年迄ノ精神発育研究』改造社

榊保三郎編（1909．1910）『異常児ノ病理及教育法教育病理及治療学上・下』榊保三郎

阪本一郎（1943）『少国民錬成の心理』新光閣

桜井哲夫（1997）『不良少年』筑摩書房

作田誠一郎（2016）「医療の社会学 ―『医療化』の概念等に沿った医療社会学概論」濱野健・須藤廣編著『増補改訂版看護と介護のための社会学』明石書店

真田是（1977）「社会問題・社会事業」『社会学評論』no10，有斐閣

三田谷啓（1931）「児童とアルコホール問題」『禁酒の日本』第 139 号，日本国民禁酒同盟

三田谷啓（1934）「児童の病的精神は如何にして起るか」『社会事業研究』第 22 巻第 8 号，大阪社会事業連盟

三田谷啓（1940）「青年期に在る精神薄弱者の保護策」『社会事業研究』第 28 巻第 5 号，大阪社会事業連盟

佐々木光郎・藤原正範（2000）『戦前感化・教護実践史』春風社

佐々木英夫（1920）「物理的環境の気候季節及天候」『日本法政新誌』第 17 巻第 12

号，日本法政学会

佐々木鶴二（1935）「不良児童の研究」『民族衛生』第 4 巻 4 号，日本民族衛生学会

佐藤健二（2001）『歴史社会学の作法 — 戦後社会科学批判』岩波書店

佐藤郁哉（1992）『フィールドワーク — 書を持って街へ出よう』新曜社

佐藤雅浩（2013）『精神疾患言説の歴史社会学 — 「心の病」はなぜ流行するのか』新曜社

佐藤達哉・溝口元編（1997）『通史日本の心理学』北大路書房

佐藤俊樹・友枝敏雄（2006）『言説分析の可能性 — 社会学的方法の迷宮から』東信堂

澤田順次郎（1913）『文明の食人種』山陽堂

澤登俊雄他（1968）『展望少年法』敬文堂

澤柳政太郎（1905）「学生の風紀問題」『人道』第 6 号，人道社

澤柳政太郎（1928）『禁酒読本』丙午出版社

瀬川晃（1998）『犯罪学』成文堂

精神薄弱問題史研究会編（1980）『人物でつづる精神薄弱教育史』日本文化科学社

関寛之（1923）『最近児童心理学概論』中文館書店

関寛之（1925）『学校児童心理学』改造社

関寛之（1932）『訓令及び管理の実際に応用したる児童心理学』文化書房

関寛之（1934）『児童学原論 — 児童の身体及精神』東洋図書

関之（1943）『青少年と法律』文憲堂

千山万岳（1902）「女学生腐敗の声」『中央公論』第 17 巻第 10 号，反省社

柴田善守（1964）『小河滋次郎の社会事業思想』日本生命済生会

重松一義（1976）『少年懲戒教育史』第一法規出版

司法保護協会（1941）「学生不良化防止懇談会」『少年工学生ノ不良化防止ニ関スル座談会』司法保護協会

椎名龍徳・近藤堅三（1927）『体験に基づく不良児教育の研究』帝国教育出版部

式場隆三郎（1936）『心理解剖室』サイレン社

島田牛稚（1933）『児童生徒校外生活指導に関する研究』寶文館

島田牛稚（1934）『校外教護事業に関する研究』寶文館

清水新二（2003）『アルコール関連問題の社会病理学的研究』ミネルヴァ書房

清水書店編集部編（1924）『司法警察執務要典』清水書店

下田次郎（1907）「男女学生の交際に就て」『中央公論』第 21 巻第 5 号，反省社

霜田静志（1939）『相談に現はれた子供の問題』刀江書院

霜島新七（1927）『行動より見たる優良児・不良児』教育出版社

品川義介（1936）『無軌道教育』千倉書房

新堀哲岳（1936a）『明暗の浅草と不良少年』北斗書房

新堀哲岳（1936b）『問題の街頭少年』章華社

新明正道編（1944）『社会学辞典』河出書房

四宮友一（1928）「怖るべき飲酒系統」『禁酒の日本』第 105 号，日本国民禁酒同盟

篠崎篤三（1921）「六区と千日前の社会問題（上）」『人道』第 189 号，人道社

塩野秀彦（1923）「序」鈴木賀一郎『不良少年の研究』大鐙閣

白井勇松（1925）『少年犯罪の研究』巌松堂

城本三男（1926）「少年職業指導」『人道』第 246 号，人道社

曽根松太郎編（1905）『教育界』第 4 巻第 5 号，金港堂

園田次郎（1936）「性病特に梅毒と保護少年」『社会事業研究』第 24 巻第 4 号，大阪社会事業連盟

左座金蔵（1933）「悪性犯罪魔と其系図学的検索」『民族衛生』第 3 巻第 3 号，日本民族衛生学会

Spector, M.and Kitsuse, John（1977）*Constructing Social Problems*, Menlo Park, CA：Cummings Publishing Company.（＝村上直之他訳（1990）『社会問題の構築 ― ラベリング理論をこえて』マルジュ社）

菅済治（1933）「児童不良化防止に就て」『社会事業研究』第 21 巻第 11 号，大阪社会事業連盟

菅済治（1936）「少年教護上の諸問題」『社会事業研究』第 24 巻第 2 号，大阪社会事業連盟

菅済治（1937）「少年教護事業に望む」『社会事業研究』第 25 巻第 12 号，大阪社会事業連盟

菅済治（1938）「少年教護体験」『社会事業研究』第 26 巻第 8 号，大阪社会事業連盟

菅済治（1940）「非常時局に登場したる少年救護」『社会事業研究』第 28 巻第 3 号，大阪厚生事業協会

菅済治（1941）「少年教護の体験を語る」『社会事業研究』第 29 巻第 12 号，大阪厚生事業協会

菅済治（1942）「時局即応の少年教護院の経営」『社会事業研究』第 30 巻第 10 号，大阪厚生事業協会

菅沼清次郎（1935）『不良青少年問題の考察』菅沼清次郎

杉江薫（1912）『犯罪と精神病』巌松堂

杉村幹（1942）『警察物語』二松堂書店

杉田裕・飯森義次（1962）「精神薄弱教育の変遷」小宮山倭編『精神薄弱児教育の教育原理 ― 精神薄弱児講座第 2 巻』日本文化科学社

杉田直樹（1923）『低能児及不良児の医学的考察』中文館書店

杉田直樹（1931）「犯罪と遺伝」『民族衛生』第 1 巻第 1 号，日本民族衛生学会

杉田直樹（1932）『優生学と犯罪及精神病』雄山閣

杉田直樹（1935）『治療教育学』叢文閣

杉田直樹（1936）『社会病理学』大日本図書

杉田直樹（1937a）「社会病理学の角度」『社会事業研究』第 25 巻第 1 号，大阪社

会事業連盟

杉田直樹（1937b）「社会事業の欠点」『社会事業研究』第 25 巻第 11 号，大阪府厚生事業協会

杉田直樹（1938）「不良少年少女の問題」『科学ペン』第 3 巻第 7 号，科学ペンクラブ

杉田直樹（1939）「保護少年の精神薄弱について」『社会事業研究』第 27 巻第 9 号，大阪社会事業連盟

杉田直樹（1941）「少年保護事業の実績」『社会事業研究』第 29 巻第 9 号，大阪府厚生事業協会

杉田三朗（1937）『少年教護法大要』山口県

鈴木賀一郎（1923）『不良少年の研究』大鐙閣

鈴木賀一郎（1925）「東京の社会施設少年審判所を見る ― 愛と法律と」『人道』第 237 号，人道社

鈴木賀一郎（1934）『子の為に泣く』章華社

鈴木賀一郎（1935a）『少年少女犯篇』中央公論社

鈴木賀一郎（1935b）『東京少年審判所十年』日本少年保護協会東京支部

鈴木賀一郎（1936a）『子供の研究と教育叢書』刀江書院

鈴木賀一郎（1936b）『子供の保護』刀江書院

鈴木賀一郎（1936c）『不良青少年の経路』文部省社会教育局

鈴木裕子（1997）「心理学研究の自立 ― 学会・留学・実験」佐藤達哉・溝口元編『通史日本の心理学』北大路書房

鈴木善次（1983）『日本の優生学』三共出版

社会局編（1916）「大正五年上場監督年報」社会局

社会事業研究編（1936）「断種法制定に対する賛否」『社会事業研究』第 24 巻第 10 号，大阪社会事業連盟

社会事業研究編（1942）「（座談会）国民学校と少年教護事業」『社会事業研究』第 30 巻第 6 号，大阪府厚生事業協会

初等教育研究会編（1917）『児童道徳意識に関する研究』大日本図書

松華堂編輯部編（1927）『警察法総覧』松華堂

〔T〕

舘昭（1991）『子供観』放送大学教育振興会

田口宏昭（2001）『病気と医療の社会学』世界思想社

田島真治（1918）『劣等児と低能児の教育』目黒書店

高田杏湖（1921）『恐ろしき犯罪鑑定夜話』大阪屋号書店

高田義一郎（1926）『優良児を儲ける研究』隆文館

高田義一郎（1938）「日本不良少女発達史」『科学ペン』第 3 巻第 7 号，科学ペンクラブ

高田慎吾（1918）「戦時欧州における不良児の状態」『救済研究』第 6 巻第 11 号，
　文京出版

高原正興（1996）『社会病理学と少年非行』法政出版

高橋義雄（1884）『日本人種改良論』石川半次郎

高橋雄豺（1935）『警察法大綱』松華堂

高瀬真卿（1888）『実験家庭の教』金港堂

武田慎治郎（1915a）「不良少年となるのは」『救済研究』第 3 巻第 1 号，文京出版

武田慎治郎（1915b）「感化院生の逃走事故に就て」『救済研究』第 3 巻第 9 号，文
　京出版

竹中和郎（1990）「日本における社会病理研究 ― 1920 年代から 1930 年代を中心と
　して」日本社会病理学会編『現代の社会病理Ⅴ』垣内出版

竹岡敬温・川北稔編（1995）『社会誌への途』有斐閣

武内真澄（1923）『実話ビルディング ― 猟奇近代相』宗孝社

竹内洋（1991）『立志・苦学・出世』講談社

玉井肇（1960）『学校と教師の歴史』至誠堂

玉村公二彦（1993）「脇田良吉の『低能児』教育論の形成とその具体化 ― 明治 40
　年代初頭を中心に」『奈良教育大学紀要』第 42 巻第 1 号，奈良教育大学

田村武敏（1943）「勤労青少年の補導対策」野田経済研究所編『新勤労管理の実際』
　野田経済研究所

田中亜紀子（2005）『近代日本の未成年者処遇制度 ― 感化法が目指したもの』大阪
　大学出版会

田中勝文（1979）「戦時期の教育と国民学校 ― 児童および教職員」仲新監修『学校
　の歴史第 2 巻小学校の歴史』第一法規出版

田中和男（2000）『近代日本の福祉実践と国民統合』法律文化社

田中紀行（2010）「歴史社会学」日本社会学会社会学事典刊行委員会編『社会学事
　典』丸善

谷貞信（1928）「不良少年と遺伝」『禁酒の日本』第 100 号，日本国民禁酒同盟

谷貞信（1943）「犯罪予防問題を通しての対社会的要望」『厚生事業研究』第 31 巻
　第 2 号，大阪府厚生事業協会

谷新太郎（1935）「大阪少年審判所回顧録」『社会事業研究』創立十周年記念号，
　大阪社会事業連盟

谷田三郎（1920）「序」大澤真吉『少年犯罪論』法律新聞社

寺内穎（1909）「少年の過失、不徳及び罪悪」『教育界』第 8 巻第 5 号，金港堂

田代栄二（1974）「社会的諸機能の社会病理・犯罪および非行」中本博通編『社会
　病理と社会問題』亜紀書房

Tarde, G. J.（1890）"Les lois de I' imitation : Etude Sociologique". Paris : Félix Alcan.

田代元弥（1961）『日本人の社会形成』誠信書房

田山花袋・中村星湖（1918）「小説家より見たる不良少年」『早稲田文学』第 116 号，早稲田文学社編集所

田崎仁（1942）「徒弟制度の研究」『勤労青少年の指導』大日本雄弁会講談社

田澤薫（1999）『留岡幸助と感化教育 ─ 思想と実践』勁草書房

寺田精一（1912）『危機に富める青年及児童期』巌松堂

寺田精一（1917）『児童の悪癖』心理学研究会

寺田精一（1918a）『科学と犯罪』文明書院

寺田精一（1918b）『犯罪心理講話』心理学研究会

寺田精一（1919a）「都市生活ノ児童ニ及ホス影響」『日本法制新誌』第 16 巻第 8 号，日本法政学会

寺田精一（1919b）「犯罪心理学最近の研究」尼子止編『最近心理学の進歩』大日本学術協会

寺田精一（1926）『犯罪心理学』岩波書店

登張竹風（1906）「男女学生交際論」『中央公論』第 21 年第 2 号，反省社

徳永憲淳（1933）「不良少年の改善に就て」『社会事業研究』第 21 巻第 12 号，大阪社会事業連盟

徳永憲淳（1942）『危ない年ごろ』新踏社

徳永憲淳（1943）「矯正の使命」『札幌少年鑑別所北海少年院開庁記念誌』道樺少年保護協会

徳岡秀雄（1987）『社会病理と分析視角』東京大学出版会

徳岡秀雄（1997）『社会病理を考える』世界思想社

徳岡秀雄（2009）『少年法の社会史』福村出版

東京地方職業紹介事務局編（1923）『少年就労事情調査昭和 3 年 12 月』東京地方職業紹介事務局

東京市政調査会編（1925）『小市民は東京市に何を希望しているのか』東京市政調査会

東京市社会局編（1925）『方面愛の雫』東京市社会局

東京少年審判所編（1926）『学生被害調査』東京少年審判所

東京都台東区役所編（1966）『台東区史 ─ 社会文化編』東京都台東区役所

東京少年裁判所編（1932）『東京少年裁判所十年史』日本少年保護協会東京支部

留岡清男（1932）「我邦の感化事業」『教育』第 6 号，岩波書店

留岡清男（1940）『生活教育論』西村書店

留岡清男（1964）『教育農場五十年』岩波書店

留岡幸助（1897）『感化事業之発達』警醒社

留岡幸助（1898）『慈善問題』警醒社

留岡幸助（1900）『不良少年感化事業』警醒社

留岡幸助（1902）「不良少年と其教育」『警察協会雑誌』第 31 号，警察協会

留岡幸助（1906a）「講演感化教育」『人道』第 20 号，人道社

留岡幸助（1906b）「犯罪を防遏する二大關門」『人道』第 18 号，人道社

留岡幸助（1907）「家庭と不良少年」『人道』第 31 号，人道社

留岡幸助（1910）『社会と人道』警醒社

留岡幸助（1922）「公民道徳と社会道徳」『人道』第 199 号，人道社

留岡幸助（1924）『自然と児童の教養』警醒社

留岡幸助（1925）「社会改良家としての小河滋次郎君」『人道』第 236 号，人道社

留岡幸助（1930）「回顧録」『人道』299 号，人道社

留岡幸助日記編集委員会編（1979）『留岡幸助日記 ― 第一巻』矯正協会

富永健一（1990）『日本の近代化と社会変動』講談社

富田象吉（1932）「児童問題」『社会事業研究』第 20 巻第 11 号，大阪社会事業連盟

富田象吉（1935）「児童保護の三十年」『社会事業研究』創立十周年記念号，大阪
　社会事業連盟

鳥居和代（2006）『青少年の逸脱をめぐる教育史 ―「処罰」と「教育」の関係』不
　二出版

坪井直彦（1915）「二十歳未満の男受刑者」『人道』第 126 号，人道社

土田献（1819）『癲癇狂経験編』須原屋源助

Tuchman, G.（1978）*Making News*, The Free Press.（＝鶴木眞・櫻内篤子訳（1991）
　『ニュースの社会学』三嶺書房）

辻雅俊（1913）「感化児童と家庭との関係」『人道』第 93 号，人道社

辻正二（2001）『アンビバランスの社会学』恒星社厚生閣

塚原政次（1910）『青年心理』金港堂

塚原政次（1926）『児童の心理及教育』明治図書

塚原政次（1938）『心理学上より見たる児童の個性と教育』明治図書

津曲裕次（1984）『日本児童問題文献選集 15』日本図書センター

Turner, B.（2004）「古典社会学 ― 社会的なものへの批判的擁護」『社会学雑誌』神
　戸大学社会学研究会

筒井清忠編（1997）『歴史社会学のフロンティア』人文書院

〔U〕

生方敏郎（1917）「初めて上京せる学生同志の対話」『中央公論』秋期大付録号，反
　省社

内村祐之（1942）「精神病学」『東京帝国大学 ― 学術大観総説医学部』国際出版

上田久吉（1911）『保護教育』宝文館

上原道一（1928）「犯罪に於ける個人的要因と社会的要因」『法政研究』第 2 巻第 1
　号，法政学会

上野他七郎（1905）「家庭の欠陥と悪友の感化（不良少年発生の二大主因）」『人道』

第 1 巻第 5 号，人道社

上野陽一（1921）『学校児童精神検査法指針増訂』中文館書店

上野陽一・野田信夫（1922）『近世心理学史』同文館

上澤謙二（1934）『子供の生活を裏から観る』新生堂

氏家信（1916）「好奇心をそそる精神病」『中央公論』第 31 巻第 5 号，反省社

梅田孝久（1942）『少年犯罪に対する刑事政策的研究』司法省調査部

夢野久作（1979）「東京人の堕落時代」西原和海編『夢野久作著作集 2』葦書房

海野洛秋（1922）『現代名士成功するまで』ルーブル社

海野幸徳（1910）『日本人種改造論』冨山房

海野幸徳（1924a）『児童と活動写真』表現社

海野幸徳（1924b）『児童保護問題』内外出版

海野幸徳（1931）『日本社会政策史論』赤爐閣

卜部幾太郎（1922）『人と酒』京文社

鵜澤忠（1930）「不良少年について」『社会学雑誌』第 74 号，日本社会学会

〔W〕

和田潤（1903）「精神病者監護法ヲ論ス」『警察協会雑誌』第 34 号，警察協会

和田豊種（1915）「精神病的不良少年」『救済研究』第 3 巻第 6 号，文京出版

和田豊種（1921a）「少年犯罪者の精神状態に就て（上）」『救済研究』第 9 巻第 6 号，
　　文京出版

和田豊種（1921b）「少年犯罪者の精神状態に就て（下）」『救済研究』第 9 巻第 7 号，
　　文京出版

若山蔵六（1904）「獄中少年」『児童研究』第 7 巻第 2 号，児童研究会

脇田良吉（1908a）「低能児教育（一）」『人道』第 35 号，人道社

脇田良吉（1908b）「低能児教育（二）」『人道』第 36 号，人道社

脇田良吉（1908c）「低能児教育（三）」『人道』第 38 号，人道社

脇田良吉（1908d）「低能児教育（四）」『人道』第 39 号，人道社

脇田良吉（1908e）「低能児教育（五）」『人道』第 40 号，人道社

脇田良吉（1908f）『注意の心理と低能児教育』矢島誠進堂

脇田良吉（1910a）「盗癖児の教育小史」『人道』第 62 号，人道社

脇田良吉（1910b）「盗癖児の教育小史（其二）」『人道』第 64 号　人道社

脇田良吉（1912）『低能児教育の実際的研究』厳松堂

脇田良吉（1915）『異常児教育の実際』金港堂

若生年久（1972）「精神病の概念の変遷 ― 主として精神分裂病について」井上正吾
　　編『精神障害』医歯薬出版

鷲尾浩（1921）『現代社会問題研究第 11 巻 ― 風俗問題』冬夏社

渡邊幾治郎（1925）『日本社会問題史観』大日本文明協会

渡邊康人編著（1943）『決戦下の司法行政』秀文閣書房
度会好一（2003）『明治の精神異説 — 神経病・神経衰弱・神がかり』岩波書店

〔Y〕

八木剛平・田辺英（2002）『日本精神治療史』金原出版
矢島正見（1986）「少年犯罪」四方壽雄編『犯罪社会学』学文社
矢島正見（1996）『少年非行文化論』学文社
矢島正見（2013）『改訂版戦後日本青少年問題考』青少年問題研究会
山田一隆（1915）『犯罪科学ノ研究』清水書店
山田司海（1920）「社会の暗黒面と不良児」『社会政策時報』第3巻11号，協調会
山田壮一郎（1931）「少年ホテル」『社会事業研究』第19巻第10号，大阪社会事業連盟
山形東根（1989a）「青年学生堕落の由来」『社会雑誌』第9号，社会雑誌社
山形東根（1989b）「青年学生堕落の由来（承前）」『社会雑誌』第10号，社会雑誌社
山口透（1987）『少年非行学』有信堂高文社
山森平成（1924）「少年の犯罪に就て」『丁酉倫理会倫理講演集』第257輯，大日本図書
山元公平（1995）「日本における『不良少年』問題の成立」『鹿児島女子大学研究紀要』第17巻第1号，鹿児島女子大学
山本徳尚（1905）「浮浪少年に就きて（上）」『児童研究』第8巻第10号，日本児童研究会
山本瀧之助（1922）「優良少年問題」『社会と教化』第2巻第8号，大日本図書
山本瀧之助（1923）「優良児童の後始末方策」『斯民』第18編第5号，中央報徳会
山本清吉（1914）『現代の不良少年 — 付不良少女』春陽堂
山根正次（1902）「東京に於ける飲酒と犯罪」『中央公論』第17巻第5号，反省社
山崎由可里（2004）「戦前期日本の精神病学領域における教育病理学・治療教育学の形成に関する研究」『教育科学』第54号，和歌山大学教育学部
山崎由可里（2011）「池田千年の保護教育論（1）」『和歌山大学教育学部教育実践総合センター紀要』No. 21，和歌山大学教育学部
山崎佐（1915）「幼年裁判に就て」『児童研究』第18巻第10号，児童研究会
山崎佐（1919）「少年犯罪者の研究」『変態心理』第4巻第3号，日本精神医学会
横山鉱一郎（1916）「少年犯罪伝播の実例」『法曹記事』第26巻第6号，法曹会
柳田國男（1963）「小児生存権の歴史」『定本柳田國男集』15巻，筑摩書房
米田庄太郎（1906a）「犯罪学研究資料（一）」『人道』第1巻第9号，人道社
米田庄太郎（1906b）「犯罪学研究資料（二）」『人道』第1巻第10号，人道社
米田庄太郎（1906c）「犯罪学研究資料（三）」『人道』第1巻第11号，人道社
米田庄太郎（1920a）『続現代社会問題の社会学的考察』弘文堂

米田庄太郎（1920b）『現代社会問題の社会学的考察』弘文堂

吉田久一（1960）『日本社会事業の歴史』勁草書房

吉田久一（1984）『日本貧困史』川島書店

吉田熊次（1913）「不良少年の教育」『社会教育』敬文館

吉益脩夫（1929）「少年に関する身体的環境的犯罪原因に就て」『法曹会雑誌』第7巻第6号，法曹会

吉益脩夫（1930a）「都市に於ける青少年犯罪者の一研究（上）」『都市問題』第11巻第4号，東京市政調査会

吉益脩夫（1930b）「都市に於ける青少年犯罪者の一研究（下）」『都市問題』第11巻第6号，東京市政調査会

吉益脩夫（1938）「未成年・飲酒・犯罪」『禁酒の日本』第221号，日本国民禁酒同盟

吉見俊哉（1994）『メディア時代の文化社会学』新曜社

吉村幸雄（1942）「少年工と盛り場」『中央公論』第57巻第10号，中央公論社

湯原元一（1913）『都市教育論』金港堂

友生書院編輯部編（1935）『青年期少女の科学的解剖』友生書院

人 名 索 引

あ行

青木延春　　344
赤川学　　13
赤塚行雄　　10
芦原金次郎　　104
安達憲忠　　36-38, 61
阿部光次　　290
尼子鶴山　　72
天野郁夫　　34
鮎川潤　　11, 202
有賀敦義　　332
有松英義　　44-47
アンダーソン（Anderson, B.）　　173
飯森義次　　138
池上雪枝　　39
池田千年　　336, 337
伊沢修二　　150
石井俊瑞　　161
石井豊七郎　　305
石井亮一　　138, 167
石川謙　　18
石角春之助　　256
石田弘吉　　305, 306
石田三成　　245
石原義治　　283, 284
礒鐐太郎　　286, 287, 288, 289
市川源三　　319
伊東思恭（沙村）　　71
稲垣恭子　　263, 264
井上哲次郎　　157
今井新太郎　　333, 337, 346
上野陽一　　157, 159
鵜澤忠　　269, 270
海野幸徳　　126, 277, 335
遠藤汪吉　　334
大久保利武　　40, 53
大久保利通　　53

大澤謙二　　123
大澤真吉　　76, 79-82
大槻快尊　　150, 153
大西華翠　　250, 251
大畑忠一　　326
大場寛治　　72-74
大村仁太郎　　139, 167
岡田靖雄　　103
小川恂藏　　324
小河滋次郎　　40, 47, 49, 52-61, 63, 364
小河直行　　52
織田信長　　245
乙竹岩造　　140, 141, 151, 153, 167, 200

か行

賀川豊彦　　70, 279, 280, 281
風早八十二　　279
笠原道夫　　119, 120
片山國嘉　　122
加藤久雄　　103
金澤来蔵　　121, 122
金子準二　　127, 343, 345
金子宗元　　52
亀井英三郎　　312
ガロファロ（Garofalo, R.）　　80-82
川田貞治郎　　138
川村邦光　　112
菊池俊諦　　328, 329
北島孝人　　257
清浦奎吾　　52
ギリン（Gillin, J. L.）　　73
草間八十雄　　246, 256, 257
久住栄一　　324
窪田清太郎　　40
熊野隆治　　326, 327
グライザー＆ストラウス　　13
グルーレ（Gruhle, H.）　　79
呉秀三　　105-108, 111-113, 117, 125, 127,

151, 161
クレペリン（Kraepelin, E.）　105, 106
クローネ（Krohne, K.）　53
ケトレー（Quetelet, A.）　84
河野通保　317, 318
小塩高恒　71
小島弥三　123
小関三平　71
小林佐源治　148
ゴルトン（Galton, F.）　125
ゴードン（Gordon, M, l.）　48
近藤堅三　319, 320
近藤孝太郎　293, 294

さ行

西郷従道　40
榊俶　105
榊保三郎　122, 123
坂口鎮雄　200, 242-245, 251
桜井哲夫　10
佐藤郁哉　13
佐藤雅浩　13
真田是　74, 75
三田谷啓　125
塩野秀彦　77
重松一義　34, 55
四宮友一　124
島田牛稚　313
シモン（Simon, T.）　108
白井勇松　77, 78, 80
城本三男　279, 280
管澄治　332, 333, 334
杉江薫　161
杉田直樹　120, 327, 337, 341, 342, 343,
344, 345
杉田裕　130
鈴木賀一郎　77, 80, 84-86, 193, 200, 205,
239, 241, 242, 244, 249, 250, 252, 266, 304,
339
鈴木善次　126, 157
スペクター＆キツセ　12
スペンサー（Spenccer, H.）　149
ゼーバッハ（Seebach, K.）　52, 53

瀬川晃　82
関寛之　148
相馬誠胤　104
曽根松太郎　35

た行

ダーウィン（Darwin, C.）　125
高島平三郎　161
高田義一郎　114
高田杏湖　245
高橋義雄　125
ダグディル（Dugdale, R.）　125
竹内洋　71
竹岡敬温　6
田島眞治　146, 147, 148, 156
田代栄二　70
舘昭　34
タックマン（Tuchman, G.）　174
田中紀行　8
谷貞信　124
谷田三郎　160
田山花袋　268, 269
タルド（Tarde, G. J.）　71
塚原政次　155
筒井清忠　7
デイビス（Davis, J. D.）　48
デュルケーム（Durkheim, E.）　2, 20,
174
寺田精一　83-84, 160-165, 168
土井十二　339
徳富蘆花　48
富永健一　7, 69-70
留岡清男　324
留岡幸助　33, 47-51, 52, 54, 57-63, 337,
364
外山正一　149
豊臣秀吉　245

な行

永井潜　345
中小路廉　42, 43
中條伊勢吉　322, 323, 325, 332, 339, 340
中原哲造　246, 252, 254, 268

人名索引　401

中村星湖　268, 269
中村古峡　157, 158, 161
栖崎浅太郎　153
南波杢三郎　90, 91
新島襄　48
西周　149
西山悊治　201
西山庸平　159
二宮尊徳　51
根本正　122, 124
野上俊夫　154, 162
野田信夫　157, 159

は行

バーク（Burke, P.）　6
パーソンズ（Parsons, T.）　368
芳賀栄造　279, 281
橋本陽子　10
長谷田三郎　79
畠山勝美　10
ハッキング（Hacking, I.）　13
服部北溟　86
花井卓蔵　85
早崎春香　61
原田道寛　36
阪東幸太郎　124
樋口幸吉　15
樋口栄　252
ビネー（Binet, A.）　108
檜山四郎　10
兵頭晶子　112
平沼騏一郎　85
広田照幸　12
フーコー（Foucault, M.）　12, 13, 101
フェスティンガー（Festinger, L）　368
フェリ（Ferri, E.）　71, 80-82
福沢諭吉　125
福来友吉　156, 157, 166
富士川游　117-120, 125, 127
ブルーマー（Blumer, H. G.）　19
古谷新太郎　303, 304, 306
不破武夫　307, 309
ベッカー（Becker, H, S, ）　3, 20, 21, 23

保城広至　5
穂積陳重　52
堀内文吉　160, 333, 334

ま行

前川誠一　321
前田誠考　254, 255, 266, 267
前田偉男　289, 291, 292, 293, 321, 332
牧野英一　61, 157, 160
マクルーハン（McLuhan, M.）　173
松井茂　43, 44, 86, 90, 91, 210, 211, 311, 312
松岡真太郎　258, 259
松本亦太郎　150, 153, 157, 160, 161, 166
間庭充幸　11
ミード（Mead, G. H.）　19, 20
水野錬太郎　44
箕輪香村　312
御船千鶴子　157
宮城長五郎　87-89, 94, 310
三宅鉱一　107-111, 114, 115, 117, 126, 127, 148, 150, 161, 340, 344
三宅秀　107
三好退蔵　60
三好豊太郎　79, 285, 286
睦直次郎　310, 311
村上直之　174
村川敬蔵　285
元田作之進　74
元良勇次郎　149, 151, 153, 156, 157, 159, 160, 166
森鷗外　117
モリソン（Morison, W.）　71
森田正馬　157
森蘭丸　245
モレル（Morel, B.）　125

や行

矢島正見　10, 187, 208
柳政一　337, 338
柳田國男　157
山岡萬之助　161
山田一隆　83, 84

山田司海　258, 282
山田壮一郎　282
山根正次　123
山本公平　11
山本清吉　264, 265
夢野久作　205
吉田万吉　48, 70
吉野作造　157
吉益脩夫　125, 126, 340, 341
米田庄太郎　72

ら行

ラーネッド（Learned, D. W.）　48

リリエンフェルト（Lilienfeld, P. v.）　71
レマート（Lemert, E. M.）　20
ロンブローゾ（Lombroso, C.）　71, 81, 82, 84, 340

わ行

脇田良吉　138, 143, 144, 145, 146, 167
鷲尾浩　249
和田潤　103, 104
和田豊種　110, 111

事 項 索 引

あ行

悪太郎　　182
悪少年　　182
悪書生　　178, 182
浅草公園　　254-256, 310
アノミー　　201, 214
医学校通則　　105
遺棄少年　　55
医師法　　104
医術開業試験規則　　104
「忌みきもの」（危険視）観　　112, 128
隠語　　252-253

か行

学生不良化防止懇談会　　321
学徒戦時動員体制確立要綱　　346
加持祈祷の禁止令　　112
仮装女学生　　265
下層不良少年　　241
家族観　　35-36, 62
可塑性　　47, 63
学校機関（学校組織）　　319-321
学校教育　　34, 336, 364
学校事件（学校問題）　　317, 319
活動写真　　190, 193-194, 230, 254-255
カフェ　　195-196, 206, 230, 260, 266
仮名報道　　202-204, 230
感化院　　39, 59, 144-145, 167, 176, 209, 303, 322-325, 366
感化教育　　50, 51, 54, 56, 60, 62, 68, 126, 142, 148-149, 155, 167, 277, 322, 348, 366
感化事業　　33, 54
感化法（改正感化法）　　24, 37, 40-41, 235-236, 276, 322, 325, 364
監獄学　　53
監獄則（改正監獄則）　　34, 38
棄児養育米規則（棄児養育米給与方）

38
規約　　249-250, 259-260, 270
教育可能性　　17-18, 27, 55-56, 58, 61, 75, 82-83, 92, 94-95, 128, 142, 149, 162, 167-168, 344, 363-364, 368
教育治療学（治療教育学）　　118, 125, 327, 341, 367
教育病理学　　116-120, 139-140, 142, 167, 327, 364
教護教育　　329, 333
矯正院　　86-87, 91, 94, 296, 322, 324-325, 333, 365-366
矯正院法　　365
行政警察　　43, 47, 62
京都癲狂院　　102-103, 346
禁酒運動　　116, 121-122, 124, 338
勤労青少年補導緊急対策要綱　　228, 293, 346
苦学生　　34, 70
「ぐ犯」（虞犯）　　16, 40, 63, 236-237, 329
決戦教育措置要綱　　347
決戦非常時措置要綱　　346
工業労働者最低年齢法　　286
工場法　　278
厚生省　　227-228, 277
高等不良少年　　241
硬派不良少年　　25, 244-246, 251-252, 256, 266-267, 270, 366
国民学校令　　336
国民職業能力検査規則　　288
国民職業能力申告令　　288
国民優生法　　339-340
国立感化院令　　322, 365
国家総動員法　　288, 330
婚姻観　　35-36

さ行

座敷牢（私宅監置）　102-103, 113
ジゴマ　193, 196, 255
実験心理学　150-151, 155, 157-158, 165, 167
実名報道　201-204, 214, 230, 364
児童虐待防止法　277
児童相談所　328
司法警察　43, 47, 85, 92-93, 310, 313, 366
司法省　53, 87, 91, 94, 211, 226-227, 303, 325-326, 364
社会構築主義　11-14
社会史　5-7
社会的反作用　1, 3-4, 19, 21-23, 25, 56, 62, 93-95, 163, 165, 285, 363, 367-369
社会病理学　25, 71-74
恤救規則　37
準犯罪少年　239, 309
準不道徳少年　239
少国民　338
商店法　287
「少年」観（「子ども」観）　19, 21, 26-28, 34, 37-38, 51, 55, 57, 59, 61-63, 94, 129, 183, 338, 363-364, 366-367, 369
少年教護院　224, 277, 296, 326, 333-334
少年教護委員　325
少年教護法　224, 277, 325-326, 337, 365
少年教護法施行令　325
少年工　26, 228, 230, 288-296, 367
少年審判所　84, 91, 94, 202, 277, 303-305, 339, 366
少年非行史　27
少年法（旧少年法）　28, 69, 84-85, 94, 175, 202, 211, 224, 226, 235-236, 303, 316, 339, 365
少年保護委員　305
少年保護司　304, 309, 325
少年保護法施行令　335
少年労働者　279-282, 284, 286, 288, 292
職業少年　282-284, 286-287, 292
嘱託少年保護司　305
シンボリック相互作用論　19-20

青少年雇入制限令　291
精神医療化　25, 28, 116, 126, 128, 163-165, 168, 327, 329, 337, 343, 345-348, 367-368
精神病院法　113
精神病者監護法　103-104, 112
青年心理学　154, 156, 162
窃盗児　244
戦時教育令　347
相馬事件　104, 112

た行

第三次小学校令　138
堕落学生　178, 237
堕落女学生　196
治安維持法　159
知能検査　25, 166, 168, 324, 327-328, 334-335, 337, 340, 342, 346-347, 366-368
中等学校令　336
中範囲の理論　6, 26
中流不良少年　241
徴用工　292
憑祈祷の禁止令　103
「憑きもの」観　102-103, 112-113, 128, 364
陶冶的精神　152
徒弟制度　218, 279-280, 287, 295, 367

な行

内務省　53, 94, 105, 211, 281, 303, 325-326, 364, 366
軟派不良少年　25, 196, 206, 245-246, 251-252, 254, 262, 266, 270, 315, 366
日本精神医学会　157, 160
ニュース価値　174, 188, 209, 217, 221

は行

犯罪学　25, 79-80, 82, 84, 365
犯罪少年　237, 305-307, 309
犯罪心理学　84, 153, 156, 159-161, 163, 165-167
犯罪的少年　239
不良学生　178-179, 182, 244

事項索引　405

不良工　294
不良少女団　265
「不良少年」観　1, 4, 10, 13, 17-18, 23-28, 41, 44-45, 47, 51-52, 55, 59, 86-88, 91, 93-95, 111, 128, 144, 149, 164, 186, 213-214, 217, 230, 243, 247, 269-271, 283, 295, 343, 344, 348, 363-366
不良少年団　181, 247-250, 252-253, 258-260, 262, 266-267, 311-312
不良女学生　264-265
不良職人　244-245
不良団　310, 312
不良有業女子　266
浮浪少年（浮浪児）　58, 61, 70, 244-245, 282, 284
変態心理学　157-158, 166-167
保安警察　43-44, 62, 92, 104, 310, 364, 366
放棄少年　237
奉公人　218, 220, 221
暴力団　311-313
放浪少年　238
保護教育　119-120, 140
保護少年　330-332
保護処分　91, 93-94, 309, 331
保護団体　304, 309

ま行

未成年者飲酒禁止法　122-124, 212, 365
未成年者喫煙禁止法　24, 122
民族衛生学会　126, 340
民族優生保護法案　126, 340
無業不良少女　266
「モガ」（モダンガール）　214, 264, 268, 270
黙約　260
「モボ」（モダンボーイ）　214, 268, 270
モラル・オーダー　174
文部省　227, 281, 321

や行

優生思想　125-126, 339
優良少年　77, 269
幼少年労働者　278
幼年監　53, 55
要保護性　17-18, 27, 47, 63, 93, 95, 363, 368

ら行

ラベリング論　11, 19-21
歴史社会学　5, 7, 12-13, 26, 369

【著者紹介】

作田　誠一郎（さくた　せいいちろう）
1974年　福岡県生まれ
山口大学大学院東アジア研究科修了（博士(学術)）
法務省法務教官，山口大学非常勤講師，北九州市立大学非常勤講師，山
梨学院短期大学准教授を経て，2015年4月より佛教大学准教授
専門は，少年非行論，犯罪社会学，教育社会学，歴史社会学

近代日本の少年非行史
──「不良少年」観に関する歴史社会学的研究──

2018年2月28日　第1版第1刷発行

著　者　作田　誠一郎

発行者　田中　千津子

発行所　株式
　　　　会社 学文社

〒153-0064　東京都目黒区下目黒3-6-1
電話　03（3715）1501 代
FAX　03（3715）2012
http://www.gakubunsha.com

© SAKUTA Seiichiro 2018　　Printed in Japan
乱丁・落丁の場合は本社でお取替えします。
定価は売上カード，カバーに表示。

印刷　新灯印刷

ISBN 978-4-7620-2787-7